U0474569

中国现代教育社团史

周谷城题

"中国现代教育社团史"丛书编委会

丛书主编：储朝晖

丛书编委会：（按姓氏笔画排序）

于书娟　马立武　王　玮　王文岭　王洪见
王聪颖　白　欣　刘小红　刘树勇　刘羡冰
刘嘉恒　孙邦华　苏东来　李永春　李英杰
李高峰　杨思信　吴冬梅　吴擎华　宋业春
汪昊宇　张礼永　张睦楚　陈克胜　陈梦越
周志平　周雪敏　钱　江　徐莹晖　曹天忠
梁尔铭　葛仁考　韩　星　储朝晖　楼世洲

审读委员会：（按姓氏笔画排序）

王　雷　王建梁　巴　杰　曲铁华　朱镜人
刘秀峰　刘继华　牟映雪　张　弛　张　剑
邵晓枫　范铁权　周　勇　赵国壮　徐　勇
徐卫红　黄书光　谢长法

"中国现代教育社团史"丛书书目

《中国现代教育社团发展史论》
《中华教育改进社史》
《中华平民教育促进会史》
《生活教育社史》
《中华职业教育社史》
《江苏教育会史》
《全国教育会联合会史》
《中国教育学会史》
《无锡教育会史》
《中国社会教育社史》
《中国民生教育学会史》
《中国教育电影协会史》
《中国科学社史》
《通俗教育研究会史》
《国家教育协会史》
《中华图书馆协会史》
《少年中国学会史》
《中华儿童教育社史》
《新安旅行团史》
《留美中国学生联合会史》
《中华学艺社史》
《道德学社史》
《中华教育文化基金会史》
《中华基督教教育会史》
《华法教育会史》
《中华自然科学社史》
《寰球中国学生会史》
《华美协进社史》
《中国数学会史》
《澳门中华教育会史》

> 推进教育治理体系和治理能力现代化……推动社会参与教育治理常态化，建立健全社会参与学校管理和教育评价监管机制。
>
> ——《中国教育现代化 2035》

> 当前，我国改革开放正在逐步地深入和扩大，激发社会组织活力，在整个社会治理体系建设中具有重要作用。现代教育治理体系的建设，也迫切需要发挥专业的教育社团的积极作用。在这个大背景下，依据可靠的历史资料，回溯和评价历史上著名教育社团的产生、发展、组织方式和活动方式等，具有现实意义和社会价值。总的来说，这个项目设计视角独特，基础良好，具有较高的学术价值、实践价值和出版价值。
>
> ——石中英

> 教育社团组织与中国教育早期现代化，既是一个有丰富内涵的历史课题，更是一个极具现实意义的重大课题。由中国教育科学研究院储朝晖研究员领衔的学术团队，多年来在近代教育史这块园地上努力耕耘，多有创获，取得了可喜的成果，积累了深厚的知识储备。现在，他们选择一批有代表性、典型性、产生过重大影响的教育社团组织，列为专题，分头进行深入的研究，以期在丰富中国教育早期现代化研究和为当代中国教育改革服务两个方面做出贡献，我觉得他们的设想很好。
>
> ——田正平

国家出版基金项目
NATIONAL PUBLICATION FOUNDATION

中国现代教育社团史　丛书主编 / 储朝晖

江苏教育会史

于书娟 著

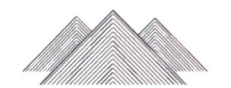

西南大学出版社
国家一级出版社 全国百佳图书出版单位

图书在版编目(CIP)数据

江苏教育会史/于书娟著. —重庆：西南大学出版社, 2021.12
（中国现代教育社团史）
ISBN 978-7-5697-0367-2

Ⅰ.①江… Ⅱ.①于… Ⅲ.①地方教育-学会-历史-江苏 Ⅳ.①G527.53

中国版本图书馆CIP数据核字(2021)第252864号

江苏教育会史
JIANGSU JIAOYUHUI SHI

于书娟　著
_____

策划组稿：	尹清强　伯古娟
责任编辑：	周　杰
责任校对：	曹园妹
装帧设计：	观止堂_朱璇
排　　版：	张　祥
出版发行：	西南大学出版社（原西南师范大学出版社）
	重庆·北碚　邮编:400715
印　　刷：	重庆市正前方彩色印刷有限公司
幅面尺寸：	170mm×240mm
印　　张：	25.25
插　　页：	4
字　　数：	413千字
版　　次：	2022年4月 第1版
印　　次：	2022年4月 第1次
书　　号：	ISBN 978-7-5697-0367-2

_____
定　　价：108.00元

总序

在中国教育早期现代化的历史进程中,无论是清末,还是北洋政府和国民政府时期,在整个20世纪前期传统教育变革和现代教育推进波澜壮阔的历史舞台上,活跃着这样一批人的身影,他们既不是清王朝的封疆大吏、朝廷重臣,也不是民国政府的议长部长、军政要员,从张謇、袁希涛、沈恩孚、黄炎培,到晏阳初、陶行知、陈鹤琴、廖世承,有晚清的状元、举人,有海外学成归来的博士、硕士,他们不居庙堂之上,却念念不忘国家民族的百年大计;他们不拿政府的分文津贴,却时时心系中国教育的改革与发展。是"研究学理,介绍新知,发展教育,开通民智"这样一个共同理想和愿景,将这些年龄悬殊、经历迥异、分散在天南海北的传统士人、新型知识分子凝聚在一起,此呼彼应、同气相求,结成团体,组织会社。于是,从晚清最后十年的江苏学务总会、安徽全省教育总会、河南全省教育总会,到民国时期的全国教育会联合会;从中华职业教育社、中华新教育共进社、中华教育改进社,到中华平民教育促进会、生活教育社、中国社会教育社、中华儿童教育社、中国教育学会……在短短的半个世纪里,仅省级以上的和全国性的教育会社团体就先后有数十个,至于以县、市地区命名,以高等学校命名或以某种特定目标命名的各式各样的教育会社团体,更是难以计数。所有这些遍布全国各地的教育会社团体,通过持续不断的努力,从不同的层面,以不同的方式,冲刷着传统封建教育的根基,孕育和滋养着现代教育的因素。可以毫不夸张地说,在传统教育变革和现代教育推进的历史进程中,从宏观到微观,到处都留下这些教育会社团体的深深印记,它们对中国教育早期现代化的贡献可谓功莫大焉!

大约从20世纪90年代开始,中国近代教育会社团体的研究,渐渐进入人们的学术视野,20多年过去了,如今关于这一领域的研究,已经风生水起,渐成气候,取得了相当的成果,并且有着很好的发展势头。说到底,这是当代中国教育改革的需要和呼唤。教育是中华民族振兴的根基和依托,改革和发展中国教育,让中国教育努力赶上世界先进水平,既是中央政府和各级政府义不容辞的职责,也必须依靠广大教育工作者的自觉参与和担当。从这个意义上讲,中国近代教育会社团体与中国教育早期现代化研究,既是一个有丰富内涵的历史课题,更是一个极具现实意义的重大问题。中国教育科学研究院储朝晖研究员,多年来在关注现实教育改革的诸多问题的同时,对中国近代教育史有着特殊的感情,并在这块园地上努力耕耘,多有创获,取得了可喜的成果,积累了深厚的知识储备。现在,他率领一批志同道合的中青年学者,完成了"中国现代教育社团史"的课题,从近代以来数十上百个教育社团中精心选择一批有代表性、典型性、产生过重大影响的教育社团,列为专题,分头进行了深入的研究。我相信,读者诸君在阅读这些成果后所收获的不仅仅是对教育社团的深入理解和崇高敬意,也可能从中引发出一些关于当代中国教育改革的更深层次的思考。

是为序。

田正平

丁酉暮春于浙江大学西溪校区

目录

总　序（田正平）

第一章　江苏学会产生的背景与动因　/1

第一节　江苏新式知识群体的壮大　/4

第二节　西方合群结社思想的传播与文人结社传统的现代转换　/7

第三节　清政府对民间结社控制的弱化与控制方式的调整　/12

第四节　解决江苏新式教育发展问题的需要　/17

第二章　清季的江苏教育会（1905—1911）　/25

第一节　江苏学会的成立与两度更名　/27

第二节　该会的组织架构与运行机制　/39

第三节　该会的人事构成　/51

第四节　主要教育活动　/74

第三章　民国初建时的江苏省教育会（1912—1913）　/105

第一节　江苏省教育会与民国的建立　/107

第二节　民国初年江苏教育总会章程的调整　/115

第三节　民国初年江苏省教育会的主要教育活动　/118

第四章　　**蓬勃发展的江苏省教育会（1914—1921）**　/133
　　第一节　新老交接　/135
　　第二节　组织机构的裂变　/148
　　第三节　打造教育网络　/157
　　第四节　教育研究与实践　/164

第五章　　**内外交困下的江苏省教育会（1922—1927）**　/263
　　第一节　内部出现冲突与分裂　/265
　　第二节　遭遇外部攻击与指责　/274
　　第三节　解散与重建　/283
　　第四节　教育活动重心的转移　/297
　　第五节　推进已有教育活动　/325

第六章　　**江苏教育会的经验与反思**　/367

参考文献　/377

后　记　/389

丛书跋（储朝晖）　/391

第一章

江苏学会产生的背景与动因

第一章 江苏学会产生的背景与动因

江苏省教育会,前身为1905年成立的江苏学会。作为清末较早成立的一个省级教育社团,江苏学会的产生,受到了清末合群结社思想的影响,是江苏新式士绅与知识分子为解决江苏新式教育发展中出现的诸多问题,而效仿文人结社传统的一次现代尝试。它的产生是多方面因素共同促成的结果。

鸦片战争爆发后,清朝国势江河日下。为败绩所震惊的部分开明士绅和由新式教育养成的知识分子,开始痛定思痛,求索救国道路,在了解、学习、接受西方文明之后,他们逐渐演变成具有现代观念的新式知识分子。随着向西方学习的深入,西方会社政党的观念与组织方式也随之被引入到中国来。这种新的合群观念与中国文人的结社传统相结合,催生出了各式各样的新型社会团体。在20世纪前后的中国,各类会社组织如雨后春笋般纷纷成立。江苏学会就是在这种背景下,由新兴的绅商阶层主导、倡议而成立的。当然,江苏学会的成立,也有直接应对科举废除后江苏教育面临的诸多矛盾和特定问题的考量。

第一节 江苏新式知识群体的壮大

任何社会变革,都伴随着人们思想观念的改变与利益格局的调整。在清末的大变局中,从传统官僚士大夫阶层内部分化出来的部分开明士绅与新式学堂和留学归国的毕业生,共同构成了新的士绅阶层,他们逐渐成为社会群体的主导和中坚力量。江苏新崛起的绅商阶层与不断增加的新式教育人才逐渐联合起来,形成了一个新的知识群体。而"开明士绅与青年学生的结合",可被看作是清末知识界新式社团产生的一个重要推动因素。

一、江苏绅商阶层的崛起

鸦片战争以后,清政府士大夫阶层中的先进人物开始"睁眼看世界",魏源在《海国图志》中提出"师夷长技以制夷"的口号,率先发出了向西方学习的号召。面对西方的坚船利炮,清政府的朝堂之上出现了两种声音,清政府的上层知识分子群体开始分化。在中央以恭亲王奕䜣为代表,在地方以实力派人物曾国藩、李鸿章、左宗棠、张之洞为代表的洋务派,开学堂、办洋务,迈出了向西方学习的第一步,引发了中国传统知识分子中有识之士的转变。在传统仕途之外,积极投身实业,提倡西学,成为晚清"商战""学战"思想的倡导者与践行者的他们,走上了实业救国和教育救国的道路。他们一方面秉承了中国传统知识分子忧国忧民、关心教育、热心地方事务、投身社会慈善事业等诸多优良传统,另一方面积极主张学习并引入西方的先进工艺、科技、教育,乃至政治体制。他们身处江湖,却又与朝廷各级官吏保持着千丝万缕的联系,希望通过教育、经济与政治改良来维护传统的社会秩序,实现国强民富的美好愿望,是有别于传统士大夫官僚阶层的新型士绅阶层——绅商。江苏学会最初的发起人——南通张謇、阳湖恽祖祁、崇明王清穆、苏州王同愈等,大都可以归入这类新型士绅阶层。

作为清末的最后一位状元、授翰林院修撰的张謇不仅没有走传统的仕途之路,且因百日维新的失败与恩师翁同龢的罢官,而对传统政治彻底失望,转而从商,寻求实业救国与教育救国之道。他创办了大生纱厂等新式实业,并用其经济收益来资助、创办新式学校(如南通师范学校、初等农学堂、张氏初等小学、常乐镇初等小学以及艺徒预教学校等),提倡发展新式教育。与此同时,张謇并没有远离政治,而是希望通过政体改良,使中国变为一个现代民族国家。作为晚清立宪运动的领袖之一,张謇曾主持发动了三次国会请愿运动,成为江苏商界、学界、政界的旗帜与领袖,也是新型士绅阶层的主要代表。而发起成立江苏学会,通过民间力量推动新式教育的发展,实际上也是张謇等人力图通过教育变革以培养新式人才,特别是宪政人才的一个重要举措。

江苏学会其他发起人的经历与思想,也大都与张謇类似。阳湖恽祖祁,原名祖源,字心耘,晚年号莱叟,生于清道光二十二年(1842),在历任湖南醴陵知县、江西盐法道、福建兴泉永道等职后辞官回乡,创办石印、造纸等工厂,积极组织成立武阳商会,发起创办常州府中学堂,投身地方教育改良事业。他建造常州图书馆,热心地方慈善事业,是当地乃至江苏省著名的绅商。崇明王清穆,字希林,号丹揆、农隐老人,清光绪十四年(1888)中举,两年后又中进士,曾先后在户部、外务部、商部等部门任职,后弃官回家,出任江苏省商办铁路公司总理,对发展当地经济、文化、慈善等事业做出了较大贡献。苏州王同愈,清光绪十五年(1889)中进士,累官翰林院修撰、顺天乡试同考官、驻日参赞、湖北学政等。1903年他回到苏州后,致力于革新教育,创设公立师范传习所、公立第一中学堂、公立第一高等小学堂、公立初等商业小学堂及公立半日学堂等新式学堂。科举废除后,他又在苏州发起成立长元吴学务公所,这是当地第一个民间现代性教育管理机构。

由此可见,江苏学会最初的主要发起人,既有科举功名,又曾出任国家官吏,但后期主要从事实业与教育,进而成为当地商界、学界的重要领袖。他们与各级官员保持着较为密切的联系,通过相互之间的联络与支持,成了对地方事务具有广泛影响力的绅商阶层,是地方事务的实际主导者。

二、新式教育人才的增加

洋务运动时期,洋务派为了培养洋务人才,开办了很多语言学堂、技术学堂、军事学堂等洋务学堂。通过接受新式教育,这些学堂出身的毕业生,开阔了视野,更新了观念,他们既有中国传统文化的根底,又精通西方的科学技术,具备新型的知识结构,从而逐渐成为有别于传统士绅的新型技术性人才。因为地理位置的便利与通商口岸的开放,江苏人较早接触并接纳了西方的新式教育,当地的新式学堂较早成立,教育较为发达,正所谓"苏省居江海之冲,学堂萌蘖,气候较早"[1]。因此,它所培养的新式人才也逐渐增多,形成了发展新式教育的良性循环。

如果说1872年的幼童留美运动揭开了中国近代留学教育的序幕,那么甲午中日战争则直接刺激了中国学生赴日留学高潮的到来。在清政府的提倡和民间自发的双重作用下,大量中国学生赴日留学。通过在国外的亲身体验和生活,这些留学生对西方文明有了更为深入的了解和更加直接的感受,而异国生活又加强了留学生对国家的认同和各地的联系,特别是留学生会馆和同乡会等联谊机构在方便他们生活的同时,也让他们看到了群体团结的好处和力量,从而使他们因地缘、学缘、政见等组织了更多的小团体。这种团体组织和生活方式,也随着他们的归国而逐渐在清末社会中流行开来。可以说,近代新式学堂及留学教育培养出了一批具有较强趋新意识且颇有社会活动能力的青年学生,他们成了中国大地上各种各样团体组织的发起者和主要参与者。

当然,由于年龄和阅历的限制,这些学生在地方和国家事务中虽然已经成为一股重要的新生力量,但毕竟不能与久经官场和商场历练、生活经验丰富的新型士绅群体相比,因此,在对地方事务的实际处理中,他们往往会自愿接受新型士绅的领导。他们彼此联合起来一道对付顽固保守势力,进而成为发展与革新地方事务的实际参与者。正如桑兵所说:"庚子以后,学生群体逐渐扩大,政治独立性日益增强,开明士绅与学生的结合,既扩大了前者与基层社会的联系,也增强了后者的趋向性。"[2]而且,在这种结合中,"开明士绅在其中起着主导作用,是精神领袖和财政支柱,而青年学生则是行动队"[3]。

江苏学会的早期成员构成与相互关系,基本上符合上述判断。该会的许多早期会员都是新式学堂的毕业生或在新式学堂供职之人,如两江师范学堂教员

---

[1] 江苏学会致学部及督抚函稿[N].申报,1906-10-24(光绪三十二年,丙午九月初七日,第三版).
[2] 桑兵著.清末新知识界的社团与活动(第1版)[M].北京:生活·读书·新知三联书店,1995:277.
[3] 桑兵著.清末新知识界的社团与活动(第1版)[M].北京:生活·读书·新知三联书店,1995:277.

侯必昌、南区小学校校长黄宗泽、两江师范学堂毕业生宋道一、南菁高等学堂毕业生吴增详、江南格致书院毕业生陈福成等。同时,在江苏学会的早期成员中,留日归国学生不仅占有一定的比例,而且发挥了重要作用。据不完全统计,1905年江苏学会发起成立时,入会的雷奋、林可培、顾琪等人都曾留学日本。随后几年间,每年也都有相当数量的留日归国学生加入其中。比如,1908年以后,加入江苏学会的东台人杨琬、杨永堂兄弟,桃源人韩怀礼,沛县李昭轩等[①],都是苏北知识界和教育界的精英。这些归国留学生,大多数年纪较轻,精通法理,颇具活动能量,是江苏学会中一股十分引人注目的力量。

值得指出的是,在清末,随着经济与文化的变迁,中国社会出现了许多新的自由职业者,如小说家、自由撰稿人、报刊发行人、记者、出版商、杂志编辑、翻译家等。这些人也是发起成立新式教育会社的一股重要力量。江苏学会在成立之初,就非常注重和上海各大媒体的联系,该会所有重要的广告、活动、公告在《申报》上都有发布或报道。息楼,是当时报界同人聚会之所,经常出入往来其中的常客中,"息楼三举人"——沈恩孚、袁希涛和黄炎培,以及吴县秀才龚杰,上海秀才林祖潽、史量才、吴怀疢等,[②]也都较早加入了江苏学会,并成为该会的核心成员,他们在新思想的宣传上都发挥了重要的作用。

第二节　西方合群结社思想的传播与文人结社 传统的现代转换

甲午中日战争后,中国对西方的学习开始从物质技术层面转向政治体制层面,以"救亡图存"为主题的变法思潮与君主立宪的宪政思想,成为当时的主流思想。以《强学报》《时务报》《知新报》《新民丛报》等现代报刊为主阵地,再加上

[①] 江苏教育总会会员姓名续录//沈同芳等编.江苏教育总会文牍　三编[M].上海:中国图书公司,1908:460.

[②] 包天笑著.息楼:集会结社//钏影楼回忆录[M].北京:生活·读书·新知三联书店,2014:311-313,331.

大量西方政论著作的翻译引进,西方的政治思想与会党制度也被引入了中国。这些思想与中国固有的文人结社传统相结合,形成了一股倡导结社集会的社会思潮。

一、西方合群与结社思想的传播

甲午中日战争后,严复在天津的《直报》上发表了《原强》一文,首揭"群学"一语,强调了"合群"的重要性。在译著《天演论》的《群治》中,他进一步指出,"善保群者,常利于存;不善保群者,常邻于灭,此真无可如何之势也"[①]。与此同时,积极发起组织学会的后来的维新之士,大多也以"合群"相呼号。康有为在1895年所撰的《上海强学会后序》中说:"一人独学,不如群人共学;群人共学,不如合什百亿兆人共学。学则强,群则强,累万亿兆皆智人,则强莫与京(竞)。"[②] 1897年,梁启超在《说群自序》中也提出,"以群术治群,群乃成;以独术治群,群乃败。己群之败,它群之利也"[③]。在他看来,能否"合群",是关系到民族生死和国家存亡的大问题,"以独术与独术相遇,犹可以自存;以独术与群术相遇,其亡可翘足而待也"[④]。因此,他明确提出,"西人之为学也,有一学即有一会。故有农学会,有矿学会,有商学会,有工艺会,有法学会……其入会之人,上自后妃王公,下及一介布衣",由此号召中国应该广设学会,即"欲振中国,在广人才;欲广人才,在兴学会"[⑤]。

1895年,康有为等资产阶级改良派率先行动,发起了"公车上书",这是近代知识分子集体发声的首次尝试。上书不达后,康有为"以开会之义,号之于同志",认为"思开风气,开知识,非合大群不可","合群非开会不可"[⑥],学会之设已经成为当时有识之士的共识。章炳麟在其所作的《论学会有大益于黄人亟宜保

[①]〔英〕赫胥黎著. 天演论[M]. 严复,译著. 李珍,评注. 北京:华夏出版社,2002:170.
[②] 康有为. 上海强学会后序[J]. 强学报,1895(01):16.
[③] 梁启超. 说群自序[J]. 实务报,1897(26):1.
[④] 梁启超. 说群自序[J]. 实务报,1897(26):1.
[⑤] 梁启超. 论学校十三(变法通议三之十三):学会[J]. 时务报,1896(10):2.
[⑥] 康有为撰. 楼宇烈整理. 康南海自编年谱(外二种). 北京:中华书局,1992:30,29.// 陈元晖主编. 汤志钧,陈祖恩,汤仁泽编. 中国近代教育史资料汇编——戊戌时期教育[M]. 上海:上海教育出版社,2007:137.

护》一文中也明确指出,中国积弱之由,在"不能合群以张吾学"①;汪康年在《论华民宜速筹自相保护之法》一文中,则明确提出要提倡"设农会""设工艺会"②等。

就在康有为等维新人士借助现代报刊与学会组织宣传西方的会党制度、合群观念的同时,江苏也有一批开明的知识分子积极响应,主张向西方学习。他们或进行理论宣传,或进行实践尝试,通过继承与发扬文人结社传统,积极投身到这场变法改良的救亡大业中。

作为长江五口通商之地和洋务运动的主要发生地,江苏借助其地理优势,较早地为其传统知识分子打开了看世界的窗口。以冯桂芳、王韬、薛福成、马建忠等为代表的有识之士,思想更加开明,眼界更加开阔,很早就开始宣传和介绍西方的民主宪政思想,对西方的议会政治也较为推崇。作为这一时期江苏知识分子中的精英代表,他们的主张对随后的江苏学人产生了很大的影响。

从社会和政治思想来看,以张謇等人为代表的新型士绅阶层,对于西方的君主立宪、合群观念、社会团体与政党组织等,都持有积极的接纳态度,愿意学习与尝试。早在1901年,张謇就撰写了《变法平议》,主张效法日本,上设议政院,下设府县议会,实施君主立宪,随后更是组织了预备立宪公会,希望通过社会舆论和民间力量来推动清末的立宪进程。他曾明确指出:"中国事事皆败坏于涣散,欲救涣散,利在合群。社会者,合群之起点也;江苏学会者,尤江苏合群之起点也",并希望"由社会之合群,而推之于官场;由江苏学会之合群,而推之于各省"③。在这种情况下,组织学会,集合江苏全省的力量培养新式人才,特别是立宪人才,就成为张謇等人发起成立江苏学会的重要原因。

二、文人结社传统的扩展与现代转换

中国知识分子,素有结社的传统。但清政府鉴于明末士子朋党及各种会社议论政治的教训,从清初开始就明令禁止士子结社,以防其干政。如清顺治九

---

① 章炳麟.论学会有大益于黄人亟宜保护[J].时务报,1897(19):4.
② 汪康年.论华民宜速筹自相保护之法[J].时务报,1897(47):2.
③ 戴长征.清季的江苏教育会(1905—1911)[D].华东师范大学,2007:12.

年(1652)规定:"生员不许纠党多人,立盟结社。"①顺治十七年(1660),顺治帝再次重申:"严禁结社订盟",并且诏令说:"以后再有此等恶习,各该学臣即行革黜参奏,如学臣徇隐,事发一体治罪"②。在清政府前期强有力的控制与文字狱大兴的高压下,动辄得咎的知识分子变得噤若寒蝉,结社之风日渐消弭。

但随着鸦片战争后西学的传入,特别是甲午中日战争后中日之间实力的对比与差距,刺激并惊醒了中国的知识分子。继公车上书之后,康有为率先于1895年在北京发起组织了强学会,以"求中国自强之学"的名义,重新恢复了文人结社的传统,并得到了朝廷实力派人物张之洞等人的支持。在康有为看来:"物单则弱,兼则强","一人独学,不如群人共学","学则强,群则强"。③谭嗣同则进一步提出结会设社的意义:"今有孤翔之鸟,则命之曰穷鸟;今有独处之士,宁不谓之穷士乎?何也?不讲论,则其智不启也;不观摩,则其业不进也;不熏习,则其德不固也;不比较,则其力不奋也;不通力合作,则其所造有限,而为程无尽也。"④1897年,康有为又在广西组织发起了"圣学会",得到了唐景崧、岑春煊、史念祖、游智开、蔡希邠、龙泽厚等一批广西官绅、学界人士的支持。蔡希邠在为该会作序时明确肯定了会社的作用,认为万事万物"有所会而后有成,不会则散,散则毁矣"⑤。强学会、圣学会等文人会社的出现,以其崭新的政治面貌和变法图强的鲜明立场,对清王朝实施了200多年的禁社令产生了强有力的冲击,在社会上也产生了极大的影响。

尽管这股结社的热潮很快随着戊戌变法的失败而沉寂,但由洋务教育、教会教育和留学教育所培养的新型知识分子群体,尤其是留学日本的学生群体的出现和崛起,进一步冲击了清政府的结社禁令。自1898年3月南洋公学正式派杨荫杭、雷奋、杨廷栋等人到日本东京留学以后,中国官方和民间到日本留学的人数不断增加。相对宽松的管理与留学生活的实际需要,促使留学生们在日本

---

① 《钦定皇朝文献通考(二)》卷六十九《学校考》.//影印文渊阁四库全书 第633册[M].北京:北京出版社,2012:645.

② 清实录 第3册 世祖章皇帝实录 卷1—卷144(崇德八年至顺治十八年)[M].北京:中华书局,1985:2508.

③ 康有为.上海强学会后序[J].强学报,1895(01):16.

④ 谭嗣同.壮飞楼治事篇第三:学会:谭嗣同集[M].加润国,选注.沈阳:辽宁人民出版社,1994:140.

⑤ 蔡希邠.圣学会序[J].时务报,1897(31):25—26.

成立了各种各样的民间团体。其中,既有基于地域产生的各省同乡会,也有偏于政治色彩的"励志会""同盟会"等。这些留学生归国后,依然注重彼此联络,并采用新型会社的方式在国内成立了各种各样的社团。可以说,近代教育会社的创建者,"正是那些在传统教育中成长起来又受西学影响的知识分子"[①]。

(一)地缘纽带的强化

近代社会变动的加剧使得传统的社会关系受到了极大的冲击,但它并未彻底崩溃,而是借助于西方的合群会党思想,逐步进行了现代化的转型。随着通商口岸的开放和西方文明的输入,中国的社会、经济和人口结构发生了巨大的变化。人们因求学、做官、经商、任事等活动辗转各地,生活圈子和交往圈子随之扩大,客居异乡往往成为新型知识分子生活的常态。对于一个初来乍到的外地人来说,要想在一个陌生的地方获得一席之地,大都可依赖传统的血缘、地缘、学缘等建立社会关系网。比如,为了加强同籍人士之间的联系与交流,在全国各个主要大城市,他们都会自发建立同乡会等互助组织,其中尤以在北京和上海居多,如各省的在京同乡会、在沪同乡会等。在日本的留学生界,地缘关系也是区分留学生团体的一个重要标识,如河南同乡会、江苏同乡会、浙江同乡会等。这种以同乡会为名的组织,是合群观念下地缘纽带转型的一种体现。

与此同时,有些非地缘性社团由于受到同人的拥戴,也成为各方人士聚会的联络中枢。如上海的国民丛书社,不仅被旅沪鄂人公认为联络中枢,而且成为他们与原籍进步知识界人士及海外鄂人联系的中介。对于江苏省教育会而言,时报馆的息楼等,则是江苏籍人士的重要聚集地。

(二)行业组织的转型

伴随着近代工商业的发展,社会职业分工愈加细密,由传统行业工会转化而来的同业会馆或公所,也在西方现代合群思想的冲击下,完成了现代化的改造。据不完全统计,"老上海的地缘性即同乡性会馆(公所)近60所;而同业性会馆(公所)有300多所。各行业都有自己的行业组织即同业性的会馆(公所),

---

[①] 张伟平著.教育会社与中国教育近代化[M].杭州:浙江大学出版社,2002:27.

连卖鸡蛋、卖酱菜的也不例外"①。各地先后成立的农学会、商学会、教育会等，就是这些新式团体的典型代表。作为联合学界的一种重要组织团体，教育会、学会、学生会都可以归入此类组织，比如上海的福建学生会、绍兴教育会、留日中国学生会等。江苏商会、学会的成立，也与此类似。

第三节 清政府对民间结社控制的弱化与控制方式的调整

晚清政府对于民间结社的控制政策经常出现一些摇摆，这既反映了清政府内部对于民间结社控制态度上的分歧与事实上的弱化，也体现出了清政府在控制策略和方式上的调整。

一、清政府对民间结社控制的分歧与弱化

拥有崭新的政治面貌与变法图强的鲜明立场的强学会的出现，对清王朝实施了200多年的禁社令产生了极大的冲击，导致了清政府内部对民间结社的态度分歧，引起了对其实际控制的弱化。总的来看，这种分歧与弱化呈现出朝廷禁止、地方默许的格局。而从性质上来看，政府对政治性社团（会社）严令禁止，但对商会、农会、不缠足会等行业性、风俗改良性、学术性的社团，则基本采取默许的态度。实际上，这一时期，清政府对结社传统的态度，开始了从早期的消极禁止、防范到逐渐规范、控制与利用的转变。

（一）朝廷禁止而地方默许

在强学会成立之初，它得到了包括张之洞在内的很多清政府重臣的支持。虽然强学会后来因为遭到弹劾而被禁止，被迫改为官书局，但在这一兴一废之间已经表明清政府统治阶级内部围绕民间结社在态度上出现了严重的分歧与

---

① 郭绪印.评近代上海的会馆(公所)、同乡会[J].上海师范大学学报(哲学社会科学版),2015(1):144.

对立,而且这种分歧与对立,不仅表现在朝堂内部,也表现在中央与地方对于民间结社的态度上,即朝廷禁止,地方默许。

戊戌变法期间,维新派冲破结社禁令,在各地创办了几十个学会。戊戌变法失败后,尽管慈禧太后曾以"乱政"之名下令解散了全国的各种学会,但握有实权的地方实力派,尤其是部分开明官员同情变法、希望革新,渴望对原有政策进行调整,因此,对禁止结社的禁令大都阳奉阴违、消极执行,甚至是抵制的。比如,两江总督刘坤一就以江苏各学会"研究学术,无涉政治"为由,不太干预江苏境内的商会、农会等团体事务。

1907年,清政府发布上谕,命令宪政编查馆会同民政部,妥善拟定结社集会条规。赵炳麟在上奏中主张:开会结社对国家大为有益,不应一概禁止。他甚至明确提出:"臣考我朝名臣,远如汤斌,近如曾国藩,亦皆立会讲学,蔚为良辅。"[①]

(二)严禁政治性社团,默许行业性等社团

清末各种政治类、风俗改良类与学术研究类会社的出现和繁荣,无疑给了知识界、教育界一个清晰的信号,即清政府在结会设社问题上的态度开始有了一定程度的转变:它虽然并没有正式废除禁止结社的禁令,但在实践上已采取了一种相对宽容的做法,至少对那些不直接危及清王朝统治的结会设社行为,采取了"睁一眼闭一眼"的默许态度,甚至试图借助会社的力量来改良民风、发展科学或安抚忧国忧民者的情绪,从而达到维持其统治的目的。正如御史赵炳麟所建议的:"凡研究政治法律、农商教育等会,必报部立案,一经核定,国家力任保护;其妨碍治安,不守法律所规定者,即行查禁。似此分别办理,庶合朝廷豫备立宪之至意。"[②]

这些已有的会社组织,既为江苏近代教育会社的诞生准备了社会条件,也为教育会社的创设与发展提供了可资借鉴的经验。可以说,强学会开启了晚清中国广大开明士绅结社的先河。

---

① 赵炳麟.请宽开会结社禁令片.//(清)赵炳麟著.赵柏岩集 上[M].南宁:广西人民出版社,2001:462.
② 赵炳麟.请宽开会结社禁令片.//(清)赵炳麟著.赵柏岩集 上[M].南宁:广西人民出版社,2001:462.

(三)早期消极防范,后期规范利用

在清末,我国出现了近代文化社团发展的两个高潮,这与清政府当时推行的文化社团政策有着直接的联系。甲午中日战争以后,在西学的影响下,知识分子为求自强,组织近代社团。清政府改变了以往对文化社团的严禁政策,放宽了对文化社团的管理,以期借助会社的力量改善受列强欺压的窘迫境况。戊戌时期,清政府对文化结社一度开放,使文化社团在短时间内有了一个相对良好的发展时空。这些文化社团成立后,倡导合群观念,对人民结社集会的权利进行了广泛的论证,既有力地冲击了封建统治的相关禁令,又推动了维新运动的高涨。因此,在戊戌政变前的一段时间里,全国出现了几十个文化社团,成为中国近代文化社团发展的第一个高潮。在清政府宽松环境下成立的众多文化社团在组织、思想等方面有力地冲击了清王朝的封建统治,为后来兴起的更大规模的文化结社运动开辟了道路。

戊戌变法后,全国各地不仅没有因为清政府的严厉禁令而放弃结社,各种社会团体反而如雨后春笋般出现,我国近代文化社团进入了又一个蓬勃发展的高潮期。而此时,清政府对结会设社的态度也有了明显的松动。如清政府对义和团运动的态度就具有很强的示范效应,即清政府最高当权者对义和团结社初期的纵容、安抚与利用,在很大程度上已经表明,清政府对待社会结社的态度已经发生了策略性的改变:从严厉禁止到有意利用。这种暧昧的态度,虽然没有直接带来结社的开禁,但不失为一个松绑的信号。当然,庚子勤王失败后,清政府的党狱再起,重新走上了原来的老路,但结社已呈暗潮汹涌之势。1904年,商会获得合法地位,但学界结社仍被禁止。1906年,清政府在预备立宪的诏谕发布以后,虽然重申禁止各省绅商士庶干预政事,但同时也命宪政编查馆会同民政部将有关结社条规,斟酌中外,妥拟限制。宪政编查馆认为,"结社、集会,种类甚伙……其讨论政学、研究事理、联合群策以成一体者,虽用意不同,所务各异,而但令宗旨无悖于治安,即法令可不加以禁遏";该馆还提出,结社、集会,"论其功用,实足以增进文化,裨益治理"[1];清政府遂于1908年公布了《结社集会律》(三十五条),对结社进行规范和限制。这充分反映了清政府内部保守派

---

[1] 李守郡.清末结社集会档案[J].历史档案,2012(01):36.

与改良派之间的冲突和斗争,也反映了清政府对于民间结社的矛盾心态,以及分类管理的思路。

由此可见,尽管中国有着悠久的统一文化传统,然而地广人多、地区差异大与单一的中央封建官僚系统之间一直存在着难以克服的矛盾。在清末立宪和地方自治思想的影响下,"地方团体组织表现为现代化建设过程中的合作力量,代表了政治转型过程中的权力分配形式。正是因为他们体现了地方社会相对中央政权的要求和愿望,所以具有相当的动员能力和社会影响力"[①],也因此逐渐被清政府看作是一股可以依靠和利用的力量。清朝的文化社团政策,从绝对禁止到部分开放,再到相关法律的出台,充分说明清政府对文化社团的管理逐渐走上法制轨道。新政恢复后,晚清士绅的结社活动由秘密走向公开,类型也由单一的政治组织发展为具有多样化功能的团体。

二、新式学术团体的示范

关于学会,在康有为以前,国人似未曾组织,见于记载者,大都出于外人之手。如早在1834年,为了纪念并发展马礼逊牧师在华的传教事业,许多来华外国人就倡议成立马礼逊教育会,并于1836年正式通过了《马礼逊教育会章程》,规定了该会的名称、宗旨、经费来源、组织机构和运行机制等。这是目前我们能看到的在中国成立的最早的教育性社团。该会成立后,一度开展了卓有成效的工作,最后却由于人员变动、师资缺乏等问题而致解体。而且,由于其活动范围主要局限于以香港为中心的中国南方地区,因此对全国影响并不大。

随着两次鸦片战争的爆发和西方传教事业向中国内陆的逐步渗透,来华传教士的数量日益增多,而他们分属于不同国家、不同教派,所办学校在办学水平、师资力量等方面也呈现出较大的差异,为了切实保障教育质量,提高传教成效,在华传教士曾于1877年在上海召开了一次基督教传教士全体大会,并在该会上成立了学校教科书委员会(The School and Textbook Series Committee,又名上海"益智书会"),希望借助教材的统一来规范基督教在华教育事业。而随着

---

① 肖小红.教育与政治:新文化运动时期的中国省际精英——江苏省教育会的案例研究//张西平主编.国际汉学 第十八辑[M].郑州:大象出版社,2009:242.

教会学校数量的增多与层次的丰富,成立一个专门的教育社团,来组织、协调各种外国在华教育事业已变得刻不容缓,于是1890年益智书会改组为中国教育会,通过了《中国教育会章程》,明确规定了该会的宗旨、组织机构、会员资格等。这是中国大陆第一个以教育会命名的教育性学术组织。不仅如此,该会还积极在中国各个省份与地区,组织省级或地区性基督教教育会,比如福建基督教教育会、广东基督教教育会、华东基督教教育会、华中基督教教育联合会等。

基督教教育会的成立,为中国类似学会和教育会组织的成立提供了一个具体的参照。此时恰逢中国洋务运动蓬勃发展之际,许多接受过新式教育的知识分子正在积极地宣传联合、结社的重要性和寻求联合、结社。虽然目前没有看到直接的资料来证明中国此后各种教育会的成立是受到了基督教教育会的启发,但至少它在一定程度上反映了结社的现实需要与时代潮流。我们从随后江苏学会的章程、组织结构与原则上看,二者确实也有很多相同之处。

20世纪初,由中国人自己发起的中国教育会也在上海宣告成立,蔡元培先生被推选为会长。不过,与后来的教育会更多地偏重学术研究与教育改进不同,中国教育会表面上办理教育,实际上则是一个革命团体,加之其因内部激进派与温和派的争议与冲突,在"苏报案"后它就逐渐衰落了。

作为近代中国社会与西方进行交流、沟通的窗口,上海是许多趋新人士与团体的主要活动地。除了上面提到的两个教育会,包括康有为的强学会等新式社团,也大都看中了上海交通便利、风气开通的优势,纷纷在上海设立总会或分会。此时的上海,还是江苏省的管辖地,因此,江苏学会的成立与组建和上海一地结社风潮的兴起有着非常密切的关系。根据桑兵先生的研究,在江苏学会成立前的1901—1904年,全国各地共有新式社团271个(不计分会),其中江苏有77个。而这些社团以功能而论,则以教育会最多,有21个。[①]这些社团的大量涌现,为江苏新型知识分子彼此联络、组织起来有很好的示范作用和参考价值。

事实上,在江苏学会成立之前,其发起人大都已经在各地着手组织类似的教育会或学会组织。如张謇于1904年主持设立"通州五属学务处",作为统筹推广新式教育的办事机构,由张謇、沙元炳与孙宝山任议长,设置议员30人。

---

① 桑兵.20世纪初国内新知识界社团概论[J].近代史研究,1994(05):90-91.

该学务处还曾陆续在各地兴办了一批中学和小学。这一由当地士绅组织发起的民间学务团体,在很大程度上承担了本应是官方设立的教育行政机构的职责,负责对地方新教育的发展进行总体规划。在科举废止后,苏州著名绅商王同愈等即向江苏巡抚呈文,指出中国的人口以四万万计,至少要二万万就学才能达到教育普及的最低程度,要求仿照张謇在通州的办法,设立学务公所,接管地方公款,兴办新式教育,并得到了江苏巡抚陆元鼎的批准。1905年,长元吴学务公所正式成立。同年,沈恩孚、袁希涛等也在上海发起组织了教育研究会,由袁希涛任会长,以"研究社会之情状以施相当教育,研究世界之情势以求教育之进步"为宗旨。

可以说,这些会社组织及张謇等人组织社团的实践与作为,既为江苏近代教育会社的诞生准备了社会条件,也为江苏教育会社的创设与发展积累了宝贵的经验。

第四节 解决江苏新式教育发展问题的需要

自宋明以来,江苏教育一向较为发达,在科举考试中表现卓越,传统教育基础深厚。上海开埠通商后,它成为中西文明交汇与碰撞的实验场,借助其便利的交通与通商口岸的商贸优势,它把西方文明源源不断地输入到了江苏腹地。为满足江苏新型工业发展的需要,一批有识之士锐意革新,积极引入西方的新式教育,以致江苏地区新旧教育之间冲突和矛盾激化。同时,江苏独特的行政规划和安排又给这种教育管理带来了制度上的矛盾。科举制度的废除,更是加剧了这一系列矛盾与冲突。面对这一切,由传统士绅官僚转变而来的新兴绅商阶层开始联合起来,通过与官方的斗争与合作,革新了地方教育事业,发展了地方经济,推动了地方社会的现代转型。组织江苏学会,则是他们团结学界力量、解决教育矛盾的重要方式。

一、新旧教育间的矛盾与冲突亟待解决

自唐宋以来,随着中国经济重心的南移,以江苏、浙江为主的江南地区,逐渐成为全国的经济文化中心。特别是从宋代范仲淹主持推动庆历兴学以来,江苏各地凭借雄厚的经济实力,普遍设立义学、社学、族学,形成了重教兴学的私人办学传统。鸦片战争爆发以后,江苏又因作为通商口岸的优越地理位置和经济地位,得风气之先,在新式教育的发展中走在了全国的前列。戊戌变法虽然失败了,但它要求大力发展新式教育的主张却为广大开明士绅所接受。1895年,张謇就曾在《代鄂督条陈立国自强疏》中明确指出,"立国由于人才,人才出于立学"[1],主张仿效西方先进国家设立各种专门学校,在各省广设学堂。1901年,清政府颁布兴学诏书,规定"除京师已设大学堂应行切实整顿外,着各省所有书院,于省城均改设大学堂,各府及直隶州均改设中学堂,各州、县均改设小学堂,并多设蒙养学堂"[2]。于是,全国各地出现了一股兴学热潮。在朝野上下的共同推动下,新式学堂纷纷涌现。"兴学育才,以济时艰"的呼声,激发了社会各阶层人士的兴学热情,使士绅办学热潮兴起。江苏地方士绅积极创办学堂,办学成就较高。据不完全统计,"从1902年至1909年间,属江苏布政使管辖地区创办官立学校522所,公立学校2821所,私立学校1176所;属江宁布政使管辖地区创办官立学校1281所,公立学校1474所,私立学校538所"[3]。从中可以看出,这一时期设立的学堂以公立与私立居多,官立学校较少,这也充分反映了江苏士绅的办学热情。

众多新式学堂的涌现,在培育具有新思想、新知识的新型人才的同时,也不可避免地带来了很多问题,它主要表现为新旧教育的冲突与矛盾。因为清政府虽然从政策上为新式学堂的建立提供了法律依据,但由于国库空虚,办学经费严重不足,官僚管理体系不完善,因此只能把发展地方教育事业的责任委托给地方士绅与民间教育团体,这种教育投入政策,不仅带来了各地教育发展的极

---

[1] 张謇.代鄂督条陈立国自强疏//李明勋,尤世玮主编.张謇全集1 公文[M].上海:上海辞书出版社,2012:21.
[2] 璩鑫圭,唐良炎编.中国近代教育史资料汇编:学制演变[M].上海:上海教育出版社,2007:7.
[3] 王树槐著.中国现代化的区域研究——江苏省(1860—1916年)[M].台北:"中央研究院"近代史研究所,1984:244.//转引自蒋梅.辛亥革命前后的江苏教育总会[D].扬州大学,2002:12.

端不平衡,更激化了因为筹措教育经费而引发的新旧教育之间的矛盾。新式学堂成本的高昂,加重了人民的负担,再加上一些新式学堂本身的腐败与管理不善,致使全国很多地方发生不同程度的毁学事件,其中以江苏、浙江两地居多。正所谓"聚众毁学,拆屋伤人之事,几于无地不有,无日不有"①。文中所列毁学事件,涉及苏州府吴县、常熟、震泽,常州府武进,镇江府丹徒、金坛,扬州府高邮、泰州、东台、江都,通州属通州等江苏多地。蒋维乔也说:"江苏之太仓、东台、镇江、扬州、淮安、海州,或焚毁十余校、或焚毁数十校。"②

但1905年科举制度被废除后,发展新式教育已是大势所趋。为了解决新式学堂发展中的各种问题,社会迫切需要能够联合志同道合之人,共同处理学务纠纷。正如张謇等人在发起江苏学会的倡议中所说的那样,"科举已停,本省各府州县一律须急办学堂,事极繁重,非经全省士绅公议不能妥洽"③。黄炎培也曾经指出,"清朝末年,各地兴学的风气大开,新旧思想复杂,学校和学校斗争,学校和官厅斗争,和绅士斗争,这派绅士和那派斗争,还有学生和学校斗争,酿成种种纠纷……在这种情况下,1905年很自然的产生江苏学务总会(后改名江苏省教育会)……"④

学者桑兵指出,"中国城乡人口流动性较大,士绅的相当部分来往于城乡之间,除从政做官外,不少人兼营商业、兴学授业或入幕为宾。他们既是城市的要角,又是乡间的名流。20世纪初,由于基层社会开通之士较少,虽有除旧布新的愿望,而苦于势单力薄,无法与顽固势力抗衡对垒,不得不求助于聚居大都市的本籍人士。而后者有志于输入文明进化风气,也主动扶助家乡的革新事业。许多成立于上海及各省垣的团体,都有设立总部、分会的计划,准备向内地府县乃至乡镇大力扩展"⑤。这就有力地推动了城乡趋新势力的结合,使分散的社会力量逐渐凝聚了起来。以此来印证于江苏学会的成立,是非常恰当的。江苏学会成立初期的一项主要工作,就是调查和调节各地的学务纠纷,解决新旧教育的矛盾。

---

① 问天.记载第一:中国大事记(宣统二年三月中国大事记:十二日江苏江宁县乡民滋事殴伤调查员)[J].东方杂志.1910(04):59.

② 蒋维乔.论宣统二年之教育[J].教育杂志.1911(01):3.

③ 江苏全省各府县同乡公鉴[N].时报,1905.//转引自赵利栋.清末新式学务团体和教育界的形成:以江苏省为中心.

④ 黄炎培著.八十年来——黄炎培自述[M].上海:文汇出版社,2000:74.

⑤ 桑兵.20世纪初国内新知识界社团概论[J].近代史研究,1994(5):94.

二、基层教育管理的缺位为士绅参与教育事务提供了契机

教育行政体制的改革,因为牵涉权力纷争,向来具有一定的滞后性。虽然清政府提倡兴办新式学堂,但作为当时国家最高教育行政机构的学部,直至1905年才正式成立。在各地以学政、教授、学正等教育行政官员为中心而组成的传统教育行政机构中大多职位由传统的旧式士绅出任,这显然不足以应付复杂而纷乱的教育改革与时状,加之各府州县各级相应的教育行政管理机构尚付阙如,因此,吸纳民间力量参与新式学堂的兴办与管理,就成为清末兴学的当务之急。晚清朝廷曾明确谕示:"教育之道,普及为先。中国疆域广远,人民繁庶,仅恃地方官吏董率督催,以谋教育普及,戛戛乎其难之也。势必上下相维,官绅相通,借绅之力以辅官之不足,地方学务乃能发达。"①这就正式赋予了地方绅商、学界兴办新式教育的权力。与此相应,奉命兴学的地方官员,通常也都倾向于把创建和管理新式学堂的职责,委托给当地有一定声望或热心新学的士绅办理。地方士绅在积极参与地方教育事务,推动地方教育发展的同时,也开始结成团体,借以增强改革的力量,共同克服在新式教育发展中所遇到的重重困难,也分享新式教育的管理权。这种基层教育管理的缺位,无疑也是近代教育会社得以发轫的重要背景之一。

自1900年到1905年,各种学社纷纷在江苏设立,其中大都以改良教育为宗旨。1904年初,张謇和当地士绅率先在通州成立了通州五属学务处,上海、宝山、嘉定、苏州、常州、南京和扬州等地也纷纷起而效之。这些学务公所实际上就是主持新式教育的地方行政机构。1905年9月,清政府下诏废除科举制度,在上海活动的苏籍人士即在各地已成立的学务公所或学务处的基础上,发起组织江苏学会,以团结省内外的教育界人士,推动新式教育的发展与新学制在各层面的确立,并为政治改革作准备。需要指出的是,这种地方学务处(公所),因为是由民间力量自发设立的,实际上介于学会和官府之间,有辅助官府推动兴学的职能,同时兼具官方行政色彩与民间团体性质。

---

① 学部:奏定各省教育会章程折.//朱有瓛,戚名琇,钱曼倩,霍益萍编.教育行政机构及教育团体[M].上海:上海教育出版社,1993:247.

三、江苏教育管理权力的分散加剧了教育发展中的地方主义

(一)省内两地提学使管辖权的分割

清朝末年,为了更好地管理地方事务,清政府在原有行省划分的基础上,又分别设立了具有较大管辖权的直隶总督、两广总督、两江总督等,这在一定程度上导致了江苏行政区划面临一些特殊问题。两江总督驻扎南京,而江苏巡抚驻扎苏州,两者在很多事务上都存在着模糊或重合之处。1904年,清政府下令各地设立省级学务处,江苏在南京和苏州分别设立了两江学务处和江苏学务处,其后又在江浦设立了江北学务处,这样江苏全省教育行政就因此一分为三。后来,由于设置了提学使,省教育行政机关两江学务处、江苏学务处也相应地分别改为江宁、江苏提学使司和学务公所,但"南北分裂局面"并没有发生本质性的变化。宁、苏提学使之间时常发生职权上的争执,致使"行政方面,机关分立,未易谋精神上之沟通"[1],甚至"各挟权位以抗",结果"制既革,而两省学产纠纷起"[2]。

特别是当教育资源有限时,双方往往会互相攻击,事实上就造成了江苏学界的分裂与对立,比如围绕两江师范学堂的入学名额分配问题,江苏学界就有多种主张。这种情况不仅不利于江苏学务的开展,而且也不利于学界力量的整合与团结。因此,为了发展江苏的新式教育事业,克服两属教育界人士狭隘的地域观念,张謇等人发起成立了江苏学会,希望通过这一组织的成立,能够尽量弥合双方的对立与分歧,真正达到联合江苏学界的目的。为此,该会在人事安排与会址选择上,也是煞费苦心。比如,把会址设在上海,一方面是为了借助上海便利的交通优势,更好地开展会务,另一方面则是避免把会址设在南京或苏州,会有顾此失彼、厚此薄彼的嫌疑。而在人事安排上,也特别强调要设立两个副会长,从苏属和宁属中各推举一人,尽可能地照顾到两地人员的平衡。

---

[1]《江苏省教育会二十年概况》记沿革//朱有瓛,戚名琇,钱曼倩,霍益萍编.教育行政机构及教育团体[M].上海:上海教育出版社,1993:268.

[2] 刘绍唐主编.民国人物小传 第四册[M].上海:上海三联书店,2014:80.

虽然从后来的发展看，特别是进入民国后，苏属的学界人士明显主导了江苏省教育会的发展，但是该会却为江苏全省新式教育的发展提供了一个基本的交流和沟通平台。而且，该会的组织架构和议事制度的设计，在很大程度上也确实起到了沟通、联络全省学界的作用，切实推动了江苏各地教育的共同发展。

（二）各省间争夺教育资源需要省内的团结一致

由于清末兴学采取的是地方教育地方办的财政体制，各地在兴办学堂时都存在着本地出资培养本地人才的想法，地方观念非常浓厚，因此各省对于本省是否招收外省学生持不同意见。作为两江总督的驻所，省府所设的三江师范学堂、南京水师学堂、武备学堂，虽然地处南京，但并非为江苏所独有，而是要面向安徽、江西、江苏三省招生。1905年科举制度被废除后，抱有一丝入仕希望的学子们渐渐挤向了新式学堂这条新路，学堂的入学指标看起来就像科举的学额，各省之间对于学堂入学名额的竞争，就陡然变得激烈起来。

清末学堂的省界之说，最早源于湖北、湖南、广东、福建等省，因为它们的学堂往往会规定只招收本省人。就江苏而言，三江师范学堂的经费主要源于江宁，而安徽、江西两省按学生额数所补助的津贴远远不足，因此，江苏籍士绅和学生即引湖北等地的成例，希望能够重新分配学额，要求根据各学堂的状况，对学额、学费、建筑等的分摊额度进行仔细计算，使本籍与客籍学生的比例得以平衡，这就是所谓的学额之争。1905年，三江师范学堂因学额问题一度罢课，影响很大。作为联络本省学界的组织，江苏学会实际上也是要最大限度地争取本省的教育资源与利益的。最后，两江总督周馥接受了张謇等江苏士绅的建议，按三江师范的招生人数大致以江苏为多，安徽次之，江西第三来进行分配，学额一事便暂时得以解决。在解决学额的问题上，江苏学会虽然不免有"省界"观念的局限，但也首次显示了一省学界联合的力量。实际上，最大限度地维护江苏省内教育的利益，推动江苏教育的发展，既是江苏学会成立的动机所在，也是江苏省教育会始终不变的追求。

由此可见，江苏学会的产生，既是清末新政和社会变革的产物，是清末以来江苏学界努力的结果，又是为了解决江苏教育内部管理上的特殊困难，促进江苏各地新式教育的共同发展而寻求解决之道的产物。

当然,不可否认的是,江苏学会的成立,肯定也受到了这一时期大量类似学会组织蓬勃发展的潮流的影响。远有文人结社传统和行业公会制度,近有各界对团体力量的宣传、肯定与现代社团的示范,江苏学会的产生也就有了思想、组织和制度上的榜样。

1905年,江苏学会的诞生,是近代中国知识分子结社的重要标志之一。尽管有教会的教育联合会与中国教育会在前,各省教育会乃至全国教育联合会的活动在后,江苏学会的诞生,亦显示出在西学东渐的推动下,近代中国社会地方民间力量的增长。从传统士绅阶层脱胎而来的新型士绅阶层,及其领导团结的一大批有新学背景的新式学人,已开始成为一股重要的社会变革力量。同时,江苏学会的成立,也反映了近代知识分子群体主动参与国家民族救亡图存运动的积极努力和尝试。

可以说,江苏学会,是在清末社会大变动的背景下,随着新式知识分子群体的崛起与清政府对民间结社控制的弱化与调整,在西方现代合群观念指导下,继承中国文人结社传统,以地缘和行业为基调,旨在推动江苏新式教育发展而组建的一个现代社团。

清季的江苏教育会(1905—1911)

第二章

清末,江苏教育会发起成立后,虽然几经更名,组织章程也有所调整,但其所确立的组织架构与运行机制,却为该会积极有效地开展教育活动提供了组织和制度保障。该会章程对会员、干事员,特别是会长资格的规定,则体现了江苏省教育会在成立之初,力图打破狭隘的地域限制,平衡江苏各地学务的努力。

第一节　江苏学会的成立与两度更名

江苏省教育会的前身,为1905年成立的江苏学会(江苏学务总会),中间历经江苏教育总会,最终在民国初年改为江苏省教育会,直至解散。关于它的早期组织演变及其性质,学界尚未形成共识。谷秀青在其博士论文中梳理出了三种主要观点:一为"江苏学务总会—江苏教育总会—江苏省教育会",萧小红、刘正伟、孙光勇等人皆持此说;二为"江苏学会—江苏学务总会—江苏教育总会—江苏省教育会",高田幸男、邱秀香、郑新华等人(认可这种观点);三为"江苏学会—江苏教育总会—江苏省教育会",蒋梅持此观点[①]。上述三种观点的分歧,主要集中在对江苏学会与江苏学务总会关系的把握上。实际上,从组织演变的特性与人们的用语习惯上,重新去理解和解读相关史料及其之间的矛盾,可以帮助我们更好地解决这个问题。

[①] 谷秀青.清末民初江苏省教育会研究[D].华中师范大学,2008:10-11.

一、江苏学务总会(江苏学会)

从组织形态的演变来看,江苏学会与江苏学务总会,实际上是一个组织团体的不同发展阶段和不同名称,是发起成立和正式组建时定名上的区别,是在实际的使用中,当时的许多人未对这二者进行严格的区分造成的。它们的区别,主要表现为使用者的个人习惯,或者是使用上的简称与正式名称的区别,而恰恰是这种区别,却给后来的研究者带来了很多的困扰。

关于江苏学会的早期历史,原始资料的主要来源有《申报》《时报》《东方杂志》等报刊的相关报道,江苏省教育会自身编撰整理的文牍资料,部分时人和当事人的日记、回忆录等。根据现有资料判断,江苏学会从发起到成立,一共历时3个多月,主要分为两个阶段,最终定名为江苏学务总会。对此,日本学者高田幸男对《申报》有关江苏学会和江苏学务总会的资料做了很好的梳理,但他把二者作为前后相继的两个组织的结论并不足以令人信服。而江苏省教育会自身编撰和出版的《江苏省教育会十年概况》和《江苏省教育会二十年概况》中所确立的组织演变谱系:"江苏学务总会—江苏教育总会—江苏省教育会",则主要是依据该组织自身正式确立的章程而言,也因此更具合理性。

(一)发起与筹备阶段

当前,根据对现有史料的研究,江苏学会是由恽祖祁、王清穆、张謇等人,在1905年农历九月发起成立的,张謇被推举为第一任会长。但是,关于该学会成立的具体时间,不同文献的记载稍有出入。

1905年10月5日《申报》第四版刊文《江苏学会开会纪事》:"初六日[①]下午两点钟,在沪江苏士绅及江苏学会发起人开会于大马路泥城桥江苏学会事务所,到者约二百余人。兹将是日会议情形列左:一、发布开会原由及宗旨。(甲)联络本省同志以图学界之公益;(乙)研究本省学务;(丙)调查本省学界情形;(丁)补救本省学务上缺弊。二、推举拟定会章起草员(由主席者推举十二人)。三、宣

[①] 指阴历九月初六。后文中晚晴时期涉及该会的日期都应该注意这一历法上的区分。

布下次开会准备事件。(甲)公决会章;(乙)选举职员。"①

第二天,该组织就以"江苏学会"的名义在《申报》头版刊登广告,通知江苏省关心学务的人,在当月初九到江苏学会在大马路的事务所,领取初十日(阴历)大会的入场券,当时规定的会员年龄资格是23岁②,并谈及初十日会议的主要内容是讨论会章。

10月8日上午9点,以"江苏学会"的名义组织的大会如期召开。"江苏全省士绅咸集沪北愚园,会议设立江苏学会之事。主席张季直先生因病不到,由屠敬山莅会代表,先由雷君继兴代表十二起草员之意见(初六日所拟)并所拟江苏学会应办之事,次由主席者提议,争江宁各学堂情形,次由大众公决,举张君季直、恽君心耘为正副会长,又举王丹揆、李平书、刘葆良、许九香四君为会董,另设办事所于小东门外大生纱厂帐(账)房,是日到会者一百十余人,签名入会者共九十余人(有十余人因事早出)。其会员入会资格,一发明教育或推广教育者,二有关系学务上经济问题之能力者,俟会章议定后,尚须由各厅府州县公举代表人到沪再开大会,公决章程并选举各种职员,以期推广苏省学务云"③。

上述报道至少给我们透露了如下几个重要的信息:第一,江苏学会章程的草稿,应该是在九月初六日由雷继兴等十二人共同草拟的,讨论地点为大马路泥城桥江苏学会事务所;第二,九月初十的集会,虽然出席人数有100多人,也基本议定了章程的主要内容,但并不是正式的全体常会,还必须等到各厅府州县所推举的代表人到上海再次开大会,才能正式公决章程并选举各种职员;第三,此次会议商定的学会办事处是小东门外大生纱厂帐(账)房。可以说,发起会议主要是确立了江苏学会章程(草拟)、基本领导核心与办事地点。

随后,在1905年10月10日至12日,江苏学会连续三日在《申报》头版发布广告,通告所有对该学会关心的人,"一切往来信函等,通信地址都是在小东门外河

---

① 江苏学会开会纪事[N].申报,1905-10-05(光绪三十一年,乙巳九月初七日,第四版)//申报影印本 第81册,上海:上海书店,1985:288.

② 江苏学会广告[N].申报,1905-10-06(光绪三十一年,乙巳九月初八日,第一版)//申报影印本第81册,上海:上海书店,1985:295.

③ 纪议立江苏学会情形[N].申报,1905-10-09(光绪三十一年,乙巳九月十一日,第四版)//申报影印本 第81册,上海:上海书店,1985:320.

浜大生纱厂帐(账)房内"①。署名为江苏学会的六名主要负责人,即张謇、恽祖祁、李平书、刘葆良、徐鼎霖、王清穆。其内容和前面《申报》的报道是一致的。不过,《张謇日记》中对此事的记录却是:"(九月)九日,卧乃不起。学会发起,小有冲突,闻推余为会长。"②虽然两个史料的内容一致,但张謇日记中的开会日期比《申报》的报道早了一日。与私人记忆相比,报刊在日期的准确性上应该更胜一筹。

此时,离江苏学会的全体大会还有一个多月的时间。

(二)正式成立与定名阶段

1905年11月20日至12月3日,江苏学会连续14天在《申报》发布广告,称江苏学会暂定12月12日至16日(阴历十一月十六日至二十日)举行第一期常会,会期为五日③,要求江苏各地士绅推举代表参加学会常会,并规定了名额分配办法与入会条件。而查阅相应时段的《申报》可以发现,该常会得以如期举行,且每日下午2点都有集会讨论。正是在这次常会召开的第一天,江苏学会全员大会公决该会的名称为"江苏学务总会"。自此以后,"江苏学务总会"就成为该组织的正式名称。

表2-1 从江苏学会到江苏学务总会成立进程表

集会或活动时间	集会地点或广告声明	主要人物	主要议题和有关内容
1905年10月4日(光绪三十一年九月初六)下午2点	大马路泥城桥江苏学会事务所	雷继兴等200余人	一、发布开会原由及宗旨。(甲)联络本省同志以图学界之公益;(乙)研究本省学务;(丙)调查本省学界情形;(丁)补救本省学务上缺弊 二、推举拟定会章起草员(由主席者推举十二人)。 三、宣布下次开会准备事件。(甲)公决会章;(乙)选举职员。

---

① 江苏学会广告[N].申报,1905-10-10,11,12(光绪三十一年,乙巳九月十二日、十三日、十四日,第一版)//申报影印本 第81册,上海:上海书店,1985:327,335,343.

② 李明勋,尤世玮主编.张謇全集 8 柳西草堂日记 啬翁自订年谱[M].上海:上海辞书出版社,2012:615.

③ 上海江苏学会广告[N].申报,1905-11-20,21,22,23,24,25,26,27,28,29,30;12-1,2(光绪三十一年,乙巳十月廿四日、廿五日、廿六日、廿七日、廿八日、廿九日、三十日、十一月初一、初二、初三、初四、初五、初六,第一版)//申报影印本 第81册,上海:上海书店,1985:677,685,701,709,717,725,737,745,753,761,769,781,799.

(续表)

集会或活动时间	集会地点或广告声明	主要人物	主要议题和有关内容
1905年10月6日（光绪三十一年九月初八）	江苏学会广告		本会现由发起人公推学界同人,草拟会章,于本月初十日准九点钟,在愚园开会,宣布公决。凡本省人,合后开资格者,请先于初九日午前九点钟,迄午后四点钟,至大马路泥城桥东块本会事务所题名并取入场券,以便筹备生席。到会者资格约略如左:士绅于学务有关系者或能担任扩张地方学务者,均须年在二十三岁以上;再苏有同人,如有意见书,请交本会事务所收,谨此布闻。
1905年10月8日（光绪三十一年九月初十）上午9点	沪北愚园	屠敬山等110多人	论江宁各学堂情形;大众公决,举张季直、恽心耘为正副会长,又举王丹揆、李平书、刘葆良、许九香四君为会董;另设办事所于小东门外大生纱厂帐（账）房;会员入会资格,一、发明教育或推广教育者,二、有关系学务上经济问题之能力者;俟会章议定后尚须由各厅府州县公举代表人到沪再开大会,公决章程并选举各种职员,以期推广省学务。
1905年10月10日至12日（光绪三十一年九月十二至十四）	江苏学会广告		一切往来信函等,通信地址都是在小东门外河浜大生纱厂帐（账）房内。
1905年11月20日至12月3日（光绪三十一年十月廿四到十一月初七）	上海江苏学会广告		江苏学会暂定12月12日至16日（阴历十一月十六日至二十日）举行第一期常会,会期为五日。（要求江苏各地士绅推举代表参加学会常会,并规定了名额分配办法和入会条件）
1905年12月12日下午2点（光绪三十一年十一月十六日）	江苏学会集议情形	张謇等121人	宣布立会宗旨,讨论会章等,全体公决;议结宗旨、会所、会期、会员、职员各条例。
15日下午2点（光绪三十一年十一月十九日）	江苏学会开会续志		投票公举,经济部干事员,许鼎霖、王清穆、曾铸、周廷弼、刘树屏、李钟钰六人均入选;调查部干事六人,由会长推举,杨允升、张相文、白作霖、侯必昌、汪钟霖、袁希涛,与各属会员公决,均多数赞成。
16日下午2点（光绪三十一年十一月二十日）	江苏学会开会三志		推举干事十人:普通部干事吴馨、夏清贻二人,专门部干事翁顺孙、董瑞椿二人,庶务部记员沈同芳、陆基二人,又会计员龙杰、苏本炎二人,又招待员恽毓昌、高人后二人,举毕即提议学务:一、旅宁常州府支会代表鑑明提议学领事。二、江宁府属提议江南学务处事。

(续表)

集会或活动时间	集会地点或广告声明	主要人物	主要议题和有关内容
17号下午2点(光绪三十一年十一月廿一日)	江苏学会开会四志		一、各厅州县未举代表人者,请邻境会董于三个月内速举会董,以便报部;二、统一小学办法;三、推广小学经费;四、实行会章宗旨甲条问题(系指注重师范言,会章已见十七日本报);五、学额问题。

资料来源:

1. 江苏学会开会纪事[N].申报,1905-10-5(光绪三十一年,乙巳九月初七日,第四版)//申报影印本　第81册,上海:上海书店,1983:288.

2. 江苏学会广告[N].申报,1905-10-6(光绪三十一年,乙巳九月初八日,第一版)//申报影印本　第81册,上海:上海书店,1983:295.

3. 纪议立江苏学会情形[N].申报,1905-10-9(光绪三十一年,乙巳九月十一日,第四版)//申报影印本第81册,上海:上海书店,1983:320.

4. 江苏学会广告[N].申报,1905-10-10,11,12(光绪三十一年,乙巳九月十二日,十三日,十四日,第一版)//申报影印本　第81册,上海:上海书店,1983:327,335,343.

5. 上海江苏学会广告[N].申报,1905-11-20,21,22,23,24,25,26,27,28,29,30;12-1,2(光绪三十一年,乙巳十月廿四日,廿五日,廿六日,廿七日,廿八日,廿九日,三十日,十一月初一、初二、初三、初四、初五、初六,第一版)//申报影印本　第81册,上海:上海书店,1983:677,685,701,709,717,725,737,745,753,761,769,781,799.

6. 江苏学会集议情形[N].申报,1905-12-14(光绪三十一年,乙巳十一月十八日,第四版)//申报影印本　第81册,上海:上海书店,1983:890.

7. 江苏学会开会续志[N].申报,1905-12-15(光绪三十一年,乙巳十一月十九日,第四版)//申报影印本　第81册,上海:上海书店,1983:902.

8. 江苏学会开会三志[N].申报,1905-12-16(光绪三十一年,乙巳十一月二十日,第四版)//申报影印本　第81册,上海:上海书店,1983:910.

9. 江苏学会开会四志[N].申报,1905-12-17(光绪三十一年,乙巳十一月二十一日,第四版)//申报影印本　第81册,上海:上海书店,1983:918.

　　由此可见,把江苏学会与江苏学务总会当作前后相继的两个组织的观点是错误的,二者本身是一个组织,但只有"江苏学务总会"才是该组织正式成立并进行活动的名称与身份。只不过由于该组织的筹备与成立时间较长,"江苏学会"这一名称的使用,在该组织内外成员心中仍然具有一定的惯性,因此才出现了一段时间的混用、并用的情况。比如，在随后的《申报》上，经常还能看到"江苏学会"的字眼：1905年12月28日，《申报》头版刊登了《江苏留学生致江苏学会函》，函件的对象被称为"江苏学会"[1]；12月29日，《申报》第二版刊登了《上海江苏学会复江宁各学堂函》（为十七省学会事），仍然用的是"江苏学会"[2]。1906年1月2日，《申报》刊登了《江苏学务总会绅士致江督函》（为苏湖苏籍旅学事），前面附有《芜湖苏省学生致上海江苏学务总会电》（为旅学事），标题用的是正式的"江苏学务总会"，而电文开头称呼仍然是"江苏学会"[3]。随后，该组织愈发自觉地以"江苏学务总会"的名义参与教育和社会事务，如1905年1月5日，《申报》上刊登有《江苏学务总会致苏州学务处公函》（为请汰乾修事）[4]。但在时人的用语中，"江苏学会"这一称呼并未消失。直至1906年6月14日，还可以在《申报》上看到《江苏学会复上海道函》（为警察干涉演说事）[5]。而胡适1906年在澄衷学堂时所记日记中，谈到该组织时用的也仍然是"江苏学会"："四月初二日（阳历四月廿五号）[记事]江苏学政唐春卿来此视学，方其将抵沪上也，江苏学会开会欢迎之"；"闰四月十七日（阳历六月八日）[记事]向白振民处取得江苏学会简章一纸，见其完备善美处，直非安徽学会会章所可比拟也。"[6]

不仅如此，在随后的报纸上，我们还可以看到"江苏总学会"的称号，它同样指的是江苏学务总会，如1906年11月7日《申报》曾刊登《江苏总学会开会纪事》，报道江苏学务总会召开特别会的情况。明了了江苏学会和江苏学务总会的关系及其混用情况，江苏教育总会后来在其自述中把自己的历史追溯到"江苏学务总会"，也就可以得到解释了，即它是从该组织的正式章程经全体大会通过来确定自己的历史起点的。

---

[1] 江苏留学生致江苏学会函[N].申报,1905-12-28（光绪三十一年,乙巳十二月初三日,第一二版）//申报影印本 第81册,上海：上海书店,1983:1005.

[2] 上海江苏学会复江宁各学堂函[N].申报,1905-12-29（光绪三十一年,乙巳十二月初四日,第二版）//申报影印本 第81册,上海：上海书店,1983:1013.

[3] 江苏学务总会绅士致江督函[N].申报,1906-01-02（光绪三十二年,乙巳十二月初八日,第二版）//申报影印本 第82册,上海：上海书店,1983:9.

[4] 江苏学务总会致苏州学务处公函[N].申报,1906-01-05（光绪三十二年,乙巳十二月十一日,第二版）//申报影印本 第82册,上海：上海书店,1983:33.

[5] 江苏学会复上海道函[N].申报,1906-06-14（光绪三十二年,乙巳闰四月二十三日,第三、四版）//申报影印本 第83册,上海：上海书店,1983:728.

[6] 胡适著.胡适全集 第二十七卷（日记）1906—1914[M].合肥：安徽教育出版社,2003:21,46.

二、江苏学会与江苏学务总会章程的版本考辨

当前,关于江苏学会和江苏学务总会的章程,一共有两个版本。其一为《东方杂志》1905年第12期所刊载的《江苏学会暂定简章》;其二为《申报》1905年12月12日至13日刊登的《江苏学会暂定简章》。前者因被收入《中国近代教育史资料汇编》中,而被相关研究者所熟悉和使用,成为通行的《江苏学会暂定简章》。由于这两个章程在具体内容的规定上有一定的出入,特别是《中国近代教育史资料汇编》在收录《东方杂志》版的简章时,有一些删减,致使很多学者把江苏学会和江苏学务总会认定为前后相继的两个组织,因此需要对这两个章程加以仔细地分辨与考证。

表2-2 《申报》和《东方杂志》所刊登的《江苏学会暂定简章》对比表

	《申报》版	《东方杂志》版
组织正式名称	一、定名 本会由本省同志组织成立,定名江苏学务总会。(此会成立后,先将简章呈请督抚,奏咨立案,与京师学部及学务处直接)	一、定名 本会由本省同志组织成立,定名江苏学会。(此会成立后,先将简章呈请督抚,奏咨立案,与京师及省城学务处直接)
宗旨和主要任务	二、宗旨 专事研究本省学务之得失,以图学界之进步,不涉学界外事。 甲、注重师范。劝导各道或各府厅州县建立师范学校,养成教员、管理员,多设初级小学校,以谋教育之普及。 乙、考求实业。劝设实业学校,养成农工商实业之才。 丙、提倡尚武精神。各学校均宜注重体育。现北洋已行就地征兵之法,南洋亦复踵行,各府厅州县之学生,有卒业于高等小学校之程度,而年龄、身材合格,志愿在武备者,随时向本地学会董事报明。学务公所验明、注册,报告本会,以便俟本省各水陆师学堂招考时,由本会照章保送。 丁、预备地方自治。奉直二省已遵旨举办地方自治,近日,朝廷又特遣大臣考求各国政法,将来必以地方自治为行政之基础,宜办政法警察等速成科,养成地方裁判警察之资助。	二、宗旨 专事研究本省学务之得失,以图学界之进步,不涉学界外事。 甲、注重师范。劝导各道或各府建立师范学校,养成教员、管理员,多设初级小学校,以谋教育之普及。 乙、考求实业。劝设实业学校,养成农工商实业之才。 丙、提倡尚武精神。各学校均宜注重体育。现在北洋已行就地征兵之法,南洋将次踵行,各府厅州县之学生,有卒业于高等小学校之程度,而年龄、身材合格,志愿在武备者,随时向本地学会董事报明。学务公所验明、注册,报告本会,以便俟宁垣水师陆师学堂招考时,由本会保送。 丁、预备地方自治。奉直二省已遵旨举办地方自治,近日,朝廷又特遣大臣考求各国政治,将来必以地方自治为行政之基础,宜办政法警察等速成科,养成地方裁判警察之资助。

(续表)

	《申报》版	《东方杂志》版
宗旨和主要任务	戊、联合本省学界。(一)调查出洋学生名籍、学科,并查年岁及出洋年月、毕业期限;(二)每年二次,春以三月,秋以八月,江南北各三人分赴各府厅州县,调查学务,调查员舟车路费由总会支给,凡到一处饮食住屋舟车等事由该处照料;(三)总会所调查或各处自陈意见及办法于总会者,分次汇告会员。(四)除接待本会各处代表人外,凡本省人就学于各省及外国者,皆为招待之。招待另有细则。 已交通各省学界(或通函简,或派参观联络情谊,交换知识。)	戊、联合本省学界。(一)查出洋学生名籍、学科,并查年岁及出洋年月、毕业期限;(二)每年二次,春以三月,秋以八月,派人分赴江南北各府厅州县,调查学务,调查员舟车路费由总会支给,凡到一处饮食住屋舟车等事由该处照料;(三)总会所调查或各处自陈意见及办法于总会者,分次汇告会员;(四)略。
会所	三、会所 因交通之便利,设总会于上海,暂借新闸酱园弄。	三、会所 因交通之便利,设总会于上海。
常会会期与登报时间	四、会期 常会 每年十一月下半月中择定会期,前三十日登报,届期集议,以便据调查员之报告,期明岁之改良。临时会(一)各处有关于学务重要之事,须请总会协助者;(二)总会有关于学务重要之事,须请各地方公(共)同集议者,总会得开临时会,登报、通信,如常会例。如有急要之事,由会长决定后布告会员。	四、会期 常会 每年十一月下半月中择定会期,前二十日登报,届期集议,以便据调查员之报告,期明岁之改革。临时会(一)各处有关于学务重要之事,须请总会协助者;(二)总会有关于学务重要之事,须请各地方公(共)同集议者,总会得开临时会,于定期半月前登报。
会员与会费	五、会员 各府厅州县公举赴会之代表人及志愿入会者,合于下开资格者,均得为会员,既入会后均有选举权及开会时公决之权。 代表人之资格 甲、学务董事;乙、各地方学会会长;丙、地方总董;丁、声望素为众所推服者。 会员之资格 甲、绅士于学务有关系者;乙、绅士实能担任推扩扶助学者;丙、兴办工商实业著有成效者。 以上均须年二十五岁以上者。 入会费及年费 甲、入会时缴入会费银十元;乙、会员每年缴年费六元,于常会时预缴,常会后入会者入会时缴清。	五、会员 发起人及各府厅州县公举赴会之代表人,或赞成本会宗旨愿入本会,合于下开入会之资格者,均得为会员,既入会后均有选举职员及被选举权。 代表人之资格 甲、学务董事;乙、各地方学会会长;丙、地方总董;丁、声望素为众所推服者。 入会资格 甲、绅士于学务有关系者;乙、绅士实能担任推扩扶助学者;丙、兴办工商实业著有成效者。 以上均须年二十五岁以上者。

(续表)

	《申报》版	《东方杂志》版
职员数量	六、职员　会长一人,副会长二人,评议员以各府、各直隶州所辖厅州县多寡之数为差,不拘何厅州县之人[江宁府七人,苏(州)府十人,松(江)府八人,常(州)府八人,镇(江)府四人,扬(州)府八人,淮(安)府六人,徐(州)府八人,通州四人,海州三人,太仓(州)五人,海门厅一人,共七十二人]。会董每厅州县各一人,干事员全会共二十二人。(经济部六人,调查部六人,普通部二人,专门部二人,庶务部六人,内分书记二、会计二、招待二)	六、职员　会长一人,副会长二人,评议员以各府、各直隶州所辖厅州县多寡之数为差,不拘何厅州县之人。(江宁府七人,苏州府九人,松江府八人,常州府八人,镇江府四人,扬州府八人,淮安府六人,徐州府八人,通州四人,海州三人,太仓州五人,海门厅一人,共七十一人。)会董每厅州县各一人,干事员全会共二十人。(经济部六人,调查部四人,普通部二人,专门部二人,庶务部六人,内分书记二、会计二、接待二人)
职员任期	八、职员之任期　会董、评议员每年一举,会长、副会长、干事员均二年一举,连举者连任。	以上职员均二年一举,连被举者可以连任,如对于本会不能尽相当之义务或有损本会之名誉者,一经同会会员指证确实,可以辞退,然仍需会员多数之公决。
附款	九、附款　此简章每逢常会时得公议改良。	八、附款　此简章暂行公决施行,至第一次常会公定全章后即照全章办理。

资料来源:

1.江苏学会暂定简章[J].东方杂志,1905(12):333-334.

2.江苏学会暂定简章[J].东方杂志,1942(12):335-336.

3.江苏学会暂定简章[N].申报,1905-12-12,13(光绪三十一年,乙巳十一月十六日第十版,十七日第九版)//申报影印本　第81册,上海:上海书店,1983:893,905.

总的来看,《申报》版章程的内容要比《东方杂志》版更加详细。根据表2-2的内容可以看出,二者的具体分歧表现在以下几个方面。

(一)关于该组织的正式名称

《申报》版简章确定的名称是"江苏学务总会",而《东方杂志》版却说是定名"江苏学会"。两个版本的章程,也是导致现在对江苏学会与江苏学务总会关系认定模糊的缘由。

(二)关于学会的宗旨和主要任务

《申报》版简章和《东方杂志》版简章在宗旨上并无实质性分歧,但就具体的任务而言,《申报》版有所扩展。

扩展的内容 在强调"联合本省学界"的同时,有两个突破:一是会员涵盖了省外的苏籍学生,即"除接待本会各处代表人外,凡本省人就学于各省及外国者,皆为招待之。招待另有细则"。二是强调与他省学界的沟通,"交通各省学界(或通函简,或派参观联络情谊,交换知识)"。

(三)关于会所

《申报》版简章比《东方杂志》版简章的规定更加明确:总会设于上海,暂借新闸酱园弄。

(四)关于常会举行的会期与登报时间

《申报》版简章规定的会期登报日为(常会召开)前三十日,比《东方杂志》版简章的规定提前了10天。关于临时会的召开,《申报》版简章规定:像常会一样提前三十日登报或通信,而《东方杂志》版简章规定的登报时间只提前半个月。时间的延长,无疑是考虑到了信息的传播时间,更多地照顾了信息闭塞、交通不便地方的会员。与此同时,《申报》版简章还规定:"如有急要之事,由会长决定后布告会员。"这就无形中扩大了会长的权限范围。

(五)关于会员与会费

虽然两个版本的简章关于会员的入会资格相同,但《东方杂志》版简章只是规定了会员的选举权与被选举权,《申报》版简章还进一步规定了会员的表决权,从而保证了会员享有更大的权利;与此同时,《东方杂志》版简章没有入会费与年费的规定,而《申报》版简章明确规定了入会费及年费,"甲、入会时缴入会费银十元;乙、会员每年缴年费六元,于常会时预缴,常会后入会者入会时缴清"。这一规定对于会务的顺利展开是非常必要的。

(六)关于职员数量与职务任期

与《东方杂志》版简章相比,在《申报》版简章的规定中,增加了1名苏州府的代表名额,增加了2名调查部干事名额。《东方杂志》版简章规定:职员都是两年选举,而《申报》版简章对选举和任期的内容做出了专门规定,除会长、副会长、干事员等核心成员是两年一举外,会董、评议员规定为一年一举。可能是考虑到学会初创,为了更好地吸引会员,《申报》版简章没有《东方杂志》版简章中关于会员清退情形的规定。

如何来理解和判断两个简章的这些出入呢?很有可能,《东方杂志》所刊登的简章,是江苏学会第一次大集会(10月8日)时确定的草稿;而《申报》刊登的简章,才是第一次全体大会(12月12—16日)通过的定稿,正是因为经过了大会的讨论,《申报》版简章的规定才会更加细致、全面。理由如下:

第一,从简章的具体内容看:《东方杂志》版简章最后一条附款明确规定:"此简章暂行公决施行,至第一次常会公定全章后即照全章办理。"而在《申报》版简章中,最后的附款是"此简章每逢常会时得公议改良"。一个明确提出要经过常会公定,一个则更强调每逢常会改良。

第二,从执行情况来看,《申报》版简章规定,调查部的人数是6人,而《东方杂志》所刊简章规定的是4人。根据《申报》随后的报道,第一次常会选举出来的调查员确实是6人,即杨允升、张相文、白作霖、侯必昌、汪钟霖、袁希涛。

第三,《东方杂志》是月刊,而《申报》是日报,从报道的及时性和准确性来看,应该是《申报》更为可靠。

第四,江苏学会从成立起,就和《申报》有非常密切的联系与合作,该团体以江苏学会和江苏学务总会名义发布的很多声明、函件、通电等,都是在《申报》这个平台。因此,有理由认为,《申报》的报道是来自江苏学务总会的正式渠道。而《申报》公布的简章中所增加的"除接待本会各处代表人外,凡本省人就学于各省及外国者,皆为招待之"以及"交通各省学界(或通函简,或派参观联络情谊,交换知识)",正和其更名为"江苏学务总会"后统揽江苏全省学务的目标高度一致,突出了联络、集合江苏全省的意思,也显示了其期望在全国学界发挥影响的雄心。

三、再次更名为江苏教育总会

1906年7月28日,清政府公布了《学部:奏定各省教育会章程折》,明确要求,"教育会为全省所公立,而设在学务公所所在之地者,称某省教育总会",而且其第十五条要求:"其章程未颁行以前所立之教育会,亦当一律遵用",因此,江苏学务总会在9月20日召开的常年大会上,在会章中将自己的名字更定为"江苏教育总会"。1908年的《江苏教育总会文牍三编》中明确谈道,"敝会自乙巳冬间创建,本名江苏学务总会……上年夏间,始奉部颁教育会章程第十五条……于上年(1906)九月开常会时,亦即遵章改为江苏教育总会"[①]。在其他资料中,该会也谈及此事:"敝会发起于乙巳冬间,初名江苏学会,是年始设学部,明年丙午始颁教育会章程,与敝会所拟简章用意亦相仿,爰遵改名为教育总会"[②]。这就再次印证了江苏学会、江苏学务总会和江苏教育总会之间的一体沿革关系。至于从"江苏教育总会"再改为"江苏省教育会",则是民国时期的事情了。

第二节 该会的组织架构与运行机制

江苏学务总会成立之初,就构建了相对完备的组织机构,以便顺利地开展会务工作。但毕竟该会属于初创,其组织架构和运行机制只能随着经验的积累而不断完善。此后,随着国家政体的更替和教育主管部门对教育会的规范与要求的变化,以及其自身对教育亟需事业认识的变化,该会的教育工作重心在不断地调整,因此,它的组织架构和运行机制也随之发生着相应的改组和变动。

[①] 上江督端编呈本会丁未年第二期文牍书//江苏教育总会编辑部著录.江苏教育总会文牍 三编 上[M].上海:中国图书公司,1908:17.

[②] 咨复广东提学使王派员来沪调查本会组织法文//江苏教育总会编辑部著录.江苏教育总会文牍 三编上[M].上海:中国图书公司,1908:52.

一、组织架构

作为一个学会,江苏学务总会的会务工作主要是通过召开各种会议来进行的。而组织、召集这些会议的人,就是该会的核心成员,主要包括会长、副会长、干事员、会董、评议员等。在1905年的《江苏学会暂定简章》中,江苏学务总会只是笼统地规定了会长、副会长、评议员和会董、干事员等各自的职责,但是对于学会的组织架构并没有太清晰的梳理,对于学会的整体运作机构与运行机制还处在探索阶段。此后,该会为了完善其组织架构,畅通会务运行机制,在历次常年大会上,都会对自身的组织架构、职员权限、运行机制等进行相应的调整。1907年对学会章程的修改,就明确确立了在常年大会之外,以全体职员会、评议员会、会董会和干事员会为主体的组织架构;1908年,又为各个职能机构拟定了各自的专门章程,规定了各自的权限与相互关系(见图2-1)。

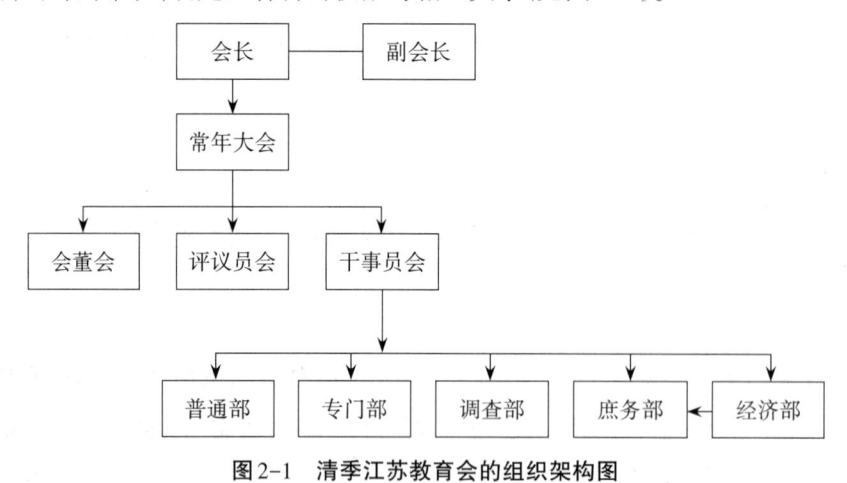

```
        会长 ── 副会长
          │
          ▼
        常年大会
     ┌────┼────┐
     ▼    ▼    ▼
   会董会 评议员会 干事员会
                  │
      ┌─────┬─────┼─────┬─────┐
      ▼     ▼     ▼     ▼     ▼
    普通部 专门部 调查部 庶务部 经济部
```

图2-1 清季江苏教育会的组织架构图

(一)常年大会

该会章程规定,每年一次的会员代表大会,即常年大会是江苏学务总会的最高权力及决策机关。包括会章的修改,正、副会长和主要干事员的换届选举,该会的经济预算与决算的审议,重要议题的讨论与表决在内,一切重要事务均由常年大会议决,即"报告本会一年内所办之事项;选举职员;议定一年内教育事务之进行方法"。不仅如此,该会还规定,在特殊情况下,如遇到"本省有关于学务重要之事件,须全体会员公议者;各地方有关于学务重要之事件,请本会协助,须全体会员公议者"①,则可以由会长定期,召集全体会员开临时会。在常年大会上,对于重要会务的表决,实行一人一票,确保了所有会员享有公平的选举权与表决权。这一规定,从清末该组织最初成立到民国该组织被迫解散,并没有发生太大的改变。它是江苏学务总会稳步推进教育事业各项工作的重要基石。

但是,由于会员比较分散,常年大会召集不易,只能一年举行一次,而学务总会的大量工作需要在日常活动中加以推动,因此,除了常年大会外,江苏学务总会还特别设置了若干职能与权限不同的职员会,以保证学务总会各项会务的顺利开展。学务总会的很多日常事务,由其下设的一些职员会来负责。江苏教育总会1908年修订的章程就明确规定,"职员会分为四项……全体职员会、评议员会、会董会、干事员会"②。

(二)评议员会

从最初的章程设计看,评议员是会员中的核心成员,是各地推举的地方代表;评议员会则是学务总会的常务决策机构,兼具监督与立法职能,负责议决学务总会以及全省、地方教育事务。1908年制定的《江苏教育总会章程》规定,评议员主要负责"统筹全会之事务;会议本省教育事务之统一办法;筹议本府直隶厅州教育事务之进行方法;议决本府直隶厅州学务之未解决事项;决议会员关于教育事务之意见书;核议本会每年出入款项之预算、决算"③。该章程还规定,各个评议员有照章提议之权,而会员如果有所提议,则必须向评议员递交书面意见书,并经两位以上评议员的赞成才能提请会长交由全体评议员公决。可见,评议员与评议员会在江苏教育会中的重要地位。

按照江苏学务总会及其评议员会的相关章程,相对于常年大会而言,评议

---

① 江苏教育总会章程(戊申十一月第二次改订)//沈信卿编.江苏教育总会文牍 四编丁[M].上海:中国图书公司,1909:10-11.
② 江苏教育总会章程(戊申十一月第二次改订)//沈信卿编.江苏教育总会文牍 四编丁[M].上海:中国图书公司,1909:11-12.
③ 江苏教育总会章程(戊申十一月第二次改订)//沈信卿编.江苏教育总会文牍 四编丁[M].上海:中国图书公司,1909:5-6.

员会每月开会1次,随时议决需要解决和处理的教育事务,然后交由干事员或会董去执行。同时,评议员会规则又规定:"第九条:评议员会议决之事件,交干事员,会后如有以为不便执行者,得说明理由,交评议员会复议,惟议至二次仍如前议者,有交还干事员会执行之权。第十条:评议员会有随时诘问干事员会所执行事件之权。……第十二条:(甲)会中每年额支款项,于大会前一月内,经会计员调制预算草案,由大会后第一次评议员会议决;(乙)特支款项超过预算案预备费之外者,须由评议员会认可;(丙)每年决算案于七月底经会计员调制后,由八月分(份)评议员常会议决。"①

(三)会董会

清末,为了鼓励各地兴办新式学堂,清政府在各地普遍设立劝学所,其所长称为劝学总董、学务董事或地方总董,他们分别负责当地的教育事务和教育经费。江苏学务总会在成立之初,为了让学会议决事项能够得到各地教育行政机关的认可与配合,提高执行的力度,以切实收到辅助教育行政机关的效果,特地把各地劝学总董等规定为当然代表会员,并由会长、副会长及会董组成专门的会董会。

1908年修订的《江苏教育总会章程》规定,会董的职权主要是"依据本会宗旨,推广本地方之教育事务;依据现行学制,注意本地方学务办法之统一;依据评议员会所议决之事务,在本地方切实施行"②。由此可见,在江苏教育总会的架构设计中,会董会是一个执行机构,它根据评议员会议决事项推行地方教育事务。但事实上,作为清政府在地方学务机构的主要负责人,会董们的身份所展现出来的教育行政色彩是非常明显的。因此,江苏教育总会又强调,会董会的主要职责是规划、推广地方教育事务,其工作的基本方式是对地方学务进行调查与研究。其中,"调查"包括登记劝学所职员姓名、全境学堂基本状况及收支款目等,"研究"则包括研究教育、改良私塾、消除阻碍、宣讲、劝学、筹费等。

与常年大会和评议员会不同的是,会董会虽然每年会定期开会,但因为行

---

① 江苏教育总会评议员会规则(戊申十一月更订)//沈信卿编.江苏教育总会文牍 四编丁[M].上海:中国图书公司,1909:15.
② 江苏教育总会章程(戊申十一月第二次改订)//沈信卿编.江苏教育总会文牍 四编丁[M].上海:中国图书公司,1909:6-7.

政隶属关系,它既可分宁属、苏属分别开会,也可由会长召集开全体会董会。通常的程序则是:先由籍隶宁、苏两属的江苏教育总会副会长分别召开宁、苏两属的地方会董会,然后再由会长组织召开全体会董会。

会董会的设立,有利于加强江苏教育总会与地方教育行政机构之间的联系,这也是江苏教育总会赖以整合地方教育力量的一种方式。但实际上,会董会才是地方事务的真正决策者,对地方事务发挥着主导作用,评议员会对地方事务的议决事项必须通过会董会才能发挥实效,而且在某些事务实际施行的过程中,会董会常常会根据地方的实际决定配合还是消极抵制议决事项。当然,就江苏教育总会而言,会董会的决策权并无制度上的保障,而且随着评议员会权限的扩大,会董会的权限日益受到抑制,双方权限存在着一定的消长关系。

(四)干事员会

如果说会董会还具备部分决策权的话,那么,干事员会则纯粹是江苏教育总会的执行机构,主要负责执行评议员会或常年大会议决的各项会务。干事员会由会长、副会长以及若干名干事员组成,干事员从全体会员中公举产生。干事员会下辖经济、调查、普通、专门和庶务等五部。各部门的职权有明确的规定,如经济部主要负责:"筹划本会扩充经济之事务与庶务部会计员会定每年之预算草案,并察核每年之决算案,核定总会事务所及两省垣事务所每年额支活支之款项,察核总会及各地方关于扩充经济之事务能否按照评议员会之议案执行。"调查部的职责是"调查宁苏两属各厅州县教育会之成绩、各学堂设备及教授管理法,调查各地方关于学务之经济,调取各处行用之教科图书,以备检查"等。普通部主要针对各地的普通教育,负责"编集地方普通教育调查及报告事件,检查普通教科图书"。庶务部主要负责教育总会自身日常事务的处理。其中,书记员负责书信、文牍、图籍、选举票箱等;会计员负责出入款项,与经济部干事一起制定预算、决算;招待员负责会员及会外人士的接待工作、布置开会事宜等。虽然每部各有分工,各司其职,但在开会时,又需要共同议决,均摊责任,不以本职为限,这充分体现了既分工又协作的特点。当然,就干事员会下辖各部的职责而言,以经济部和调查部最为重要。

江苏学务总会成立之初，诸事繁杂，千头万绪，一方面是会务需要有人打理，另一方面是组织运行急需筹措必要的经费。为了保证各项会务的顺利开展，干事员会的各部设置又明显偏重经济、庶务两部，这一点，在人员配置上表现得非常明显。1905年，在江苏学务总会第一次成立大会选举出的干事员中，经济部与庶务部干事员各6人，调查部与普通部各4人，而专门部只有2人。其中，庶务部6人中还有2位专职会计，负责该会的经济账目。专门部干事员数量最少，可能是因为当时新式教育发展尚处起步阶段，师范学堂与专门学堂数量较少，再加上该会自身的事务还没有走上正轨，专门部的事务相对也较少造成的。

1906年，清政府颁布的《学部:奏定各省教育会章程折》中明确规定，教育会的会务主要包括："调查境内官立私立各种学堂……作境内教育统计报告"等，随后，随着预备立宪与普及教育政策的推出，江苏教育总会认为，教育普及首在调查，再加上各地在兴学过程中引发的学务纠纷层出不穷，因此，江苏教育总会在1908年，特别对会章进行了修订，把调查部干事增加到了12人，宁属、苏属各6人，并明确将"辅助本省教育行政，以期各厅州县之学务办法归于统一"列为其应办的重要事项之一。此举体现了该会希望用政治改革的旗帜，努力拓展自身活动空间，扩大社会影响，整合江苏省内教育资源的意图。

1909年，该会为进一步加强对地方学务的调查研究，又提议增设了常任调查员，以加强对地方学务的调查研究，并"推定会员黄炎培专任其事"[①]。从后来的报告看，黄炎培自任职的近一年时间里，先后调查了"通州、如皋、长元吴、南汇、常昭……川沙、江甘、高邮、元宁、丹徒、兴化、东台、泰州、武阳、太镇、宜荆、靖江、昆新、清河、山阳、宝应"[②]20多地，足迹遍布江苏各地。除了作专门的常任调查员报告外，有时候他还接受江苏教育总会的委托，进行一些临时调查。常任调查员之设，对清末的江苏教育界产生了很大影响。黄炎培在调查期间，重视联络城镇乡自治公所、劝学所、教育会以及学校，深入了解了各属劝学所、教育会、联合会和诸议局有关地方学务议案的贯彻执行情况，指导更正了地方学

[①] 纪念会记事[J].教育研究(上海),1914(15):5.
[②] 黄炎培.常任调查员报告(第一次)(庚戌十二月止).//沈信卿编.江苏教育总会文牍 六编丙[M].上海:中国图书公司,1911:1-3.

务的不合理之处,协调解决了各种学务纠纷与矛盾,"融化畛域之见,权衡缓急之际,商榷进行之方,倘亦此行所有事,而非仅以稽核成绩、批评得失为毕调查事也"[①]。黄炎培的调查卓有成效,对清末江苏省地方学务的发展起了促进作用,这也是黄炎培全面了解江苏学务的重要契机。通过这些调查活动,黄炎培在江苏教育总会中的影响力也有所扩大。

(五)全体职员会

除了上述机关以外,该会还决定,在每年常会之后举行一次由新当选的会长、副会长、各干事员、会董与评议员组成的全体职员会,一起协商下一年度会务的开展工作。同时,如果遇到重大事件,也可以由会长专门召集开会。

由此可见,在清末,江苏教育总会基本上建立了完备得力的,既相互区别又彼此联系,既职责明确又相互支撑的若干议事决策、执行会务的部门,形成了较为完善的组织架构。其中,还隐含着立法决策与行政执行相互制衡的分权思想。

二、主要运行机制

一个组织的成功,需要有完备得力的组织机构,更需要高效顺畅的运行机制。江苏教育总会在规划出一套相对完整的组织架构的同时,也较为注重各个部门之间职能权限的划分与工作的协调,对各个部门的职责都有专门的章程加以规定,建立了一套比较切实有效的运行机制,保障了江苏教育总会的顺畅运行和会务的顺利开展。不仅如此,作为政治民主的尝试,江苏学务总会从成立之初就在探索决策的民主协商机制和有效的执行运作机制。

江苏学务总会从建立之初,就把全体会员参与的常年大会作为最高的决策机构,对于所有的人事选举、提案审议和决议过程直至最后的执行机制,都进行了较为系统的思考和设计,确立了选举、提议、决议、执行四大机制,充分体现出了民主、协商和高效这三大特点。

[①] 黄炎培.常任调查员报告(第一次)(庚戌十二月止)//沈信卿编.江苏教育总会文牍 六编丙[M].上海:中国图书公司,1911:4.

(一)选举与任命兼顾

1.职员由选举产生

在第一届成立大会上,江苏学务总会就基本确立了民主选举的原则,所有入会会员一人一票,会长、副会长等会中各主要任职人员都由选举产生。

从选举来看,在第一届成立大会时,可能是为了表示公正,所有会长与职员,都采取了当场唱名的方法,当场把当选人的名字书写在会场内早已准备好的黑板上。但由于是第一届大会,思想准备和经验不足,部分职员是由会长提名后选举的。从1906年的常年大会开始,该会正式规定,从当年起,职员一律投票选举产生,以保证选举的民主,但这在一定程度上也面临着选票过于分散的风险。

此外,对于各地的评议员,江苏学务总会也主张由各地方或各县自己推举。

2.会长指定或分派职务

江苏学务总会规定,干事员一旦当选,其具体职务则由会长分配。

3.选举条件的限制

(1)固定任期制

为了防止某些干事员过于专权,江苏学务总会对他们的任期曾有明确规定,不过,在不同时期,此规定有所调整。在最初起草章程草案时,《江苏学会暂定简章》曾规定:会长、副会长、评议员、会董等职员,"均二年一举,连被举者可以连任"[1]。第一次成立大会之后,正式确定为:"会董、评议员每年一举,会长、副会长、干事员均二年一举,连举者连任。"[2]1906年,江苏教育总会又对职员任期进行了修改,"凡职员,均一年一举,连举者连任"[3]。到了1908年,会章对职员

---

[1] 江苏学会暂定简章[J]. 东方杂志,1942(12):335.
[2] 江苏学会暂定简章[N]. 申报,1905-12-12(光绪三十一年,乙巳十一月十六日第十版).//申报影印本 第81册,上海:上海书店,1985:905.
[3] 江苏教育总会简章(丙午年修订).//沈同芳编.江苏教育总会文牍 二编上[M].上海:中国图书公司,1907:154.

的任期再次进行了完善,规定"凡职员,均一年一举,连举者连任,其本职连任三期者,得自行辞职"①。正是因为这条规定,张謇和沈同芳在1908年都坚决辞去了江苏教育总会的会长与驻会办事员之职。相比之下,会章对职员的任期规定没有严格执行,基本上只有职务的调整,比如连举三年的调查部干事,如果再次被选为干事员,则可以由会长分配任其他部的干事。特别是进入民国后,这条规定在事实上被取消了,以至于黄炎培能够从1914年到1926年连任江苏省教育会副会长13年。

(2)职位专任制度

在1906年的选举时,江苏学务总会特别规定,干事员和评议员不能兼任,不能在沪者不能出任,实际上缩小了干事员的选举范围。同时,也尽可能地让更多的会员参与到会务工作中,避免干事员和评议员过于集权。

江苏学务总会的评议员会还规定了评议员会的回避原则:"评议员有被议事件,本评议员即不得与议。"②

(3)职员罢免制度

早在1905年的章程中,江苏学会就曾明确规定,所有职员"如对于本会不能尽相当之义务或有损本会之名誉者,一经同会会员指证确实,可以辞退",不过,为了昭示慎重,又特别规定,"然仍需会员多数之公决"③。

(二)多数议决制度

如前所述,江苏学务总会的最高决策机关,是由全体会员参加的一年一度的常年大会,它将深入讨论并决定该会全年的主要事务。而在日常事务的管理中,主要的决策机构是评议员会。

江苏学务总会在明确了选举规程后,又明确了会务的议决机制。无论是常

---

① 江苏教育总会章程(戊申十一月第二次改订)//沈信卿编.江苏教育总会文牍 四编丁[M].上海:中国图书公司,1909:10.

② 江苏教育总会评议员会规则(戊申十一月更订)//沈信卿编.江苏教育总会文牍 四编丁[M].上海:中国图书公司,1909:15.

③ 江苏学会暂定简章[N].申报,1905-12-12(光绪三十一年,乙巳十一月十六日)//申报影印本,第81册,上海:上海书店,1985:893.

年大会,还是评议员会,或是早期的会董会或干事员会;无论是对会员入会、退会,还是重要的会务,都要经过全体成员的充分讨论,采取多数议决的制度。后来,因为不是每个会员都能够出席会议,规定又调整为出席会员数的多数承认议决。

(三)议案提议与回应机制

相对于选举制度和议决制度而言,江苏教育总会提议机制的建立相对较晚。随着会员人数的增多与会务范围的拓展,每年的常年大会需要处理的事情日益繁多。为了提高开会效率,江苏教育总会建立了一套基于筛选审查的提议机制。

首先,所有的议案都交由评议员会进行审核、筛选。

1908年的《评议员会规则》明确规定,会员有提议时,须先转交评议员在评议员会提出。对于提案,主要于大会前由评议员会进行审查,对于来自不同会员的相关提案,进行合并处理;对于一些不符合教育潮流或者教育会宗旨的议案,则不予立案。

其次,所有的议案,一般都采取书面提案的方式呈送。

最后,所有的提案,不管最后的结果如何,都会予以书面告知。

民国以后,随着常年大会的提案增多,大会前后的评议员会、全体职员会就变得非常重要。在第21届常年大会上,由袁希洛、章慰高等19名会员提出的一项"驱除复辟党人"(南方大学校长江亢虎)的临时议案,大会主席袁希涛认为,"照会中向例,举行大会之日,上午讨论议案,下午选举职员",该提案虽然重要但是能否作为紧急动议进行讨论,还请大会公决。最后大会决定,"此案虽属正当,但尚非紧急动议,且照本会规程,大会提案,应先交评议会讨论通过后,始可提出大会,今为尊重评议会起见,似不能在大会中讨论之"[①]。张叔良等很多人都赞成这一说法,于是议决,等选举结束,把该议案移交到后面召开的全体职员会讨论。在第22届常年大会上,大会主席、会长袁希涛报告说,教育厅江厅长出席了本次常年大会,并有一件咨询案,需要补行提出,是否可以先讨论咨询案,会员杨卫玉主张"照原定顺序先议,即议大会前评议员会合并修正交议之三

---

① 本埠:江苏省教育会常年大会纪[N].申报,1925-08-27(民国十四年,乙丑七月初九日,第九版)//申报影印本 第215册,上海:上海书店,1983:545.

案"①。就此,江苏省教育会对于自身制度的维护和坚持可见一斑,即便是厅长和会长也要尊重已有制度和会员公议,不能任意更改。

(四)议案的执行机制

清末时,江苏学务总会的执行机构包括会董会和干事员会。其中,会董会具有决策与执行的双重职能。一方面,会董会要执行来自评议员会议决的事项,当然主要是涉及地方教育的事务。另一方面,会董会的议决事项也可交由干事员会来执行。民国以后,干事员会成为所有议案的最终执行机构。

在江苏学务总会的规定中,还明确规定,评议员会、会董会决定之议案,须由会议主席签字,交干事员会执行。而干事员会如果认为不便执行,得说明理由,交评议员会复议。如果评议员会再次讨论后仍如前议者,可以再次交还干事员会执行。而且,评议员会有随时诘问干事员会所执行事件之权。

除此之外,该会的事务之所以能够顺利执行,还在于在很多细节上有较为详细的规定。

三、具体运行机制

江苏学务总会每年的常年大会,流程基本不变。通常应由会长报告一年来的经济开支与预决算情况。这主要是由经济部干事在前期和庶务部的会计员一起完成的。随后,由主要干事员向大会汇报一年来的会务开展情况。然后把评议员会事先审核通过的提议议案提交大会讨论表决。最后选举包括会长和副会长在内的职员,报告各地推举的评议员,组成新一届的职员会。

在常年大会后,由新当选的会长召集全体当选职员召开一次全体职员大会,对于常年大会议决的各项事务进行进一步的讨论、分工和安排。然后,各个职员及相关机构开始按照既定的章程,各司其职。

和常年大会一样,江苏教育总会的全体职员会,同样采取多数议决制度。江苏教育会的其他一些制度,也确保了各项会务的正常进行和顺利开展。

---

① 开会记录[J].江苏省教育会月报,1926(08):23.

(一)定期开会制度

江苏教育总会规定,评议员会每月召开一次,职员会则每周举行一次,会董会每年举行 1~2 次。比如,1908 年的《评议员会规则》就规定,"评议员会以会长、副会长及评议员组成之;评议员会以每月第一星期三下午五时至九时为常会期"[①]。后来虽然评议员会议的具体开会时间有所改动,但频次并无更改。而常年大会,基本上是上年度常年大会议决本年度的常年大会月份,然后到期前1个月由会长指定开会日期。

(二)临时会议制度

无论是常年大会、全体职员会、评议员会、干事员会还是会董会,江苏学务总会都规定,如遇特殊或重大事件,都可以召集临时会议,以事救济和讨论。另外,对于临时会议的发起人与通知方式也都有明确的规定。如果遇到重大事项,比如本省关于学务的重要问题,或者某地有关学务的重要事件,需要全体会员公决时,就必须召开临时大会。由庶务部书记员提前登报或发信,通知到全体会员。临时大会的发起人一般为会长,或者是由若干名职员共同发起。关于会董会的临时会议就规定,"遇重要事件得开特别会,惟须有会董三人以上同意发起,得会长一人之认可"[②]。

(三)最低出席人数制度

江苏学务总会下设的各个职员会对于会议的召集、会期的发布和会议最低出席人数都有明确的规定。比如,评议员会要求提前3天通知各评议员,"开会时须有十人以上到会方可开议,议决从多数"[③]。从会务的记录情况看,该会曾

---

① 江苏教育总会评议员会规则(戊申十一月更订)//沈信卿编.江苏教育总会文牍 四编丁[M].上海:中国图书公司,1909:14.
② 江苏教育总会董会规则(戊申十一月更订)//沈信卿编.江苏教育总会文牍 四编丁[M].上海:中国图书公司,1909:16.
③ 江苏教育总会评议员会规则(戊申十一月更订)//沈信卿编.江苏教育总会文牍 四编丁[M].上海:中国图书公司,1909:14.

经有多次因为人数不足而未能开会的记录。所以,后来就此进行了微调,规定7人以上即可开会,但仍然遵从多数议决原则。

此外,所有的职员会一般都规定,应以会长为主席,会长不到时,以副会长为主席,副会长不到时,推举年长者为主席。

从以上规定可以看出,江苏教育会出于练习民主共和的精神,创造性地移植和借鉴了已有教育会组织和同类商会的组织决策原则,从一开始,就采取了任期制、选举制、多数议决制、回避制等制度,力图通过种种制度设计,完善民主决策和执行,构建一套相对比较完整、决策与执行各自分工又密切配合的制度体系,这成为后来民间教育团体运行的基本框架和典范,极大地推动和提高了教育会社组织决策的民主化进程和科学化水平。相比之下,清政府虽然公布了《学部:奏定各省教育会章程折》,但其对于教育会的内部机构和运行机制,并没有详细的规定和指导。

第三节 该会的人事构成

江苏学务总会吸纳了江苏各地教育界的众多人才,成为领导江苏新式教育发展的一面旗帜。随着会员数量的不断增长,该会会员的来源与组成结构也发生了一定的变化。同时,随着会务的稳步开展,该会核心职员群体也基本形成。

一、会员的资格、类型与结构

为了更好地联络江苏学界的力量,扩大江苏学务总会在江苏学界的影响力,积极发展会员,江苏学务总会在历次的章程调整中,均非常注重对会员入会资格的调整,进而引起了该会会员来源、身份与结构的变化。

(一)会员类型与入会资格的调整

1.会员类型

1905年,江苏学务总会在《江苏学会暂定简章》中规定,会员包括"各府厅州县公举赴会之代表人及志愿入会者"[①]两类。其中,代表会员由各府厅州县从劝学所总董、教育会会长、学堂监督或堂长中选出,参加江苏学务总会每年一次的常年大会。志愿会员则包括各地劝学所、教育会职员及符合条件的学堂毕业生、士绅或实业界人士等。

到了1906年修订章程时,为了更好地吸纳会员,推动会务,分别针对本省和外省支持教育会的人士,增设了名誉会员和名誉赞成员。凡"本省人之远宦或流寓及游学经商在外埠外洋,有协助本会,经本会推举及在场多数会员之认可者",可以被推举为名誉会员。而"他省人之赞成或协助本会者"[②],可以被承认为名誉赞成员。不过,名誉会员还需要5名以上江苏教育总会会员出具意见书,并经评议员会议决同意。

总体来看,在这一时期,江苏学务总会主要还是一个以江苏人士为主的地方性民间教育社团。

2.会员资格

所谓的会员资格,主要是各界人士加入教育会的资格。其最主要的资格包括两个方面:第一,年龄限制;第二,教育经历、经验或者态度。

1905年,江苏学务总会在《江苏学会暂定简章》中,对会员的入会资格,根据不同的会员类型其限定不同,但一般要求是年龄在25岁以上者。其中,代表会员需要具备的资格有4条:"甲、学务董事;乙、各地方学会会长;丙、地方总董;丁、声望素为众所推服者。"而志愿入会的会员之资格有3条:"甲、绅士于学务有关系者;乙、绅士实能担任推广扶助学务者;丙、兴办工商实业著有成效者。"[③]

---

① 江苏学会暂定简章[N].申报,1905-12-12(光绪三十一年,乙巳十一月十六日第十版)//申报影印本 第81册,上海:上海书店,1985:893.

② 江苏教育总会简章(丙午年修订)//沈同芳编.江苏教育总会文牍 二编上[M].上海:中国图书公司,1907:150.

③ 江苏学会暂定简章[J].东方杂志,1905(12):334.

从中可以明显地感觉到,以张謇为代表的江苏士绅,为了能最大限度地团结江苏各地学界、商界和社会知名人士,共同推动江苏学务的发展,最初在规定会员资格时并没有特别强调教育经历本身,而更注重会员对教育的热情与倡导。

1908年,在遵照学部章程对会章进行第二次修订时,江苏教育总会对会员资格的要求,除了坚持25岁的年龄下限外,对于代表会员的资格,重申"甲、劝学所总董或教育会会长;乙、学堂监督或堂长;丙、曾任上二项之职务,解职后于本地方学务仍有关系者"①,而把"兴办实业著有成效者"去掉了,可见其更加强化了学会作为学务或教育界人士共同体的色彩。

在志愿入会人员的资格认定方面,变化很大。首先,突出强调了"由本地方劝学所或教育会以正式文件介绍或由会员二人以上具保证书者"②,这在之前的入会资格认定中并没有提及。其次,具体资格方面,也从新式学堂的肄业生扩大为"劝学所职员,或教育会职员,或学堂职员","在本国,或外国中学堂或与之同等或以上之学堂毕业者",以及"士绅于学务有关系者""兴办实业能助教育之发达者"。③这一变化充分说明了江苏教育总会对新式学堂毕业生和留学生的重视,反映了江苏教育总会早期核心领导集体的远见卓识与国际视野,这也引发了江苏教育总会后来的会员主体构成身份的变化。此外,把热心学务的"绅士"改为"士绅",可能背后也有一定的考虑。根据徐茂明教授的研究,"绅士"在晚清为对所有"绅衿"的尊称和泛称,而"士绅"一词的内涵则更为宽泛,主要是指在野的并享有一定政治和经济特权的知识群体,包括科举功名之士和退居乡里的官员。④实际上,用"士绅"取代"绅士",也可能是为了突出该会作为"学务"或"教育"团体的性质。而对于实业界人士入会,江苏教育总会更强调他们对于学务的热心助力,而不再以办实业是否卓有成效为标准。

不仅如此,1908年的章程在会员资格方面还打破了狭隘的省界与地域观

---

① 江苏教育总会章程(戊申十一月第二次改订)//沈信卿编.江苏教育总会文牍 四编丁[M].上海:中国图书公司,1909:2.

② 江苏教育总会章程(戊申十一月第二次改订)//沈信卿编.江苏教育总会文牍 四编丁[M].上海:中国图书公司,1909:2.

③ 江苏教育总会章程(戊申十一月第二次改订)//沈信卿编.江苏教育总会文牍 四编丁[M].上海:中国图书公司,1909:2-3.

④ 徐茂明.明清以来乡绅、绅士与士绅诸概念辨析[J].苏州大学学报(哲学社会科学版),2003(01):98.

念,规定可以接纳居住在本省的外省人加入。其第五条规定,"凡外省人住居本省,有咨议局章程之选举权而合第四条第二项资格之一,又于住居地方辅助学务,有劝学所或教育会正式文件之介绍,亦得随时入会为会员"[①]。这就进一步扩大了江苏教育总会会员的来源,把在江苏本地做官和办学的外省人士吸纳了进来,为后来蒋梦麟等外省籍的教育家加入江苏省教育会提供了制度上的保证。

所有的这些变化,都隐含着同一个目的,即扩大入会会员的数量,尽可能多地联合更多的学界、实业界人士及社会知名人士,共同关心与推动江苏新式教育的发展。不过,从实际情况看,这些人士入该会的积极性并不高。1909年,江苏教育总会曾经在倡议书中强调,"劝学所总董、教育会会长,未经入会者,亦尚有十之二三"[②]。

3. 会员权利与义务

所有的江苏学务总会会员,入会后均有选举权及开会时的公决之权。但是在1905年的章程中,并没有对会员的选举权与被选举权进行明确的规定。1906年在修订章程时,提到会员入会后,"均有选举职员、被选举权及会场(指常会临时会)公决之权"[③]。后来,虽然这一表述有所变化,但会员的选举权与被选举权始终受到保护。不过,会员享有权利的前提是必须尽到义务,即按时足额缴纳入会费与年费。在不同时期,江苏教育会的入会费和年费标准有所不同。在江苏学务总会成立之初,由于学会的经济缺乏,开支较大,因此,入会费和年费标准较高:入会费10元,年费6元,而且必须在常年大会前交足费用,才可以领到入场券,享有选举和被选举权。但实际上,江苏教育会会员中拖欠会费的情况非常普遍,以至于后来该会还曾多次专门开会讨论如何催缴会费的问题。

[①] 江苏教育总会章程(戊申十一月第二次改订)//沈信卿编.江苏教育总会文牍 四编丁[M].上海:中国图书公司,1909:3.

[②] 通告各劝学所教育会组织各属劝学所教育会联合会书//沈信卿编.江苏教育总会文牍 六编丁[M].上海:中国图书公司,1911:112.

[③] 江苏教育总会简章(丙午年修订)//沈同芳编.江苏教育总会文牍 二编上[M].上海:中国图书公司,1907:149.

4.会员的退会

在江苏学务总会的章程中,除了对入会有资格限制外,对会员退会的情形也做了专门的规定。

早在学会成立之初,学会章程草案中就有会员退会的相关规定。但可能是出于招募会员、扩大影响的考虑,在1905年正式通过的会章与1906年的修订稿中,有关会员退会的相关条款被删除了。到了1908年,新修订的会章才明确规定三种退会情况:"自请退会,经评议员会之承认者;不缴会费已满二年者;有损本会之名誉,经会员五人以上之指证确实,由评议员会议决者。"[①]

由此可见,评议员会还有议决会员退会的权利,对名誉会员和名誉赞成员的权利亦是如此。不过,在清末大力发展会务的情况下,该会基本上没有退会会员。即便是有一些不缴会费的,似乎也被江苏教育总会忽视而认作了会员。但这带来的问题就是下一阶段会费的拖欠情况更为严重。

(二)会员数量及结构变化

江苏教育总会周密的文牍保管工作,为我们保留下了会员的题名录和人员统计情况。

1.会员数量持续增长

作为一个地方性教育团体,江苏学务总会的成立得到了江苏学界的积极响应和支持,入会者十分踊跃。由表2-3可以看出,从成立至辛亥革命前,江苏学务总会的会员总数不断增长。从成立之初的232人增长至辛亥前的633人,增长了近2倍,但是增长的幅度却逐年递减。成立第一年,加入江苏学务总会的会员有232人,第二年新入会的会员数量已经减少到131人,随后的第三年、第四年,每年新入会的会员数量基本在100人左右。到了第五年,人数锐减至44人,辛亥年新入会的人员最少,只有24人。其中的原因,可能主要在于学会成立之初宣传比较到位,基本上网罗了全省商、学两界地方精英士绅。会员人数

---

① 江苏教育总会章程(戊申十一月第二次改订)//沈信卿编.江苏教育总会文牍 四编丁[M].上海:中国图书公司,1909:3.

的激增,从一个侧面反映了江苏教育总会的组织扩张状况,也彰显了该会的活动能力和社会影响力在不断扩大。

对于新会员增幅的逐年递减,我们似乎可以从三个方面来加以解释。第一,从事新式学务的人毕竟是有限的,随着该会对会员资格的调整,入会逐渐变得严格,造成合格入会人数逐渐变少。而该会先前已经吸纳了大量的会员,不可能再有大规模的突破。第二,从1906年学部颁布《学部:奏定各省教育会章程折》之后,全国各地,包括江苏各个地方府州县乡也都纷纷成立自己的教育会,对于一些远离上海的教育人士来说,加入地方教育会即可,不需要再加入省教育会。第三,教育会的入会费和年费,对于当时的很多人来说,都是一笔不小的开销,以至于进入民国后,为了扩大会员规模,江苏省教育会的入会费从清末的10元降到了民国初年的4元。

表2-3 江苏教育总会历年入会人数统计简表(单位:人)

地名		乙巳至丙午	丙午至丁未	丁未至戊申	戊申至己酉	己酉至庚戌	庚戌至辛亥	总数
江宁府	上元	5	2	1	3	0	1	12
	江宁	5	3	3	5	2	0	18
	句容县	0	0	1	1	0	0	2
	溧水县	1	0	2	0	0	0	3
	江浦县	0	1	0	0	0	0	1
	六合县	4	2	1	0	0	0	7
	高淳县	0	0	5	1	0	0	6
	江宁驻防	0	0	1	0	0	0	1
小计		15	8	14	10	2	1	50
扬州府	江都	3	1	0	0	0	0	4
	甘泉	2	1	1	0	0	0	4
	扬子县	3	2	0	1	0	0	6
	高邮州	2	5	1	3	0	1	12
	宝应县	4	1	0	0	0	0	5
	兴化县	2	0	1	0	0	1	4
	泰州	1	3	14	5	0	0	23
	东台县	3	4	8	5	1	0	21
小计		20	17	25	14	1	2	79

(续表)

地名		乙巳至丙午	丙午至丁未	丁未至戊申	戊申至己酉	己酉至庚戌	庚戌至辛亥	总数
淮安府	山阳	5	0	0	0	0	0	5
	阜宁县	0	0	3	1	1	2	7
	盐城县	2	0	1	0	0	0	3
	清河县	1	1	2	6	1	0	11
	安东县	0	0	2	2	1	0	5
	桃源县	2	1	1	1	0	1	6
小计		10	2	9	10	3	3	37
徐州府	铜山	6	1	0	0	0	0	7
	萧县	1	0	0	1	0	0	2
	砀山县	2	0	0	1	1	0	4
	丰县	0	0	0	2	2	0	4
	沛县	0	0	1	1	1	0	3
	邳州	0	0	0	2	1	0	3
	宿迁县	0	1	3	7	0	0	11
	睢宁县	0	0	0	1	0	0	1
小计		9	2	4	15	5	0	35
海州属	海州	3	0	2	1	1	2	9
	赣榆县	1	0	0	3	1	0	5
	沭阳县	0	1	3	2	4	1	11
小计		4	1	5	6	6	3	25
通州属	通州	6	5	0	0	2	1	14
	如皋县	2	4	1	5	1	0	13
	泰兴县	1	2	6	6	1	0	16
	海门厅	4	0	1	0	0	0	5
小计		13	11	8	11	4	1	48
宁属合计		71	41	65	66	21	10	274
苏州府属	长洲	3	1	2	1	2	0	9
	元和	7	3	1	1	0	0	12
	吴县	9	2	1	3	3	0	18
	昆山县	1	1	2	0	0	1	5
	新阳县	4	1	1	1	0	0	7
	常熟县	10	5	3	2	3	0	23
	昭文县	3	1	1	2	3	0	10

(续表)

地名		乙巳至丙午	丙午至丁未	丁未至戊申	戊申至己酉	己酉至庚戌	庚戌至辛亥	总数
	吴江县	2	5	2	2	0	1	12
	震泽县	3	0	1	0	0	0	4
	太湖厅	1	0	0	0	0	0	1
	靖湖厅	0	0	0	2	0	0	2
小计		43	19	14	14	11	2	103
松江府属	华亭	3	3	1	1	0	0	8
	娄县	2	1	6	0	0	0	9
	金山县	5	2	1	0	1	1	10
	上海县	16	3	0	2	0	1	22
	青浦县	5	2	0	1	0	0	8
	川沙厅	4	1	0	0	0	1	6
	奉贤县	3	4	0	1	2	1	11
	南汇县	2	0	3	0	0	0	5
小计		40	16	11	5	3	4	79
常州府属	武进	5	6	1	0	1	0	13
	阳湖	8	10	0	1	1	1	21
	无锡县	6	0	2	0	0	1	9
	金匮县	4	0	1	0	0	0	5
	江阴县	7	3	3	4	1	0	18
	宜兴县	4	1	0	0	0	0	5
	荆溪县	3	0	0	0	0	0	3
	靖江县	0	13	1	1	0	0	15
小计		37	33	8	6	3	2	89
镇江府属	丹徒	3	1	2	1	0	1	8
	丹阳县	1	0	0	0	1	0	2
	金坛县	1	0	1	0	0	2	4
	溧阳县	3	1	0	0	0	0	4
	太平厅	0	0	0	1	0	0	1
	京口驻防	2	2	0	0	0	0	4
小计		10	4	3	2	1	3	23
太仓州属	太仓州	2	2	1	0	1	1	7
	镇洋	5	1	1	0	1	0	8
	崇明县	6	11	0	0	1	0	18

(续表)

地名		乙巳至丙午	丙午至丁未	丁未至戊申	戊申至己酉	己酉至庚戌	庚戌至辛亥	总数
	嘉定县	11	1	2	1	0	1	16
	宝山县	7	3	1	2	2	1	16
小计		31	18	5	3	5	3	65
苏属合计		161	90	41	30	23	14	359
总计		232	131	106	96	44	24	633

资料来源：各厅州县历年入会人数比较表//沈信卿编.江苏教育总会文牍 六编戊[M].上海：中国图书公司，1911：1-9.

2.会员的地域结构不平衡

值得注意的是，江苏学务总会虽是一个省级社团，但其会员的地理分布却并不均衡，而是一直呈现出苏属多于宁属的特征。从表2-3可以看出，该会在1905年成立之际，苏属管辖下的苏州、松江、常州、太仓、镇江等共有会员161人，而宁属管辖下的江宁、徐州等，却只有会员71人。到了1911年，苏属管辖下的5府，共有会员359人，而宁属管辖下各府，会员虽然也增加到了274人，其增幅超过了苏属，但整体会员人数依然远远少于苏属会员人数。可见，江苏教育会的会员构成是以苏南为重心的。这可能是因为苏南经济发达、交通便利，人们的思想也较开放，对新知识的追求欲强烈，对参加新式社团活动也表现得更为积极之故。而就同一个区域内的不同州县来看，差别同样很大。比如，就会员占绝对多数的苏属而言，镇江府的会员明显少于其他府，甚至只有苏州府的1/5左右。而同属苏州府的吴县和常熟其会员人数明显多于其他州县，几乎占到了整个苏州府会员人数的2/5。

除了新式教育本身在该地发展得是否迅速以外，地理位置及其与总会之间的距离和交通状况，也会部分地影响到各地入会会员的积极性与人数多寡。对于这种地域差异，江苏学务总会一开始也非常注重，力图通过各种方式加以弥补。比如，会员夏仁瑞就专门倡议宁属会员，要积极参加年会。他曾谈道，"丁未年九月之会，会员列席者百有二十余人，而宁会员至者不及三分之一，于是会场执事皆苏属人任之,出席辩论者,亦罕闻宁人之音"①。可见,江苏学务总会的成立,虽然意在联络江苏学界,但宁、苏两属之间的不平衡问题却始终存在。了解了这一点,就不难理解江苏学务总会在分配各地评议员或会董比例上的良苦用心了。通过保持与各府州县等地方教育会的密切联系,江苏学务总会基本上形成了一个从上到下、从总部驻地上海到各主要州县的广泛联系网络,才使得江苏各地的教育事务能够有一个相对平衡的发展。

关于江苏学务总会会员的年龄与职业的具体信息,由于早期资料记录并不完整,所以我们只能有一个模糊的印象。学者戴长征通过对江苏教育总会1907年《章程题名表》中的"会员题名一览表"的研究得出的结论是:当年有年龄记录的355人的平均年龄是37.3岁,其中"年龄最大的是松江府上海县人顾言(丹泉),时年68岁;最小的是扬州府高邮县人董增孺(伯纯),年仅23岁"②。但实际上,清末江苏教育总会章程曾明确把会员入会年龄限制在25岁以上。不知道这个最小年龄究竟是23岁,还是研究者的误录或误认。戴长征通过对其掌握的会员年龄段的研究进一步发现,30至39岁与40至49岁这两个年龄段的会员相对集中,共248人,占有年龄可考会员总数的69.9%。而在有身份可考的365名会员中,有官员身份者一百多人,既有传统功名又有新式教育背景者有30人。他由此断定,"江苏省教育会是一个以绅、商、学三界为主导的、与官方联系密切的民间教育团体"③。而这一点,与江苏教育总会会章中对会员的入会资格规定是一致的。

二、会长的选举与任期

作为江苏全省教育界团体的领袖,会长一职对于江苏教育总会的发展来说无疑关系重大,因此选举会长是江苏教育总会的一件大事。但是,或许是为了更好地践行民主公决原则,最初,江苏学务总会的章程中对会长的任职资格并

---

① 会员夏仁瑞通告宁属会员赴年会书//沈信卿编.江苏教育总会文牍 四编乙[M].上海:中国图书公司,1909:11.
② 戴长征.清季的江苏教育会(1905—1911)[D].华东师范大学,2007:15-17.
③ 戴长征.清季的江苏教育会(1905—1911)[D].华东师范大学,2007:17.

没有具体的规定,而是笼统地规定会员均有选举与表决资格,即所有会员都有选举和被选举权、表决权。当然在事实上,能够胜任会长一职的人,一定是在社会上,尤其是在教育界有着广泛影响力的人士。比如学会的发起人与召集人,无疑会因为其本身的巨大影响力与号召力,而成为会长候选人的首选。清末江苏教育会的会长人选,基本上能够印证上述说法。当前学界关于晚清江苏教育会会长的研究,主要集中在曾经担任会长的张謇、唐文治、袁希涛三人身上。但从实际情况来看,会长和副会长的职责权限基本没有差别,因此,必须连同考察副会长。

表2-4 清末历届选举会长及副会长得票情况表[①]

选举日期(阴历)	出席会员人数(单)	会长及其得票情况	副会长及其得票情况
1905-11-17	121人	张 謇:118票	恽祖祁:83票 王同愈:49票
1906-09-21	126人	张 謇:147票※	王同愈:104票 邓邦述:80票
1907-09-20	195人	张 謇:129票	王同愈:117票 魏家骅:28票
1908-11-02	140人	张 謇:46票	王同愈:85票 许鼎霖:59票
1909-08-11	147人	唐文治:68票	张 謇:77票 蒋炳章:29票
1910-08-18	87人	唐文治:45票	张 謇:56票 蒋炳章:32票
1911(不详)	不详	唐文治(票数不详)	张謇,蒋炳章(票数不详)

※注释:1906年的选举,如果该会文牍三编记载的数字无误的话,可能是因为会长选举

[①] 表格内容来自沈同芳的《江苏教育总会文牍 三编下》(1908年中国图书公司出版)和沈信卿编的《江苏教育总会文牍 四编丙》《江苏教育总会文牍 五编丙》《江苏教育总会文牍 六编丁》(1909—1911年中国图书公司出版)中"纪事:本会开会一览表"。为方便读者查找,此处及其他地方特标出了栏目名,如"纪事""文牍"等。

在大会第二天举行,有人在第一天投完票后没有参加第二天的会议,所以才会导致张謇的得票高于当天实际参会的人数。在有些资料中,所列前两届副会长只有1人,与事实不符。历届正副会长。//朱有瓛,戚名琇,钱曼倩,霍益萍编.教育行政机构及教育团体[M].上海:上海教育出版社,1993:285.

另外,按照惯例,应该在1911年农历八月召开常年大会,但因辛亥革命爆发恰好是农历八月十九日,而在此之前,张謇、唐文治等人先是在北京开中央教育会,没有查到相关的确切史料,只能推测是因为时局紧张,并未来得及开常年大会,所以当年并未选举,会长、副会长当然连任。

(一)前四届会长与副会长

从表2-4可以看出,在前三届的选举中,江苏学务总会(江苏教育总会)的会长一直由张謇高票当选。在1905年第一届大会上,出席大会的121人中,有118人选举张謇为会长,这充分说明了张謇在江苏学界的巨大号召力。作为晚清最后一位状元,张謇弃官从商,坚信"实业救国""教育救国",在筹办实业的同时,他又将大量精力和财力投入到新式教育的发展中,已然成为江苏发展新式教育的一面旗帜。而另外两位副会长的得票就差了很多,特别是王同愈,得票只有49票,尚不足全体与会会员的一半。他和恽祖祁的当选,可能在很大程度上是基于作为发起人的优势。因为在学会初创阶段,选举时很多会员之间相互并不熟悉,把票投给那些发起组织学会、平日素有声望之人也不难理解。

由于恽祖祁和王同愈分别来自武进和吴县,均属于苏州府属,因此,这一结果,无疑会加剧江苏学界中的地域纷争,不利于宁、苏两属学界的团结,也有违江苏学务总会的宗旨。因此,出于平衡宁、苏两属会员的考虑,1906年,江苏学务总会决定,从当年起,两位副会长应该由宁、苏两属分别选出,负责宁、苏两地的分事务所。或许是由于王同愈在第一年会务中的出色表现,第二年选举时,王同愈的得票数有了大幅度的提升,在出席大会的126人中,得到了104票。宁属选出的副会长邓邦述,也获得了半数以上的选票。有人分析邓邦述的当选,一方面是因为其为江宁人,符合宁、苏各选1位的选举规则;另一方面则是因为他祖籍江苏吴县,也能够赢得苏府会员的认可。同时,这还和他的经历有关系。自1901年起,邓邦述就出任两江总督端方的幕僚,1906年更是随端方周游欧美各国。推举他担任副会长,可能也有出于和端方拉近关系的考虑。不过,按照资料的记载,当年出席大会的会员只有126人,而张謇的得票竟然高达147票,不知道是记录有误,还是在选举之前临时有新增会员加入了投票,或如前的猜测。

1907年,邓邦述出任吉林民政使,离开了江苏。因此,在当年的选举中,除了张謇与王同愈继续连任外,宁属新选举出的副会长是魏家骅,但他只得了与会195人中的28票,连五分之一都不及。这充分说明,江苏学界对魏家骅并不是十分认可,即魏家骅虽然曾于1898年、1903年两度考中进士,并且一直官运亨通,还是晚清著名的红顶商人,具有一定的声望,但他对学务并不如张謇等人那么热心,所以对于以学务为主要事务的江苏教育总会而言,魏家骅并不是一个好的选择。当然,由于会长张謇被看作是江北学界的代表,他过高的声望影响了其他江北学界之人脱颖而出也是有可能的。

1908年的会长选举中,张謇与王同愈继续连任,宁属则选举出了许鼎霖。许鼎霖(1857—1915),字九香,赣榆县(现赣榆区)人。他的当选,应该和张謇的大力推荐有关。他与张謇早年相识,结下了深厚的友谊,同被誉为近代江北名流。在结识后的三十年中,两人志同道合,精诚合作,致力于实业救国、清末立宪、导淮赈灾等事业。从1904年起,许鼎霖受张謇实业救国思想的影响,先后与张謇合办耀徐玻璃公司等企业,共同探索兴业救国之路。1915年许鼎霖去世后,张謇曾亲自为其题写了墓志铭。

值得注意的是,在1908年的选举中,张謇只得到46票,不仅低于王同愈,也低于许鼎霖。这主要是因为,在选举之前,张謇主动提出要辞去会长之职。而和之前的选票相比,此次当选之人所得选票,基本上都在半数上下,在一定程度上反映出了江苏教育总会内部对领导人认定上的分散趋势。

(二)会长与副会长的人事变动

1908年,张謇辞去会长一职虽然没有成功,但当年修改通过的《江苏教育总会章程》中已经明确规定了:"凡职员,均一年一举,连举者连任,其本职连任三期者,得自行辞职。"[①]因此,已经连任四届的张謇与王同愈,在1909年的选举中就失去了被选举为会长与副会长的资格。而为了平衡宁、苏两属,张謇建议此次会长从苏属会员中推举。作为今天深受推崇的国学大师、工科先驱,当时正在执掌上海实业学堂的唐文治,因此前曾出国考察商务和学务,担任农工商部官员,而成为苏属会员中较具声望的会长人选。张謇则被宁属的代表选举为副会长。另一位苏属吴县的副会长则是蒋炳章。蒋炳章(1864—1930),字季和,别号留庵,光绪戊戌(1898)考中进士,为翰林院编修,光绪三十二年(1906),他与进士王同愈创办了闻名中外的苏州草桥学舍,宣统元年(1909)又当选为议员,民国初为江苏省咨议局副议长。由此可见,蒋炳章的任职,明显是在接替王同愈此前的职位。由于一下子失去了熟悉的会长张謇与副会长王同愈,这一次的换届选举中,各位候选人的得票都不高,在参与选举的147名会员中,只有张謇的得票刚刚超过了半数,而蒋炳章的得票只有29票。从中我们也可以发现,虽然江苏教育总会力图克服会长等长期任职带来的权力垄断问题,但从实际情况看,改任他职的变通,也为领导核心的长期稳定提供了一定的制度救济。

随后的1910年,不知何故,出席常年大会的会员人数锐减至87人,因此,唐文治等人作为会长与副会长的得票都不高,但得票率较上一年则有了大幅度提高。因为资料的缺乏,1911年的选举情况尚不得而知,不过,根据该会1913年发行的《教育研究》第1期的会务月报看,1912年的会长与副会长分别是张謇与王同愈。

三、职员的稳定与补充

如果说会长和副会长,是江苏教育总会的领导核心,那么由各地评议员和教育会干事员组成的职员队伍,则直接决定了江苏教育总会的办事效率与效果,直接关乎会务活动的顺利开展和成效。

[①] 江苏教育总会章程(戊申十一月第二次改订)//沈信卿编.江苏教育总会文牍 四编丁[M].上海:中国图书公司,1909:10.

根据江苏省教育会1926年年鉴中的职员累任次数表和其他方面的资料来看,我们可以看到江苏教育会的职员变动情况。

(一)评议员:按人口定额,但有微调

江苏学务总会章程规定,评议员由各地方公举,在成立之初,评议员主要"以各府、各直隶州所辖厅州县多寡之数为差,不拘何厅州县之人",但在章程草案中,已经对各地的名额有了明确的规定,"共七十一人"。后来,在正式开会通过的章程中,苏州府的评议员人数,从"九人"[①]变成了"十人"[②],是所有府州中人数最多的;相比之下,江宁府的评议员名额只有"七人",这可能和苏州府的人积极入会,会员总人数较多有关。1906年,在修订学会章程时,又给镇江府增加了1个名额,从原来的"四人"增加为"五人",评议员总人数增加到了"七十三人"[③]。到了1908年,随着评议员会的作用越来越大,江苏教育总会又把评议员的总人数增加到了"七十五人",江宁府、苏州府、镇江府各增加了1人,分别从原来的"七人""十人""五人"增加到了"八人""十一人""六人",而通州的名额则从"四人"减少为"三人"[④]。从实际情况看,在最初推举的时候,很多州县由于会员人数较少或者是地方教育界内部的纷争,评议员并不能足额推举。比如,扬州府分到的评议员名额有8名,但是扬州府实际推举的评议员人数最多的是1907年的7名,最少的是1908年的2名。从中也可以看出,会员的地域分布只是影响江苏学务总会评议员构成的因素之一。对于评议员的权力,很多地方并没有足够的重视,也反映了地方教育界实力之间的差距较大。

当选人员的稳定性,在一定程度上可以反映江苏各地方教育界人士的团结与稳定状况。从表2-5可以看出,江宁府推举的评议员每年都保持在7~8个之间,但连续2次被推举为评议员的,只有侯必昌、王乃屏两人。相比之下,扬州

---

① 江苏学会暂定简章[J].东方杂志,1905(12):334.
② 江苏学会暂定简章[N].申报,1905-12-12(光绪三十一年,乙巳十一月十六日第十版)//申报影印本 第81册,上海:上海书店,1983:893.
③ 江苏教育总会简章(丙午年修订)//沈同芳编.江苏教育总会文牍 二编上[M].上海:中国图书公司,1907:151.
④ 江苏教育总会章程(戊申十一月第二次改订)//沈信卿编.江苏教育总会文牍 四编丁[M].上海:中国图书公司,1909:4.

府的评议员则比较稳定,汪秉忠、王鼎彝、蒋彭龄都曾经多次被推举;但不知何故,在1908年和1909年,该府只推举出了2名评议员。淮安府与扬州府类似,名额与人员也相对稳定,顾震福、陶懋立、朱榮均多次被推举,但在1907年,淮安府只有朱榮1人被推举为评议员。徐州府一开始评议员人数少,也不稳定,1906年仅推举出了2名评议员,1908年以后则比较稳定,花黻臣与张伯英等都曾被推举2次。通州府的人员更替则十分频繁,只有沙元炳、沈文瀚和陈国霖前后被连续推举过2次。海州虽然在1908年之前没有推举出评议员,但1908年以后能够用足3个名额,且人员比较稳定,如许鼎年、程桂南、施云鹭都曾连任。特别值得注意的是,1910年,淮安府、徐州府、通州府、镇江府、海门厅等都没有能够推举出评议员或推举人数不足额,这些府厅全部属于苏北和苏中地区,从中可以看出,当时在这些地方的学务本身确实也不够发达,热心学务的人士较少或者学界内部的矛盾比较激烈和复杂。

表2-5 清末各地推举评议员情况一览表①

府属	1906年	1907年	1908年	1909年	1910年
江宁府	定额7人,推举7人 侯必昌 王乃屏 顾琪 吴荣萃 程先甲 夏斌 钱树模	定额7人,推举7人 侯必昌 王乃屏 宝昀 张汝芹 田北湖 宋道一 陶保晋	定额8人,推举8人 宝昀 侯巽 仇埰 陈泽 贾治邦 张培 陈经镕 刘芬	定额8人,推举8人 王乃屏 顾琪 濮祁 宋道一 夏斌 王嘉宾 郑谦 广荧 (陶保晋 章广祺 王厚滋 王桂馨)	定额7人,推举6人 汪秉忠 蒋彭龄 凌恩锡 顾泳葵 袁承业 王鼎彝 (章广祺)

---

①表格内容来自沈同芳编的《江苏教育总会文牍 三编下》(1908年中国图书公司出版)和沈信卿编的《江苏教育总会文牍 四编丙》《江苏教育总会文牍 五编丙》《江苏教育总会文牍 六编丁》(1909—1911年中国图书公司出版)中"纪事:本会开会一览表"。

(续表)

府属	1906年	1907年	1908年	1909年	1910年
扬州府	定额8人，推举6人 汪秉忠 凌文渊 王鼎彝 梁荧 朱董 孙斌	定额8人，推举7人 汪秉忠 蒋彭龄 王鼎彝 梁荧 谭庆棠 徐炳烈 夏寅官	定额8人，推举2人 王思源 蔡映辰	定额8人，推举2人 汪秉忠 蒋彭龄	定额8人，推举6人 汪秉忠 蒋彭龄 王鼎彝 凌恩锡 顾泳葵 袁承业 （蒋彭龄 鲍贵藻）
淮安府	定额6人，推举6人 顾震福 陶懋立 张相文 周珩 陈玉树 于述祖	定额6人，推举1人 朱荣	定额6人，推举4人 顾震福 朱荣 王春福 朱瑞梧	定额6人，推举5人 顾震福 朱荣 陶懋立 杨润 陶鸿庆 张符元	戴润章
徐州府	定额8人，推举2人 张仁普 赵品仁	定额8人，推举0人	定额8人，推举8人 花黻臣 张伯英 陆承卓 蔡凤声 赵品成 蔡源瀚 臧荫松 刘兰芝	定额8人，推举8人 花黻臣 张伯英 王立廷 祁世倬 李鸿筹 卢瀚荫 臧荫松 蔡源瀚 （封蕙香 卢瀚荫）	

67

(续表)

府属	1906年	1907年	1908年	1909年	1910年
通州府	定额4人，推举4人 沙元炳 沈文瀚 刘桂馨 潘荫东	定额4人，推举4人 沙元炳 沈文瀚 达　享 张荫穀	定额3人，推举3人 潘荫东 孙宝书 陈国霖	定额3人，推举3人 陈国霖 李元蕺 任为霖 （沙元榘 邹　楫）	邹　楫
海州	定额3人，推举0人	定额3人，推举0人	定额3人，推举3人 陈澍平 程桂南 吴绍矩	定额3人，推举3人 程桂南 许鼎年 施云鹭	定额3人，推举3人 许鼎年 施云鹭 邵长镕
海门厅	定额1人，推举1人 樊　璞	定额1人，推举1人 樊　璞	定额1人，推举0人	定额1人，推举1人 沈臧寿 （樊　璞）	定额1人，推举0人
苏州府	定额10人，推举10人 金楸基 蒋凤梧 蒋元庆 高人俊 陶惟坻 胡同颖 范　祎 金祖泽 蔡俊镛 沈廷镛	定额10人，推举10人 金楸基 蒋凤梧 蒋元庆 高人俊 陶惟坻 刘永昌 陈定祥 陆　基 祝秉纲 杨天骥	定额11人，推举11人 金楸基 高人俊 陶惟坻 陈定祥 章慰高 曾　朴 范　祎 吴傅绂 吴本善 庞树典 顾彦聪	定额11人，推举11人 金楸基 章慰高 蒋凤梧 杨廷栋 陶惟坻 胡同颖 刘永昌 吴傅绂 徐之澂 张炳翔 柳宗棠 （陆　基 祝秉纲 陈宗亮 金祖泽 丁祖荫）	定额11人，推举11人 刘永昌 陶惟坻 蒋元庆 陆　基 徐之澂 张炳翔 潘起鹏 徐嘉湘 胡宝书 殷崇光 张荫兰 （章慰高 龚　杰 陈宗亮 邵松年 金祖泽 戚介坪）

(续表)

府属	1906年	1907年	1908年	1909年	1910年
松江府	定额8人，推举8人 姚文枬 朱祥绂 张毓英 陈宪章 朱家驹 黄继曾 吴 馨 吴公之	定额8人，推举8人 姚文枬 朱祥绂 谢葆钧 张毓英 陈宪章 朱家驹 陆瑞清 吴治恭	定额8人，推举8人 朱祥绂 谢葆钧 张毓英 马超群 林祖潜 黄端履 黄继曾 高 煌	定额8人，推举8人 朱祥绂 谢葆钧 张毓英 马超群 林祖潜 黄端履 陆瑞清 夏允麐 （陈宪章 顾 骝 姚文枬 钱学乾 张志鹤 朱家驹）	定额8人，推举8人 朱祥绂 谢葆钧 张毓英 夏允麐 林祖潜 黄继曾 廖麟年 叶景沄 （陈宪章 朱家驹 顾 骝 吴 馨 钱学乾 张志鹤）
常州府	定额8人，推举7人 丁宝书 蔡文森 蒋维乔 任锡汾 许志毅 吴汀鹭 潘 浩	定额8人，推举10人 丁宝书 蒋维乔 裘廷梁 朱楚善 于定一 吕 侠 胡尔霖 任锡汾 王楚书 杨鼎复	定额8人，推举8人 陆尔奎 裘廷梁 储南强 俞 复 杨 择 任锡汾 郁芳润 方翼鹏	定额8人，推举7人 陆尔奎 裘廷梁 储南强 杨 择 蔡文森 朱楚善 杨名浩 （吴之安 刘庭炽）	定额8人，推举2人 陆尔奎 庄 俞 （伍 达 孙靖圻）

(续表)

府属	1906年	1907年	1908年	1909年	1910年
镇江府	定额4人，推举5人 吴兆曾 狄葆丰 云　路 徐高年 姚锡康	定额5人，推举6人 吴兆曾 狄葆丰 马敬培 云　路 徐高年 赵宗朴	定额6人，推举6人 吴兆曾 狄葆丰 马敬培 云　路 杨邦彦 陈允中	定额6人，推举6人 吴兆曾 狄葆丰 云　路 杨邦彦 陈允中 沈宗邰 （赵宗抃 赵瑞豫 马敬培）	定额6人 （道受章）
太仓州	定额5人，推举5人 李维勋 王树声 钱诗棣 徐荫阶 夏曰璈	定额5人，推举5人 李维勋 王树声 管　圻 洪锡范 黄世祚	定额5人，推举5人 管　圻 洪锡范 黄世祚 林可培 朱庭禄	定额5人，推举5人 管　圻 林可培 李联珪 钱　淦 黄守恒 （钱诗棣 陆灿昕 顾　瑞 王钟琦）	定额5人，推举5人 洪锡范 李联珪 黄世祚 袁希洛 徐应田 （钱诗棣 黄守恒 陆灿昕）

注释：1909年文牍四编中的名单，包含常年大会后举到者，其中，扬州府、常州府尚有缺额。

相比之下,苏属的苏州府、松江府、常州府、太仓府和镇江府的评议员基本上都能够足额到位,且保持稳定。镇江府在1907年还曾经多举1人,常州府虽然1906年名额没有用足,但在1907年,一下子推举了10人,远超出了给定的8个名额,不过,在1910年,常州府只推举出了2名评议员,后补萤两人。其中,苏州府的评议员主要由蒋凤梧、刘永昌、金楙基、章慰高、杨廷栋、陶惟坻、胡同颖等人担任,特别是陶惟坻连续5年都被推举为评议员,金楙基曾经4次被推举为评议员;蒋凤梧、蒋元庆、高人俊、刘永昌等人也都曾3次当选为评议员。松江府的朱祥绂、张毓英、谢葆钧、黄继曾、马超群、陆瑞清、黄端履、林祖潘、夏允鏖等也都至少当选两次及以上,其中,连续5年当选的有朱祥绂和张毓英。不过,就苏属之内而言,常州府的人员变动也较大,只有陆尔奎在1908年后连续3年当选,此外当选两次的就是蒋维乔、丁宝书、储南强、裘廷梁、蔡文森、朱楚善等人。镇江府的人员,当选两次及以上的是狄葆丰、云路、吴兆曾、徐高年、马敬培、陈允中等,其中,4次当选的有狄葆丰、云路和吴兆曾。至于太仓州,完全按照规定,每年足额推举出评议员,人员基本也保持稳定,比如洪锡范、管圻各3次,他们自然成了当地教育界的核心人士。

(二)核心干事员队伍的形成

清末江苏学务总会初创之际,由于会务初始,头绪繁杂,需要的干事人员很多,再加上会员之间彼此还不熟悉,学会规则也不是特别成熟,因此第一届干事员主要由会长提议产生。但从1906年起,所有干事员的选举都是由全体会员公开选举,以得票多寡来决定,只不过具体事务由会长指定。

表2-6 历届干事员名单及其选票情况一览表[①]

选举年份		1905年	1906年	1907年	1908年	1909年	1910年
学校教育部	普通部	夏清贻 吴馨	夏清贻 曾朴	张继良 曾朴	袁希涛 杨天骥	孟昭常 朱寿朋	杨保恒 贾丰臻

[①]表格内容来自沈同芳编的《江苏教育总会文牍 三编下》(1908年中国图书公司出版)和沈信卿编的《江苏教育总会文牍 四编丙》《江苏教育总会文牍 五编丙》《江苏教育总会文牍 六编丁》(1909—1911年中国图书公司出版)中"纪事:本会开会一览表"。

(续表)

选举年份		1905年	1906年	1907年	1908年	1909年	1910年
学校教育部	专门部	翁顺孙 董瑞椿	马 良 雷 奋	马 良 雷 奋	雷 奋 孟昭常	雷 奋 马 良	杨廷栋 史家修
调查部		张相文 杨允升 白作霖 侯必昌 汪钟霖 袁希涛	袁希涛 沈恩孚 白作霖 张继良 黄炎培 黄守恒 方 还 徐念慈 姚明辉 严保诚 穆湘瑶 包公毅	沈恩孚 袁希涛 夏清贻 方 还 黄炎培 林祖潽 徐念慈 严保诚 吴 馨 赵钲铎 储南强 范 祎	黄炎培 蒋凤梧 陆文椿 刘永昌 陆瑞清 赵钲铎 张汝芹 周纮顺 王义成 严保诚 费元煜 王景曾	吴 馨 方 还 龚 杰 黄炎培 严保诚 蔡凤声 蔡朝臣 陆文椿 田北湖 王景曾 范 祎 吴 涑	黄炎培 田北湖 严保诚 夏仁瑞 许鼎霖 蒋凤梧 仇继恒 陆瑞清 林可培 范 祎 程桂南 王立廷
庶务部	书记	陆 基 沈同芳	沈同芳 何震彝	沈同芳 包公毅	沈恩孚(驻会) 程先甲	沈恩孚 杨天骥	沈恩孚(驻会) 杨天骥
	会计	苏本炎 龚 杰	龚 杰 俞 复	龚 杰 夏曰璈	夏仁瑞(驻会) 夏曰璈	姚文枬 夏仁瑞	姚文枬 龚 杰
	招待	恽毓昌 高人俊	林祖潽 狄葆贤	曾 铸 狄葆贤	田北湖 包公毅	包公毅 曾 朴	包公毅 马超群
经济部			翁顺孙 曾 铸 许鼎霖 李钟珏 周廷弼 王清穆	许鼎霖 王清穆 李钟珏 翁顺孙 周廷弼 黄继曾	方 还 仇继恒 王清穆 龚 杰 吴 馨 马 良	许鼎霖 仇继恒 吴本善 陆承卓 王清穆 罗 怡	吴 馨 朱寿朋 吴本善 李钟珏 马 良 方 还

在第一届常会上,张謇在提名调查部干事员时,特别注意了宁、苏两属间的平衡。庶务部相关人员由会长委派,调查部、学校教育部和经济部干事都由会长提议,经会员选举,其中,发起人许鼎霖、王清穆、周廷弼得票都非常高。这也可以说是众望所归。

从1906年起,江苏学务总会决定,所有职员一律由全体会员公开选举,因此,干事员的变动较大。同时,为了更好地开展会务,特别是遵照《学部:奏定各省教育会章程折》要求开展教育调查,江苏学务总会决定在宁、苏两属各推举6名调查部干事,因此总体干事员人数大大增加,总数达到了28位。因为有评议员不得为干事员的规定,可供选择的候选对象就受到了限制,而评议员是由各个地方推举的,来自不同地方的教育会会员在选举时可能对彼此并不熟悉,再加上对地方利益的考量,导致第一次各当选的干事员得票总体偏低。总的来看,由于人员的大幅度增加,干事员变动较大,得票相对分散。相比之下,经济部人员变动不大,但得票较少。

1908年,袁希涛由于已经连任三届调查部主事,按照章程规定,虽然可以当选,但不得连任本职。因此,袁希涛改任学校教育部干事员,该部中雷奋的得票最高。调查部干事中,黄炎培虽然得票总数有所降低,但得票仍是该部内最高的。经济部变动较大,除了王清穆连任外,其他都由其他部原来的干事调任。庶务部也有调整,由于沈同芳坚决遵章自请辞职,沈恩孚改为驻会书记,包公毅改任招待员。

1909年,普通部中,除了朱寿朋是新当选的干事,其他人在此之前都曾出任过干事;经济部中,仇继恒是留任的,罗饴等是新当选的;庶务部干事则都是此前担任过干事者;调查部12人中,蔡凤声、蔡朝臣、陆文椿、范祎、吴涑等5人是新当选的,人员变化还是比较大的,但参与投票的总人数似乎比较少,所以他们得票也少,沈恩孚得票最多,其他人得票很少,这也充分暴露出这种无门槛选举潜在的选票分散问题。

1910年,普通部和专门部变动较大,杨保恒、杨廷栋、史家修等都是首次被选为干事员。调查部干事员则基本上都是之前的旧职员,其中比较特殊的是王立廷,他是根据宁、苏两属的人数平衡而替补上来的,得票很少。其他经济部和庶务部的干事员也都是之前当选过的。

由于规定了评议员与干事员不能兼任,江苏学务总会无形中扩大了服务会务人员的范围;而通过限制连任年限,江苏学务总会一方面为干事员会补充了一些新生力量,同时,又通过对核心干事员群体在不同职位的轮换,培养了该会的核心职员。其中,沈信卿、袁希涛、黄炎培等人经过历练,逐渐成为江苏教育总会最重要的核心成员,并且在民国时期对江苏教育的发展发挥了很大的作用。

第四节 主要教育活动

作为一个教育团体,江苏学务总会的发起主要是为了"研究本省学务之得失,以图学界进步"。因此,调节学务纠纷,推进江苏新式教育的发展,就成为江苏学务总会的主要教育活动。

一、调节学务纠纷

科举废除后的中国,虽然发展新式教育已经成为大势所趋,但处此新旧教育鼎革之际,教育界中的矛盾也被激化了出来,而地方教育行政部门管理的滞后与不当,不仅不能消弭矛盾,反而进一步加剧了矛盾。在江苏,由于教育自身面临的复杂局面,这种矛盾往往更加突出。因此,作为汇聚地方新型精英人才的民间教育团体——江苏学务总会就主动承担起了处理和调节学务纠纷的责任。通过在官与绅、绅与绅之间周旋,江苏学务总会成为江苏学界的重要领导、仲裁与庇护机构,对联络各地学界,整合省内教育资源,支持地方新式教育发展发挥了非常重要的作用。

(一)处理学堂外部纠纷,尽量保护学堂利益

1904年,江苏无锡爆发了震惊全国的毁学事件,地方民众在商人的蛊惑下,焚烧了无锡杨模的家,焚毁了以俟实学堂为代表的无锡近代第一批新式学堂。

该事件虽然经两江总督端方的干预而圆满解决,但江苏乃至全国新旧教育之间的矛盾和冲突依然存在,并且此起彼伏地在各地不断涌现。其实,这一时期的学务纠纷,除了新旧教育理念之争外,更多的还是地方各势力对教育权力与资源的争夺。正如《申报》在评论官绅仇视学务公所、学会的原因时所指出的那样,"地方官之仇视,在惧其侵权;地方绅董之仇视,在怒其夺利。而其源,则皆出于但存私心,不知公益"①。这一论断,同样适用于新式学堂。

自清末新政废科举、设学部,推广新式学堂以来,各省官绅及有志之士"咸以创设学校、协力劝办为誉",但中央和地方财政困难,于是地方官绅就把拥有巨额资产的寺庙和道观作为筹措新式教育经费的对象,改书院办学堂,拨庙产兴新学,不仅成为趋新人士的共识,也得到了国家政策的支持。清政府规定:"民间祠庙,其有不在祀典者,即着由地方官晓谕民间,一律改为学堂。"②但在实际的推进过程中,由于对民众缺乏说服教育,再加上新式学堂创办中也不同程度地存在一些贪腐行为,就使得新学成为宗教信众与普通百姓攻击的对象,以至于出现了众多的毁学事件。为了缓和僧学矛盾,保护寺院及僧众产业,1905年,清政府又发布上谕,明令禁止"捐及方外",不少僧众遂借此翻控庙产办学旧案,以至于僧学纠纷愈演愈烈。致力于联合全省学界的江苏学务总会,对此自然不能置身事外。因此,或联合官方,或独立开展调查,力图调节此类纠纷,就成为清末江苏学务总会的一项重要工作。

比如,1908年,江苏教育总会接到会员朱葆遠等人的书函,声称泰州王家楼贫民学堂被凶僧殴毁,"六月二十九日……饬州提集全案人证"③,地方当局也从其所请,"饬州驱逐凶僧定莲出庙,并照会泰州教育会派员开校,即将已捐常年经费统交该会办理",但是,命令下达之后,"凶僧盘踞如常",于是该会才想到向教育总会求援。江苏教育总会认为,朱葆遠等人"力顾公益,无所私于其间,固皦然可信",但他们毕竟是一介书生,面对凶僧盘踞,"亦无从藉手"④,于是就代

---

① 论官绅仇视学务公所学会之原因[N].申报,1906-05-11(光绪三十二年,丙午四月十八日,第二版)//申报影印本 第83册,上海:上海书店,1985:397.

② (清)朱寿朋编.光绪朝东华录第四册[M].北京:中华书局,1958:110.

③ 朱葆遠等来书//沈同芳编.江苏教育总会文牍 三编中[M].上海:中国图书公司,1908:29.

④ 上江督端请饬查泰州王家楼万缘庵凶僧盘踞不让书//沈同芳编.江苏教育总会文牍 三编中[M].上海:中国图书公司,1908:29.

为请求两江总督端方,予以饬查。

此后,为了一劳永逸地解决此类纠纷,江苏教育总会还特别上书两江总督张人骏,指出"学堂款项已由僧众施舍,或借庙地兴学,或僧学两界涉讼已经禀官定案者,该僧人等亦不得藉(借)此翻案致启争端等",要求严申"凡在宣统元年五月以前,学僧两界交涉已定各案,如再有僧徒控翻前案者,概不准理,以杜争端,而维学务"①。

1911年,海州僧人源瀚,"于十月十七日率领(地)痞(恶)棍数十人,捣毁州城内蔚文高等小学堂,殴辱江孔二教员,倒投粪坑"。海州自治公所、教育会、劝学所急电海州旅宁士绅陈锡朋等人,请求禀告两江总督,严惩首恶。但海州城的主事陈牧,却禀告省府说,已经邀集自治公所、教育会、劝学所等公团士绅集议,"均主和平了结"。后来,江苏教育总会接到海州自治公所、教育会、劝学所这些公团的函电,声称该县主事"力庇劝和,绝未认可;孔咯血病重,学界大愤"②,面对双方各执一词,江苏教育总会认为,应该由省级部门介入查办,以期真相早日水落石出。

除了与宗教人士争夺教育资源,由于清末军兴,学堂还常常要与军队争夺资源。"穷秀才遇到兵,有理说不清",新学国人只能向更有力量的团体或个人求助。1909年,海州教育会函称,根据该会会员李潜、潘立昂、李蔚西、张德昌等人的报告,他们准备以该地旧有廻澜书院为校舍,创办莞渎镇响水口地方廻澜两等小学堂,用南北两义学公款充作经费,聘订教员,遍贴广告,已经"择于六月二十九日开学,早经报明州宪在案,惟校舍为巡防营借住"③。办学人员先是知照周凤歧,并代借彤华宫,但巡防营官兵不愿意迁移。后来他们又替巡防营租赁了一处较为宽敞的民宅,一再商请巡防营搬移,但是巡防营官兵依然不愿意搬迁。再后来,书院旧讲堂遭遇了连番的大雨,后墙坍塌,于是办学人员又找人维修,再次遭遇该营官兵的多次阻挠,被迫停工。江苏教育总会即向江北提督报告,请求查办。

---

① 咨呈江督张请通饬毋准僧徒控翻庙产办学旧案文//沈信卿编.江苏教育总会文牍 五编乙[M].上海:中国图书公司,1910:1.

② 致江督张请提讯海州恶僧殴辱教员书//沈信卿编.江苏教育总会文牍 六编乙[M].上海:中国图书公司,1911:32.

③ 致江北提督王请查办哨弁占据校屋逞凶情形书//沈信卿编.江苏教育总会文牍 五编乙[M].上海:中国图书公司,1910:27-28.

直到民国时期,帮助学堂解决各种外部纠纷仍是江苏教育总会(江苏省教育会)的一项重要工作。比如,1920年,如皋县师范学校创办了《新心报》,之后被少数人诬告为过激主义,该县学界向江苏省教育会求助,请求帮助学校向省公署加以解释。江苏省教育会查阅该报后认为,该报"于开发社会思想,不无裨益",只是"标题及措词间有不合旧社会心理之处",并不是过激主义。江苏省教育会还指出,"过激主义,英文译音为拉选开列斯姆,与俄国多数党英文译音鲍尔雪维克者,性质迥然不同。近人多并为一谈,利用为随意诬陷之具,实属以讹传讹"①。在指导该报注意措辞的同时,也极力为该报向教育厅开脱。省立第一女子师范学校失火事件,保险公司不想负责赔偿,经过省教育会派人调查,终于查明实情和真相,认为女子师范学校所主张的走电理由较为充分,应予以采信。在向省公署请求解决时,江苏省教育会还特别提到,"该电灯厂长自该校被焚后,始终未曾到场察看,观其信中所述各节,均系以耳为目,强词夺理之谈,复有盛气凌人之概,此种土官撩气,殊令人作十日恶也"②。

应该说,在调节学堂与其他利益群体的纠纷中,尽可能地保护学校及师生权益,是江苏教育总会(江苏省教育会)处理学务纠纷的基本态度。

(二)处理涉讼、涉官纠纷,多持谨慎中立态度

相比之下,对于学界内部事务,比如学堂内部冲突或者学校与官府之间的冲突,江苏教育总会则表现得比较谨慎,一般只是推员调查,提出一些建议,很少有非常明确的态度。1908年,扬州速成师范学堂因为学堂监督卢晋恩的家族私事,涉及诉讼,波及学堂,"族人仇视盘踞,希图藉(借)端破坏"。宁提学使曾经饬扬州府督同江都县保护,"迅饬退让,以便开课"③。但后来该学堂致电江苏教育总会,指责"扬州府县至今延搁,坐误开课,学生希望全失,校员职务难行,

---

① 文牍:致江苏省长公署、教育厅转陈如皋学界函电为该县师范学校发刊新心报被少数人诬为过激主义请向省厅声明书[J].江苏省教育会月报,1920(01):23-24.

② 文牍:李君中一复书[J].江苏省教育会月报,1920(01):12.

③ 宁提学使陈复书.//沈同芳编.江苏教育总会文牍 三编中[M].上海:中国图书公司,1908:28.

合校惶急"①。江苏教育总会未经调查,不便发表意见,只是把该函电转达宁提学使处,以引起提学使的重视。

这是因为,在江苏学务总会成立之初,清政府对民间结社的态度还比较摇摆,明确要求教育会不得干涉教育范围以外之事,而江苏学务总会为了赢得清政府的认可和信任,尤其是不给教育行政机关留下越权的印象,在自己的宗旨中也非常强调"不涉学界以外之事",所以在实际处理涉讼、涉官纠纷时,也大多持客观中立的态度,多以客观调查和建议为主。这一态度一直延续到民国时期。比如,1920年的省立医学专门学校教职员冲突风潮,江苏省教育会接到苏州医学专门学校职员费学礼等十三人的公函,指责该校内科教员范绍洛"品学卑劣,现蔡校长因各方反对,拟派遣范教员出洋,为暂避之计,请主持公论"②。江苏省教育会公推杨鄂联就近调查。杨鄂联经过多方调查,认为"范君在校任事七年之久,薛君等大都出其门下。至该校求医者,往往有指名范先生者,其信用经验,可见一斑"③,只是医治手续不够完备,才贻人口实。费学礼等人大都是该校毕业生,对于蔡校长及范教员有师生之谊,即便校长、医长的做法有不当之处,也只是开诚布公地指出或建议,没有用过激的言辞影响学校整体的发展。与此同时,"校长、医长处置校务,亦当公开,使得全体教职员晓然于办事之艰难"。如果双方能够相互体谅、理解,就不会有类似事情发生。所以,江苏省教育会的调查员杨鄂联认为,"此事为感情作用与误会而生,既经该校长正在设法调处,本会似亦不必遽加干预"④。

(三)主动调查监督学堂,努力净化学界风气

《学部:奏定各省教育会章程折》指出,教育调查是教育会的最重要的任务之一。"地方各学堂管理教授一切课程,如有不合之处,于私立学堂,应直接规

---

① 致宁提学使陈请饬查扬州师范学堂被人占据停课书.//沈同芳编.江苏教育总会文牍 三编中[M].上海:中国图书公司,1908:27.

② 文牍:致杨君鄂联请调查公立医学专门学校职教员冲突情形书[J].江苏省教育会月报,1920(11):7.

③ 文牍:杨君鄂联报告书[J].江苏省教育会月报,1920(11):10.

④ 文牍:杨君鄂联报告书[J].江苏省教育会月报,1920(11):10.

劝,助其改正;于官立学堂则条陈于本管官吏,或本省提学司,听候酌办"①。因此,江苏学务总会在成立之初,专门成立教育调查部,选出大批的调查员,开展学务调查。在成立前三年内,教育调查部先后完成了对江苏全境教育情况的普查,完成了多份调查报告。其中,以对江北师范学堂的调查最为重要、最具代表性。该学堂是由晚清江北提督刘永庆于1906年在原江北高等学堂的旧址上创办的。学堂创办不久,就腐败丛生,引起了社会各界舆论的不满。

1909年,江苏教育总会调查员龚杰、林祖潘对江北师范学堂进行了调查,"所见值日之师范生,教授历史,仅将教科书照录于黑板,脱漏甚多,口述一过,并不讲解,形容窘迫,毫无趣味"②。而师范毕业生被派到小学后,甚至"于应上课时在房中剃头",可见其腐败情形。江苏教育总会遂把这种情况上报给了地方长官。两江总督端方认为,"江北师范学堂,为淮扬徐海各属教育命脉,关系至为重要"③,这种情况对学务必将产生不良影响,因此要求江宁提学司认真整顿。但该校办理腐败,房屋建筑不利于学生身心健康,门襟失察,环境脏乱,课程不足,学生质量较差。第二年,江苏教育总会一面向两江总督和江宁提学使汇报,一边请求提学使派出视学进行复查,并委派袁希涛会同复查。经过复查认为:"有去年所不满意而今已改良者,有别具原因不当尽(归)咎办事员者,亦有人言籍籍,仍不能为之曲讳者"④,所有关于设备、教员、管理等仍然有不尽如人意处。比如,"该校教员,习于酣嬉,致今春上课,距通常开学期,几将匝月,而校员则又借口于学生不齐"⑤。

后来,江苏教育总会又接到清河教育会、劝学所的函告,谈及江北师范学堂学生暴动,攻评监督、"强迫职员出校"等闹学情形,对此,江苏教育总会主张,学

---

① 学部:奏定各省教育会章程折//朱有瓛,戚名琇,钱曼倩,霍益萍编.教育行政机构及教育团体[M].上海:上海教育出版社,1993:250.
② 龚杰、林祖潘报告江北师范学堂情形书//沈同芳编.江苏教育总会文牍 三编中[M].上海:中国图书公司,1908:14.
③ 江督端复书//沈同芳编.江苏教育总会文牍 三编中[M].上海:中国图书公司,1908:15.
④ 咨宁提学使陈论复查江北师范学堂文//沈同芳编.江苏教育总会文牍 三编中[M].上海:中国图书公司,1908:17-18.
⑤ 咨宁提学使陈论复查江北师范学堂文//沈同芳编.江苏教育总会文牍 三编中[M].上海:中国图书公司,1908:18.

生如此蛮横,"非将闹事各生一律开除,或解散,重行组织,不足以整顿校风"①。随后,经过调查,宁提学使采纳了江苏教育总会的提议,对于闹事学生"张耀中、陈儒丰、韩乐、马树芬、刘元龙、孙炳煌等六人",不仅"予开除学名,追缴学膳各费,通行各学堂不准收考",还"饬各该地方官严加管束"②。同时,也更换了学堂监督,要求"该堂新监督……整顿各事,宜认真厘订,以期扫除积习,渐次进行"③。

由此可见,江苏教育总会的主动调查监督,并没有逾越国家法令的相关规定,在其呈送给两江总督或提学使的调查报告中,更多的是在强调调查了解到的事实,并给出自己的建议。这些调查也说明,尽管传统势力对新学有诸多敌意,但很多对学堂及新式教育的攻击也并非空穴来风,而是和学堂自身发展中的实际问题有关。正如江苏教育总会对各地的毁学报告分析的那样,起因大都是奸徒造谣挑衅、愚民附和,遂生事端。而究其原因,"旧董公款,移于办学者之手,失自肥之窟宅,一也。不肖僧徒,庙产移于办学者之手,多事后之懊丧,二也。其最足生贫民之恶感者,莫如用学堂名义,以收捐款,夫教养子女,固父母之义务,此义决非乡愚所能通晓。而琐碎之捐,则往往视为切肤之隐痛"④。针对这种状况,江苏教育总会认为,为了尽量避免此类误解与争端,"学堂捐款,亦不宜由办学者直接收取,应由本城本镇董事会、本乡乡董经收,按期拨付学款"。并且,江苏教育总会还提出,"近值风潮四起之际,尚见报载有抽及零星捐款以助学堂者,似于社会心理有所未合",因此,要求各地教育会或劝学所,"通告本境学界,勿因办学费绌,抽取贫民零星捐款,致为奸徒藉(借)口,各俟本境调查事竣,自治公所成立,再行会商兴学办法,徐图教育之进行,是则本会之所希望也"⑤。

---

① 致署宁提学李酌拟处置江北师范学堂学生闹学案书//沈信卿编.江苏教育总会文牍 五编乙[M].上海:中国图书公司,1910:4.
② 署宁提学李照会督批司详惩办江北师范学生文//沈信卿编.江苏教育总会文牍 五编乙[M].上海:中国图书公司,1910:6.
③ 署宁提学李照会督批司详惩办江北师范学生文//沈信卿编.江苏教育总会文牍 五编乙[M].上海:中国图书公司,1910:6-7.
④ 通告各劝学所教育会请转告学界书//沈信卿编.江苏教育总会文牍 五编甲[M].上海:中国图书公司,1910:66.
⑤ 通告各劝学所教育会请转告学界书//沈信卿编.江苏教育总会文牍 五编甲[M].上海:中国图书公司,1910:67.

层出不穷的纠纷严重影响了各地新式教育的发展。尽管深知调处学界纠纷颇为不易,但江苏教育总会仍本着"官绅共负责任"的使命感,充分利用该会在学界的影响力和本会会员的声望,积极干预,尽力而为,或独自办理,或协同官府,妥善化解各地学界的许多纠纷,为江苏各地的教育改良和教育事业的发展做出了积极的贡献。而江苏教育总会处理学界矛盾纠纷的基本方式,首重调查研究,在理清事实的基础上,或说服争论双方,或向行政当局提出解决方案,虽然其本意在发展新式教育,但并不袒护或隐晦新式学堂自身存在的问题,妥善化解了许多矛盾纠纷,取得了显著的成效。

(四)调节教育会与劝学所之间的职权矛盾

1.指导各地教育会的成立与运行

《学部:奏定各省教育会章程折》颁布以后,江苏各地纷纷成立了教育会。尽管该章程规定分会与总会之间并无隶属关系,但也强调了它们相互之间应联络统合,再加上各地方教育会在办理会务方面往往缺乏经验,江苏教育总会就成为各地教育会成立的参照与仰赖的对象。江苏省各县、市、乡教育会,有些是由江苏教育总会的会员在当地发起成立的,有些则直接要求江苏教育总会派员指导。但由于对章程与运行机制理解不同,各地教育会在会长选举中往往存在巨大争议,争议的各方往往会请求江苏教育总会派员指导。

1909年年初,江苏教育总会接到睢宁县教育会的报告(十二月初二日),睢宁县教育会开会选举职员,"有韩连三等率领地棍百余人,闯入会场,殴伤会员",随后又接到该会会员的报告,指责"韩连三等凶横无理,致教育会选举未成,殊于地方学务前途,大有妨碍"。江苏教育总会在向江宁提学使转达上述函件内容时,特别提出,"敬祈饬县迅提严究,以示惩儆"①。

1910年6月,常昭教育会举行选举时也发生了冲突。有会员电告江苏教育总会称,"蒋凤梧、刘永昌等抗违部章,侵夺会长权限,发票后变更选举法,拒绝

---

① 致署宁提学李请饬睢宁县提究韩连三等闹闹教育会场书//沈信卿编.江苏教育总会文牍 六编乙[M].上海:中国图书公司,1911:31.

投票,各会员携票出场,全体瓦解,请派员重行组织"[1]。江苏教育总会认为,蒋、刘两人素负时誉,其中或另有隐情。后来经过调查发现,在主张重新组织的人员中,有赵姓会员等四人,曾经在光绪三十一年(1905)与蒋凤梧等人有过纠纷,此次在会场闹事,可能是借题发挥,意存破坏。但这次选举之所以出现这么大的纷争,也与该会对新入会会员资格审查不严、收取会费不够合理、开会程序不太明确有关。因此,江苏教育总会的建议是:严把会员入口,把不合格的会员会费退还,但并不需要重新组织。而江苏提学使却认为,"该会办事疏忽,贻人口实……为正本清源之计,爰查照定章,暂予解散。一面重行组织,力求审慎,庶以息群喙而启新机"[2]。

1911年初,江苏教育总会又接到泰州教育会函称,"本年正月开会,因到会人数未满会规定额,未获照常选举。有会外人串通会员吴振远……紊乱会场规则,胁推主席选举情形"。于是,江苏教育总会派出调查员黄炎培进行调查。不料后来又接到该会会长的请求,说三月初二日重新开会,"秦赟等复率众阻止,致会员等愤维持之乏术,多数主张解散"[3]。因此,江苏教育总会特别致函江宁提学使,希望他能够酌情考虑对紊乱规则的会员进行惩戒。

此外,江苏教育总会对各地教育会,也往往主动予以调查和指导。1909年,江苏教育总会的调查员方还在调查清河教育的过程中发现,清河县教育会组织方法不完备,职务权限不恰当,以至于出现了很多问题。于是,江苏教育总会副会长张謇和许鼎霖到清河进行演说,指导该县教育会,"先将章程之应增应删,组织完备"[4],重新选举职员等。

2.调节劝学所与教育会的职权

1910年,武阳县教育会因为选举问题,引发内部矛盾。"庄鼎彝等二十八人

---

[1] 致苏提学樊请维持常昭教育会书//沈信卿编.江苏教育总会文牍 六编乙[M].上海:中国图书公司,1911:47.

[2] 苏提学樊复书//沈信卿编.江苏教育总会文牍 六编乙[M].上海:中国图书公司,1911:49.

[3] 致宁提学劳请惩戒泰州教育会紊乱规则各会员书//沈信卿编.江苏教育总会文牍 六编乙[M].上海:中国图书公司,1911:25.

[4] 方还调查清河县教育会报告书附件二//沈信卿编.江苏教育总会文牍 四编乙[M].上海:中国图书公司,1909:67.

呈控教育会选举不公,迹近挟私聚众",而"屠寄等七十八人联名呈控庄鼎彝等捏名诬控,反对选举,破坏地方教育意思(议事)机关"①。于是,江苏教育总会派出专门的调查员,会同江苏提学使派出的学务专员一起调查,认定此次纷争,实际上是"深致意于劝学所教育会之界限"②,因为庄鼎彝等人指控教育会"选举不公"的一个理由,是会长宣布之意见,则为裁劝学所之职员,由教育会兼办,实际上是混淆了教育会与劝学所的职权界限。江苏教育总会及其调查员认为,"教育会与劝学所各有部定专章,本不相混……只须各守章程,则声气自不难联络,而界限仍可分明。此层似应呈请提学使核示,以期互相维系,殊途同归,则学界前途,不独武阳两邑之蒙其幸福"③。但实际上,由于各地情形差别很大,教育会与劝学所的关系也非常复杂,而清政府对这一问题缺乏明确的规定,以至于这类问题成为江苏教育总会调节的又一重点。

1906年5月,清政府颁布了学部奏定的《劝学所章程》,要求各厅、州、县均设劝学所,主要负责推广学务、实行宣讲、详绘学务图表等普及教育事宜。劝学所设总董一人,由县视学兼任,负责全区学务。劝学所下辖几个"学区",每学区设劝学员一人,由总董从该区士绅中遴选,负责劝学工作。可见,劝学所是地方官员和士绅互相合作且具有官方背景的学务推广机构,是地方教育行政体系中的一部分。清政府还颁布了《学部:奏定各省教育会章程折》,希望它能够补助教育行政,图教育之普及,并要求教育会应与学务公所、劝学所联络一气。由此可见,在清政府的法律框架内,教育会是地方教育界士绅自主设立的民间社会团体,其功能定位是地方行政机构的辅助咨询机关。对此,有些教育人士却并不认可。

尽管论者可从学理上将劝学所和教育会做出某种区分,但实际上二者都担负着促进地方教育发展的职能,有一定程度的同质性。劝学所为地方教育行政机构,教育会则是教育行政的辅助机关,二者皆遵章而立,但由于相关章程对双方权限的规定并不十分明确,再加上各地方自治的推行,并无统一的模式与经

---

① 龚杰、吴馨调查武阳教育会情形报告//沈信卿编.江苏教育总会文牍 五编乙[M].上海:中国图书公司,1910:56.
② 咨复苏提学樊派员会武阳教育会控案文//沈信卿编.江苏教育总会文牍 五编乙[M].上海:中国图书公司,1910:56.
③ 龚杰、吴馨调查武阳教育会情形报告//沈信卿编.江苏教育总会文牍 五编乙[M].上海:中国图书公司,1910:59.

验,教育会和劝学所的权责界限并不清晰。而且由于劝学所近官,主事者大多为与官府接近的旧派人物,多少沾染一些官场恶习,在推广地方学务之事上未必皆能尽心尽责,往往也会引起教育会人士的不满。再加上在实际推行新式教育的过程中,各地新旧教育势力之间往往派别林立,不仅各方之间矛盾激烈,同为发展新式教育的劝学所与教育会之间,也往往会因为职权、利益的争夺而发生诸多矛盾和冲突。

比如在苏州,长元吴学务公所最早是由王同愈等地方士绅组织成立的,他们同时又是长元吴教育会的主要成员。因此,在早期二者的职权因为人事的统一,并没有明确的划分。而为了筹集开办新式学堂的办学资金,地方上又专门设立了经理学款处。宣统元年(1909),清政府为了施行预备立宪和地方自治,规定地方教育费收归劝学所。同时,长元吴教育会会规曾规定,"会长、副会长不得兼经理学款处总协董等"[①]。1910年教育会选举,所推举的会长孔江北,恰好是原来的经理学款处的学董。由于对教育会、劝学所、经理学款处的关系缺乏明确的规定,教育会想借此机会支配经理学款处的公款,因此引发了冲突。江苏教育总会公推会员姚文枬等为调查员,通过详细调查认为,为了划清界限,建议长元吴劝学所与教育会变更各自的组织办法,划清彼此的界限。同年,丹徒教育会成功迫使作弊当选、经管不善的视学员赵宗汴辞职。[②]

此后,随着地方自治的推行,清政府对劝学所的职责做了调整,使之变成了"辅佐府、厅、州、县长官办理学务"的辅助机关,权限被大大削弱。而教育会的权限则进一步扩大,且因可接受地方议会的委托审查学务或在议会中发表意见而变成地方学务的立法机关,所以在一定程度上获得了监督劝学所的职权。江苏教育总会也认为,议事会是地方议事机关,为劝学所之立法部,可议决劝学所之预算、决算及执行方法。"如议事会以学务事项之审查委托教育会,或教育会发表学务上之意见于议事会,均无不可"[③]。如宝山县教育会,其实际职权很大,其中包括"劝学所之总董、县视学辄由会选举之,又得由会监察之,其各学区之

---

① 致苏提学樊请饬长元吴劝学所教育会变更组织法书//沈信卿编.江苏教育总会文牍 六编乙[M].上海:中国图书公司,1911:46.
② 学务:视学员不甘交替之风潮[N].申报,1910-07-17(宣统二年,庚戌六月十一日,第三版).//申报影印本 第107册,上海:上海书店,1986:274.
③ 章程文牍:江苏教育总会通告各劝学所教育会研究职务问题文[J].教育杂志,1910(03):22.

种种纠纷,劝学所或不能处理者,又得由会调查而解决……其时教育会之地位隐然若议事机关,与劝学所之执行机关相对待"[①]。由教育研究会和沪学会合并成立的上海县教育会的权力也与宝山的情况类似。上海教育会巧妙地运用了《学部:奏定各省教育会章程折》中的相关规定,从行政、司法、立法三权分立的角度,把行政当局的权力仅仅限制在执行上,而把评议立法之权给予教育会,使之有凌驾于教育行政当局之上的地位。该会章程明确规定,"本会对于劝学所有调查、纠察之权,有评议立法之权,而不侵其行政之权"[②]。这种认识,恐怕也是后来引起劝学所与教育会纷争的主要原因之一。

正是二者之间权责的冲突与矛盾,促使江苏教育总会去思考教育会与劝学所各自的职责与权限区隔,遂有了后来的教育会与劝学所联合会及其章程。

江苏教育总会虽然通过评议员会、会董会等加强了与地方教育会和劝学所之间的联系,但与各地方教育会并无隶属关系,不能强迫各地教育会加入,以致总会历届大会开会时,出席会议的各劝学所总董、教育会会长人数"多寡不一","未经入会者亦尚有十之二三"。为了联络、整合地方学界,促进全省教育事业的发展,1910年10月26日,江苏教育总会在南洋劝业会公议厅召开了江苏各属劝学所教育会联合会成立大会。该联合会确定的宗旨是"审度世界之趋势,以自定教育之方针,并研究社会之现情,以力图教育之进步"[③],后修改为"以图各地方教育改良进步为目的",会员包括各劝学所总董和教育会正、副会长,每年开会一次,由该联合会或教育总会提出议案,经议决后,由总会通告各地劝学所、教育会执行或由总会独自执行。

该联合会一方面对劝学所与教育会的权责进行了区分,另一方面加强了江苏教育总会与各地劝学所、教育会的联系。在该联合会层面讨论、议决若干涉及全省及各地教育事务议案的传达上,则形成了一个覆盖全省的教育信息网络。通过这一平台与网络,江苏教育总会一方面可以获得更为全面的全省教育动态信息,另一方面也可以把自己的教育建议、观点及各种最新教育信息,更快

---

① 宝山县教育会概况.//朱有瓛,戚名琇,钱曼倩,霍益萍编.教育行政机构及教育团体[M].上海:上海教育出版社,1993:342.
② 上海教育会章程.//沈信卿编.江苏教育总会文牍 四编丁[M].上海:中国图书公司,1909:44.
③ 通告各劝学所教育会组织各属劝学所教育会联合会书//沈信卿编.江苏教育总会文牍 六编丁[M].上海:中国图书公司,1911:113.

速有效地传递给各地劝学所、教育会,从而促进各地新式教育事业的发展。

同年,江苏教育总会又发表了《江苏教育总会通告各劝学所教育会研究职务问题文》,明确指出,教育总会的职责是补助教育行政之不足,工作有较大的弹性,且类似于学术团体,可以针对学务上的种种问题做学理上的探究,并对官方提出建议,这与作为地方教育行政机关的劝学所有很大的不同。比如,在讲习方面,劝学所所设的教育讲习科,是为劝学员而设,重在明了教育制度;教育会所办师范传习所,则为地方未入学堂之年长士绅而设,重在补习科学、研究教法。在宣讲方面,教育会的宣讲,"纯为通俗教育起见",意在普及教育;而劝学所之宣讲,"为改良旧有之乡约",意在"劝人入学"。在学务调查方面,劝学所的调查是"普通调查",全面而定期;教育会的调查,则具有"随时抽查"和"特别调查"的特点。因此,劝学所与教育会应该"各自独立,各尽其职",不能"联合"而混为一谈,但理当"遇事商榷,相与有成",即所谓的"联络一气"[1]。

可见,为了平息地方教育会与劝学所之间的矛盾,江苏教育总会做了大量的化解工作。

二、倡导单级教授

清末在推行新式教育的过程中,矛盾众多,但经费和师资不足、教室少与设备短缺,学生尚未形成规模,这几乎是各地新式教育发展面临的共同难题。江苏教育总会为了快速推进国民教育的普及,尤其是初等教育的普及,积极引入并推广了单级教授法。这不仅使得单级教授法成为这一时期我国各学校教学最主要的组织形式,也在事实上推进了教育普及工作。

所谓单级教授法,就是指把年龄、程度不同的若干年级的学生组织在同一教室内进行教学,后又被称为"复式教学法"。[2] 它比较适合学生规模小、师资和教学设备缺乏的偏僻地区的学校,具有经济、易行、高效等特点。因此,在我国推行新式教育伊始,它就被赴日考察和留学的学者介绍到国内来。

在江苏教育总会看来,"小学之要,重在编制,乡僻之地,单级先宜,顾教员

---

[1] 章程文牍:江苏教育总会通告各劝学所教育会研究职务问题文[J].教育杂志,1910(03):18-22.
[2] 熊明安,周洪宇主编.中国近现代教育实验史[M].济南:山东教育出版社,2001:39.

缺乏,供不敷求,为今日之大病"。而单级教授法就是解决这一问题的最好方法,它可以"节省人力、物力、财力,普及教育"①。为此,江苏教育总会先行派人赴日本专门学习和研究,相关人员归国后开始宣传传习,从而使得单级教授法成了清末我国小学教育的一种基本教学组织形式和教授方法。

(一)遴选教员赴日研学

1904年,《奏定学堂章程》就已经提出了小学有多级、单级两种,并建议穷乡僻壤、经费困难、教师缺乏的地方,可以采用单级小学的方式,编制全校儿童于一学级,而以一教员同时分班授课。这种单级小学,在形式上略近于旧时之家塾,但其教授与管理迥异。不过,《奏定学堂章程》虽然倡导开办单级小学,但并没有指示编制办法,以至于在实践中出现了很多的混乱状况。随着宪政的一步步临近,普及教育以塑造国民的任务迫在眉睫,而能胜任单级教学的教员却少之又少。因此,1908年年底,江苏教育总会干事员常会提议停办法政讲习所,改办单级教授练习所,先筹集3千元,作为派人赴日本考察及开办模范单级小学的经费。经过两江总督的批准,江苏教育总会在1909年4月,选派上海龙门师范学校教员兼附属小学校办事员杨保恒、浦东中学校教员兼附属小学主任教员俞旨一(子夷)、通州师范学校毕业生周维城"赴日本考察单级小学编制设备情形并一切教授方法,以为办理练习所之预备"②。与这三人同行的还有以自费身份前往的苏州长元吴半日学堂教员胡宾书。

(二)组织学员设所传习

就在选送俞子夷等人赴日研习单级教授法的同时,江苏教育总会也在积极筹设单级教授练习所,并专门制定了简章,对宗旨、课程、学员资格、学习期限、经费来源、学成义务等都做了非常详细的规定。正如选送人员赴日考察得到了两江总督端方的支持一样,开办单级教授练习所也得到了端方的认可与支持。

---

① 戴长征.清末民初"单级教授练习所"研究[J].江苏教育学院学报(社会科学版),2007.5:66,69.
② 咨呈江督端筹办单级教授练习所派员请咨赴日本考察文//沈信卿编.江苏教育总会文牍　四编甲[M].上海:中国图书公司,1909:22-23.

端方认为,"吾国小学教育,学生年级不能齐一,欲求普及之法,自以单级教授法为最宜,所有各州县教育会、劝学所,亟应照章派员前往肄习,以为改良教育之计",并且表示,"至拨助官款一节,届期应酌量资助"①。

有了两江总督的支持,江苏教育总会立即向各劝学所、教育会通告,宣布将开办单级教授练习所,要求各地选送学员。练习所正式开班后,来自全省各地的58位学员济济一堂,在杨保恒主任的安排下,他们系统地学习了单级教授法的基本理论,观摩了2位教师在上海崇正西官塾、西南官塾的实践教学,并进行了相关练习,即先由讲员模仿教授,再由各学员分班轮流实习。通过近4个月的学习,第一届学员学成毕业,"54人给毕业证书""4人给修业证书"②。

第一届单级教授练习所的举办非常成功,为了养成更多的单级教员,谋求教育的普及,江苏教育总会决定继续开办第二届练习所。第二届练习所在1911年2月份开学,仍以上海两个学塾为实习单位。与第一届相比,虽然学员人数(52人)与第一届相差不大,但在学员结构上,省内学员数量大大减少,只有33人,另外19人则来自皖、豫、闽、浙、赣、湘、桂等7省,可见第一届练习所的巨大影响力。这次共42人获毕业证书,获得修业证书8人,有2人因为中途中断,没有给证书。

(三)不遗余力积极推广

为了推广单级教授法,张謇还特别上书两江总督端方,论证小学与宪政的关系,主张新式小学教育应该养成立宪之国民,不同于传统私塾式的个人教育,但因为新式小学生徒人数较少,规模与私塾类似,而花费却比私塾高很多,所以遭人诟病。因此,他认为,"欲救其弊,则在明定小学分级之法"。因为教育法令并未规定单级小学的编制方法,所以当时大多数学校采用的都是多级制。他建议说,应"明定新设之小学,生徒在若干名以内,不得分为二教室,而只准编为单级"。甚至他希望端方能够帮助上奏朝廷,"请明降谕旨,以每年小学成立之多寡,定州县之考成。而生徒不满若干名者,不论多级单级,不得视为已成立之小

---

① 江督端复文.//沈信卿编.江苏教育总会文牍 四编甲[M].上海:中国图书公司,1909:26.
② 咨呈江督张单级教授练习所举办毕业文(苏抚宁苏提学同)//沈信卿编.江苏教育总会文牍 五编甲[M].上海:中国图书公司,1910:14.

学。则办学者,或稍知振奋,而小学与私塾,或均有改良之实效"①。

就这样,江苏教育总会一面筹备单级教授练习所的师资,一面要求各地选送学员,同时还通过上书两江总督端方希望为将来的学员寻求一个好的出路,可以说考虑得非常周到。

在单级教授练习所第一届学员毕业时,沈恩孚代表江苏教育总会向毕业生赠言,同时要求他们对教育、学堂、社会和地方教育会都要积极参与,回到地方积极"组织练习所,以养成地方多数之单级教员"②,推动儿童就学,实现教育普及和社会风气的转变。在第二届学员毕业时,时任会长的唐文治也勖励大家说:"单级小学之编制,便于乡村,而城市经费缺少之学堂,亦可参用。单级小学之编制,便于推广小学。而已成立之多级小学,亦可参用此法,渐改为合级教授,则经费不至逐年加增……单级教授法之根本,在师范学堂附设单级小学,以备实地练习。特设练习所,仅目前救急之法而已。担任教育者,须奋勇任事,为预备立宪之助力。"③

不仅如此,在1910年的南洋劝业会上,江苏教育总会除了提供各种出版物、印刷品,其中包括"单级教授法一册二份""单级教授练习所实习教案一册",还专门制造了"单级小学校模型一具",配合说明书展示,通过该会巨大的影响力,把单级教授法和单级小学的影响积极传播到全国,乃至世界各地。就其建筑风格,考虑到"单级小学校多设于乡间,故构造纯用中国式,一取乡匠易于仿造,二取乡人不致目为洋学堂也"④。这一学校模型,还注意到了学校教室采光,兼顾了中国文化传统、乡村人民心理与经济负担、学校卫生科学等多个方面。

在江苏教育总会的带动和示范下,如皋、武进等地的县教育会也先后仿效。其他各省的教育会也闻风而动,纷纷开办单级教授练习所。在这种情况下,江苏教育总会决定停办练习所,但同时仍然希望两江总督能够切实提倡,"通饬本

---

① 张会长上江督端论小学与宪政之关系书//沈信卿编.江苏教育总会文牍 四编甲[M].上海:中国图书公司,1909:43-44.

② 驻办员沈恩孚谈话会赠言//沈信卿编.江苏教育总会文牍 五编丙[M].上海:中国图书公司,1910:109.

③ 唐会长勖励词之大要(第二届毕业)//沈信卿编.江苏教育总会文牍 五编丙[M].上海:中国图书公司,1910:109-110.

④ 移南洋劝业会送单级小学校舍模型陈列文.//沈信卿编.江苏教育总会文牍 五编甲[M].上海:中国图书公司,1910:68.

省各师范学堂附设单级小学,以备师范生之实习,则毕业以后,尽人可充单级小学之教员。即担任多级小学之教授,亦可参用合级之法,以矫正生徒过少、教员过多之弊。不特偏僻之地,教育可渐期普及,其已成立之学校,亦可不致岁增经费,此为推广单级教授法根本之图,性质永久,其成效必在练习所之上"[①]。当时,上海龙门师范学堂、通州师范学校均已附设了单级部,江苏教育总会认为,如果其他师范学堂也一律照办,于教育前途必有裨益。

(四)注重后续反馈支持

由于江苏教育总会把练习所的学员看作是各地切实推进单级教授的主力军,希望通过他们带动整个单级教授的推广与初等教育的普及,因此该会非常注重对学员毕业后的教学进行动态跟踪与必要支持。

在江苏教育总会单级教授练习所的示范带动下,高邮教育会也拟定了相关章程,准备在当地教育会附设单级练习所及模范小学,但在向州官请求经费支持时,却没有得到回复。为此,高邮毕业学员王业修希望江苏教育总会能够加以协调督促。因此,江苏教育总会专门致函高邮州的州官,陈述创办单级教授练习所的宗旨与动因,认为这是对学部简易章程的具体落实和执行,"目前之筹费无多,而将来之节费不少"[②],请求州内给予经费上的支持,让高邮教育会能够从速开办类似的教育机构。

同时,宝应县视学和教育会也议决要筹办单级教授练习所,但因为缺乏经费,决定先办单级小学,而县视学(劝学所)以单级教授未奉部章为理由,拒绝为之提供经费支持。宝应毕业生乔树森遂向江苏教育总会请求帮助协调。一方面,江苏教育总会认为,"单级小学,合多数儿童于一学级,而以一教员同时分班授课,计除开办费外,岁费二三百元。一教员可教授学生四十名以外八十名以内,与从前筹办一校,动需巨款,学生无多者,相去霄壤"。根据《奏定逐年筹备事宜清单》,"上年应创设厅州县简易识字学塾,本年应推广厅州县简易识字学

[①] 咨呈江督张单级教授练习所举办第二届毕业文.//沈信卿编.江苏教育总会文牍 五编甲[M].上海:中国图书公司,1910:15—16.

[②] 致高邮州姚请批饬照拨单级教授练习所及模范小学经费书.//沈信卿编.江苏教育总会文牍 五编乙[M].上海:中国图书公司,1910:13—14.

塾。此项单级小学如办理纯熟,简易识字学塾亦可比照办理,于推广办法不勿无裨益"①。因此函商该县给予拨款支持。另一方面,江苏教育总会还专门致函江宁提学使,请求上级干预,饬令宝应县劝学所开办单级小学。江苏教育总会指出:"小学分多级单级两种,明载于《奏定学堂章程》,初等小学堂立学总义章第三节,单级小学办法之便利,在编制全校儿童于一学级,而以一教员同时分班授课,费省功巨,东西强国教育之普及,胥由是道。敝会创设单级教授练习所之意,实以僻地之人,未明组织之法,往往甫经招生,骤分多级,以致教员多而学生少,岁费不资,难于揩挂。已办者日形艰窘,未办者推广为难。欲筹教育普及,不得不勉开风气,以求进步……本年各省陆续仿办,报告到会者甚多,凡有劝学之责者,固宜闻风知奋。朱视学谓单级教授未奉部章,似于学堂章程,偶未深考。该邑单级小学既经开校,若以费绌延不上课,非仅失学堂之信用,亦殊负该教育会上年派员到所之本意。部章教育会与劝学所本应联络一气,现教育会既为本地方养成师资,劝学所正宜及时利用,以收联络之效。"②

相比之下,如皋教育会、劝学所则能密切配合,把公立半日小学校改为公立模范单级小学校,以单级教授练习所毕业生田无疆为主任教习,实行单级教法,裨各小学教员,得以先行参观研究,并公决于1910年暑假期内,"由敝会所特设单级教授短期讲习会招集各小学校教员,一体赴会讲习,造就目前最需用之师资,各归本校,酌量情形,分别合级单级改良教授。庶几经费节省,而学校亦易推广"③。

三、建议修订学堂章程

江苏教育总会对小学教育的年限以及课程问题的研讨倾注了大量的心血。1902年,中国近代第一个学堂章程——《钦定学堂章程》颁布,随后经过修

---

① 致宝应县请酌派款项俾单级小学成立书.//沈信卿编.江苏教育总会文牍　五编乙[M].上海:中国图书公司,1910:14.

② 致署宁提学李请札宝应县劝学所开办单级小学书.//沈信卿编.江苏教育总会文牍　五编乙[M].上海:中国图书公司,1910:15-16.

③ 如皋教育会劝学所移知设立单级模范小学并假期讲习会文.//沈信卿编.江苏教育总会文牍　五编乙[M].上海:中国图书公司,1910:35.

正,《奏定学堂章程》于1904年正式颁布并实施。1905年,科举制度正式废除后,新式学堂的发展得到了极大的促进,如清政府成立了学部,专门负责新式教育。

但是《奏定学堂章程》中规定的小学修业年限分为初等、高等两级共7年,年限稍长,不利于积贫积弱的中国新式教育的快速普及,而且新式学堂的课程设置中,除了修身、中国文字、算术、历史、地理、格致、体操等课程外,读经、讲经的课时比重很大,在初等小学每周30个小时的学习中,各占到12学时。江苏学务总会通过历年对学务的调查了解,认为初等小学的年限长短主要受制于教育经费的投入、学生家族的生计,"以江南号称财赋之区,凡小学生徒能毕初等五年之业而不为家族之生计所迫以致中辍者,尚寥寥焉"[①]。这种情况极大地阻碍了初等小学的普及。因此,1908年,江苏教育总会出于对普及初等教育和推动立宪进程的目的,率先向学部呈请缩短小学教育年限。同时,就学生的学习能力和接受程度,江苏教育总会也主张要变通科目,特别是对学生学起来困难大、成绩难提升的读经、讲经科要酌量删减,以收实效。会长张謇更是旗帜鲜明地反对读经。在他看来,孔子已是最大的教育家了,但其也只有七十二弟子成才,比例不及四十分之一,"今言教育者,乃欲于初等小学儿童普通科学外,更责以读经岂,今世乡里儿童之才,皆过于七十二人,而小学教员之为教,又皆过于孔子耶"[②]。在他看来,经是高等教育专家之学,大多数人并不能借此谋生,是不适合小学生读的。

在这种情况下,1909年5月15日,学部颁布了《变通初等小学堂章程》,规定小学完全科仍为5年,而简易科分为两类:一为4年毕业,一为3年毕业。新的章程一经公布,江苏教育总会立即号召江苏各地教育会、劝学所的会员开展研究,并提出需要着重研究的几个问题加以引导:毕业年限,完全科与简易科实际上之分别,"新章第一年授课时刻""简易科各学年每星期授课时刻之参差,编制

[①] 呈学部请节缩小学年限变通科目文.//沈信卿编.江苏教育总会文牍 四编甲[M].上海:中国图书公司,1909:10.
[②] 补录张会长謇答人论学制书.//沈信卿编.江苏教育总会文牍 五编丁[M].上海:中国图书公司,1910:18.

单级小学者最多不便"①。江苏教育总会认为,"教育普及,莫如多设单级小学,而单级小学仍有不能适用此新章之处"②,因为新章程对课程表和教师提出的要求较高,并不利于单级小学的设置与事业的开展。

随后,在1909年8月的常年大会上,江苏教育总会召集一些对新颁布的《变通初等小学章程》有所研究和意见的会员,发起组织了教育法令研究会,专门研究学堂章程的修改与实施细则问题。在江苏教育总会看来,学制就是教育法令,是"制治清浊之源",而且如果违背教育原理,不了解世界教育发展的趋势与中国社会的现状,只是一味地"挟行政官之尊严,以左右之",那么即便学堂章程能够做到"目张纲举,条文井然",其结果也只能是"徒使吏胥纷纷然。持校员之短长,而桎梏其手足,欲倚以为治之具且不可得"。因此,他们希望通过该会的研究,能够"深冀法令之施行而无阻,而于近今教育家所诟病,或旧学家所沾沾自喜,不忍舍去者,将一较量其得失,以发明其至当不易之理。庶几行政者,从而甄择焉,则吾国教育前途,其或有跬步之进"③。

教育法令研究会成立之后,每月集会1—2次,讨论学制问题。但由于头绪繁多,经过10个月的讨论,后来只印发了3次报告,这也充分说明了研究之难。1910年,教育法令研究会成立的第二年,它拟订了"小学堂章程五十二条及施行细则百九十条"。根据该会的自述,"近中央教育会所议决之义务教育章程,盖少少根据于此"④。

四、联络全国学界

在团结、联络江苏各地教育会的同时,江苏教育总会也把目光投向了全国,积极主动地与全国其他省份的教育总会、学会联络,发起组织了各省教育总会联合会,积极参加中央教育会议。

---

① 通告各劝学所教育会及各会员研究学部变通初等小学章程书.//沈信卿编.江苏教育总会文牍四编甲[M].上海:中国图书公司,1909:59-60.
② 通告各劝学所教育会及各会员研究学部变通初等小学章程书.//沈信卿编.江苏教育总会文牍四编甲[M].上海:中国图书公司,1909:61.
③ 教育法令研究会纪略.//沈信卿编.江苏教育总会文牍 五编丙[M].上海:中国图书公司,1910:112.
④ 教育法令研究会续记.//沈信卿编.江苏教育总会文牍 六编丁[M].上海:中国图书公司,1911:110.

(一)发起组织各省教育总会联合会

为加强与各省教育总会的联络,促进国民教育的发展,1911年4月,江苏教育总会发起并邀请、联络广西、安徽、江西、山东、湖北、直隶、福建、湖南、浙江、河南、山西等省的教育总会或学界代表齐集上海,于当年5月召开会议,决定成立各省教育总会联合会。其中,江苏教育总会的代表是沈恩孚、黄炎培、杨保恒三人,沈恩孚还被推举为会议主席。江苏教育总会会长唐文治在欢迎辞中说,成立各省教育总会联合会的目的是,"沟通各省教育界之知识与情谊,以期对于学部,可发表共同一致之意见,对于内部,得酌量本地方之情势,为各方面之进行,务使所持之教育主义,勿入迂途,适于生存竞争之世界而已"[①]。可以说,该会同时具备了地方、全国乃至世界三个层次的视野。张謇在发起辞中谈到,"凡百事业,均须有世界之眼光,而后可以择定一国之立足地,有全国之眼光,而后可以谋一部分之发达,欲定教育宗旨,尤不可不注意于此,此本会发起之本旨也"[②]。因此,该会认为,尽管关系地方教育问题,呈请各省施行者,不必抱同一之宗旨,但关系全国教育问题,呈请学部施行者,"宜抱同一之宗旨"[③]。

大会拟定了联合会章程,议决通过了一些提案。提案主要有两类:一类是呈请学部施行的,主要有《请定军国民教育主义案》《统一国语方法案》《请停止毕业奖励案》《请变更初等教育方法案》和《请变更高等教育方法案》;一类由各省自谋进行的,包括《定军国民教育主义》《改良初等师范教育方法案》《变更初等教育方法》《组织各种职业学堂联合会》《实行义务教育之预备方法案》等。此外,尚有四项需要征集意见的提案,即学制系统问题、检定小学办法、小学教员对于现行教科书的意见以及小学科目、学科程度和授课时间等,以备下次联合会开会时议决。

这些提案及所列问题,多为建设性的意见和建议,大都能切中教育时弊,具

[①] 唐会长致各省教育总会代表欢迎词之大略.//沈信卿编.江苏教育总会文牍 六编丁[M].上海:中国图书公司,1911:121.

[②] 张会长謇各省教育总会联合会发起词之大略.//沈信卿编.江苏教育总会文牍 六编丁[M].上海:中国图书公司,1911:121.

[③] 张会长謇各省教育总会联合会发起词之大略.//沈信卿编.江苏教育总会文牍 六编丁[M].上海:中国图书公司,1911:122.

有很强的现实针对性,体现了各省教育总会联合会甘顺民意、脚踏实地地为促进新教育发展而努力的意愿。

各省教育总会联合会的成立,使各省教育界人士有了一个固定的交流议事的场所,有利于彼此间交流经验、就区域性或全国性问题进行讨论磋商,起到了上承学部、下联各省的作用,为各省教育总会的进一步合作提供了可能。它的成立,也表明全国学界已经完成了初步的联络与整合,并因此推动了中央教育会的召开。此次大会之后,因为辛亥革命的爆发,各省教育总会联合会的设想遂告中断。

(二)积极参与中央教育会议

就在全国各省教育总会联合开会之际,晚清学部也积极行动起来,奏定召开中央教育会并就此拟定了章程。1911年6月20日,中央教育会议如期举行,江苏教育总会副会长张謇被委任为正会长,会长唐文治因病未能出席,但他提出了3项议案,即要求停止实官奖励、变通考试章程、提倡军国民教育;江苏教育总会的沈同芳提出《义务教育的实施办法》以及《提请变通初等小学读经讲经办法草案》;袁希涛等提出停止学生复试、初级完全师范学堂改由省辖、关于中小学教科应用书籍等议案。此外,江苏教育总会也以总会的名义提出了一些建议,如男女同校、停止全国学堂奖励、中学以上一律添习兵式体操、实行强迫教育、全体学生剪发、学堂废止读经等。这些议案代表了学界许多有识之士的共同想法,却并不符合学部的主张,再加上各省教育总会代表之间意见分歧,致使许多方案未被采纳。

会议尚未闭幕,张謇就对学部和其他省的代表表示了不满。他批评说:"学部诸公既不知世界之大势,对于教育国民又无一定方针",而"各省来会会员中虽多教育家,然每遇一事,往往沾沾于字句之末,未能就全体立言。彼此因无谓之故,驳击费时……初不料聚无数之教育家演出此种恶剧,真令人气闷欲死。"[①]这就有了随后的师范学堂联合会与中国教育会的成立。

---

① 张会长之愤言[N].盛京时报,1911-08-09//关晓红著.晚清学部研究[M].广州:广东教育出版社,2000:455.

(三)发起组织师范学堂联合会与中国教育会

普及新式教育,端赖教师。因此,江苏教育总会非常重视师资的培养与师范教育。张謇在南通办学时,最为关注的就是南通师范学堂。为了推行普及教育,张謇专门上书学部,请求增订师范学堂章程,并提出了"宏奖励,明约束,公补助"[1]的三大纲领。

出于对中央教育会的失望,也是为了从根本上改良全国教育,张謇于中央教育会会议召开期间,发起成立了师范学堂联合会,以"谋全国各师范学堂办法之统一,共施相当之教育为宗旨"[2]。由于江苏教育总会上海会所交通便利,师范学堂联合会成立后,该会的总事务所就设在了江苏教育总会中,并委托江苏教育总会公推职员兼任师范学堂联合会的主任。师范学堂联合会的会员分两类:一类是当然会员,即各师范学堂在职职员;一类是志愿会员,即曾经担任过或尚未入会的师范学堂职员以及曾留学海外的师范毕业生。不过,张謇表示,"事务所非意思(议事)机关也,所执行之事件,当根据各师范学堂之报告。主任员所任之义务,其能有补于全国之师范教育与否,盖未可知。而搜集研究之资料,以贡献于各师范学堂,备各师范学堂之参考,或亦主任员所宜尽之责"[3]。可见,师范学堂联合会的主要功能,实际上是为了加强各师范学堂之间的联系,以沟通信息,共同提高师范教育的质量。师范学堂联合会以通信、参观、研究、报告等方式开展日常活动,计划每年暑假在北京召开一次会员大会。

师范学堂联合会和中国教育会虽非由江苏教育总会一手包办,但江苏教育总会的会员在其成立以及运作过程中确实发挥了重要作用,是江苏教育总会赖以沟通、联络全国各地学界的重要桥梁和纽带,也成为日后江苏教育总会贯彻实施其教育主张的重要机构。

作为教育行政的辅助机关,江苏教育总会构建了从地方教育会到江苏各属劝学所教育会联合会,再到各省教育总会联合会以至中央教育会的完整教育信

---

[1] 张会长上学部请增订师范学堂章程书.//沈信卿编.江苏教育总会文牍 四编甲[M].上海:中国图书公司,1909:3.

[2] 师范学堂联合会简章(辛亥闰六月议决).//沈信卿编.江苏教育总会文牍 六编丁[M].上海:中国图书公司,1911:154.

[3] 师范学堂联合会缘起.//沈信卿编.江苏教育总会文牍 六编丁[M].上海:中国图书公司,1911:154.

息网络。这一网络不仅为江苏教育总会的决策提供了可靠的信息来源,也表明学界已经在一定程度上完成了总体的整合,同时也从一个侧面展示了江苏教育总会要求分享教育行政权力的意图和趋势。

五、其他教育活动

(一)开展图书审查

伴随着清末江南制造局翻译西书活动的开展,特别是译书院等官方机构的设立,中国各地掀起了一股翻译、编译和自编教科书的热潮。为了对这些教科书的内容进行审查,同时也为了保护知识产权,清政府也开始按照国际惯例对书籍进行审查,但这种审查主要由各地方政府来组织实施。

江苏学务总会成立后,会所所在地上海的行政长官——苏松太道道员就多次委托江苏学务总会进行书籍审查。审查的目的有二:第一,为了进行版权保护,防止不法书商为了渔利而随意编译、盗版他人的论著,所以审查时特别注意,"是否独抒所见,有裨学界",同时"不准翻刻而保版权"[1]。第二,从内容上完善新式教科书的编写,并对优秀教材加以推广示范。所以江苏学务总会在审查时,特别注意书籍是否"饶有兴味",符合"教科书编纂法"[2]等。

按照苏松太道道员的委托,无论是国人自编的教科书,还是新式学堂中外籍人士所著教科书,或是各个出版机构自己组织编辑、印刷、发行的书籍,都在江苏学务总会的审查之列。但是,作为一个致力于教育和学务的组织,江苏省教育会接受委托进行审查的书籍主要是和学堂教科书有关的书籍。比如,对于北洋大学堂教员美国人甘诺夫所著《通史纲目》,它认为"是书词意简洁、浅显,虽非专供华人之用而教授本国学生,亦尚无不宜"[3]。对于当时销路颇广但声誉

---

[1] 复苏松太道蔡移请检查书籍文二.//沈同芳编.江苏教育总会文牍 二编上[M].上海:中国图书公司,1907:74.

[2] 复苏松太道蔡移请检查书籍文二.//沈同芳编.江苏教育总会文牍 二编上[M].上海:中国图书公司,1907:76.

[3] 复苏松太道蔡检查书籍三.//沈信卿编.江苏教育总会文牍 四编甲[M].上海:中国图书公司,1909:57.

不佳的彪蒙书室出版的很多书籍,也给出了中肯的建议,认为其"如能改正谬误之处,尚非全不合用"[①]。

(二)筹办新式学堂

对于江苏省内各级各类新式教育的发展,如何做到重点突出、平衡兼顾,江苏学务总会也颇费心思。南菁学堂的改制,就是一个典型的例子。

南菁书院是清末江苏学政黄体芳于1882年在江阴创建的一所书院。创办之初,集合了江苏全省的财力,聚集了江苏一大批知识精英。晚清废科举兴学堂之后,南菁书院改为南菁学堂,并在学政被裁撤后,改由地方士绅办理。但学堂管理混乱,腐败丛生,引起了江苏学界的广泛关注。1906年,南菁学堂因故发生闹学风潮,一大批学生退学离校,南菁学堂的改组势在必行。但围绕学堂的改革方向,江苏学界与清政府学部的意见并不一致。在学部看来,要普及教育,需要广植师资,因此主张将南菁学堂改办为优级师范学堂。但江苏学务总会却认为,江苏已有两江、江北等师范学堂多所,各府以及直隶州亦多分设师范学堂,甚至出现了教习多而学生少的局面,无需再办师范学堂。而考虑到南菁学堂的校舍并不符合学堂的要求,如果改为优级师范学堂,则需大量增建校舍、延请教员,需要的资金较多,费用势必难以为继。再加上学堂本身的性质更近于文科,虽然新学日昌,但如果中学缺乏根底,也不利于西学的学习吸收,与其坐视该校"斯文将坠",不如将之改为文科高等学堂。因此,江苏教育总会会长张謇遂正式致函江苏督抚及提学使,建议暂时停办南菁学堂,待整顿后改办为文科高等学校。

根据江苏教育总会拟定的改办方案,改办后的南菁文科高等学校的宗旨在于:"保存国粹并沟通中西文学途经,养成完全之文学家,发挥各科学之义蕴,俾国学日有进步"[②],学级分为本科和预科,修业年限分别为3年和2年,本科分哲学、文学两部。为了增强这一方案的说服力和可行性,江苏省教育会一面与江苏督抚及提学使就南菁学堂改办之事进行协商,努力争取地方当局的支持,一

---

① 复苏松太道蔡检查书籍二.//沈信卿编.江苏教育总会文牍 四编甲[M].上海:中国图书公司,1909:47.

② 江阴文科高等学校办法草议.//沈信卿编.江苏教育总会文牍 二编下[M].上海:中国图书公司,1907:125.

面派得力干事黄炎培赴江阴详细调查南菁学堂的财务、校产、建筑等情况。

最后,经过多方协商,学部最终采纳了江苏教育总会的意见,将南菁学堂改为南菁文科高等学校,决定先从中学办起,招收高等小学毕业生入学。由于成功主导了南菁学堂的改办方案,在随后该方案的落实过程中,江苏省教育会成为南菁文科高等学堂事实上的管理者,黄炎培等江苏省教育会的多名核心成员都出任其校董,其校长也由校董会负责遴选,学堂的校产账目、校园规划等,也都由校董会代为筹划。进入民国以后,江苏省教育会又根据教育发展的需要,一度动议把南菁文科高等学堂改为农科实业学堂。

除此之外,江苏教育总会还积极参与筹划在江苏设立江南工科大学、私立法政大学等大学堂。

1909年,江宁提学使决定在南京筹办江南工科大学,委托江苏教育总会"会同宁、苏议长、议绅诸君,刻日筹议"[①]。经过认真研究,江苏教育总会认为,按照清政府《奏定大学堂章程》的规定,工科大学共分九门,学习年限,除政法、医科中之药学门以4年为限外,其他各门均以3年为限;而且要求入学者必须有高等学堂毕业程度。但当时国内不仅缺乏合格的师资,即便是合格的学生也很少,因此该会主张分先后次序,逐年增设,提出"为振兴实业计,拟以土木工学、机器工学、应用化学为最要,以造船学、电气工学、采矿及冶金学为次要"[②]。而在此之前,江苏教育总会已经设想先办一所上海工科大学的预科,来培养实业人才。

与此同时,江苏教育总会还积极规划在江苏设立一所私立法政大学。作为一个具有典型政治倾向的教育社团,江苏教育总会对推行普及教育,培养立宪国民,开展政治教育,以养成地方政治人才非常关心。早在1908年该会就设立了法政传习所,以培养政治人才。但江苏始终没有一所比较完备的法政大学。1909年,上海巨商刘听泉去世,其妻妾因为遗产分配问题而诉诸公堂。其妻刘江氏遵其遗嘱,决定捐款10万大洋用于资助上海新式学堂的创办。面对如此一笔巨款,江苏学界都希望能够从中分得一杯羹。恰在此时,学部奏设酌量推

---

① 宁提学陈请张会长筹办江南工科大学书.//沈信卿编.江苏教育总会文牍　四编甲[M].上海:中国图书公司,1909:29.

② 张会长复宁提学陈书.//沈信卿编.江苏教育总会文牍　四编甲[M].上海:中国图书公司,1909:29-30.

广私立法政大学。江苏教育总会认为,"上海为吾国第一繁盛商埠,又处中外交通之要地,国际交涉,随时发生,保存权利,以培养绅民之法政智识为最要"[①]。因此,江苏教育总会据理力争,主张用刘江氏的这笔捐款在上海筹建一所私立的法政大学,面向全国各省招收学生,以消融狭隘的地域观念,并裨补宪政于万一。后来,江苏教育总会又在上海龙华镇火车站附近将寻得的一块空旷之地拟为校址,将该校命名为私立龙华法政大学,还为之制定了校章、开办时间表与路线图。最终,两江总督决定将这笔捐款拨与江苏教育总会。可惜的是,由于辛亥革命的爆发,以及捐款管理的混乱,这一计划最终流产。

(三)筹划教育经费及教育特税

江苏教育总会的成员有很多本身就是具有教育情怀的大实业家与商人,因此,他们在讨论教育问题时,不是简单地凭借一腔热血,而是非常注重普及教育的实际推进与客观困难的解决。而近代新式教育的推行,主要受师资和经费的制约,其中又以经费制约最为根本。江苏各地先后出现的毁学事件,也大都与办学经费的筹措、管理与滥用有关。因此,江苏学务总会在规划晚清教育普及时,就非常注重教育经费问题。

自清末兴学以来,传统旧教育势力对新式教育的敌视一直比较严重,加之新式学堂自身的一些腐败,更是加剧了各方势力对教育权力与资源的争夺,而教育经费就是其中最敏感的矛盾点。1904年的无锡毁学事件就是这一矛盾的首次大爆发[②]。但这次事件的妥善解决,也给新式教育的发展带来了新的契机。随后,锡金两县采取了带征积谷筹措教育经费的办法,即以便利稻谷采购、仓储、保管、发放等事宜,筹建稻谷仓为由,从田赋中带征一定数量的积谷仓经费,作为地方教育经费。这对于备受经费困扰的地方教育而言,无疑是提供了一重

[①] 咨呈苏抚程筹划创设私立法政大学请奏咨立案文(江督同).//沈信卿编.江苏教育总会文牍 六编甲[M].上海:中国图书公司,1911:10.

[②] 关于这次事件的研究,请参阅:谈汗人.无锡新学与毁学事件[J].江苏地方志,1995(04):55.;赵利栋.新政、教育与地方社会的变迁——以1904年无锡毁学案为中心[C].中国社会科学院近代史研究所编.中国社会科学院近代史研究所青年学术论坛2005年卷.北京:社会科学文献出版社,2006:201.;丁文.由"无锡毁学"看《东方杂志》对晚清舆论的选择性建构[J].励耘学刊(文学卷),2009(02):209-229.;惠沁方.民间信仰与清代以来无锡城市社会——以"十庙"祭祀系统为中心[D].南京大学,2015.

有力的保障,因此引来江苏各州县的效仿。

但并不是所有的行政主管部门都认可这一做法。泰兴县学界中人章广祺为规划教育费起见,要求援锡金之成案办理,却遭到了前督宪的驳斥。为此,江苏学务总会专门代为上书两江总督端方,提出了《请带征积谷兴办学务书》,并得到了批准。但在随后,苏藩司陈伯平却以省教育经费短缺为辞,主张将"带征积谷"提半归省。消息一经传出,各府州县学界一片哗然,江苏学务总会作为全省教育界的总机关,代表江苏学界与行政官厅进行了多次交涉与沟通。在给江苏巡抚的呈文中,江苏学务总会指出,"带征积谷"纯为民间储蓄性质,与国家税、地方税无涉,"于公家无毫末之损,于民间有挹注之益"[①],若提半归省,则民间"未受其益,而反受其累",因而要求准许各地将"带征积谷"悉数拨归地方办学之用。后经与苏藩司、提学使反复商榷,本着兼顾省与地方、学务和民情的原则,达成一致意见:"中捻之年,除拨五成积谷外,其余五成应准全留本地办学,免其提省;大熟之年,则留七成兴办本地学务,提省三成补助省城学费"[②]。在江苏学务总会的努力下,江苏省内各府州县围绕着"带征积谷"拨充教育经费的纠葛暂时得到化解。

为了从根本上解决教育经费紧张的问题,1909年,江苏教育总会还致书各省教育总会,主张全国学界联合起来向朝廷请愿,请求速开国会,厘定国税和地方税,宽筹教育经费。江苏教育总会指出,"教育费之所从出,官立学校,则宜取给于国税;公立学校,则宜取给于地方税。……夫欲增进人民之程度,而一一唤起其责任心,非推广教育。其道何由? 欲推广教育,非宽筹教育费。其道何由? 欲宽筹教育费,非厘正国税、地方税"[③]。尽管此项提议由于清政府内忧外患、新政头绪繁多而被搁置下来,但江苏教育总会力图为教育经费寻求稳定的经费来源,主张以固定的税收保障教育经费投入,为教育经费提供法律和制度的保障,这种努力无疑是值得肯定的。

---

① 呈苏抚请免提带征积谷准留地方办学文(苏藩同).//沈同芳编.江苏教育总会文牍 二编上[M].上海:中国图书公司,1907:116.

② 江苏教育总会致各分会书(为带征积谷办学事)[N].申报,1907-06-08(光绪三十三年,丁未四月廿八日,第四版).//申报影印版 第88册,上海:上海书店,1983:430.

③ 致各省教育总会及学界请推代表入都请愿速开国会书.//沈信卿编.江苏教育总会文牍 五编甲[M].上海:中国图书公司,1910:72.

同时,江苏教育总会还上书两江总督和江苏巡抚,要求仿照直隶办法,带征学费。其起因在于,山阳县请求两江学务处仿照桃源县于税契项下每两收钱十文,拨作学堂经费,后经过淮安府的调查,两江学务处认为,请求合理,与舆情允洽,要求各州县一体通饬,遵照办理。江苏教育总会认为,每两带征十文,为数甚微,希望能够根据直隶的办法,提高带征比例,"每买契价银一两,征正税三分,耗银三厘外,另征学费一分六厘五毫。每典契价银一两,征正税一分五厘,耗银一厘五毫外,另征学费八厘二毫半,似可援照办理。……无碍政体,有裨学务"①。对此,两江总督张人骏的反应是,"饬财政局会同藩学两司查明原定章程,细察各属情形,妥议详复"②。而江苏巡抚认为,"税契项下带征学费,无损于民,原无不可,惟现准度支部咨行新章,买契每两收税银九分,典契每两收税银六分,加收之款,专为抵补洋土药税厘,是契税业已加重,自未便再议带征"③。江苏教育总会特别辩解说,"(本会所拟)带征学费办法,并非于部行新章之外另议加征""案新章第十三条云,各省抽收田房买税、典税,多系备拨要需,其附收款"一部分,均应在"(已)收税内分别拨还,因此,不妨"易带征学费之名义,为拨留学费之名义"④,还是可以专门拨为教育经费的。不过,尽管江苏教育总会积极努力,此事却因为行政当局的拖延而搁置下来。

江苏省咨议局成立后,江苏教育总会特别请求咨议局议定本省教育经费。江苏教育总会自述说,"自组织成立以来,倏经数载,凡关系全省教育事务,对于行政长官,时有建议,徒以经费支绌,有应行提倡或设施之事,尚多缺焉。……值贵局开议之期,代表舆论,即扶助宪政之进行……念教育为立宪国根本事业,其在本省之范围者,当在贵局建议之列。特案局章第二十一条,陈请建议事件之文,备具意见书,请列入建议事件议决办法,其大纲为通省教育费各地方教育

---

① 咨呈江督张税契带征学费请援照直隶办法文(苏抚同).//沈信卿编.江苏教育总会文牍　五编甲[M].上海:中国图书公司,1910:5-6.
② 江督张复书.//沈信卿编.江苏教育总会文牍　五编甲[M].上海:中国图书公司,1910:6.
③ 苏藩陆照会.//沈信卿编.江苏教育总会文牍　五编甲[M].上海:中国图书公司,1910:7.
④ 咨苏藩陆声明税契带征学费非在新章外加收文.//沈信卿编.江苏教育总会文牍　五编甲[M].上海:中国图书公司,1910:7-8.

费二项"①。按照江苏教育总会的规划,通省教育费:提学使支一部分,藩库善后局、米厘局直接支一部分,还有部分存典生息,学堂租入。"与他省比较,自为甚少之数,然支配得法,款不虚糜,则一省之人才教育,亦自不为小"②。而对于各地方教育费,江苏教育总会主张,"应随收入性质,分为厅州县教育费与城镇乡教育费"③,有公共性质者,归入厅州县,非公共性质者,归入后者,并对经费的收支预算、学堂经费标准、生均经费标准和教职员工的薪俸标准都给出了建议。

随后,在呈送给江苏省咨议局的《推广初等教育方法案》中,江苏教育总会又特别提出,要规划好城镇乡教育费。江苏教育总会认为:"欲责以教育之义务,而不先规定教育费,则仍空言而已。"在借鉴了日本教育经费的相关规定后,结合江苏本地的实际,江苏教育总会建议:"今宜定教育费之标准为数等,城镇占自治费之若干,约分繁盛、非繁盛为两等,乡占自治费之若干,约分偏僻、非偏僻为两等。其所占至多之数,可比于日本之松岛村;而城镇之占其少数者,亦不得少于十分之二,先定为本省之单行章程。各于其本城本镇本乡公所成立后,按照等差,自行认定,每年列入预算表,呈报自治监督,为考查公所成绩之根据。庶几为迫促自治进行之一助欤。"④

后经咨议局的讨论,最后确定:根据自治事务的繁简程度划定教育经费的高低比例,"最简者,亦不得少于十分之八,最繁者,亦不得少于十分之二"⑤,而且每年要列入预算进行审核监督。这一政策,既照顾到了各地的经费富足程度和学务繁简状况,又能够保证各地教育经费总额的大致相当,有助于缩小教育差距,尽力促成各地方教育事业的均衡发展。随后,虽然经历了民国鼎新,但江苏省的教育经费基本上能够按照规定专款专用,对于侵占、挪用教育经费的问

---

① 致咨议局请议定本省教育费书.//沈信卿编.江苏教育总会文牍　五编甲[M].上海:中国图书公司,1910:26-27.

② 拟请议定本省教育费意见书.//沈信卿编.江苏教育总会文牍　五编甲[M].上海:中国图书公司,1910:27.

③ 拟请议定本省教育费意见书.//沈信卿编.江苏教育总会文牍　五编甲[M].上海:中国图书公司,1910:36.

④ 请议推广初等教育方法案.//沈信卿编.江苏教育总会文牍　六编甲[M].上海:中国图书公司,1911:34.

⑤ 江苏咨议局议决推广初等教育方法案.//沈信卿编.江苏教育总会文牍　六编甲[M].上海:中国图书公司,1911:38.

题,经过教育界人士的监督、干预,也基本上能够得到一定程度的解决。

除了关注经费的筹集,江苏教育总会也特别关注经费的使用效益。为此,江苏教育总会宁垣事务所送交江苏省咨议局一份宁属教育改良意见书,提出了八条建议,要求"裁督派视学员,增设宁省学务公所、省视学员两名;宁属初级师范及模范小学应归宁学司管辖,初级师范并由学司遴选明于教育之人为监督;四十区小学裁去总办直隶学司;高等小学亟宜注重国文至英文一科,宜恪遵部章,于通商口岸,始得加入;蚕桑学堂宜归并实业学堂,以其经费校舍改办工业教员讲习所;江楚编译局宜裁撤;两淮中学宜并入扬府中学堂,成一地方完全之中学;江北农工试验场宜改江北蚕桑学堂"①。其主旨是精简机构与人员,节约办学经费,提高办学效益。

清季的江苏教育会,作为团结江苏绅、商、学界的省级民间教育团体,通过会章的多次调整与完善,基本构建了一套相对合理的组织架构与运行机制,为教育会会务的顺利开展,探索出了几条较为畅通的实践路径,其中蕴含了现代教育民主精神。尽管江苏教育总会力图淡化江苏各地精英狭隘的地方主义,但宁、苏两属在新式教育发展与会员人数上的不平衡却是一个不争的事实。为了推动江苏新式教育的发展,江苏学务总会调解各种学务纠纷,最大限度地维护了新式学堂与各地教育会的利益。同时,它也对教育界内部的腐败进行了客观的调查和必要的监督;通过开办单级教授练习所,规划江苏新式学堂的发展;谋求江苏教育经费的稳定,努力在内外纷争中为江苏新式教育的发展赢得一个良好的环境。与此同时,江苏学务总会通过与各地劝学所、教育会之间的密切联系,对全国教育界各类联合会事务的积极参与,与清政府学部、两江总督、江苏提学使等官方教育机构与官员的良好沟通,编织了一张联通政、商、绅、学各界,贯通全国与地方的巨大教育网络,事实上逐步形成并巩固了自己作为全国重要省级教育团体的地位,为其后来在民国教育舞台上的精彩表现奠定了坚实的基础。

---

① 宁垣事务所送江苏咨议局请议宁属教育改良意见书.//沈信卿编.江苏教育总会文牍 五编甲[M].上海:中国图书公司,1910:40-43.

民国初建时的江苏省教育会（1912—1913）

作为以教育为主要特色的专业社团,江苏省教育会的政治色彩始终是学界讨论的热点。许多研究者认为,清末的江苏教育会是一个立宪色彩浓厚的政治团体。而在辛亥革命后,该会又积极地根据革命形势调整态度,特别是其始终秉承"苏人治苏"的理念,在江苏的政治舞台上发挥了重要的作用。但它对教育的关注却始终如一。

第一节 江苏省教育会与民国的建立

清季的江苏教育会始终对清政府及教育立宪抱有幻想,直到辛亥革命爆发,江苏教育总会才彻底从这种不切实际的幻想中清醒过来,进而积极地参与到民国的建立之中,成为江苏革命的一支重要的推动力量。

一、辛亥革命爆发初期的观望

作为清末立宪派和地方士绅实力派的主要代表,张謇在清末新政中发挥了重要的作用。他曾经三次组织国会请愿运动,要求清政府加速新政进程。他积极培养地方自治人才,主导了江苏省咨议局的组建。他还专门组织了立宪党,力求推动君主立宪。唐文治等作为晚清新型士绅的代表,对清政府也存有较大的幻想和一定的感情,倾向于推动国家和地方立宪运动。这实际上是受了清末具有较为浓厚政治色彩的学会的影响。比如,康有为创立的强学会就是为了宣传新的思想和主张,带有明显的政治主张和意图;1902年成立的中国教育会,同样是在教育会的名义下,从事革命活动和政治活动。因此,清末的江苏教育会在政治倾向上的立宪主张和态度是非常明确的。尽管其内部有分歧,但立宪思想仍占主导地位。

武昌起义爆发时,张謇恰好在汉口乘船东下的途中,亲眼见到了武昌城头火光"横亘数十丈"。船行至安庆处,他就得知了革命军已经占领武昌的消息。他连忙赶到南京面见江宁将军铁良,要铁良派兵援鄂,并奏请清政府迅速颁布实行宪政的诏谕。铁良要他先和两江总督张人骏商量,张人骏"大诋立宪,不援鄂"。于是他又偕同雷奋、杨廷栋与程德全密议,决定由程德全和他分别代表江苏官厅与民意机构致电清政府,请求实行立宪,召开国会,成立内阁,借以安抚人心。可见,作为立宪党人,张謇等人在辛亥革命爆发初期还是对清政府抱有一些幻想的。

二、江苏革命中的顺势而为

革命的迅猛发展,不仅让清政府措手不及,也大大出乎江苏教育总会的意料。张謇转而采取依附共和的对策,这也是希望在变动的政局中能更好地维护和发展江苏省教育会的各项事业。

1911年10月13日,江苏教育总会会员狄楚青在《时报》上发表了一篇题为《论政治思想与革命势力消长之影响》的社论,其中明确写道,"今日革命风潮之所以遍于各省者,实由政府腐败有以致之也"[①]。这篇社论还颇有见地地指出,由爱国而请愿立宪的人们,在请愿遭到朝廷拒绝、镇压以后,势必由立宪而走向革命,"故今日之议员,对付政府,不论如何激烈,犹出于忠君爱国之热诚。倘当道恶其激烈,不惮出百计以排去之,则激烈者去而阘冗者来,微论于政治无补也。试问此辈激烈之议员,能蛰伏终身,不谈时事乎?抑将别有所举动,以与政

[①] 孤愤.论政治思想与革命势力消长之影响[N].时报,1911-10-13//上海社会科学院历史研究所编.辛亥革命在上海史料选辑 第2版[M].上海:上海人民出版社,1981:80.

府试一搏击乎？夫欲与政府试一击搏，非投身革党不为功，斯则可虑之甚也"①。这些所谓的"可虑"之辞，实际上道出了立宪党人内心的一些真实想法。此后，《时报》又陆续发表了《哀哉制造革命之政府》《忧乱危言》《鄂乱之各方面忠告》等社论，声称"革命为专制政治下之产儿""革命实由今日之政府造成之也"②，并称赞革命党治理下之武昌"警政修明，暴徒匿迹，闾阎安堵，市肆不惊"③，其秩序之整齐，节制之森严，出人意料之外。这些社论，既是对清政府施压的一种表现，也真实地反映了当时包括江苏教育总会核心成员在内的立宪派态度的转变。

鉴于苏州为江苏省府及巡抚驻地，上海教育界、商界的诸多人士在革命爆发后，曾经多次到苏州与江苏巡抚程德全商议，督促程德全当机立断，宣告独立，但未有结果。④1911年11月4日，上海在革命党人陈其美的策划组织下宣布光复。杨廷栋与雷奋等在江苏教育总会开会，讨论苏州和平反正事宜。会后派出代表黄炎培、沈恩孚、朱叔源、毛经畴等5人前往苏州，与苏州绅商集议于平江书院(旧址)，一致主张劝告江苏巡抚反正独立。⑤11月5日，程德全反正并宣布独立。苏州的和平光复改变了江苏地区革命党人与清王朝的力量对比，加速了整个江苏地区的光复。

在策划苏州乃至江苏独立的同时，江苏教育总会会员黄炎培、张志鹤等人还积极行动，领导了川沙的独立。上海独立后，黄炎培立即拜谒陈其美，说明川沙已经顺从革命。黄炎培的好友张志鹤去见李平书商订川沙独立告示。黄炎培、张志鹤两人联名具牍，请上海军政府发给新枪40支，以资防卫。11月6日，张志鹤从上海警务处借调武装人员20人开赴川沙。此时，川沙守军已转向革

---

① 孤愤.论政治思想与革命势力消长之影响[N].时报，1911-10-13//上海社会科学院历史研究所编.辛亥革命在上海史料选辑 第2版[M].上海：上海人民出版社，1981：79.

② 孤愤.哀哉制造革命之政府[N].时报，1911-10-16//上海社会科学院历史研究所编.辛亥革命在上海史料选辑 第2版[M].上海：上海人民出版社，1981：85.

③ 庸.忧乱危言[N].时报，1911-10-20//上海社会科学院历史研究所编.辛亥革命在上海史料选辑 第2版[M].上海：上海人民出版社，1981：92.

④ 上海方面劝程反正.//中国人民政治协商会议江苏省委员会文史资料委员编.江苏文史资料 第40辑 辛亥江苏光复[M].未刊本，1991：48-49.

⑤ 卢彬士.回忆苏州光复.//扬州师范学院历史系编.辛亥革命江苏地区史料[M].大东图书公司，1980：123.

命。张志鹤率众赶到川沙后,城守千总张复庵主动前往联系,表示愿听革命政府指挥。7日晨,川沙厅四处张贴安民告示,白旗招展,川沙厅和平反正,配合了江苏其他地区的光复。

当然,江苏教育总会对革命从观望到行动的转变,并不代表他们政治立场的根本转变,而是出于对形势变化进行判断后的理性选择。实际上,在辛亥革命发展的过程中,江苏教育总会的核心人士——张謇、雷奋、杨廷栋、沈恩孚、黄炎培等人,在支持革命的同时,也曾经有过联络、支持袁世凯的打算。1911年10月14日,清政府起用袁世凯为湖广总督。赵凤昌立即于惜阴堂召集江苏教育总会的雷奋、杨廷栋、沈恩孚、黄炎培等聚商拥袁事宜。他们认为,全国人心大变,但革命军"实力太不足",只有袁世凯"拥有实力"。[①]江苏教育总会一边打出拥护共和的旗号,一边设法联络、支持袁世凯。正如张謇所说的那样,"苏、浙之独立,乃被动而非主动,目的只在不遭战争。尤其是苏省各地军队复杂,号称都督者有八人之多,若不拥戴程德全,不知如何收拾"[②]。张謇的自白,足以解释他所领导下的江苏教育总会在辛亥革命中的表现无非是顺应时势的选择而已。民国政府建立后,江苏教育总会一度对袁世凯领导的北洋政府抱有极大的希望,而与坚决把革命进行到底的革命派分道扬镳,这固然是受到了袁世凯的迷惑,但这也充分反映了其政治立场上的保守性。

三、革命成功后对新政府的参与

在江苏各地纷纷独立之后,对沪军都督府的去留问题的处理,直接反映了江苏教育总会与革命派在地方政权建设中的实际关系。沪军都督府是上海光复后建立起来的革命政权,1911年11月6日成立,由上海起义的主要领导人、同盟会会员陈其美任都督。当时的上海为江苏省属地,苏州独立后,江苏的立宪派、旧官僚一心想把上海地区置于江苏都督程德全的控制之下,江苏教育总会亦有此意。江苏教育总会会长唐文治联络刘树森、雷奋、赵凤昌、庄蕴宽、黄炎

---

① 黄炎培.我亲身经历的辛亥革命事实.//见中国人民政治协商会议全国委员会文史资料研究委员会编.辛亥革命回忆录第一集[M].北京:文史资料出版社,1981:66.

② 刘厚生编著.张謇传记[M].上海:上海书店出版社,1985:194.

培、姚文楠、沈恩孚、杨廷栋等14人上书沪军都督府,主张"行政事宜,尽可统全省为一致,今苏垣恢复后,各军队及各属士民公推程都督主持一切,诚足以副全省之望。文治等深知程都督热心国事,锐意改革,旧日各督抚无可与之并立者。上海亦苏省之一部分,若行政亦经分立,殊与全省统一有碍"①。这一主张,显然意在取消以革命党人为主导力量的沪军都督府。在这种压力下,陈其美则坚守沪军都督府,他说:"应今日之情势,驻沪各军,不能不有所统摄,故敝处专注重于进取事宜。"②后来,由于孙中山等人的支持,统并沪军都督府的暗潮才稍稍缓和。

1911年11月13日,张謇等人以江苏都督程德全和浙江都督汤寿潜的名义,发表了一份《组织全国会议团通告书稿》,主张"仿照第一次会议方法,于上海设立临时会议机关,磋商对内对外妥善之方法,以期保疆土之统一,复人道之和平"③。而其集议办法是:各省旧时谘议局各举代表一人,各省现时都督府派代表一人,均常驻上海,以江苏教育总会为招待所,两省以上代表到会即行开议,续到者随到随议,其通告书还请求各省都督府公认武昌为中华民国新政府。这一方案被张謇等人明确称之为"政府设鄂,议会设沪"④。但是,这份通告书是用以向沪军都督陈其美通电建议的形式发出的,实际上带有将沪军都督府排除在外的意味。同日,陈其美则单独向各省都督发出通电:"今接湖北黎都督及镇江林都督两处专电,意谓上海交通较便,组织机关,用为开会之地。闻命之下,距跃三百,亟当遵照办理。用特通电贵省,商请公举代表,定期迅赴上海,公开大会,议建临时政府,总持一切,以立国基,而定大局。如蒙认可,迅请电复,不胜悬盼之至。"⑤这两份电文,同时刊登在11月14日的《民立报》上。有学者分

---

① 唐文治等上沪军都督府书[N].时报,1911-11-13(五)//上海社会科学院历史研究所编.辛亥革命在上海史料选辑 第2版[M].上海:上海人民出版社,1981:315.

② 沪都督复江苏教育会唐君文治等函[N].时报,1911-11-16(五)//上海社会科学院历史研究所编.辛亥革命在上海史料选辑 第2版[M].上海:上海人民出版社,1981:314.

③ 组织全国会议团通告书稿.//上海社会科学院历史研究所编.辛亥革命在上海史料选辑 第2版[M].上海:上海人民出版社,1981:1052.

④ 张謇等致庄蕴宽密函.//上海社会科学院历史研究所编.辛亥革命在上海史料选辑 第2版[M].上海:上海人民出版社,1981:1070.

⑤ 沪军都督陈通电各省都督文[N].民立报.1911-11-14(5)//上海社会科学院历史研究所编.辛亥革命在上海史料选辑 增订版[M].上海:上海人民出版社,2011:322.

析，陈其美在电文中没有提及程德全、汤寿潜联名致他的通电，而是强调湖北都督黎元洪及镇江都督林述庆来过专电，他是"遵照"他们的建议而提出倡议的。这不是偶然的疏忽，而是故意的抵触。革命党人领导的沪军都督府自成立起，就不被江浙立宪派认同，他们借"统一"之名，千方百计地要把上海的行政权抓到自己的手中。11月初，以江苏教育总会会长唐文治的名誉致上沪军都督府的公开书，就明示了这种意图。

江苏教育总会的张謇等人，不仅积极参与了新政权的建立，而且明显有引导新政权向着自己的政治立场转移的倾向。11月15日，各省都督府代表联合会在上海江苏教育总会会所宣告成立，此举不仅使上海成为酝酿筹建新政权的中心，也充分显示了江苏教育总会对新政权积极筹划之意。据俞子夷回忆，"辛亥革命时，苏属五府代表集议派人赴苏州劝江苏巡抚程德全起义；后来各地起义单位十七八个的代表开'共和联合大会'，电孙中山先生回国，此等集会，均在省教育会；策动者亦会中人"①。实际上，江苏教育总会的会所不仅是革命督军联络开会的场所，也是中华民国国旗的诞生地。

旗帜往往代表着一种精神、思想或者主义，而国旗则代表着一个国家的理想与信念。任何一个国家的诞生，都会精心选择和设计它的国旗。在筹建临时中央政府的过程中，江浙革命军曾于1911年12月4日晚，在江苏教育总会召开共和联合会大会，上海都督陈其美、江苏都督程德全、浙江都督汤寿潜与留在上海的各省都督府代表联合会的部分代表共同商定，以五色旗为中华民国国旗。这次会议还决定，以青天白日旗为海军旗，以十八星旗为陆军旗，并将图案刊布于报端。

由于当时孙中山尚未归国，中央临时政府也尚未正式成立，此议不仅没有收到任何反对意见，而且由于其已经先期发布在报纸上，还造成了既成事实的效果。以至于当孙中山回国后，虽然对于以此旗作为中华民国国旗并不认可，却并未能有所改变。1912年5月6日，临时参议院开会讨论国旗问题时，就有议员明确提出，"现在各省多通用五色旗，此案似不成议案"。

孙中山回国就任中华民国临时大总统后，定于1912年元旦在南京就任，中华民国正式开国。为此，沪军都督陈其美于1911年12月31日发出通告："自明

---

① 俞子夷.一九二七年前几个教育团体——回忆简录[J].华东师范大学学报（教育科学版），1989（02）：94.

日起各界一律悬挂国旗,以昭庆贺,而光大典。"①元旦这一天,上海街头果然遍悬五色旗。而当晚在举行临时大总统就职典礼的南京总统府内,也是"五色国旗飘拂"②,五色旗俨然已为中华民国国旗。

实际上,早在1895年,孙中山在香港策划广州起义时,就以陆皓东设计的青天白日旗作为起义军的旗帜。只是由于消息走漏,起义未能成功,旗帜也未能公开。直到1900年10月,孙中山等人在惠州三洲田起义时,此旗作为革命军的标志才首次亮相。1906年,同盟会在讨论中华民国的国旗时,也对青天白日旗、五色旗、十八星旗等旗帜有过讨论,孙中山当时就主张,为了纪念革命先烈,应该以青天白日旗作为未来中华民国的国旗。只是由于黄兴认为该旗"形式不美,且与日本旭旗相近"③而作罢。不过,此后革命党人一直以青天白日旗作为起义的旗帜。辛亥革命爆发后,湖北革命党人和军政府均悬挂了十八星旗,因此湖北地区的革命党人曾于1912年1月10日致电孙中山,要求将此旗作为中华民国国旗。④同时,代行临时参议院职权的各省代表会,也在这一天议决,"以五色旗为国旗定式",并致函孙中山"请即饬部颁布各省施行"⑤。但是孙中山并未将此议决案颁布施行,而是在于1月12日咨复各省代表会中说:"用五色旗为国旗……民选国会成立之后,付之国民公决。若决定于此时,则五色旗遂足为比较最良之徽志否,殆未易言"⑥,这间接表达了对于五色旗为国旗的质疑与否定。

不过,真正能够决定国旗样式的,并不是孙中山个人的意志或者他所期待的全民公决,而是当时中华民国的立法机关——临时参议院。1912年5月6日,

---

① 要闻:中华民国新纪元[N].申报,1912-01-02(民国元年,辛亥十一月十四日,第五版).//申报影印版 第116册,上海:上海书店,1983:19.

② 袁希洛.我在辛亥革命时的一些经历和见闻.//中国人民政治协商会议全国委员会文史资料研究委员会编.辛亥革命回忆录 第六册[M].北京:中华书局,1963:288.

③ 冯自由.中华民国国旗之历史.//刘成禺,张伯驹著.洪宪纪事诗三种[M].上海:上海古籍出版社,1983:96.

④ 参议院审查案·国旗统一案[N].大公报,1912-05-10.//李学智著.民国史论稿[M].天津:天津社会科学院出版社,2007:158.

⑤ 参议院审查案·国旗统一案[N].大公报,1912-05-10.//李学智著.民国史论稿[M].天津:天津社会科学院出版社,2007:159.

⑥ 纪事:大总统覆参议会论国旗函[J].临时政府公报.1912(06):6.

临时参议院开会,议员谷钟秀首先详述了当时南京各省代表会议决国旗统一案及临时大总统孙中山咨复的情况,认为"此案应作为政府咨询交复议国旗统一案",李国珍"赞成并请付表决",但杨廷栋等人却主张此案"不付审查"。

在有关国旗议案的审议过程中,议长谷钟秀要求将此案作为"政府咨询交复议国旗统一案",是对1月12日孙中山咨复各省代表会有关"定五色旗为国旗"议案的讨论,这充分考虑到了临时参议院工作的连续性,且完全合乎临时参议院的议事程序。作为江苏学务总会的早期成员,杨廷栋本身是支持五色旗作为国旗的。因此,5月10日,当临时参议院再次就杨廷栋报告审查情况称:"此先有国旗而后有议案"时,没有人提出异议。当以五色旗为国旗付表决时,"议员全体起立,三呼万岁"而获通过。

但是,作为晚清留日的法学专家,杨廷栋有意抹杀了1月份南京各省代表会曾议决国旗案,而临时大总统孙中山咨复未予承认的事实,在5月10日再次审议国旗统一案时,宣称此为"先有国旗而后有议案,并非先有议案而后有国旗,故理由上不能讨论,而专从事实上着手,此时民国全体皆为五色旗,而实不能有所更动"[①]。实际上,按照《临时约法》的规定:对于临时大总统咨参议院复议之案,如维持前议,否决咨复,须"有到会参议员三分之二以上"同意,这对于再次议决将五色旗作为国旗并不一定有利。而当时的杨廷栋,正是江苏教育总会的干事员。不仅如此,南京临时政府教育部曾于2月初发布一征集国歌的广告[②],江苏教育总会驻会干事沈恩孚专门作词《国歌拟稿》,中间也肯定了五色旗的国旗地位,称"旧邦新造,飘扬五色旗,民国荣光"[③]。

除此之外,江苏光复后,江苏教育总会的主要会员还直接加入了革命政权。仅江苏都督府重要部门中,就有4人为江苏教育总会会员,他们分别是:外务司司长马良、次长杨廷栋,内务部次长沈恩孚、财政部次长姚文楠等。这些江苏教育总会的核心成员,已成为当时政府主要机构的工作人员,无疑为江苏教育总会各项工作的开展提供了更便利的条件。

---

① 参议院纪事[N].大公报,1912-05-08.//李学智著.民国史论稿[M].天津:天津社会科学院出版社,2007:162.

② 杂报:教育部征集国歌广告[J].临时政府公报,1912(08):9.

③ 沈恩孚.国歌拟稿[J].临时政府公报,1912(22):20.

第二节　民国初年江苏教育总会章程的调整

中华民国的教育部成立之后,为了稳定教育秩序,迅速组织召开了全国临时教育会议,以及时调整教育宗旨,颁布新的教育法令法规。

1912年9月6日,时教育部发布了《公布教育会规程》,对教育会的目的、类型、会务、会员、经费等都做了相应的规定。江苏教育总会也很快在10月15日公布了修订后的《江苏省教育会章程》,对该会的名称、宗旨、机构、会员等诸多内容进行了相应的调整。

一、会名与宗旨的调整

根据《公布教育会规程》,教育会分为三类,"省教育会"是其中一类,江苏教育总会据此明确了组织的新名称,"本会以中华民国成立以前之江苏教育总会会员继续组织,遵部订规程,改定名称为江苏省教育会"。而新修订的章程对于教育会宗旨的表达则是:"一审民国之前途以定方针,一审本省之现状以求进步。"[①]这一表达,相比于该会在1908年的章程中对教育会宗旨的规定更加明确,但所涉及的事项范围似乎更加宽泛,已不再局限于江苏一省而突出了国家视野;不再局限于教育一事而强调了民国前途与本省现状,这与部颁规程中所提出的"教育会以研究教育事项,发展地方教育为目的"相比,也是很大的突破。

尽管从其随后的主要活动来看,江苏省教育会的主要精力还是集中在教育界的事务上,但该章程所规定的宗旨却为它的其他活动留出了一定的空间。

二、组织架构的优化

时教育部颁布的《公布教育会规程》,把教育会的研究事项分为学校教育、社会教育和家庭教育三个部分,江苏省教育会据此进行了组织架构的第二次重大调整。

---

① 江苏省教育会章程(1912).//朱有瓛,戚名琇,钱曼倩,霍益萍编.教育行政机构及教育团体[M].上海:上海教育出版社,1993:281.

(一)取消会董会

中华民国建立后,在中央成立了教育部,在各省建立了教育司,在地方则设立了学务公所。随着地方学务格局的改变,原有的劝学总董改为各县市乡学务专员,他们虽然依然是当然会员,但所谓的会董会并没有随之改组,而是被直接取消了,其原有的职责全部转移给了新改组的干事员会。

(二)改组干事员会

民国以后,江苏省教育会根据国家教育事务发展的需要,把主要会务确定为"研究关于学校教育、社会教育、家庭教育各事项",因此,对清末由经济部、调查部、普通部、专门部和庶务部组成的干事员会进行了重新改组:原有五大部门只保留了庶务部与调查部,而把普通部与专门部合组成学校教育部,并专门开设了一个社会教育部。同时,经济部的工作则划归到了庶务部。

1. 合组学校教育部

清末,江苏学务总会针对学校教育专门设立了普通教育部和专门教育部,以针对不同类型和层次的教育进行专门研究。但民国以后,江苏教育会对这两个部门的事务进行了合并,把关于学校教育的一切事务全部收归学校教育部。从该会后来从事的教育活动看,这一改组,有利于从整体上对教育事务进行筹划,更加突出了各级各类教育之间的联系与沟通。比如,江苏省教育会随后的很多活动就经常把小学、中学、师范等各级各类学校教育联合起来开展。

2. 调整庶务部

江苏学务总会刚成立时,筹集经费、募集资金对学会的生存与发展至关重要。因此,江苏学务总会专门成立了经济部,主要负责该会经济的扩充、年度预决算、核定总会和两省垣事务所开支、审核总会及各地方关于扩充经济之事务能否按照评议员会之议案执行等。到了民国以后,该会在资金上已经有所积累,并凭借与省督的关系争得了年度经费补助,经济压力有所缓解,因此就直接取消了经济部,而把其日常事务交由庶务部的会计员来负责。

与此同时,在庶务部中,取消了清末的招待员,改由干事员会临时指定合适的干事兼任。

3. 新增社会教育部

民国建立后,首任教育总长蔡元培非常注重社会教育,并在教育部中专门设置了社会教育司。在《公布教育会规程》中,社会教育也是与学校教育、家庭教育并列的三大事务之一,因此江苏省教育会为了推广社会教育也专门增设了一个社会教育部。

(三)调整职员规模

1. 调整评议员的选举名额与方式

清末,江苏学务总会的评议员会,主要是根据各府州的人口来决定评议员的名额,共设75人。而到了民国,由于行政区划的调整,如变府为道和县,因此评议员的推举方式采取以县为单位,而且明确把以人口来定名额的方法取消了,规定每县不论人口、大小,均可推举2名评议员。这种变化,更有利于保证那些人口较少、新式教育欠发达的地方在讨论全省教育事务中享有平等的发言权。

2. 压缩干事员规模

清末,由于新式教育刚刚起步,教育调查被视为教育研究和推广的第一步,加之各地学务纠纷不断,在总共28名干事员中,调查部人数一度达到12人。到了民国,虽然教育调查依然是一项主要事务,但一方面教育调查已经有了前期的基础,另一方面很多调查员也已经积累了一些经验,因此江苏省教育会在缩小整个干事员规模的背景下,大幅度减少了调查部干事员的名额,即从12人锐减到了4人。

三、会员资格的变化

在1908年的《江苏教育总会章程》中明确要求会员应在25岁以上。而民国建立后,对会员的年龄限制取消了。同时,把会员年费从6元降到了4元。这样做,可能是为了解决因革命所造成的会员大幅缩减问题,扩大会员的来源,更迅速地补充新生力量。民国建立以后,随着地方教育行政机构和相关人员的变动,清末教育会的代表会员改为此时当然会员的,主要包括县市乡教育会会长、县市乡学务专员。而志愿入会者,基本没有大的变化。但《江苏教育总会章程》还特别规定:"凡因住所迁徙,所居地方未得公民资格者,亦适用第五条志愿入会者之规定。"①而对名誉会员和名誉赞成员,1912年的章程依然保留了早期的规定,即需要由5名以上的会员出具切实的意见书,经评议员会议决同意。

南京临时政府时期,由于明确确立了南京为江苏省政府的驻地,江苏省教育行政当局的双头管理局面已经不复存在,因此所谓宁、苏两属的教育会副会长各一的规定也就失去了现实基础。此后的江苏省教育会副会长就变成了1人。在1912年6月举行的常年大会上,张謇和王同愈分别当选会长和副会长。随后,该会又在同年10月按照教育部颁布的教育会规程对原有章程进行了修改,保留了清末职员本职连任三年得自请辞职的惯例。

第三节　民国初年江苏省教育会的主要教育活动

民国刚刚成立之际,国家一切事务最需要的就是稳定,是恢复社会的正常秩序,因此,尽管政局有起伏,但因为江苏省教育会的核心会员在辛亥革命中的积极行动与配合,他们在新成立的民国政府中依然延续了在清末的巨大影响力,进而对迅速稳定与恢复江苏的教育秩序起到了决定性的作用。在辛亥革命中,江苏教育总会审时度势,占据了主动,因此,辛亥革命胜利后,江苏省教育会

---

① 江苏省教育会章程(1912).//朱有瓛,戚名琇,钱曼倩,霍益萍编.教育行政机构及教育团体[M].上海:上海教育出版社,1993:282.

的主要成员中有不少人进入江苏都督府担任要职,如李平书任民政司总长,马相伯任外交司总长。另外,应德闳、杨廷栋、雷奋也均进入都督府任职。张謇当然更是举足轻重的人物,他曾任省议会会长,后来担任北京临时政府的实业总长。在教育方面,江苏省教育会的主要成员、长期担任常任调查员的黄炎培成为民国时江苏省教育司首任司长;江苏省教育会的另一个骨干成员、长期担任驻会干事的沈恩孚先后担任江苏省民政司司长、江苏省公署秘书长;先后任江苏省教育会干事和会长的袁希涛官至民国教育部次长。其他如庄俞、俞子夷等也都是全国著名的教育实践家和理论家。这些人士(作为江苏省教育会的核心领导与骨干),使得江苏省教育会成为江苏教育乃至全国教育的重要参与者、规划者与推动者。

一、规划江苏教育发展

(一)规划江苏普及初等教育方案

早在1909年,为了响应清王朝的预备立宪,以张謇为代表的江苏士绅就发起成立了江苏省咨议局,张謇当选为首任议长。在当选议员中,相当多的人来自教育界,其中来自"教育会和劝学所34人……从事新式中小学教育的18人"[1]。因此,咨议局成立后就主动委托江苏教育总会把《推广初等教育方法》作为重要议案加以广泛讨论。在咨议局的委托书中,明确指出,"教育为宪政之母,而初等教育实为养成国民之种子。宪政以召集国会为成立,教育则以学龄儿童无一人不就学为普及",还特别说明,"欲养成立宪国民者,尤应注重教育,并注重初等小学,以广播其种子"[2]。

随后,江苏教育总会提出了三个重要问题:"设置初等小学的责任归属""城镇乡教育费的来源""初等小学的学额",号召全省各地的教育会、劝学所及该会会员,围绕这三个问题共同讨论推广初等教育的办法。最后,经过集思广益,江

---

[1] 马飞.地方精英与清末宪政——晚清江苏省咨议局研究[J].理论界,2011(06):107.
[2] 移江苏咨议局请议推广初等教育方法文.//沈信卿编.江苏教育总会文牍 六编甲[M].上海:中国图书公司,1911:32.

苏教育总会提出了一份详尽的议案。该议案围绕学校、学生与经费三大问题，要求参照日本的《小学校令》，把初等小学的年限定为义务教育的年限，以城镇、乡自治公所作为设置初等小学的义务主体。教育总会还希望可以将这份议案，"先定为本省之单行章程，各以其本城本镇本乡公所成立之日，为施行之期，则他省必有踵而行之者，是即强迫之预备，而普及之先声也"[①]。

此方案由江苏省咨议局讨论后通过。正式通过的决案，在坚持江苏教育总会议案精神的同时，还进一步完善了应落实的细节与步骤。首先，明确了城镇、乡自治公所作为设置初等小学的义务主体地位，要求切实调查本区域内的学龄儿童数量，以3个月为限；其次，根据学龄儿童之多寡和就学利便，"规定应设初等小学之数及其位置"；最后，根据各地的财力定出分年推广的次序和计划。该决案还要求，所有这些工作都要"分别绘造图表，依限呈报自治监督，并知会劝学所，嗣后逐年调查规划"。[②]

作为江苏省内最高的立法机关，江苏省咨议局通过并颁布的《推广初等教育方法》，实际上可以看作我国真正提出并实施普及义务教育的第一部地方性法规。法案通过以后，对江苏各地，尤其是风气开化较早、新式教育较为发达的地方和教育人士有极大的鼓舞作用。1911年，南通曾率先在全国制定了第一个县级义务教育发展计划——《南通州教育普及之计划》，当然，这主要得益于张謇对新式教育的大力提倡与推行。无论是作为咨议局议长，还是作为江苏教育总会会长，他的倡导都极大地开化了南通的教育风气。实际上，早在1905年5月，通州总理小学的士绅们就在张謇的带领下，开始筹划和设计南通普及教育的方案与路径。他们决定在通州全境，沿着三条路线择要筹办初等小学，并逐年推广。据统计，至宣统元年（1909）下学期，通境学校98处，其中已经开学的初等小学68校，加上其他学校共计74校，禀办有案而尚未开学者，高等小学2校，初等小学22校[③]。不过，按照江苏省咨议局通过的《推广初等教育方法》，全

---

① 请议推广初等教育方法案.//沈信卿编.江苏教育总会文牍　六编甲[M].上海：中国图书公司，1911：33.

② 江苏咨议局议决推广初等教育方法案.//沈信卿编.江苏教育总会文牍　六编甲[M].上海：中国图书公司，1911：36-37.

③ 通州教育会劝学所移送学校位置图并逐年进行表文.//沈信卿编.江苏教育总会文牍　五编乙[M].上海：中国图书公司，1910：31.

通州需要建设的初等小学为500所。由此可见,初等教育推广任务之艰巨。

与此同时,还是在1909年,江苏教育总会会员伍达也向该会递交了《实行普及教育分期办法》的建议案,张謇等经过研究后认为,他提出的很多建议和办法确有可行之处。比如,各省如何确定教育经费,"其所分期限,按照各省程度,或尚未能同时举行。而先后次序,固自有条不紊"。[①]因此,专门代为上书至清政府学部。

1911年,江苏教育总会发起成立了各省教育总会联合会,并于当年5月集议,通过了联合会章程。其中,初等教育普及方法是联合会讨论的四大议题之一。在随后通过的决议案中,除了呈请学部的《统一国语方法案》《请变更初等教育方法案》外,还包括若干需要各省自谋进行的决议案,包括《改良初级师范教育方法案》《变更初等教育方法》《实行义务教育之预备方法案》等。1个月后,在由清政府学部组织召开的中央教育会上,这些议案进一步得到了细化,不仅通过了《试办义务教育案》《变通初等小学教育案》《统一国语案》等,还特别增加了《国库补助小学经费案》《国库补助小学教员养成所案》等。

辛亥革命爆发后,虽然清政府被推翻,但由于江苏教育总会在辛亥革命中的积极参与,在革命之后还参与了新政权的建设,因此,其在江苏教育发展方面的主导地位相较以往更加巩固。民国建立后,由新型士绅为主体的江苏省咨议局,依然是维持民初江苏社会稳定的权威机构。因此,就在1912年1月临时教育部颁布《普通教育暂行办法》的同时,江苏省都督府根据清末咨议局的决案,于1月16日就颁布了《推广初等教育方法令》,其行动之迅速走在了全国的前列。

遗憾的是,由于民初政局的变动,教育方针的调整,以及江苏省教育会教育事务的全面铺开,推行义务教育、普及初等教育,反而不再是江苏省教育会工作的重点。江苏省义务教育的真正普及要等到20世纪20年代以后才获得实质性的大发展。

---

① 呈学部代呈伍达所拟实行普及教育分期办法文.//沈信卿编.江苏教育总会文牍 四编甲[M].上海:中国图书公司,1909:44.

(二)规划江苏中等学校发展

如果说民国初年江苏省教育会在推动江苏初等教育普及方面基本沿袭了清末的方案与思路,那么在民国初年,以黄炎培为主导的新的江苏省教育司则借助江苏省教育会的支持,把江苏教育规划的重心放在了中等教育上,并力求在维持的基础上逐步扩张。因此,1912—1914年,黄炎培主持设计并推动了江苏省立中等教育系统的发展。按照江苏省教育会与黄炎培的规划,江苏准备在省内11个地区(按过去的府治标准)各设立1所普通中学和师范学校,另设技术性的实业和专门学校10所。1913年,通过接收、改造和调整已有的各类官立和民立学堂,江苏中等学堂的数量增加到了29所,基本上奠定了江苏中等教育的格局。但到1925年,江苏中等学校也才33所,另有代用中等学校5所,可以说总的增长与变化不大。

这一时期,江苏省教育会与各省立中等学校之间也存在着密切的历史与人事渊源,由于士绅集团跟当局的特殊关系,江苏省教育会在各校校长人选上有相当的影响力。通过推荐会员担任中学、师范学校的校长或董事会董事,或者邀请他们加入该会作为会员的方式,江苏省教育会更加牢固地掌握了江苏全省的中等教育系统。在这一时期,很多中学校校长都曾是江苏省教育会的核心成员,不少中学校校长任职长达十年以上,有些甚至从1913年到1927年长期掌校,如二师校长贾丰臻、四师校长仇采、五师校长任诚、工业专门学校校长刘勋麟等。有些学堂虽然校长不是江苏省教育会选派,但江苏省教育会通过董事会等,也始终负责该学堂的主要事务。其中,最典型的就是南菁学堂的改组。

自清末以来,江苏南菁书院改学堂之事一直都由江苏教育总会负责。民国建立以后,江苏省教育会接到江苏都督的训令,要求就南菁学堂的性质予以说明,即它到底是专门学校还是中学,是公立还是私立。以江苏省教育会会员为主的南菁校董会认为,原有南菁高等专门学校已经在辛亥年解散。自董事会成立后,它重新开办,并正在往高等专门学校方向筹划,但财力不在自己的控制之中,费用只够中学之用。因此,准备先办中学,将来计划往农业方向转,由校董会设法扩充,经费充足时,改为农业专门学校。江苏省教育会如实报告巡按使公署,得到回复,按照《中学校令施行规则》第37条之规定予以备案。随后,南菁学堂就变成了南菁中学。

此外,江苏省教育会还积极谋划配套的教育制度与改革措施。早在民国成立之初,江苏省民政司教育科鉴于江苏省各地方教育的差异很大,需要统筹规划,决定订立《江苏省教育行政会议章程》十二条,定于1912年9月20日上午9点开始集会讨论。其中第八条规定,"本省教育总会及县市乡教育会,得具意见书,先期送都督府,采择,交议"。为了保证会议的顺利召开,江苏省教育科除通令各县民政长转知各教育会外,还专门致函江苏省教育会征求意见,理由是该会"研究教育最多心得,有所主张,类能洞中窥要,切合时宜,足匡行政机关所不逮,究竟江苏教育行政应如何订立方针,以利推行而促进步,尚希卓见指示,以便采交会议"[1],由此可见江苏省教育主管部门对教育会的重视。而江苏省教育会也不负众望,为了顺利推进江苏各项教育事业的发展,曾向1912年10月举行的省教育行政会议提交了5个议案,内容涉及教育经费、社会教育、小学教员检验、速成师范、法政讲习所等。比如,该会提出了《检验小学教员案》,要求统一小学教员的标准,提高他们的资格要求和教学水平,以便顺利推进义务教育的实施和初等教育的普及;提出了《教育费积聚金案》,以确保江苏的教育经费投入。考虑到辛亥革命中江苏教育总会所发挥的巨大作用,以及此时江苏省民政司教育科的科长和科员中,黄炎培、袁希涛等江苏省教育会的核心干事员都在此任职,对于江苏省教育会的特别尊重除了它的实际影响外,与它在省内教育行政等方面的人事安排和布置恐怕也不无关系,这也从一个侧面反映了江苏省教育会与教育行政当局的密切关系。

二、参与全国教育规划

辛亥革命后,蔡元培出任首位中华民国临时政府教育总长,蒋维乔应邀任教育部秘书长。一开始,临时教育部只有蔡元培、蒋维乔和会计3人。南京临时政府成立后,教育部的重要工作之一就是草拟新学制。当时的教育家们认为,晚清仿照日本建立起来的学制,适合的是君主立宪制的国家,此时应加以变革,倡议另建一套适应共和政治的民主教育制度。在人力、物力都非常困难的条件下,江苏省教育会的蒋维乔等人协助蔡元培修订教育法规,改革教育制度,革

---

[1] 会报文牍:都督程照会组织省教育行政会议文[J],教育研究(上海),1913(03):1.

新教育内容,为民国时全国教育秩序的迅速恢复与稳步发展奠定了重要的基础。

(一)动议修改学制

1912年1月3日,蔡元培被任命为民国临时政府首任教育总长。9日,教育部正式成立,为稳定全国教育形势,恢复教育秩序,肃清晚清封建教育思想的影响,它很快颁布了《普通教育暂行办法》和《普通教育暂行课程标准》,对普通学校和师范学校的名称、教育内容、课程设置、教学要求等都做了明确规定,如规定废止读经,"学堂"改称为"学校",初小阶段男女学生兼收等。对此,江苏省教育会的会员蒋维乔、袁希涛、伍达等都出力甚多。南京临时政府教育部成立时,各地学校因战争影响而大都停办。新春开学在即,各地教育无所适从,急需恢复教育秩序,全国教育发展也亟须统一的宗旨与方案。对此,很多教育家都给予了高度关注,纷纷发表意见。1912年1月,陆费逵在《教育杂志》发表《民国普通学制议》,批评当时的《癸卯学制》,认为它规定的年限太长,且学段重复,缺乏系统。在他看来,"学堂系统,当谋联络而祛重复,且国民教育、人才教育、职业教育三者必当并重"[1],并据此提出了系统的学制设想。而蒋维乔在《民元以来学制之改革》一文中也说,自己"未进教育部前,在商务印书馆编译所,与高梦旦、陆费逵、庄俞等,计议、草定普通教育暂行办法通令,计一十四条"[2]。

按照蒋维乔的说法,由于蔡元培久在欧洲,自知对国内教育状况多有隔膜,所以拜托蒋维乔代为规划。蒋维乔随即向蔡元培建议说:"民国成立,前清学制,全不适用,且为天下诟病已久,不若于此数月中,先行草拟民国学制。"[3]蔡元培接受了蒋维乔的建议,委托蒋维乔和陆费逵草拟章程,并先行邀请教育家到教育部拟订学制草案。受邀的教育家中,就包括江苏省教育会的核心成员黄炎培。同时,教育部还邀请留学日、德、英、美、俄、法等国的学生,将各国学制译出,以备取长补短,并公开向社会征求意见。在归纳各家意见的基础上,教育部三次拟订学制草案,并在报纸上公布,听取社会各界的意见。后来草案完成时,教育部又召开了全国临时教育会议审查草案。

---

[1] 陆费逵.民国普通学制议[J].教育杂志,1911(10):5.
[2] 蒋维乔.清末民初教育史料[J].现代读物.1936(18):3.
[3] 蒋维乔.清末民初教育史料[J].现代读物.1936(18):3.

(二)出席全国临时教育会议

为了更好地发展教育,民国临时政府教育部成立后不久很快决定召开全国临时教育会议,邀请全国教育界人士共商民国教育发展大计。

1912年5月,教育部把举行全国临时教育会议的消息通告给社会各界,并专门发函通知各省教育主管部门,要求他们做好参加全国临时教育会议的准备工作,特别是议员资格审核与提案的准备工作。为了力求参加会议的议员具有广泛的代表性,教育部专门规定了全国临时教育会议议员的类别:"甲、由教育总长延请者;乙、由各行省及蒙藏各推举二人,华侨一人;丙、由教育总长于直辖学校职员中选派者;丁、由教育部咨行内务、财政、农林、工商、海陆军各部派出者。"①对议员资格的具体要求则是:"以曾受师范教育办学三年以上者为合格。"②

1912年7月10日至8月10日,新成立的民国临时政府教育部在北京举行为期一个月的全国临时教育会议,出席会议的议员包括教育部部长特邀议员、各省推举代表、直辖学校职员选派代表和内务、财政等部派出的代表等,尽管当前学界关于出席此次会议的议员名单和人数稍有出入③,按照"我一"的说法,此次赴会议员共82人,但不可否认的是,就已有名单可以看出,与江苏省教育会有关的人的数量还是比较多的。

从后来实际参加会议的人员身份来看,在教育总长延请的30名议员中,黄炎培、贾丰臻、俞子夷、伍达、唐文治、江谦、庄俞、胡敦复等8人都是江苏省教育会的会员,汤尔和、余日章、沈叔逵等人则与江苏省教育会有着千丝万缕的联系,而江苏选派的2名代表议员杨保恒和仇采,也是江苏省教育会的会员。这样算来,江苏省教育会会员在此次全国临时教育会议中的总人数超过了10人,

---

① 临时教育会议章程.//中国第二历史档案馆编.中华民国史档案资料汇编 第3辑 教育.南京:江苏古籍出版社,1991:625.

② 教育部饬各省推选教育议员二员届期赴京电[N].政府公报.1912(16号):4.

③ 据学者考证,推举的议员总人数为94人,其中包括由教育总长延请者30人;"由各行省及蒙古、北京华侨议员数为47人";由教育总长于直辖学校职员中选派者12人;由教育部咨行各部派出者5人。但黄炎培等人的报告是82人。可能是因为有些议员并不是每天都出席会议的缘故而造成了统计上的差异。详情参见:于潇.民初临时教育会议议员名单及人数考辨[J].宁夏大学学报(人文社会科学版),2010(04):125-130.

比例也超过了全体议员的10%。究其原因,一是江苏新式教育较为发达,人才济济,如江苏省教育会基本上汇集了江苏教育界的精英人士。在辛亥革命中,江苏教育总会审时度势,把握了主动权,因此在辛亥革命胜利后,江苏教育总会的主要成员中有不少人进入江苏都督府任要职。这个时候的江苏教育总会不仅是教育改革的参与机构,而且是教育改革的领导机构。尤其是黄炎培被任命为江苏教育司司长,已对江苏全省的教育事务负有领导之责。二是可能和临时政府教育部驻地在江苏有关;三则也可能是由于蔡元培与黄炎培等人的师生情谊与私人关系。1912年7月10日,全国临时教育会议如期召开,虽然中间发生了蔡元培离职等事,但会议进程并未受到太大影响。尽管黄炎培在8月2日离京他去,未能坚持到会议结束,但可以肯定的是,江苏省教育会绝大多数人的主张在此后的讨论中得到了充分的表达。

此次会议主要讨论的问题包括"学校系统案""小学校令"和"中学校令"、教育宗旨案、师范学校(教育)令案、实业学校令、专门学校令、大学令等,可以说涉及了民国学制系统的诸多根本问题。其中,大家讨论最热烈、耗时最长的是"学校系统案"。教育部十分重视学校系统问题,曾先后四次拟稿,议员们就教育部拟稿进行了热烈的讨论。直辖学校推选的议员劭章主张三级制,改初小为六年,而教育总长延请议员叶瀚则反驳此举无法实行,福建省选派的议员刘以钟又主张改高小为两年。原案经过初读后交付审查会,议长随即派议员进行审查,由于事关重大而后又加派议员审查,且强调有意见者可随时告知审查会。最后此案于7月17日再读后经投票表决通过,议决案维持了原案大部分主张,但是对各级学校学习年限,在吸收议员们意见的基础上也有相当大的调整,议员们的努力取得了积极的成果。

在黄炎培等人赴北京参加全国临时教育会议之前,江苏省教育会曾开会就所发现的问题进行过集体讨论,并得出了一些意见。会议期间,教育部一共交议案44份,以至于参会人员的议案大都来不及提出讨论。会议结束后,黄炎培与贾丰臻在江苏省教育会内部对会议精神进行了传达[①]。在江苏省教育会关心的重要问题中,议决的有11件。这些议案分别是:第一,学校系统案,其中主要的争议一是高等小学的年限究竟是3年,或是2年,或是4年,最后赞成3年;二

---

① 会报文牍:黄炎培贾丰臻报告临时教育会议情形[J].教育研究(上海),1913(02):1-6.

是大学预科的年限,究竟是2年还是3年,最后定为3年。第二,教育宗旨案;第三,小学教育令案,特别提到了其中第一条、第四条(城镇乡有设立小学校之义务);第四,师范教育令案;第五,中学校令案;第六,划分学校管辖案;第七,学年学期及休业日期至之规定案;第八,仪式规则案;第九,学生制服案;第十,中央教育会议组织法案;第十一,教育会组织纲要案。而在具体讨论的过程中,特别是在对教育宗旨案的审查中,黄炎培、贾奉臻、伍达作为审查员发挥了较大的作用。

《学制系统草案》经过临时教育会议讨论审查通过后,于1912年9月3日由教育部正式公布。1913年8月,教育部又陆续公布了由该会议决的各级各类学校令及各种学校规程,使得学制草案更加细化了。在此基础上,教育部综合制定了一个全国统一的新的学制系统,即壬子—癸丑学制。

不过,由于全国临时教育会议集合了全国各地教育界的代表性人物,其中既有旧派人物,也有新式人士,既有偏重日本学制的,也有推崇欧美学制的,因此该学制实际上是一个多方妥协的产物。最后颁布的学制,与之前提出的学制草案还是有一定出入的。比如,师范学校除1年预科外,本科分成了两部:第一部修业4年;第二部修业1年。应该说,此次学制能够顺利推行,是因为共和初立,教育界人士均有革新的意愿,但由于大家的教育立场与认识有诸多不同,以致所达成的新学制的共识只能是暂时的。在推进新学制的过程中,面对出现的各种新问题,教育界也从未停止过调整和改革学制的尝试。正如有学者指出的那样,当时的教育部"招集东西留学生,各就所长,分别撰拟小学、中学、大学规程……初时志愿甚弘,拟遍采欧美各国之长,衡以本国情形,成一最完全之学制",只是限于"当时由欧美回国之人,专习教育者绝少,不能窥见欧美立法精神,译出文件,泰半不适用"和"欧美制,终不适于国情",最后"仍是采取日本制,而就国本实际经验,参酌定之"[①]。不久,民初学制就被指责为"只知抄袭日制",改革学制的纷议四起。

此外,在讨论修订《教育会规程》时,江苏省教育会也积极建言献策。江苏省教育会的代表甚至一度希望把教育会监督议政的职能在法律中固定下来,但最终未被采纳。

---

① 蒋维乔.清末民初教育史料[J].现代读物.1936(18):7.

三、组织图书审查会

民国建立以后,为了宣传共和,全国各地掀起了对清末教材的审查改造活动。教育部颁布的《小学校令》第十九条规定,"小学校课业所用图书,就现行善本,由图书审查会采定并修订之"。但由于政府的人员及其精力有限,此项工作一般都被委托给各地的知名士绅或者民间团体去完成。

1912年6月,新成立的江苏省民政司,鉴于各学校教科用书的混乱状况,准备汇集专家进行教科书审查,江苏省都督程德全委托江苏教育总会负责组织图书审查会,为此该会专门订立了《江苏暂行图书审查会规则》,决定由"本省教育总会会长及各教育会会长、本省省视学及各县县视学,本省各师范学校校长,本省各师范学校教员,本省各中学校校长,本省各小学校长及教员"[1]组成,分期进行,审查会会长由教育总会会长兼任之。

8月20日,审查会举行开幕大会,所有审查长及各科审查员都已经互举推定,公议11月为报告期,1913年正月为采定期,把名单呈请立案,并且经过公议,因历史、修身、算术、地理等科书目繁多,又在原定各科3人外每科各增加3人。

1913年1月,江苏省教育会又向江苏省民政司司长呈告说,《图书审查会暂行规则》第六条第五项有关采定期的规定恐有不当,因为时届年关,需要推迟,最终到了次年2月份才公布经过审定的各科书目。

但是到了1914年2月,省行政公署来函,奉部令图书审查会应即停止。所以,这一时期的图书审查工作实际上并未像清末那样有效地开展。不过在1915年7月,教育部教科书编撰纲要审查会仍然寄给该会"修身、国文两科纲要及草案二十份"[2],江苏省教育会随即将其分发至各师范学校。在8月23日下午3点举行的成立10周年纪念大会上,江苏省教育会又决定设立图书审查会[3]。

---

[1] 江苏暂行图书审查会规则[J].教育研究(上海),1913(01):95.
[2] 会报:干事员常会(7月30日)[J].江苏省教育会月报,1915(24):10.
[3] 会报:纪念会记事[J].江苏省教育会月报,1915(25):6.

四、倡导通俗教育

中国自古以来就非常重视大众教育和社会教育,正所谓"建国君民,教学为先",中国古代的教育对象不仅仅是儿童,还包括广大的社会民众,以达到"化民成俗"的目的。从通过古老的乡村射礼、敬老等活动对孝道的宣传,到明代王阳明首创的乡约乡规等社会教育,再到清代圣谕广训宣讲制度的建立,及民间戏曲、评书、绘画、雕刻等艺术实践活动,均承载着一定的社会教化功能。在晚清教育救国的背景下,通俗教育与社会教育逐渐受到人们的重视而兴起。1906年5月颁布的《学部奏定劝学所章程》中,就要求各厅州县普设劝学所,理全境学务,其下设宣讲所,负责宣讲之职。但是在大力倡办新学堂的背景下,晚清的通俗教育与社会教育更多地依赖民间有识之士的努力,国家仅仅是倡导,尚未有太多实际的行动,且在清末的教育行政机构改革与设置中,并无专门负责通俗教育或社会教育的相关机构。

辛亥革命后,教育总长蔡元培十分重视社会教育,在教育部首设社会教育司,与普通教育司、专门教育司并立,聘请热心于社会教育的伍博纯担任第三科科长,主办通俗教育。但由于当时政局动荡,普通教育的发展千头万绪,加之政府对社会教育的实施无暇顾及,且一些热衷于社会教育的人士又不愿入仕,因此蔡元培等人迫切希望能够由社会上的知识分子组成专门团体,辅助政府推行社会教育。1912年,中华通俗教育研究会第一次谈话会议在江苏教育总会召开,推定黄炎培、沈叔逵、杨秉铨、伍博纯、史锡謩为理事,确定了该研究会的宗旨、职责及经费来源,并决定从编辑宣讲书入手,选取社会教育问题登报,以求社会关注。同年5月7日,张謇与于右任、宋教仁、章太炎、王正廷等人在《民立报》上发表《发起通俗教育研究会宣言》,提出"革命未成以前,当注力于通俗教育,而期多数人民之能破坏;革命成功而后,当注力于通俗教育,而期多数人民之能建设"[①]。这些社会名流的加入使得通俗教育得到了更多的关注。后来,由于政府北迁,中华通俗教育研究会的成员也一分为二,由理事唐文治主持大局,事务由在沪人员先行确定后再与在京人员商定。为了扩大社会教育的影响,在伍博纯

---

① 发起通俗教育研究会宣言[N].民立报,1912-05-07.//李桂林等编.中国近代教育史资料汇编 普通教育[M].上海:上海教育出版社,2007:1000-1001.

的组织下,1912年6月,中华通俗教育研究会刊行了《通俗教育研究录》,月出一刊,风靡一时。

7月30日,黄炎培、伍达、沈庆鸿等人出于扩大中华通俗教育研究会的影响、在全国范围内更好地推行社会教育的考虑,利用到北京参加教育部全国临时教育会议的机会,广泛扩充会员,邀请各地与会代表参与讨论,并推举临时教育会议副议长张伯苓为主席,使社会教育成为该次会议的重要议题之一。但随后,由于时局动荡,经费匮乏,《通俗教育研究录》在当年12月停刊,中华通俗教育研究会也很快陷入了低谷。

但江苏省教育会对社会教育的关注和倡导却始终如一,该会不仅接替并偿还了中华通俗教育研究会的债务,也接过了中华通俗教育研究会倡导社会教育的旗帜。1913年,时任江苏省教育会会长的张謇特别关注社会教育,注重风俗改良。1915年,江苏省教育会在回复泉州教育会关于通俗宣讲所办法时谈道,"前有中国通俗教育研究会假敝会设立,广征各省办法,曾刊有研究数册,后来因事中止。敝会现又推会员指定地点,随时前往宣讲,以期于改良风俗之中,寓引进智育之意"[①]。

五、编辑《教育研究》

江苏学务总会成立之初就非常重视案牍工作,每年都会出版文牍汇编。在清末一共出版了6编文牍,主要收集学会会员的文稿、议案、会务摘要、会员名录等。进入民国以后,随着《教育会规程》对学会研究职能的强化,学会日益感觉到了开展教育研究的必要性。因此,该会自1913年5月开始,在上海创办了《教育研究》杂志,作为自己的会刊。

张謇在为该杂志题写发刊词时,表明了该会对普及、统一教育的态度,探讨了政府与社会在教育上的关系,在他看来,"欲求社会之改良,必须谋教育之统一,而教育之统一,必借人才,人才之肇兴,端资研究",并特别强调,由于之前所编资料只限于文牍,无法求得教育之真谛,考证社会之心理,所以才"与诸君子

[①] 会报:复泉州教育会书[J].教育研究(上海),1915(19):27.

谋根本之计划,议刊是编,月一行焉",希望以此供"热心教育家互证之资料"[①]。而主编王朝阳则以记者宣言的形式强调:"学识非研究不精,经验非研究不深",并且满怀希望地提出,"吾国教育界果群起而以教育为己任,研究为本务,合众人之心思才力以从事于实际之经营,则教育之兴勃焉"。他还特别强调,江苏省教育会之所以编辑该杂志,就是为了"征求教育界之新经验、新学理""与邦人士共同探讨,以鼓舞全国研究之精神"[②]。

该杂志的发行,代表着江苏省教育会工作重心的转移,即更加务实地着力于教育问题的研究,希望借助专业期刊,以起到沟通与交流的目的。该杂志共发行28期,从第27期起改为季刊,后于1916年7月停刊,为《江苏省教育会月报》所取代。

虽然从教育研究刊物的角度来看,与清末新政时期创办的《教育世界》《教育杂志》相比,该杂志的发行较晚,而且带有很强的文牍汇编的性质,但作为一份省级学会的教育刊物,该杂志在推行教育研究方面还是起到了一定作用的。除了会务资料,该杂志更强调以研究教育实际问题为主旨,也发表了很多有关学校教育、社会教育的论述,各科教学法的研究心得,各省教育及国外教育现状的调查报告,教育界名家介绍等,为江苏省教育会的会员提供了一个很好的交流与沟通平台。

在近代中国政治鼎革之际,江苏省教育会顺势而为,从主张立宪转向革命共和,改变的是政治态度,不变的是教育情怀。借助与新生革命政权之间的良好关系,通过优化自身组织结构、筹划江苏教育发展规划,参与江苏教育人事布局,江苏省教育会基本掌握了江苏教育发展的主导权,并在民国新学制的制定中发挥了重要的作用。而借助于《教育研究》杂志的发行,江苏省教育会的政治色彩不断淡化,逐渐向一个专业化的民间教育研究机构转变。这一成功转型,为江苏省教育会在下一个阶段的蓬勃发展打下了良好的基础。

[①] 张謇.发刊词[J].教育研究(上海),1913(01):2.
[②] 王朝阳.记者宣言.[J].教育研究(上海),1913(01):2.

第四章 蓬勃发展的江苏省教育会（1914—1921）

第四章 蓬勃发展的江苏省教育会(1914—1921)

1913年10月6日,袁世凯正式就任中华民国大总统,近代中国进入了北洋军阀统治时期。伴随着国家政权交接的完成,到1914年已经成立10周年的江苏省教育会,也随着黄炎培出任副会长并正式主持会务而步入了发展的快车道,开启了它在近代中国教育舞台上最为辉煌的一段历史。但由于国际国内局势的动荡,江苏省教育会的发展并非一帆风顺,在繁荣的表面下也隐藏着分裂的危机。

第一节 新老交接

1914年,是江苏省教育会成立10周年,该会举行了专门的纪念会。经过10年的发展,江苏省教育会虽然历经艰难,但还是在稳步向前。在北洋军阀统治时期,虽然国家政局仍动荡不安,江苏省教育会却获得了长足的发展。这一切,都要从第十次常年大会上黄炎培当选为副会长,并切实主政江苏省教育会会务开始算起。

一、黄炎培主政

民国鼎新以来,张謇因忙于政务,江苏省教育会的主要事务一直由副会长王同愈负责主持,但此时的王同愈已经逐渐萌生了退意,江苏省教育会急需一个新的领导人。在该会1914年的第十次常年大会上,年富力强的黄炎培当选为江苏省教育会副会长,江苏省教育会开始进入"张黄时代"。

黄炎培(1878—1965),号楚南,字任之,笔名抱一,江苏川沙县(今属上海市)人。1905年江苏学会成立时,黄炎培就因为杨斯盛的关系而加入其中,并很快出任调查部干事员一职。此后,黄炎培逐渐成长为该会的核心成员之一。辛亥革命中,黄炎培曾代表江苏教育总会劝说江苏巡抚程德全反正,并出任都督府民政司总务科科长兼教育科科长,后升任教育司司长,当选为江苏省议会议员。1914年,张勋任江苏都督,黄炎培"耻与附膻之徒为伍",辞官离开南京返回上海任《申报》记者,长期在各地进行教育调查。1914年,黄炎培顺利接替王同愈当选为江苏省教育会副会长,并成为江苏省教育会的实际领导者。此后,直至江苏省教育会被解散,他担任此职务长达23年,仅比担任会长长达24年之久的张謇少了1年。这主要是因为从1914年开始,江苏省教育会的领导任期规则改变了,为了会务的持续稳定开展,允许会长等主要领导长期任职。1921年,张謇的会长一职被袁希涛接任,而黄炎培则一直作为副会长主持该会的具体事务,直到该会被迫解散。如果说民国初建时期,是张謇和王同愈为江苏省教育会的稳定发展打下了良好基础的时期,那么在1914年以后,张謇遥领会务,江苏省教育会实际上是在黄炎培的主持之下开启了它的黄金时代。

从该会历届常年大会的选举情况来看,如果说民国初年张謇在江苏省教育会的声望依然无人能及的话,那么从1914年黄炎培出任副会长后,其声望日隆。由表4-1可知,1914年,黄炎培刚刚当选副会长时,仅仅得到了52票,仅超过与会会员的一半,但两年以后,在会长及副会长选举中,他的得票已经超过了会长张謇的得票数,这充分表明会员对他的信任和对他工作的认可。自此以后的历次选举中,他的实际得票都超过了会长张謇。特别是在五四运动那年,黄炎培在总选举人231人中,赢得了203票,其得票数达到了历史最高点,而张謇只有154票,两者差距已经比较明显。而在1921年的选举中,张謇的选票首次低于半数。这可能和张謇因其子张孝若争选议长带来的声望受损及其健康不佳、实业受挫等多种因素而坚辞会长之职有关。

1922年,袁希涛当选会长,得票数也没有黄炎培高。不过在此之后,"袁黄"两人的稳定组合,基本上得到了会员的一致认可,票数也相差不大。只有1925年,黄炎培得票跌至60票。其原因则和张謇一样,是因为有个别会员质疑黄炎培长期担任副会长,有"学阀"之嫌,于是他明确提出了辞职的请求。

表4-1　民国时期历届选举会长及副会长得票情况

选举日期	出席会员人数	会长及其得票	副会长及其得票
1912-06-23	不详	张　謇:不详	王同愈:不详
1913-06-29	97人	张　謇:68票	王同愈:55票
1914-08-26	103人	张　謇:72票	黄炎培:52票
1915-08-29	106人	张　謇:73票	黄炎培:70票
1916-08-27	157人	张　謇:104票	黄炎培:107票
1917-08-29	157人	张　謇:99票	黄炎培:125票
1918-08-21	206人	张　謇:114票	黄炎培:156票
1919-08-20	231人	张　謇:154票	黄炎培:203票
1920-08-24	177人	张　謇:114票	黄炎培:138票
1921-08-25	171人	张　謇:75票	黄炎培:137票
1922-08-20	166人	袁希涛:123票	黄炎培:127票
1923-08-26	153人	袁希涛:150票	黄炎培:113票
1924-08-20	222人	袁希涛:178票	黄炎培:180票
1925-08-26	139人	袁希涛:118票	黄炎培:60票
1926-08-22	132人	袁希涛:115票	黄炎培:117票

资料来源:

1.江苏教育总会常会纪事[N].申报,1912-02-23(民国元年,壬子正月初六日,第七版).//申报影印版　第117册,上海:上海书店,1983:825.

2.会报报告(二年六月份)[J].教育研究(上海),1913(3):14-15.

3.会报报告(三年八月份)[J].教育研究(上海),1914(15):19-20.

4.会报报告(四年八月份)[J].教育研究(上海),1915(25):23.

5.开会记录(五年八月份)[J].江苏省教育会月报,1916(8月):23,25-26.

6.开会记录(六年八月份)[J].江苏省教育会月报,1917(08):18-19.

7.开会记录(七年八月份)[J].江苏省教育会月报,1918(08):31,33.

8.开会记录(八年八月份)[J].江苏省教育会月报,1919(08):26,28.

9.开会记录(九年八月份)[J].江苏省教育会月报,1920(08):41,43.

10.江苏省教育会议事月报汇录(十年一月至十二月).//江苏省教育会编印.江苏省教育会年鉴第7期[Z].上海,1922:58,60.

11.开会记录(十一年八月份)[J].江苏省教育会月报,1922(08):21-22.

12.江苏省教育会议事月报汇录(十二年一月至十二月).//江苏省教育会编印.江苏省教育会年鉴第9期[Z].上海,1924:42,43,46.

13.江苏省教育会议事月报汇录(十三年一月至十二月).//江苏省教育会编印.江苏省教育会年鉴第10期[Z].上海,1925:49,52.

14.开会记录(十四年八月份)[J].江苏省教育会月报,1925(08):16,18.

15.开会记录(十五年八月份)[J].江苏省教育会月报,1926(08):22,26.

就一个学会而言,坚强、稳定又有力的领导能够保证其具有足够的凝聚力和向心力,保持其办事方针和原则的稳定,是推动其快速发展的重要条件。黄炎培在出任副会长前,已经以干事员的身份充分地参与和熟悉了会务,且在江苏省教育司司长的任上积累了一些领导经验,此时他年富力强,便于为新旧人士接受。因此,可以说此时的他接任江苏省教育会副会长,于他是找到了一个实践自己教育理想和抱负的重要平台,于江苏省教育会,则是找到了一个卓越的领导人。

二、职员的稳定与补充

如果说会长和副会长是江苏省教育会的领导核心,保证了教育会稳定的发展,那么由各地评议员和教育会干事员组成的职员队伍,则直接决定了江苏省教育会的办事效率和效果,直接关乎会务活动的顺利开展和成效。

根据江苏省教育会1926年年鉴中的职员久任表和其他方面的资料来看,我们可以看到江苏省教育会的职员变动情况。

(一)评议员

清末,江苏学务总会初创,各地由于内部矛盾或者教育发展不平衡,或者出于人才过多、职员只能连任两届的规定,各地评议员人选变动相对较大。进入民国以后,各地评议员的推举改为以县为单位,明确规定每县2人。但由于有些县并没有按照规定及时推举评议员,因此造成评议员实际数量要远远少于规定的数量。从历年评议员人选的变化基本上可以看出,江苏各地教育的人事更迭以及江苏省教育会核心成员的变动情况。

就总体而言,1913—1926年的这14年间,江苏各县的评议员队伍中,相对稳定的地区是沪海道与苏常道,基本上每年都能够推举出相对稳定的评议员,个别县的评议员甚至是从清末延续过来就一直未变。而对金陵道、淮扬道和徐海道三地而言,不连续和不稳定才是它们的评议员推举的主要特征。

当然,如果分道来看,各地的情况又不尽相同。比如,在金陵道中,江宁、江浦两县的评议员队伍也基本稳定。江宁在1916年之前(包括1916年)主要是陆裕楠、蒲锡康、张端本任评议员,从1918年起(包括1918年),主要是孙濬源、郑为霖任评议员,特别是孙濬源,他一直到1926年,长期出任江宁的评议员。而江浦自1915年起,长期由许克光、王观钊、郭秉钧出任,且此三人工作交接也非常平稳。许克光担任评议员的时间是1915—1920年,王观钊担任评议员的时间是1915—1918年,而郭秉钧担任评议员的时间是1919—1926年(1925年的相关情况未核实,暂不记录)。相比之下,丹徒的评议员在1916—1920年间还比较稳定,主要由李正学、道受章两人担任。其他各县,如丹阳、溧阳等,全都缺乏稳定性。

沪海道的情况则与金陵道明显不同,除了青浦和崇明表现较差外,其他各县基本上都能够持续地推举出相对固定的评议员。比如,上海县人才荟萃,又得地理之便,不存在举不出人才的问题,很多人都是在评议员和干事员之间多次转换,一直活跃在江苏省教育会的舞台上。比如,李宗邺(字颂唐),在1913—1926的14年间,曾9次被推举为评议员。他也曾多次提出重要议案。王引才则从1919—1925年连续7年被推举为评议员。其他如贾丰臻、贾丰芸等既是江苏省教育会的核心成员,也是当地教育界的实力派人物。南汇、金山、松江、川沙、宝山各县,情况与上海县类似。南汇县的朱祥绂,自清末以来一直担任评议员,民国建立后还曾经当选三次。在1913—1925年间,陆以钧共11次被推举为南汇县的评议员。金山县的黄克宗,从1917—1926年一直担任该县的评议员,这在整个民国时期江苏省教育会的评议员队伍中是唯一一个。值得注意的还有青浦县,该县每年推举的评议员虽然不够连续,但呈现出有规律交替的特征,即一般而言,每次只更新一位评议员。在1913—1914年,评议员为钱学乾和宋璆,到了1916年,在宋璆连任的情况下新选举了庄壑,随后,在庄壑连任三年的情况下,分别推举了陈龙章和沈彭年,而在1922年,在沈彭年再任的情况下,推举了倪祝华,在倪祝华连任两届的情况下,1923年补充了徐震民。到了1924年,在徐震民连任的情况下新推举了袁蔚文,到1926年袁蔚文再任时又新推举了陆礼华。陆礼华不仅是中华女子体育学校的校长,也是民国时期有名的女教育家。这也充分显示出青浦教育界人士的成熟与勇气。因为当时社会的保守思想有所抬头,江苏省教育厅厅长在1926年江苏省教育会开常年大会时,还专门到会场提出了关于男女同校的咨询案。不过,最早推举女教育家为评议员的还不是青浦,而是苏常道的吴县。1919年,刚刚经历五四运动洗礼的吴县,其教育界风气为之一新,在1920年便推举了著名的女教育家、江苏省立第二女子师范学校校长杨达权[①]为评议员。杨达权的当选,打破了江苏省教育会评议员中男性一统天下的局面。当然,整体上看,沪海道因为地理优势,所以参与省教育会的会员众多,人才辈出,其评议员新旧交替相对也保持了较好的稳定性和持久性。

苏常道的近代新式教育虽然也比较发达,而且基本上不存在不推举评议员的情况,但连续性和稳定性相对于沪海道要差很多,而徐海道、淮扬道、淮阴道各县的情况就较差了。1917年,淮阴道下辖的泰县还闹出了重新推举一事,这足以反映出当地教育界内部的矛盾和冲突。而在会长张謇的老家南通,评议员的推举也并不连续,这主要集中在1920年以前。

此外,由于江苏省教育会规定评议员的推举不限于各县推举人的籍贯,就使得部分行政区划微调或者是个别会员职务调动后出现了一些会员前后在不同县被推举为评议员的情况。比如,杨鼎复和华襄治,他们均祖籍无锡,主要是无锡的评议员,但是在1917年,两人调到了邳县工作,于是,当年两人就被推举为邳县的评议员了。

按照《江苏省教育会章程》的规定,评议员首先必须是省教育会的会员,如果一个地方所推举的评议员没有加入省教育会,其评议员身份是不会被认可的。由此可见,该地加入江苏省教育会会员的多寡直接影响到各县能够推举的评议员人选的基数情况。地方学务和教育发达的地方,其评议员及其人数基本

[①] 杨达权,原名陈嵩如,婚后从夫姓易名,江苏泰州人。清光绪三十二年(1906年)考入上海务本女塾(师范科),毕业后留校任教。1912年由黄炎培推荐,任江苏省立第二女子师范学校校长。1915年,她与王谢长达等发起组织女子公益团,积极参与社会公益活动。1926年任苏州女子职业中学校董,兼任校长。曾编高小《新教育教科书国语读本》。

上能够保持一定的连续性和稳定性,人员的新老交替比较平稳。而地方学务和教育不太发达的地方,在评议员推举上往往存在客观的困难或内在的矛盾,以致其评议员推举不仅不稳定,且变动极大。比如东海、高邮等地,总共就推举了2次,前后人员没有1个重复的。

这种评议员结构,虽然有利于江苏省教育会形成一个相对稳定的核心群体,使该会在重大教育事务决议上更容易达成一致,但在具体推行的过程中,也很容易导致各地在推进会务上的用心程度和有效程度不尽相同,以致加剧江苏各地教育发展的不平衡。而且,由于人员变动频繁,无形中也削弱了评议员会的功效,降低了评议员会的地位。

(二)历任干事员分析

进入民国以后,随着江苏省教育会教育事务的不断拓展,该会的干事员所承担的任务越来越重要,干事员会的重要性也获得了很大的提升。江苏省教育会的蓬勃发展,需要一支精干、高效的干事员队伍。

自1913年以来,江苏省教育会历年干事员队伍的调整,总体上在3~6人之间,很少超过干事员总人数的1/3(除1918年新增的干事员人数达到了6人之外,其他时间都保持在3~4人)。这种更新频率,既能够保证江苏省教育会干事员吸纳新人才的开放性,又能保证干事员队伍的相对稳定性,对于江苏省教育会会务的顺利开展,是非常必要的。而且,如果把1913—1926年的历届评议员和干事员变更情况联系起来看,便可以发现,有很多干事员和各地所推举的评议员之间,经常会出现交替现象。比如,1914年当选为干事员的杨同颖、凌昌焕等人,此前都曾出任过地方的评议员。

不过,从相关得票情况看,干事员的得票数均相对偏低。常年驻会的干事沈恩孚,自1908年接替沈同芳的书记员职务开始,一直到教育会解散,其中只有1913—1915年改任了学校教育部干事,其他时候均出任学会或教育会的驻会书记员,负责主持打理学会或教育会的一切事务,其作为干事员时最高得票也只有70票,大多数时候是在50票上下浮动。而1913年,当选干事员的16人中,竟然有7人得票数不足10票,甚至在1914年,袁希涛、陆裕楠这样老资格的会员得票也只有9票,反而不如新增加的地方教育实力派代表,比如杨同颖等人。由此也可以看出,江苏省教育会在干事员选举中的地方主义还是比较严重和突出的。而在1926年,江苏省教育会历史上的最后一次选举,新增加的干事人员有李凤鸣、吴豹君、林侣云、杨子铦、章伯寅、刘绍成、潘仰垚等8人,虽然也有像章伯寅、潘仰垚这种教育会的老会员,但新入会会员的人数却达到了当年干事员人数的一半,这也从一个侧面反映了江苏省教育会内部的分裂,以及年轻的教育人的崛起。

三、会员的增长情况

会员数量的增长,是一个学会富有生命力的最重要的一个指标和表现。从1913年至1922年,江苏省教育会新入会的会员总数虽然一直在增加,但与清末相比,新入会会员的数量增长幅度不大,且各年度入会的新会员数量差异较大。在1919年以前,新入会的会员基本上保持在年增长50人左右,但到了1920年,新入会的会员人数只有38人,到1921年更是减少了19人。这可能是和1919年11月18日《教育部修订教育会规程》中所提出的新入会会员资格审查有关。由于社会动荡,加之未缴纳会费而形成的自然退会等诸多因素,到了1922年,新入会会员人数竟然低于失效会员人数,这也导致该会会员总人数竟然出现了负增长。到了1923年,拖欠会费的会员人数激增,实际有效会员人数跌到了这一时期的最低水平。经过1923年的多次催缴会费,到1924年,会员人数有所增加,但该会实际有效的会员人数也只维持在500人左右。会员人数增幅的急剧下降,也在一定程度上反映了这一时期江苏学界的分裂趋势。在1922年的常年大会上,袁希涛取代了张謇成为江苏省教育会的会长,这样一来,整个江苏省教育会实际上成了苏南人的天下。不过,根据该会的统计,截至1925年年底江苏省教育会成立20周年之际,该会历年入会的总人数已经达到了1306人。①

---

① 江苏省教育会各县会员数比较表//江苏省教育会编印.江苏省教育会年鉴:第11期[Z].上海,1926:2.

(一)会员的地域结构

进入民国以后,江苏省教育会会员人数的区域差异不仅没有改观,反而有扩大的趋势。1913—1922年,新入会会员主要来自沪海道和苏常道,而金陵道、淮扬道和徐海道等三道十年间的总人数远远低于苏常道和沪海道。如果排除从1916年以来外省人员的加入大都被计入沪海道这一因素外,其会员人数增长最快的则是苏常道。这也可以间接说明,苏常道的教育之发达,其教育相关人员参与专业组织的积极性是非常高的。

除了1920年外,沪海道会员人数在其余年份基本上都在稳步增长,特别是在1919年,比上年有明显增加,超过了其他地区增长人数的总和。其中,金山入会的新增会员人数最多。相比之下,新增会员数量最少的是徐海道。1917年的淮扬道会员人数变化也值得注意,如当年竟无一人入会,这充分地显示出当时苏北地区教育与上海和苏常道之间的巨大区域差异。

这对于以联络江苏学界、促进江苏教育进步为宗旨的江苏省教育会来说,是一个不得不直面的问题。这个问题解决不好,甚至会有分裂江苏学界的危险。特别是1922年,张謇辞去了会长职务,袁希涛继任江苏省教育会会长,这样一来,江苏省教育会的正、副会长就都由沪海道的教育界人士所担任。这无疑更引起了江北学界的不满。其实,江苏省教育会在促进区域教育均衡发展方面,也在积极地努力。1923年,江苏省教育会专门将演讲的第一站设在徐州,先后进行了长达近10天的演讲,汇集了省教育会的主要领导和骨干力量,聘请了当时教育领域的知名人士,宣传、普及新式教育理念和实践。

值得关注的是,虽然早在1908年的章程中,江苏教育总会就已经允许外省人以名誉会员和名誉赞成员的名义加入,但在当时,外省会员几乎没有。1914年,江苏省教育会的新增会员名单中首次出现了外省会员。同时,不仅有外省人在江苏省教育界服务者得以加入省教育会,江苏人在外地教育界、学校任职者也可以加入。比如泰兴的于璜会员就是在济南城内山东高等师范学校当教员的江苏人。此后,外省会员人数不断增多,最多时,外省会员人数达到23人,包括浙江、安徽等省人士。其中,最著名的莫过于蒋梦麟了,他不仅加入了江苏省教育会,还一度被选为该会的干事员。

(二)会员的年龄结构

在清末江苏教育总会的章程中,对于入会会员的年龄限制在25岁以上。进入民国以后,1912年修改后的《江苏省教育会章程》中则取消了对会员25岁的年龄限制。尽管会员名单中并没有详细地列举会员的年龄、职业等详细信息,但根据对现有资料的研究可见,1913年,新增会员中年龄最小的只有23岁,即睢宁县教育会会长姚鼎元;年龄最大的52岁,即句容县教育会会长孔宪功[①]。1915年,新入会会员中年龄最小的只有18岁,即来自丹徒的朱长林,他的介绍人是周歧阳,会员名录中并没有对他的具体职业进行介绍,只是登记了他的学界,而且在1915年元月入会的这批会员中,年龄最大的也才38岁,大多为中小学教员,这显示了江苏省教育会会员年龄年轻化的趋势。[②]

值得注意的是,五四运动爆发的当年,新入会会员中,25岁及以下的年轻人就有20多人,由此也可见五四运动对青年学生的社会参与积极性的影响。在这一年的常年大会召开时,共有71位新会员加入,其中宝山的新会员就占到了31人,仅宝山县立第一高等小学校就有6位教员加入,包括当年入会年龄最大的邵曾模,时年55岁,以及当年入会年龄最小的冯宝颖,时年21岁。[③]这种会员的变动和宝山人袁希涛代替张謇当选为江苏省教育会会长之间,或许有着某种内在的联系,这可能也是后来有会员提议对选举办法进行重新调整的一个重要背景和动因。

在有确切年龄资料的336位新入会会员中,以31~40岁年龄段的会员居多,26~30岁年龄段次之,18~25岁之间的再次之,而41岁以上的只有64人,不足全部新增会员的1/5。由此可见,在这一时期,江苏省教育会的会员以40岁以下的中青年为主,这可能与该会要求会员有"中等以上学堂毕业或有教育与学务经验"的规定有关。这些中青年会员的加入,为江苏省教育会注入了年轻的血液与活力,是推动江苏省教育会蓬勃发展的一个重要因素。

[①] 新会员姓名(二年三四月份)[J].教育研究,1913(01):108.
[②] 会报:新会员姓名(四年一月份)[J].教育研究,1915(19):36.
[③] 开会记录:新入会会员[J].江苏省教育会月刊,1919(08):36-40.

(三)会员的职业结构

在清末,江苏教育总会入会会员大都还是看其出身,比如是否中过举人,是否具备官员身份等。民国以来,随着社会职业结构的变化,会员更多地来自有求学经历或从事新式教育行业的人。江苏省教育会对新入会会员的职业调查,虽然不够全面,但从其会员经历或从事职业来看能够帮助我们了解其一般的情况。总体来看,民国时期新入会的会员以教育界人士为主,但同时,也有一些与教育关系较为密切的出版界人士、政府公职人员,如江苏省议会议员等。

清末的教育从业人员,主要包括教育行政官员和教育机构人员两大类。其中,教育行政官员,包括教育部任职人员、教育厅任职人员、地方学董、视学员、劝学员、地方教育会会长等;教育机构人员又可以分为学校教育人员和社会教育人员两类,学校教育人员,包括学校行政人员(校长、学监等)和一般教员;社会教育机构人员,如通俗教育馆、师范讲习所职员等。

在1913年的新入会会员中,职业可考者有35人,其中,大多数属于各地教育会会长、劝学所所长、各学校校长、学务委员、县视学、第三科科员等,还有若干个省、县议会议员,如省议会议员张嘉行,句容县议会议长孔宪功、副议长鲁德源;部分会员来自图书出版机构,比如中国图书公司的唐驼、中华书局的沈颐,而来自普通中小学的教员则非常少。分析其缘由,一方面可能是教员的薪金微薄,他们不愿承担额外的经费支出;另一方面,教员对此也没有太明确的意识和需求。而大量教育行政当局人员和各地教育会会长的加入,自然极大地壮大了江苏省教育会在全省教育界的影响力,有利于教育会的各项教育调查、研究和建议的采纳与推行,这应该是其随后能够取得巨大成功的一个重要原因。

1914年,在地方教育会人员继续增加的同时,来自新式学堂的教育界人士的数量有了很大的提升,如校长、学监、一般教员的数量都有所增长。当然,在这一年的新入会会员中,最重要的变化有两个:第一,出版机构的编辑与新闻记者的加入,如中华书局的沈鲁玉、周学肃、陈寅,商务印书馆的吴继皋,时报馆的秦毓钧,协和报馆的陈政等。第二,归国留学生,尤其是留美学生的大量加入,如余日章、郭秉文、俞庆恩、朱葆芬、徐善祥等,其中,郭秉文和徐善祥登记的职业是商务印书馆编辑[①]。这些留学生,日后大都成为江苏省教育会的骨干成员,在该会的对外交往和会务开展中发挥了巨大的作用,极大地拓展了江苏省教育会的国际视野及加强了与各省教育会的教育交流。这些留学生大都是由黄炎培介绍入会的。考虑到这一年正好是黄炎培出任副会长,实际主持江苏省教育会的各项会务的时间,这一入会会员情况的变化,应该是黄炎培拓展教育会的视野,提升教育会的研究水平的一次重要努力。如果再加上黄炎培于1915年4月随农商部"游美实业团"赴美考察教育,他努力引进和沟通中西教育,特别是中美教育的意图就更加明显了。借助于这些留学生所形成的对外关系网络,江苏省教育会逐渐成为促进中外教育交流的一个重要团体。之后,江苏省教育会甚至专门为此设立了一个交际部,由郭秉文、余日章等留学生具体负责对外联络事务。

1915年,新入会会员虽依然以学校教育从业人员为主,但又出现了一个新变化,即一般教员的入会人数超过了学校行政人员人数,因此江苏省教育会新入会会员的身份结构发生了质的改变。这一变化的背后,可能与江苏省教育会自1914年倡导并组织各科教学研究会有直接的关系。因为黄炎培主持会务后,为了更好地联络全省教育界人士开展具体的教育教学研究,江苏省教育会鼓励会员发起成立了许多研究会,涵盖了幼稚教育、小学教育、中等教育、师范教育,涉及了英语、理科、体育、国语、艺术等学科。这些涉及各级各类教育、各科教学的众多研究会为加入江苏省教育会的普通中小学教师提供了更准确的定位。自此以后,一直到1920年,普通教员始终是每年新入会会员的主体。这种变化,也充分表明江苏省教育会所打造的上至教育行政官员,中接地方教育领袖,下至普通学校教员的全省教育网络,已经基本形成。

值得注意的是,早在1908年就被江苏教育总会派到日本去学习单级教授法的俞子夷却在这年的年底才正式加入该会成为其会员。这也充分说明,该会具有开放性和包容性,正如该会随后成立的很多专门研究组织,虽然组织本身隶属于江苏省教育会,但其章程中却常常主张研究会会员不限于江苏省教育会会员。正是这样一种唯才是举、为事任人、开放包容的气度,才让江苏省教育会成为江苏教育改革与发展的领路人,赢得了江苏教育界的高度认可。

[①] 会报:新会员姓名(三年八月份)[J].教育研究,1914(15):24-26.

1916年，一般教员入会的热情更加高涨，超过了当年新入会会员人数的一半。与此同时，在新入会会员中，开始出现其他组织的成员和负责人。比如，1916年加入的中华基督教青年会干事王正廷和青年普益社的干事、浙江宁波的包传贤等。由此，江苏省教育会又开始了联络其他社会团体的布局。此后，江苏省教育会通过积极参与全国教育会联合会活动，发起成立中华职业教育社、新教育共进社等全国性的教育团体，再次把自己的力量渗透并扩展到全国，进而完成了全国教育网络的构建。

不过，随着五四运动后学生运动的高涨和其他教育学术团体的纷纷涌现，加之教育部要求各教育会加强对入会会员的资格审查等诸多因素的影响，1922年以后江苏省教育会新入会会员总体数量减少，人员结构出现新变化，即新入会的普通教员的数量重新被学校行政人员，尤其是各学校的校长与学监的数量所超过。

（四）女性会员的加入

甲午中日战争后，在康有为等人"强国保种"口号的引领下，近代中国女子教育有了一定的发展。胡彬夏、秋瑾、唐群英等人，不仅成为较早接受新式教育的女性，更是中国女权运动的先驱。她们在日本组织共爱会，参加同盟会，积极投身革命事业。但在辛亥革命胜利以后，女界并没有赢得属于她们的政治权利，而且唐群英发起组织的女子参政会还被迫解散了。即便在风气早开的教育界，在倡导女学时也非常注重"男女大防"。实际上，早在1911年中央教育会召开时，就曾有议案讨论过初小男女同校问题，但被朝廷中的保守派指责为"荒谬之论"。民间教育团体更是男性的世界。但这一切在1913年被打破了。在1913年7月，江苏省教育会收到了江苏省内淑琴女子师范学校的来信，要求列席会议，该会的干事员会在讨论该事时认为，虽然女子师范学校、女中学校都在省会规则等项范围以内，但没有先例，决定呈请江苏都督请求裁决，后得到都督的批复说："女师范学校女校长及推定女教员，女中学校女校长，应即声明均得列席。"[1]有了这一纸批文，江苏省教育会对女会员的态度也就放开了。

---

[1] 会报：都督程复文[J].教育研究（上海），1913(01)：99.

1914年12月,前江苏省教育会副会长蒋炳章介绍时任江苏省立第一女子师范学校校长吕惠如和江苏省立第二女子师范学校校长杨达权加入该会[①],从而开创了江苏省教育会接收女会员的先例。尽管此后加入该会的女性会员并不多,但这一举动毕竟显示了该会较为开放的态度和朴素的性别平等意识。吕惠如祖籍安徽,杨达权曾被推举为评议员,这充分说明了江苏省教育会在会员省籍与性别上的开放态度。而且,杨达权之所以能在1912年出任江苏省立第二女子师范学校校长,也与当时时任江苏省教育厅厅长黄炎培的大力推荐有关。随后加入该会的著名女教育家还有陆礼华和俞庆棠。在20世纪20年代,江苏省教育会发起组织成立公民教育研究会时,不仅邀请刚从哥伦比亚归国不久的俞庆棠加入该会,还特别推举她为干事。

　　江苏省教育会没有像其他组织机构那样限制女性加入,且在其所编的会员名单中,也没有对女性会员的身份加以特别标注,其原因可能有二:第一,不想因为有女会员的加入而引起不必要的纷争和分歧;第二,选择会员严格按照会员入会资格要求执行。既然章程没有性别的限制和歧视,当然也就没有必要特别注明会员的性别。

　　有了这样一种共识,就可以理解为什么江苏省教育会主导的南京高等师范学校会在全国较早开始招考女学生,为什么在1926年面对江苏省教育厅质询男女同校是否合适的问题时,江苏省教育会对这一质询本身就表示不解,对男女同校表现出积极支持的态度。

第二节　组织机构的裂变

　　黄炎培主持江苏省教育会的会务之后,通过对组织机构的革新,开始全面拓展相关的教育事务。但与此同时,江苏省教育会也遇到了社会不稳定对教育秩序冲击的极大挑战,江苏省教育会在尽力维持其专业的教育团体的定位与身份时,不可避免地受到了一定的冲击。

---

① 会报:新会员姓名(三年十二月份)[J].教育研究(上海),1915(19):36.

一、修订章程

(一)教育部修订《教育会规程》

1919年5月4日,因为在巴黎和会上英、法、美等列强将中国山东主权全部转让给了日本,导致五四运动爆发,使中国学生的民主运动进入了第一个高潮。随后,全国政局陷入混乱,教育界也因为对待学生运动的态度而出现了不同程度的分化。为了应对这一新的局面,11月18日,教育部颁布了新修订的《修正教育会规程》。与1912年的规程相比,新规程的变化主要表现在以下三个方面:

第一,从宗旨上看,《修正教育会规程》虽然保留了教育会研究教育的职能,但不再强调"发达教育"的使命,而是突出"发展地方教育"的目的,对教育会的名称,也强调以区域来确定。除了保留原来的省、县教育会之外,取消了城镇乡教育会,而代之以"特别区域教育会"与"区教育会"。

第二,对教育会会员资格的规定更加具体,更加突出其教育从业人员的身份。在有关会员资格条款的修订方面,新颁布的《修正教育会规程》把1912年公布的《教育会规程》中所强调的"有专门学识者"删掉了,并且明确把"研究教育学术、著有声望及协助教育经费者"限定为"名誉会员"。把1912年规定的"现任教育职务者"细分为"现任学校教职员"和"现任教育行政人员"两类,而对"于教育上富有经验者"的规定,进一步明确了所谓教育经验的年限,即"曾任学校教职员二年以上者""曾任教育行政人员三年以上者""专门以上学校毕业,担任教育职务一年以上者"。

第三,增加了对会员的资格审查与职员的任期限制。新颁布的《修正教育会规程》第十三条至第十五条明确规定,"教育会于每周届选举前两个月,应组织会员资格审查会","审查会应将会员履历名册,于选举一个月前审查完毕,并正式宣布之","互选职员时,其投票人应以列入上条所载名册者为限"。第十二条规定,"职员由会员互选,其任期为一年或二年"。[1]

---

[1] 修正教育会规程(1919)[J].教育公报,1919(12):3-5.

从以上规定的变化可以看出,教育部更加强调教育会是教育专业人员组成的团体,把出版界、新闻界、商界、其他行政机构人员等都排除在正式会员之外,而且对教育界人士也非常强调其教育实践经验,并要求对所有新入会的会员进行严格的资格审查,这无疑在很大程度上缩小了教育会会员的来源范围。这恐怕也是1920年以后江苏省教育会新入会会员大幅度减少的原因之一。

(二)江苏省教育会会章的微调

在1919年第15次常年大会召开前,因为听说有人要蓄意破坏该会的常年选举,该会评议员凌昌焕、谭廉、王言纶等提出了修改会章的建议,希望通过对会员资格的严加限制来防范未知的危险。时任副会长黄炎培也特别声明,"本会为教育机关。而极宜防范政治势力之侵入"[①]。后来因为会员意见众多,因而基本上是在保留原有会员资格要求的基础上,特别强调了介绍人或保证人制度,并加入了"经本会之承认,乃得入会"的限制性要求。相比之下,该会对会章的这一微调,早于教育部对《教育会规程》的修订,显示了其敏锐的政治嗅觉。而重申自身的教育专业组织特性,显然是为了避免受到动荡不安政局的影响与冲击,试图从制度上避免不必要的纠葛。

1920年,在第16次常年大会上,江苏省教育会根据教育部颁布的《修正教育会规程》,对会章进行了修改,也得到了大多数会员的认可。不过,对会员审查的操作,各地教育会的理解并不一致,浙江省教育会就曾经咨询江苏省教育会,比如对过去入会的会员,是否同样要进行资格审查。在江苏省教育会看来,法不溯及以往,所以这里的资格审查只是针对新入会会员。从双方的互动也可以看出,江苏省教育会在其他教育会同行的心目中,是有一定的权威性和影响力的。

二、新设交际部

1914年,黄炎培出任江苏省教育会副会长,实际主持江苏省教育会的会务

---

① 学事一束:江苏省教育会第十五次大会[J].教育杂志,1919(09):84.

后,大力引入了许多留学归国人员,特别是留美归国毕业生作为会员,因此在当年的常年大会上,他特别提议设立专门的交际部,以沟通中西方教育,加强与他国的联系与交流。

1914年9月4日,干事员会提议随时举行讲演会和联络外国人共同研究教育方法,后议定设立交际部。9月12日晚上7点,徐凤石、杨锦森、朱友渔、郭秉文、秦汾、余日章等人在上海青年会食堂开会,报告江苏省教育会组织交际部的宗旨,获得全体赞成,遂正式成立交际部,并公推余日章为交际部干事。10月9日,交际部干事专门撰写了一篇英文文章,介绍江苏省教育会十年来的发展与成绩,并宣布了交际部的宗旨与办法,即希望能够增强江苏省内中外教育家之间的交流与沟通,在教育事业上得到切磋观摩的机会,收到一致前行的效果,并把江苏省教育会交际部的职责定位为"中西教育家服务的联络机关"。为此,交际部干事专门把这篇文章刊登在由全国基督教会中的教育人士所办的中国教育会的会报——《教育季报》上。10月25日,交际部干事又撰写了一份英文公函,并印制了400多份,分别寄给在江苏省内的外国教育人士与10多位在外省的外国教育人士。后来,也陆续接到了一些外国教育人士的回信,他们表示赞成并支持江苏省教育会交际部的工作。与此同时,江苏省教育会还希望通过交际部能够"征集各类教育章程、课程、宣言书等,随时刊印报告;随时注意……机遇,让中西各教育家能显示极其圆满之交谊,携手进行。取中西各学校,或教育机关,暨中西各教育家之精神,合为一炉,铸出最光荣之教育"。

从交际部的主要活动来看,该部类似于江苏省教育会下设的各种教育研究会等,是一个带有交际和研究性质的,旨在沟通中外教育的研究机构,但同时,该部的干事又与江苏省教育会的其他部门干事类似,主要负责接洽演讲、接待等事务。交际部成立之后,很快就在11月筹划举行了讲演会,敦请多位西方教育人士担任演说人员,比如当时著名的外国传教士卜舫济、傅兰雅、克拉克等。

随后,通过交际部,江苏省教育会与在上海的中国博医会、基督教青年会建立了密切的联系。1915年2月8日,黄炎培、杨锦森、余日章前往北京路华美书馆参观中国博医会医药名词审查会所。随后,两会正式开展合作,决定对西方科学名词进行审查。9月24日,在黄炎培主持的全体职员会上,余日章、杨心一、郭鸿声、王儒堂、俞凤宾、刘北禾、吴怀疚、刘谟等8人被推举为交际部干事。

1916年,随着江苏省教育会会务的拓展,又加推张士一、张叔良2人为交际部干事。在这一年9月15日召开的干事员会常会上,又提出了3项交际部干事员的工作方向,包括:第一,发展会员,"搜访本省教育界之热心研究于学校教育、社会教育、家庭教育各事项有一部分之心得或实验者即敦劝入会或注意浃洽";第二,接洽"他省或他国教育界来至本地方参观或调查教育者";第三,注意报告并接洽"他国教育在本省办理之教育事业注重调查其认为可资则效或可供研究者"。①

1917年,刚刚从美国回国的蒋梦麟经黄炎培与沈恩孚介绍,正式加入江苏省教育会,并被推举为交际部干事。此后,交际部干事的数量一直在增加。1918年,再次加推2名交际部干事,其成员增至14人;1919年变成了18人;1922年,交际部干事的人数已经达到23人;1924年更是增加到了27人。这一方面说明江苏省教育会会务的极大拓展,另一方面也说明交际部及其干事在江苏省教育会的地位越来越重要。

可以说,这一时期,归国留学生与交际部,在沟通中西方教育、扩大江苏省教育会的影响力方面发挥了重要的作用。由于这些交际部干事主要以留美归国学生为主,这也就不难理解为什么在这一时期江苏省教育会与美国教育界之间会有如此密切的联系了。而这种联系,又无疑强化了江苏省教育会主导下的江苏教育,乃至中国教育的美国化倾向。

不过,与该会干事员会下正式设立的学校教育部、专门教育部等部门不同,交际部虽然在江苏省教育会中的作用日益重要,但其人员并没有被列入常规职员中。因为交际部的干事员,并不是全部在全年大会上选举产生的。而且,交际部干事人员的数量并不固定,而是随着江苏省教育会对外教育交流活动的加强在不断增多,最多时达到27人。

三、成立研究会

江苏省教育会成立之初的宗旨之一,就是要"以研究所得,建议于官厅"。

---

① 文犊:致交际部干事员书[J].江苏省教育会月报,1916(9):13—14.

第四章 蓬勃发展的江苏省教育会(1914—1921)

进入民国后,江苏省教育会开始把主要精力放在教育研究上,除了发行《教育研究》杂志,江苏省教育会还通过成立各种研究会,充分调动教育界人士投入到具体教育问题的研究中去。

实际上,在黄炎培主持会务之前,江苏学务总会就曾在1906年成立过"法政研究会",并于1909年将其正式更名为"教育法令研究会"。该研究会还提出过一些修改学堂章程的建议与报告。1911年辛亥革命爆发前后,江苏教育总会也曾经成立过通俗教育研究会,作为其下设机构,并且在1912年的第8次常年大会上要求该会着手研究开展通俗教育的办法。可惜的是,那时的通俗教育研究会的活动并没有能够有序开展。

在1914年的常年大会上,江苏省教育会的代表们普遍认为,应该组建专门的研究机构对教育问题进行专项研究。因此,1914年的常年大会之后,各种研究会纷纷成立。1914年9月,英文教授研究会率先组织成立,到1921年1月江苏省教育会再次成立通俗教育研究会为止,在短短几年时间内,江苏省教育会已经先后成立了13个研究会,详情见表4-2。

表4-2 江苏省教育会北洋早期成立的研究会一览表

名称	成立时间	主要宗旨	主要与会者/发起人	首届会长/副会长
英文教授研究会	1914	研究英文教授之原理及方法,以求英文教授之进步	叶达前、张谔、杨锦森等	会长:关应麟 副会长:叶达前
小学教育研究会	1914	研究小学教授、训练、养护各项重要问题,以期教育之进步	李廷翰等	
理科教授研究会	1914	研究教授方法,以促教育之进步/理科之教材教法以期教授之进步	吴家煦、王饮鹤等	
师范教育研究会	1915	专事研究师范校务、教务,以督促进行,力谋统一	杨保恒等	
体育研究会	1915	研究体育之原理及方法,以求江苏体育之进步	张谔等	
幼稚教育研究会	1916	研究幼稚教育关于教授、训练、养护之各种重要问题	钟镜芙、黄学梅等	
教育法令研究会	1916	应时势之需要,研究现行各种教育法令,以为修正或施行之准备	袁希涛等	

(续表)

名称	成立时间	主要宗旨	主要与会者/发起人	首届会长/副会长
职业教育研究会	1916	研究各种职业教育之设施以及提倡推广方法	黄炎培等	
童子军联合会	1917	联络研究,力谋童子军之统一与进步		
县视学研究会	1918	专事研究视察方法及关于督促各县学务进行事宜		
美术研究会	1918	研究美术各科学理,力图美育发达	刘海粟等	会长:沈恩孚 副会长:刘海粟
国语研究会	1920			沈信卿
通俗教育研究会	1921	研究通俗教育设施、方法,以期促进社会之程度	陈家凤等	

资料来源:

1. 文牍:英文教授研究会报告成立并选举职员修正章程九条[J].教育研究(上海1913),1914(17):1.

2. 文牍:李君廷翰等报告发起组织小学教育研究会书[J].教育研究(上海1913),1914(16):3-4.

3. 文牍:杨君保恒贾君丰臻等交到草拟江苏师范教育研究会章程[J].教育研究(上海1913),1914(16):4.

4. 文牍:吴君家煦报告发起组织理科教授研究会书[J].教育研究(上海1913),1914(17):3.

5. 文牍:吴君家煦交到理科教授研究会简章并报告[J].教育研究(上海1913),1915(19):11-14.

6. 文牍:张君谔等送到体育研究会通告书并章程草案[J].教育研究(上海1913),1915(19):1-3.

7. 文牍:钟黄二女士函送组织幼稚教育研究会缘起[J].教育研究(上海1913),1916(28):23-25.

8. 会务录要:组织教育法令研究会:江苏省教育会附设教育法令研究会简章[J].江苏省教育会月报,1916(8):11.

9. 会务录要:组织职业教育研究会[J].江苏省教育会月报,1916(9):16-17.

10. 齐耀琳批:江苏省长公署批第九百七十五号(中华民国六年七月四日):原具呈人江苏省教育会呈组织童子军联合会送章程及愿词规律课程各件[J].江苏省公报,1917(1282):5.

11.文牍:致教育厅请将县视学研究会简章备案公函:附表[J].江苏省教育会月报,1918(8):10.

12.文牍:会员刘海粟君报告美术研究会成立情形附到修正简章书[J].江苏省教育会月报,1918(10):5-6.

13.文牍:致各县教育会通知组织国语研究会书:附表[J].江苏省教育会月报,1920(1):20-21.

14.文牍:致各县通俗教育馆拟组织通俗教育研究会书[J].江苏省教育会月报,1920(8):17-18.

在研究会的组织上,一方面,它要求所有的研究会都必须附属于江苏省教育会;另一方面,每个研究会又都是相对独立的,它们各自都有自己的章程和组织机构,自主选举研究会的会长与干事,自由开展相关的研究活动等,而且大多数研究会都规定,研究会会员并不限于江苏省教育会会员。不过,从各个研究会的实际运作来看,江苏省教育会对各个研究会都有指导、扶助的职责,比如它会委托研究会进行专门教育问题的研讨,也会在会务经费上予以支持,还会与研究会联合起来举办传习所、暑期学校等。正是借助于这些研究会,江苏省教育会最大限度地联络了整个江苏范围内各级各类教育人士,整合了他们的力量,对江苏教育发展中的各种各样的实际问题,包括经费、课程、教学等进行了深入的研究,切实推动了江苏各级各类教育的稳步发展。

自此以后,江苏省教育会每年的常年大会,往往会先行举办各种研究会的常年大会,再举办江苏省教育会的常年大会,以便对各种教育问题进行更为深入的研究。不过,这也在无形中延长了常年大会的会期。

四、完善选举制

民国建立后,江苏省教育会的宗旨并没有发生太大的变化,所办事项也和清末时期相差无几,一切会务的运行都已经非常成熟顺畅。但是随着会员数量的增多、职权范围的扩大和事项的繁杂,大会选举的效率愈显低下,加之出席大会的人数不足,从而造成很多会员事实上并没有真正享受到选举的权利,选举结果也就很难代表全体会员的真实意愿。特别是考虑到由于没有提名候选人,每次选举都是会员盲选,导致整个选举显得比较随意,当选的职员得票情况也比较分散,很不稳定。因此,会员们开始质疑现行的选举制度,要求加以修改完善。

在1920年8月25日的全体职员大会会前的评议员会上,讨论了会员王引才提出的改进常年大会选举手续的三种办法。第一,依然保持现行的选举办法;第二,在按照现行办法举行开会选举时,增加一条,要求选举干事员时照额连记;第三,采用通信选举的办法,照额连记,在常年大会日开票。

会议通过讨论认为,这三种办法也各有利弊。因为通信选举固然可以方便会员行使选举权,相对来说也较为简单,但这样做的结果却会带来很多弊端。第一,如果采用通信选举的办法,最可能出现的情况就是会员越多的地方,能够选举出的职员人数也就越多,这样会使会员人数较少的地方很难选举出自己想推出的职员。而由于职员是江苏省教育会的主要干事人员,必须能够代表或照顾到江苏各地的教育差异与要求,否则,那些人数较少地方的会员,就很难实际行使他的相关权力。第二,与江苏省教育会庞大的会员数量相比,每年出席常年大会的会员人数都不多。如果再实行通信选举,那么很可能造成参加常年大会的会员人数会更少,这样会导致的结果要么是因为出席人数过少,需要经过多数会员讨论议决的事项无法议决,要么是常年大会上少数人议决的结果并不能够使多数会员满意。第三,按照江苏省教育会对会员的要求,所有有资格行使投票权的会员一定是正常缴纳会费的有效会员。(缴费截止日期为大会召开之前)如果实行通信选举,那么,缴费期限就必须限制在通信选举之前,这样一来,就存在着时间上的耽搁。如果收到会费再寄出选票,对通信不便的地方的会员也是很不利的,很容易造成大会的延期。因此,这种办法可能是弊大于利。

而第二种方法,虽然只是比现行方法增加了一条,即照额连记。但其好处却是很明显的,它可以让投票者充分本着人才主义、区域主义、感情主义等自由选举,其结果很容易让最优秀的人赢得大多数的票额,而对少数派不再另行照顾。但这样做的弊端是:如果投票者所属意的人,无法足额当选,就很容易使他随意投票;而这种选举,明显也会侧重于会员人数较多的地方或者派别,而缺乏必要的平衡;甚至,更坏的情况是,可能会有野心家利用这种选举的漏洞,事前运作、协商选举投票人,通过进行利益交换争取到较多的投票人数,而坚持正义、自由选举的人就可能会在选举中失败。

因此,之前采用的选举方法虽然会导致选票的分散,也会让会员较多的地方的部分杰出人才错失一些机会,但它保证了选举的严肃性,即便是会员较少的地方,也可以有自己的代表,即便在选举之前有一定的联络与协商,多数派最多也只能得到应得的职员席位,少数派则可以通过联合等方式获得其他职员席位,相对来说这更能够照顾少数会员的利益。这也符合江苏省教育会联合全省学界的初衷。从事实来看,历年当选的职员大都能认真负责地工作,对江苏省教育会的发展也是做出了比较大的贡献的。

面对利弊参半的方案,为了践行真正的教育民主,江苏省教育会干事员会决定,草拟一份不同选举方法的利弊说明书,通告全体会员,公开征求意见。可惜的是,此后并没有资料表明这次征求意见的结果到底如何。从后来的实际选举情况看,很可能采用了第二种变通的方法,以至于到1922年,就出现了袁希涛当选会长,黄炎培为副会长的结果。这一结果,彻底改变了原来江苏苏南和苏北在会长、副会长人选上的平衡局面,也在一定程度上造成了苏南、苏北会员中地方主义的抬头,影响了江苏省教育会内部的团结。到了1925年,就有会员公开质疑黄炎培长期当选副会长,指责其为"学阀"。这也在很大程度上说明,在初步实施民主的过程中,要寻找到一个令各方满意,甚至毫无弊端的运行机制,几乎是不可能实现的任务,因而只能在其中选择一个次优的方案。

第三节　打造教育网络

在致力于教育学术研究的同时,江苏省教育会更是通过在教育行政体系与各级各类学校中的人事布局,发起成立各种各样的教育团体与组织,参与各种层次的教育会议,举办教育演讲与传习所等多种方式,全力打造了一个以自身为中心的庞大教育网络,从而使江苏省内各级各类教育在获得发展的同时,也在全国教育界产生了巨大的影响力。在广度、深度和密度等方面,其"触角广泛地伸展到了地方教育行政及社会政治领域。对教育行政及地方政治的参与,一方面出于保障其教育改革的方案能付诸实施,另一方面,则与江苏省教育会的政治理想有关"。以至于有学者认为,"1920年前后是江苏省教育会风头正健的一个时期,指出当时江苏省教育会的势力已经发展得足以左右全省教育界及地方政治的程度"。[1]

一、布局省内教育网络

早在黄炎培任江苏省教育司司长期间,就已经设计并确立了江苏的省立中等教育系统。江苏省内各专门学校校长、师范学校校长都是江苏省教育会的核心成员。1915年10月,江苏省教育会的核心成员袁希涛,从普通教育司司长升任教育部次长,江苏省教育会遂借此机会,密切了与北京教育部的联系与合作,并借助北京教育部的力量,积极筹划江苏高等教育的布局与发展。早在1914年,江苏省教育会就说服了北京教育部,将原来的两江师范学堂改成南京高等师范学校,校长由张謇的得意门生,也是江苏省教育会的会员江谦担任。随后,江苏省教育会又推荐留美学生郭秉文出任南京高等师范学校的校长。五四运动后,蔡元培鉴于五四运动中北京大学学生的爱国举动与当时政府的反动态度,离职南下。江苏省教育会一方面积极劝说蔡元培回京复职,以安人心,另一方面,也有把北京大学迁往上海的打算。后来随着时局日趋平稳,蔡元培委托蒋梦麟到北大代理校务。江苏省教育会诸人,包括南京高等师范学校校长郭秉文、江苏省教育会副会长黄炎培等,又在20世纪20年代初,努力说服教育部与国务会议成员,允许南京高等师范学校扩充、升格为东南大学,并用心经营,使之成为江苏乃至东南地区的教学科研中心,其教育学和农科尤其突出。

与此同时,江苏省内其他专门学校在努力升格为大学的过程中,也都有江苏省教育会或其核心人士的积极参与。河海工程学校是张謇任全国水利局总裁时与江苏省教育会的其他领导人主持建立的,旨在培养兴修水利的专门人才。暨南学校是前两江总督端方为东南亚华侨子弟设立的,辛亥革命后一度停办,后来经过华侨领袖陈嘉庚与黄炎培联系,并得到当时任职于教育部的袁希涛等人的支持,于1918年恢复办学。其早期任职的校长赵正平与姜琦,也都是

---

[1] 刘正伟著.督抚与士绅 江苏教育近代化研究[M].石家庄:河北教育出版社,2001:328.

江苏省教育会的积极合作者或干事。同济医工学校原是德国人在上海办的一所学校,1917年第一次世界大战时其校舍被法国所占。江苏省教育会积极支持该校校内的中国教职员、德国教职员维持和另办同济学校,为它争取到了一部分经费,并设立了校董会。校董会由沈恩孚主持,曾留学德国的27岁的阮尚介受聘为该校的第一任中国校长。阮尚介不仅是江苏省教育会的成员,还曾经被选举为江苏省教育会的干事员。

实际上,在当时的江苏几乎所有学校的成长背后,都可以看到江苏省教育会的影子。江苏省教育会中的核心成员通过出任各校董事会董事等方式,对江苏省教育会在各个学校的发展方针的制定、校长人选的推荐、经费支配的审查、学科设置的调整等方面,都具有举足轻重的作用。为了防止政府干涉和政局变动对学校发展的影响,江苏省教育会在很多学校都设立了通常私立学校才有的校董会,并由江苏省教育会的核心人员出任校董。后来爆发的东南大学"易长风波"就与这种董事会的安排有关。

不仅如此,江苏省教育会还积极帮助会员在江苏各主要行政部门任职,或者把主要行政部门的负责人变成江苏省教育会的会员,借机保持与省政府各部门的良好关系。比如,江苏省财政厅厅长一职长期由江苏省教育会会员曾朴担任。在其任内,他对江苏省教育会乃至江苏教育发展所需要的经费,给予了尽可能大的支持,保证了江苏省教育会各项教育事业的顺利开展。仅就省财政对江苏省教育会的经费补助来看,从民国初年的2000元逐渐增至7000元,甚至10000元,它逐渐成为江苏省教育会收入的主要来源之一。

二、主动参与全国教育谋划

(一)积极参与全国教育会联合会

早在清末,江苏教育总会就率先发出了成立各省教育总会联合会的倡议。民国建立以后,江苏省教育会在章程中也明确表示,该会的宗旨是"审民国之前途以定方针,审本省之现状以求进步"。在积极布局江苏教育发展的同时,江苏省教育会也非常注重对全国教育事务的参与、规划甚至领导。

1914年，黄炎培在东北考察时路过天津，得知直隶教育会有发起成立全国教育会联合会的打算后便赶紧向江苏省教育会干事员会做了传达。江苏省教育会非常积极地向直隶教育会发函，询问联合会召开的具体计划与安排，表达了大力支持与希望参与的心愿。1915年4月，第一次全国教育会联合会在天津召开，江苏省教育会派出沈恩孚、袁希涛、郭秉文3人参会，而此次出席会议的安徽省教育会代表江谦，同时也是江苏省教育会的会员。

1918年，第四届全国教育会联合会原本打算在湖南召开，但因为军阀混战，长沙成为交战区域，会议无法举行，在距会期两个月不到的时间里，江苏省教育会当仁不让，积极行动，接过了办会的重任，保证了该次会议的顺利召开。在这次会议上，江苏省教育会充分发挥了东道主的精神，先后多次举行了茶话会、讲演会、欢迎会等，给与会代表留下了深刻的印象。1920年，原本准备在广州召开的第六届全国教育会联合会又因为广州革命而猝生变化，江苏省教育会再次临危受命，接受了部分代表移沪开会的提议。

不仅如此，在历届全国教育会联合会上，江苏省教育会都会提前在会内推举代表参会，很多代表，如黄炎培、沈恩孚、袁希涛等核心领导在参会时还经常被推举为议案审查组组长。比如，1921年在广州召开的第七届全国教育会联合会上，在讨论新学制这个关键问题时，江苏省教育会的沈恩孚、黄炎培等都被推举为审查组组长。

（二）发起组织全国性的教育新团体

1.发起组织职业教育团体

职业教育，最早被称为实业教育。早在清末江苏学会成立之际，由于其发起人多为教育界和实业界人士，所以在最初的章程中曾明确规定，"考求实业：劝设实业学校，养成农工商实业之才"[①]。该会随后制定的正式章程也一直延续这一主张。1908年修订的章程倡导实业教育的主旨有所调整："注意实业教育，

---

① 江苏学会暂定简章[J]. 东方杂志，1905(12):333.

使农工商三业其实力足以助各种机关之发达而立富国之基本。"[①]进入民国之后,虽然在组织机构上,该会在清末所设的负责实业教育的专门部被取消了,但其学校教育部的事务范围却涵盖了实业教育。随着新式毕业生出路问题日益突出,职业教育开始成为江苏省教育会关注的一个重点。

(1)发起成立职业教育研究会

1912年教育部颁发的《公布教育会规程》中规定,"教育会为讲求各项学术及开通地方风气,得设各项研究会或讲演讲习等会"[②],因此江苏省教育会从1914年开始正式组建各种各样的教育研究会。此时,江苏省教育会副会长黄炎培已经注意到了实业教育的问题,并开展了一系列的调查和宣传活动。

1915年8月,黄炎培从美国考察教育回国后,深受美国职业教育蓬勃发展的触动。通过中美教育的比较,他更加坚信中国教育改革的必要性,更强烈地感受到在中国发展职业教育的急迫性。于是,1916年9月12日,身为江苏省教育会副会长的黄炎培联合沈恩孚、周厚坤、郭秉文等核心职员,发起组织了"职业教育研究会",并亲自担任该会主任。这是我国近代教育史上最早成立的省一级的职业教育研究机构。《职业教育研究会简章》规定,"研究会"共设职员15人:黄炎培、沈信卿、周厚坤、贾季英、张叔良、屠心矩、杨实丞、王企华、庄百俞、顾荫亭、吴和士、刘北禾、童季通、郭鸿声、章伯寅,"分司调查、评议及各项干事,由会员互举之";每月召开职员会一次。作为一个"专事研究各种职业教育之设施,以及提倡推广方法"的研究机构,职业教育研究会规定其主要会务有三项:"研究关于普通教育范围内设职业科之方法""研究关于职业补习教育之设施方法""研究关于职业学校之设施方法"。职业教育研究会规定每年召开一次大会,并不定期地召开职员会和研究会,凡"在教育界而有志研究职业教育者"及"在职业界而有志研究职业教育者"[③],均得入会为会员。由于黄炎培与江苏省教育会的号召力,该会成立之初就有会员148人。

---

① 江苏教育总会章程(戊申十一月第二次改订)//沈信卿编.江苏教育总会文牍　四编丁[M].上海:中国图书公司,1909:1.

② 法令:通令南京府知事、各县民政长颁行教育部令公布教育会规程[J].江苏省公报,1912(46):5.

③ 会务录要:江苏省教育会附设职业教育研究会简章[J].江苏省教育会月刊,1916(9):18.

(2)参与发起中华职业教育社

为了扩大职业教育的影响力,黄炎培又在1917年5月6日,联合蔡元培、梁启超、宋汉章等48位教育界、实业界知名人士,在上海创立中华职业教育社。这是中国近代教育史上第一个以研究、提倡、试验、推广职业教育为宗旨的全国性民间教育团体。中华职业教育社成立伊始,既有蔡元培等学界泰斗参与,也有邹韬奋等业界才子加盟,还有陈嘉庚等华侨领袖的赞助和聂云台等新兴商界巨子的支持。作为实际发起人和大力倡导者,黄炎培被推举为该社办事部主任。而江苏省教育会的许多领导成员和骨干成员,都是中华职业教育社的积极倡导者和实践者。在其发起人中,以江苏省教育会的身份参与发起的有张謇、沈恩孚、黄炎培,还有袁希涛、贾丰臻、江谦、顾树森、郭秉文、余日章、蒋维乔、蒋梦麟等江苏省教育会的骨干成员。据统计,截止到1917年8月,中华职业教育社的会员有一大半来自江苏省教育会。因此,在1917年召开的江苏省教育会职业教育研究会的常年大会上,会员们专门讨论了该会与中华职业教育社的关系。当时共有两种意见,一种意见认为,中华职业教育社成立后,职业教育研究会会员多是该会会员,形同骈枝,似乎没有存在的必要,不如取消。另一种意见认为,中华职业教育社成立后,应请江苏省教育会与该社协商,将职业教育研究会附设于该社内,以便联络研究。最后通过众人的表决,多数人赞成取消职业教育研究会。因此,原定选举职员一节作罢。随后,在职业教育的发展上,江苏省教育会与中华职业教育社形成了随时联络、联合的关系,它们互相支持,共同推动着江苏职业教育的发展。正如有些学者所说的那样,"江苏省教育会主要利用中华职业教育社这一全国性专业团体的学术、信息、社会影响等资源优势,加强有关职业教育的研究和实施",而"中华职业教育社则依靠江苏省教育会的半官方特点,使职业教育在江苏省首先得以顺利实施和深入推广,二者相互依存,相互促进"。[①]

2.发起组织新教育共进社

1917年,江苏省教育会副会长黄炎培和干事员郭秉文、蒋梦麟、余日章等人,因感于教育机关联合之必要,特以江苏省教育会和中华职业教育社的名义,

---

[①] 刘正伟,薛玉琴.江苏省教育会与中华职业教育社[J].教育与职业,2000(09):45.

约集北京大学、北京高等师范学校、南京高等师范学校、南京暨南学校等学校和中华职业教育社、中国科学社等教育团体,于10月27日下午7点,在江苏省教育会开会商讨共同组织方法,后拟定简章,以"联络国外教育机关或教育家,以输入新教育,共相研究进行,并宣布国内教育状况于外国"[①]为宗旨,于1918年12月发起成立新教育共进社。该社最初是为了输入新教育思想,注重新教育丛书和新教育杂志等书刊的出版而成立的。随后,江苏省教育会还积极推荐山西、浙江、广东等地教育会,荷属华侨教育会,菲律宾华侨教育会,南通中等以上学校教育团,新加坡中学校,集美学校,中华基督教全国教育会等团体加入新教育共进社。但因为社会的动荡不安,新教育丛书未能出版。随后,郭秉文从欧美考察归国,认为有组织对外教育机关之必要,以顺应国际上教育联合的需要,对内代表全国学界向中央或省署提供建议,对外则向外国人介绍中国教育进展,招待外国来华考察团。为了减少立案手续,江苏省教育会又提议,联合北京的实际教育调查社,改组新教育共进社为中华教育改进社,由陶行知负责日常工作及《新教育》(月刊)的出版。中华教育改进社成立后,积极联系介绍欧美教育会来华交流,积极参与确立新学制、争取教育独立,并主持中华教育文化基金会的管理和支配美国退回"庚款"的工作,成为五四运动后国内最具影响的教育团体之一。

3.江浙教育会联合会

1920年2月,浙江省教育会会长经亨颐给江苏省教育会发函,商请组织江浙教育会联合会,还特派李杰、秦炳汉两人前来,当面嘱托江苏省教育会草拟办法。江苏省教育会认为,此事与两省教育进行大有关系,明确表示赞同。很快,江苏省教育会就拟定了《江浙协进会简章》,并于3月21日正式通过[②]。蒋梦麟、沈信卿被推举为江浙省教育会协进会的代表。简章议定,两省的教育会定期轮流在上海和杭州开会,并于当年7月举行了第一次联合会。在开会时,与会代表为了"谋两省教育之共同进行",又提议组织两省中等以上学校联合会,参与

---

① 会务录要:扩充新教育共进社之会议纪略[J].江苏省教育会月报,1919(10):40.
② 江苏省教育会大事记(民国八年一月至十二月)//江苏省教育会编印.江苏省教育会年鉴:第5期[Z].上海,1920:2.

的学校共有57所,其中江苏32所,浙江25所。8月20日,两省中等以上学校联合会举行了第一次会议,讨论了"学生自治及实科教授之设备"①两大问题。这两个联合会的成立,为江浙两省教育界加强沟通与交流提供了重要的平台,它们的出现也标志着以江浙为主的长三角区域教育联盟的基本形成。

此外,江苏省教育会还积极提议组织科学教育名词审查会,并参与其中。这对推进我国科学名词的翻译和标准化工作做出了重要贡献。

第四节　教育研究与实践

1914年以后,虽然国家政局动荡不安,但全国教育发展却迎来了一个相对宽松的自由时期。特别是随着袁世凯复辟的失败,各省自治思想又重新得以发展。从教育行政来看,教育部作为中央最高教育行政机关,因为教育总长的人事更迭、长期缺位而丧失了应有的权威,使得以各省教育会为主的民间教育团体得以按照自己的教育理念,切实推动了地方教育的发展,而全国教育会联合会这一联合机关也在一定程度上保证了全国教育事业的大致统一。在这一时期,江苏省教育会开始致力于各项教育事业的研究与实践,并通过下设的各种分支研究会,极大地延伸了其教育活动的触角,切实推动了江苏教育的蓬勃发展。

一、局部完善民初学制

尽管江苏省教育会中多人出席了中华民国初期的临时教育会议并参与了1912—1913年的学制制定,但由于这次学制制定稍显仓促,加上各方对学制参考对象在认识上有比较大的分歧,因此实际上各方对于这个学制都不太满意。再加上1915—1916年间因袁世凯复辟而带来的教育宗旨、方针、内容的更改与反复,改革学制已经成为当时全国学界的共识。

---

① 会务录要:江浙两省中等以上学校联合会开会纪事[J].江苏省教育会月报,1920(08):30.

(一)谨慎对待学制改革

对于如何改革学制,是小幅调整还是重新制定,新学制到底取法何国,当时的教育界还存在比较大的争议。江苏省教育会在内的很多教育界团体及相关人士,在学制改革的初期,主要持小幅调整的态度。因此,1915年4月,在天津召开的第一次全国教育会联合会上,当湖南省教育会第一次提出改革学制的动议时,与会代表一致认为,兹事体大,宜详加研究,谨慎进行。

该会议结束后,全国教育会联合会很快开始向全国各省教育会征集改革学制与发展义务教育的意见。江苏省教育会对此非常重视,推举"吴怀疚、袁叔畲、贾季英、顾荫亭、王饮鹤五君为讨论主任,以八月二十五日为终止期"[①],进行专门的研讨。不过,教育部在7月31日以总统教令的方式,颁布了《国民学校令》《高等小学校令》,并在1916年1月又颁布了相应的施行细则,事实上放弃了民国初年的教育宗旨。1916年6月,随着袁世凯的去世,调整教育宗旨、改革教育制度又成为教育界的头等大事。因此,1916年7月,江苏省教育会干事员会决定,重新组织教育法令研究会,推定袁希涛为该会的主任,旨在专门研究教育法令的修正或实施。袁希涛具体提出了两个方面需要研究的问题:第一,"须详切规划讨论者",如"教育改进之计划""应就所见为有统系有程序之条议表解等,提出讨论";第二,"须急请审议修改者"。他还特别提出,对教育法令问题的讨论,一定要注意现实的教育基础,改进实施的条件与可能,即"以上两项,皆务须注意实际上之设施"[②]。需要注意的是,此时的袁希涛正在教育部任次长,由他出任教育法令研究会的主任,无疑使该会具有了一定的行政色彩。而对于推进、指导全国的教育来说,教育部次长袁希涛所要求的对教育问题的研究,更多地抛开了理想的成分而更注重实行。10月,在北京召开的第二次全国教育会联合会上,袁希涛以教育部次长的身份讲话,在谈到学制问题时,他认为,"在教育部以为,教育事业为精神上之事业,非是学制规定就可完事,所以,对于现在的学制,不宜徒事纷扰,轻率更张,惟就其最紧要者提出修改",他特别建议说,譬

[①] 会报:干事员常会[J].教育研究(上海),1915(24):8.
[②] 会务录要:组织教育法令研究会:江苏省教育会附设教育法令研究会简章[J].江苏省教育会月报,1916(01):11-12.

如学制系统方面有无必须改动之处,"此种问题均须细密研究"[①]。

此后,虽然历次教育会联合会都提到了学制草案的修改问题,但真正对其进行讨论却要到1921年的广东年会才开始。1920年,由于粤桂战争的爆发,全国教育会联合会改在上海召开。为此,在1920年6月,江苏省教育会就开始广泛征集对学制的意见。江苏省教育会主要提出了三个问题:第一,"现行学制实地上有无困难";第二,"对于现行学制有无变通,其结果如何";第三,"有无改革学制之主张"[②]。江苏省教育会特别强调会议召开的要求,主张要充分研究,广征意见。本着这种精神,尽管当年的教育会联合会曾收到了安徽、奉天、云南、福建等地提出的关于学制之议案五件,但大会却以"事关重大,未便以短促之时期,少数之意见骤行议决"[③]为由,请求从缓议定,并待各省派赴欧美考察教育的人士回国后,先由各省区教育会先行组织学制系统研究会,以研究之结果制成议案,再行研究讨论。而江苏省教育会内部的干事员会也决定,"先征集曾经出洋考察诸君及本省中等以上学校校长及曾在外国教育专科毕业诸君意见,再行组织学制系统研究会"[④]。由此可见,江苏省教育会在学制改革问题上态度之谨慎。

(二)建议中学酌授职业科

自清末新式学堂兴办以来,江苏教育会就较为关注实业教育。而进入民国以后,黄炎培以《申报》记者的身份对全国各地新式学堂的调查,更进一步坚定了他倡导实业教育、实用主义教育的决心。因此,鉴于民国以后,普通中学偏重升学的弊端,江苏省教育会特别提出中学改良办法,要求对中学教育目标和内容进行调整,特别是应酌情增设职业科目。

1915年,为了参加全国教育会联合会,江苏省教育会专门提出了《中学仍分文实两科》的议案,并特别强调说,民国初年教育部临时教育会议之所以把普通

[①] 袁次长莅全国教育会联合会演说词(十月十二日)[J].教育公报,1917(01):5.
[②] 文牍:致本省中等以上学校及各师范附属小学校征集对于现行学制之意见提交全国教育会联合会书[J].江苏省教育会月报,1920(06):6.
[③] 陈元晖主编;璩鑫圭,唐良炎编.中国近代教育史资料汇编 学制演变[M].上海:上海教育出版社,2007:870.
[④] 开会记录:十二月三日干事员常会[J].江苏省教育会月报,1920(12):10.

中学定为普通科,没有实施文实分科制,是因为清末在办理分科中存在很多实际的困难,不如普通科那么容易实行。但现在3年过去了,不分科的做法带来的问题同样很多,比如学科多,平均注重,收获浅;不能照顾到学生差异;学生毕业后到高等专门学校准备不足;工作生活也缺乏专门技能,不能学以致用等[1]。同时,江苏省教育会认为,清末发展实科教育面临着三大困难,它们分别是经费不足、招生不易、程度过高。而这三个问题在民国教育中都不太严重,因此在此时是可以实行分科的。

不仅如此,江苏省教育会还切实试行了实用主义的小学教育,如在第二师范附属小学及上海县各小学的试行。通过对该宗旨指导下为期一年的小学教育实践的总结,黄炎培认为,"举凡教授、管理、训练、养护诸方面,一以实用主义之精神贯之,庶可以挽回今日教育之颓风"[2]。

1916年11月,江苏省教育会又致函江苏各中学校,提出中学教育之所以成为社会舆论攻击的对象,是因为其宗旨和训练不当,不能把中学教育变成升学的预备教育,而应该强调中学教育的独立性,并能切实解决大多数毕业生的生计问题。为此,江苏省教育会提出,"中学校本以完足普通教育为原则,而近来中学教程偏于预备教育性质","以助长社会事业,不求高就为中学校训练之方针","中学校得自第三学年起,就地方情形,酌授职业教科,并酌减他科时间"[3],实行中学的分流教育。江苏省教育会还把该建议分别提交给了全国教育会联合会和教育部,建议在中学增设第二部。1918年8月,江苏省教育会又专门成立了中学教育研究会,向全国中学校校长会议提出了文实分科的议案,并最终获得通过。12月7日,面对李步青等人对于议决文实分科案的质疑,江苏省教育会又专门组织中学教育研究会进行讨论。讨论的结果是认可了李步青提出的修正意见,认为该意见赋予了办学者以伸缩余地。如果能就地方需要,酌增相当学科,那么对于无力升学的学生,或者是已经被指定预备升入某种学校的学生,都有很大的好处,比文实分科的提议更容易施行,且其还包含了文实分科的本意。

---

[1] 提议中学仍分文实两科案[J].教育研究(上海),1915(20):2-3.
[2] 附录:黄任之先生演讲实用主义之真谛与一年间之实施状况[J].教育研究(上海),1915(21):6.
[3] 致各中学校书[J].江苏省教育会月报,1916(11):6.

1919年，第五次全国教育会联合会通过了《普通教育应注重职业科目及实施方法案》，江苏省教育会倡导职业教育的主张得到了全国学界的认可。

(三)重视师范教育的提升

1915年，江苏省教育会下设的师范教育研究会成立。面对教育宗旨、法令、内容的调整与反复，该会和小学教育研究会经过共同研究认为，当时的师范教育问题较大，尤其是英文教学。他们提出，省习英文，加习国文；高小未习英文，可改为其他科目。

1917年，教育部认为，原来的《大学令》规定的文理设科方式过于简单，在实践中遇到了很多的困难。因此，将其修正为"设二科以上者得称为大学"，但允许法、医、农、工、商等单科大学设为独立大学；对大学预科及其年限、大学教员结构以及大学机构也进行了调整。这一次调整，掀开了随后高师、高专升格为单科大学的热潮，也带来了废止高专的极大纷争。江苏省教育会虽然对大学学制没有明确表态，但正是在江苏省教育会的支持下，郭秉文成功地把南京高师改造成了以综合见长的东南大学，这隐含了江苏省教育会要求提升师范教育层次的意图。

二、倡导职业教育

清末新式教育的开办，首先从军事学堂、技术学堂、语言学堂开始，实用心态非常明显。不过，在很长一段时间里，这一类学堂更多地被称为"实业学堂"，而非"职业教育"。随着科举制度的废除和新式学堂的推行，大量普通学堂的开办反而使得这类实业学堂受到了一定程度的冲击。由于我国经济社会发展的滞后，到了民国时期，新式学堂毕业生的出路问题日益突出，成为当时社会普遍关注的问题。对此，江苏省教育会及其主要领导人表现出了高度的关注，他们不仅率先在国内提出实用主义的教育主张，更是通过强有力的宣传和组织活动，逐渐普及了职业教育的理念，推动了我国，特别是江苏职业教育的发展。

相较其他各省，江苏省教育会在倡导发展教育方面，有最为成功的经验：一是发表论著、组织讲演会,加大宣传;二是发起成立现代专业社团和各种各样的研究会;三是组织传习所或师资训练所培养人才。

(一)开展职业教育宣传

新式教育的发展,有赖于思想上的先导。地处近代中国舆论中心上海的江苏省教育会,非常注重利用现代信息传播方式和手段,宣传新的教育思想与主张,通过发表论著、组织讲演等活动,使得发展职业教育的理念逐渐深入人心。

1.发表职业教育论著

江苏学务总会成立前后,就非常注重对现代报纸的利用,在《申报》等相关媒体上发表了大量相关信息。学会成立之后也专门设立了事务部,负责学会自身文牍的搜集整理工作。

1906年4月,张謇等人鉴于"教育者,国民之基础也。书籍者,教育之所藉以转移者也",专门出资组建了中国图书有限公司,并依托该公司出版发行了大量的教育论著和教科书。尽管从经济效益方面来看,中国图书有限公司并不算成功,但它是江苏省教育会介入并利用现代出版媒介的一次重要尝试。

民国建立以后,江苏省教育会更加重视通过专门研究推动教育发展,而研究就需要有发表成果的平台,以供研究者之间的交流与成果的传播。因此,江苏省教育会决定自1913年5月起,创办发行《教育研究》(月刊),由时任江苏省第一师范学校学监、常熟教育会会长王朝阳担任该月刊主编。从创刊宗旨来看,该杂志在关注当时欧美资本主义发达国家教育发展动态和潮流的同时,非常强调对国内中小学基础教育有关的教育理论和教学方法的研讨,特别注重宣传和推广江苏省教育会会员的思想主张和研究成果。

恰在此时,黄炎培也开始关注新式学校发展的弊端和毕业生的出路问题。1913年8月,黄炎培撰写了《学校教育采用实用主义之商榷》一文,针对当时国内各类学校中普遍存在的严重的"学用脱节"问题,通过介绍日本和美国的教育制度与方法,首倡教育与学生生活、学校与社会实际相联系的实用主义。江苏省教育会一面将该文以"学校教育采用实用主义之商榷书"为名单独出版发行,并将之分发给江苏省教育会会员,寄送各省、县、乡教育会,以"广征意见,以备施行";一面将之发表在当时的主流教育杂志,如《教育杂志》《中华教育界》上,借以引起全国教育界的重视和讨论。为了从舆论、理论和实践上捍卫黄炎培这一新的思想观点的正确性和可行性,江苏省教育会的机关刊物《教育研究》,相继在1913年11月的第7期和12月的第8期特别刊发了王朝阳写的《读学校教育采用实用主义商榷书感言》《学校教育采用实用主义之研究》和江苏省第二师范学校附小杨嘉椿作的《我校之施行实用主义》等文章。他们均认为"学校教育采用实用主义",其价值和意义乃是"视教育为生活的教育",符合民国初年临时政府教育主管部门所颁布的《小学校令》中关于小学校"授以生活必需之普通知识"的宗旨。1914年3月,《教育研究》又将黄炎培与杨保恒二人合编的《实用主义小学教育法》和黄炎培的《学校教育采用实用主义第二回商榷书》作为"新年号"(临时增刊)专门刊发,再次对黄炎培的这一思想理论进行宣传,以扩大其影响。特别是《实用主义小学教育法》,对实用教育的重要性、实用教育与教师和教学的关系,以及各学科实用教育的实施都做了较为详细的分析说明,对当时国人了解、认识乃至实施实用主义教育产生了重要影响。此后,该杂志又先后刊发了黄炎培的《考察皖赣浙教育状况之报告》和黄炎培在江苏省立第三师范单级教授研究会上所作的《实用主义之真谛及一年间之实施状况》。同年,国光书局再版了《实用主义小学教育法》,书末还附有黄炎培的《学校教育采用实用主义第二回商榷书》。1915年1月,黄炎培又出版了《小学实用主义表解》。这些论著,为职业教育思想的提出提供了重要的舆论先导。

与此同时,黄炎培借参加美国万国博览会之机,在美国开展了为期3个月的教育考察。在美期间,美国的职业教育给黄炎培留下了很深的印象。特别是对当时在美国哥伦比亚大学留学的蒋梦麟写的《美国纽约小学预备职业教育》一文,黄炎培不仅大加赞赏,还将其推荐发表在1915年11月《教育研究》第25期上。这篇文章是当时最早介绍美国职业教育的专门文章之一。在同一期的《教育研究》上,还刊有黄炎培在当年江苏省教育会常年大会的讲演会上所作的有关"美国教育状况"的报告。

1915年12月,江苏省教育会特别制定了《印订教育书籍办法》。据此,江苏省教育会组织并规划出版了一系列教育书籍,内容非常广泛,涉及实用主义教育、小学教育理论、学校体操、学校卫生、小学国文、单级教授、教育行政、游戏运动,以及英、美、德、法、日等国教育的介绍等。

1917年,就在江苏省教育会发起成立中华职业教育社的同时,该会也专门出版了一套"实用教育丛书"(六种),包括《两汉学风》(江谦编)、《新教育论》(卫西琴辑)、《欧美职业教育谈》(秦之衔、周维诚辑译)、《小学工场之设备》(黄炎培辑)、《美利坚之中学》(黄炎培、周维诚辑译)、《职业教育设施法纲要》(顾树森辑译),由此可见该会对职业教育的重视。特别是对《两汉学风》,编者认为之所以把它作为丛书的第一本,是因为"学风之盛,断推两汉,其时学者均兼营生计,深含近今职业教育之者"①。《欧美职业教育谈》的原著者为美国泰娄博士,书中缕述欧美主要资本主义强国实业教育、补习学校以及职业教员之养成制度,颇为详明,且该书末附有美国有关职业学校的课程表,"皆属职业教育设施之实例,颇足资吾国教育界之参考"。黄炎培在为该书所作的"序"中对该书极力称赞,认为该书中关于美国教育特别是关于职业教育的论述,虽是针对美国而言的,但对我国的教育却非常有启发。而《职业教育设施法纲要》,更被时人认为"取材简要,说理明显,所述各种方法,悉含本国社会情形"。所有这些书籍的出版,对当时"学校教育采用实用主义"理论的研讨,对国人了解职业教育的内涵和意义都起到了积极的作用。

正是通过发表有关职业教育的论文,出版相关理论书籍,江苏省教育会对在国内推行职业教育进行了有效的舆论宣传,带动了相关的理论研究。

同时,该会还通过下设的职业教育研究会与师范教育研究会的共同研究,提出了各行业私立学校如何选用教材的问题,号召各县教育会会同县视学,召集各业私立小学校校长,酌议注重本业应用教材办法,特别是要"于通用之教科书外,特别注意以期适合于该业子弟应用之知识技能,例如钱业或典业所设之小学校"②。 1925年春,该会还出版了《实施职业教育要览》一书。

---

① 转引自:谢长法.江苏省教育会与近代中国职业教育[J].教育与职业,2008(12):42.
② 文牍:致各县教育会请会同县视学招集各业私立小学校校长酌议注重本业应用教材办法书[J].江苏省教育会月报,1917(03):3.

2.组织职业教育讲演会

如果说发表论文、出版书籍是一种普遍而又相对有效的宣传方式的话,那么组织讲演会则是近代早期更为普遍的一种宣传教育思想的方式。为了更好地宣传职业教育,江苏省教育会连续举办了多次大规模的密集讲演。同时,它还注意把讲演与出版结合起来,对讲演稿以纪要或临时刊布等方式进行记录、整理与出版。

1917年常年大会后的第二天,江苏省教育会就专门邀请刚从欧美考察教育归国的郭秉文、陈容、俞子夷三人莅会讲演。郭秉文在讲演中说:现今各国共同的注意点,一为课程改良问题……一为经济问题。一面普及职业教育,一面使普通学校的儿童"知选择自己适宜之职业"。其促进方法,一是考察外国教育,二是调查地方教育,三是用报告沟通学校与社会之感情,四是力谋学校与实际生活之接近。[①]这恰好符合江苏省教育会,特别是黄炎培提倡职业教育的主张,在讲演结束时,郭秉文提出,希望通过自己的讲演,能够让学界对职业教育本身之内涵和发展职业教育必要性的认识不断明确、加深。

1915年,黄炎培在该会的常年大会上,讲演了美国教育状况,其中,他特别推崇美国教育注重实用之特色。考虑到《教育研究》对实用主义教育和国外职业教育的大力宣传,可以说在这一时期,江苏省教育会对教育事务关注的重心已经明显转向了职业教育。1916年职业教育研究会成立之后,江苏省教育会下设的相关研究会也积极行动起来,纷纷组织对职业教育的宣传与研究活动。组织相关主题的讲演会,不仅是江苏省教育会的一贯做法,也是民国时期宣传新思想、新主张的主要方式。在1916—1917年两年间,围绕职业教育,除了零星的讲演之外,江苏省教育会分别组织了3次大规模的集中讲演。

(1)专门的职业教育讲演大会

1916年10月,江苏省教育会下设的师范小学教育研究会提出,新式教育开办以来,每年都有大量的毕业生,但是真正能够在社会上立足的不到十分之二三。造成这种情况的原因,一方面是由于社会经济的疲软和乏力,另一方面则是学校教育自身的问题,即未能考虑到如何培养社会所需要的人才。这也是教育界

---

① 记事:江苏省教育会[J].教育杂志,1914(06):56.

日益重视职业教育的原因。但是,要开展职业教育,也不是一蹴而就的。在他们看来,"入手办法,务先使一般人民,咸知亟宜提倡职业教育之种种原因,然后研究设施方法"①。因此,他们提议举行职业教育讲演大会,推定顾荫亭、李墨飞、杨聘渔、吴景蓬四人讲演。江苏省教育会的干事员会经过讨论,认为此事非常重要,专门致函各县教育会请它们通知各校的教师前来听讲演,其中特别谈到,根据前两年的毕业生职业调查,觉得提倡职业教育非常紧迫。因为根据国际经验,"东西各国之公民教育,一方面既能振起儿童作业之精神,日施以积极之训练;一方面又各就地方之需要,分门别类,特设相当之职业教科,以养成其他日从事职业之能力。务使学校生活与社会生活日相接近。故在校时为生徒,离校后即能为独立之公民。此我国所亟宜仿效者也"②。在随后的讲演中,讲演者也谈道,"现在教育部对于此事,甚为注意,即全国教育会联合会,亦屡有讨论"③。

在讲演时,除吴景蓬因病未能参加外,其余三人如期讲演,顾荫亭讲演的内容主要涉及职业教育的定义、欧美职业教育的状况等,并特别谈到了中国办理职业教育的建议。李墨飞演讲的是自己办理职业教育的经验。杨聘渔则特别强调了小学乡土科如何注重职业教育,让儿童养成切实研究物质之思想及支配万物的能力。

1916年11月25日,江苏省教育会还专门准备了一份说帖,与沪海道尹举行了一场茶话会,提出当地教育应该注意的两大要点:体育和职业教育。其中特别谈到,在职业教育方面,"除师范外,毕业生舍升学别无出路"。而沪海道属之地,"以交通发达故,生计竞争反烈于他地","补救之法,惟有全力提倡职业教育一方"④。

---

① 文牍:师范小学教育研究会定期开职业教育讲演会请通知各县教育会书[J].江苏省教育会月报,1916(03):2.
② 文牍:致各县教育会请通知各校教员听讲职业教育书[J].江苏省教育会月报,1916(03):3.
③ 会务录要:职业教育讲演会纪事[J].江苏省教育会月报,1916(03):19.
④ 会务录要:沪海道尹莅会茶话会纪事[J].江苏省教育会月报,1916(04):8-9.

表4-3 江苏省教育会有关职业教育讲演一览表(部分)

讲演时间	讲演人	讲演主题	讲演内容	备注
1914	郭秉文	英德法美四国之学制异同		陈容一并出席,但因病未发表演说
	俞子夷	教育有两层必须研究之问题		
1915	黄炎培	美国教育状况		
1916	顾荫亭	职业教育	职业教育之定义;欧美职业状况:补习学校制,职业指导方法等;对于今日中国办理职业教育之意见:主张教科注重手工、图画、乡土科及作业。学校、政府、社会各自的责任	
	李墨飞	对于职业教育之经历	10年前教授一个贫民小学的情况,主张校中职业之教练,第一要使儿童脑筋清楚,庶于职业上知识能融会贯通,第二要劳动,庶出而就业时能耐苦,第三要养成容忍工(功)夫,庶能受师友之呵责。还要根据地方情况具体指导,顺势指导,要注意任务性情与事业的匹配	
	杨聘渔	小学乡土科与职业教育之关系	儿童要养成切实研究物质之思想及支配天然物之能力	蒋君总结3位讲演
	吴景蓬	图画与职业教育之关系		因病未来
	蔡元培	中国教育界之恐慌及救济方法	教育恐慌由来有三:少高等教育机关;由于无相当之职业教育,中学生能力不足;缺乏道德。次谓救济方法须由注重职业教育入手,先采用方法:于普通教育中加入职业教育;于实业学校课程注重实习;遣派学生至西洋专入实业学校肄业,作为实业教育师范生。末言提倡道德,首宜提倡美学,即以美学代宗教之作用	黄会长加以总结。报告江苏小学校毕业生出路之壅塞情形,而归本于注重实业

(续表)

讲演时间	讲演人	讲演主题	讲演内容	备注
1917	郭秉文	菲律滨(宾)之概况	讲菲律滨(宾)之概况,分为地理、人民、文化、宗教、历史、政治、实业、教育8个方面	菲律宾的教育有三大特色:一普通教育,二职业教育,三体育。而其中,职业教育尤为重要,其目的一是为了辅助教育,二是为了发展经济。郭秉文说,现今各国教育共同的注意点,一为课程改良,一为经济问题。一面普及职业教育,一面使普通学校的儿童知选择自己适宜的职业。其促进方法,一是考察外国教育,二是调查地方教育,三是用报告以沟通学校与社会之感情,四是力谋学校与实际生活之接近
	郭秉文	菲岛学校之编制教授训练	讲菲岛学校的编制、教授、训练,并其系统表	
	蒋维乔	菲律滨(宾)之教育行政		
	蒋维乔	日本、菲律滨(宾)之师范教育		
	黄炎培	各种陈列品说明		
	黄炎培	日本、菲律滨(宾)之体育		
	黄炎培	日本、菲律滨(宾)之职业教育		

(续表)

讲演时间	讲演人	讲演主题	讲演内容	备注
1917	黄炎培	研究职业教育之进行方法及其他种种问题		
	郭秉文	英德法美四国之学制异同	此后,对职业教育本身之内涵和发展职业教育必要性的认识不断明确、加深	
1918	江苏省立第二农业学校校长王企华		略谓日本利用欧洲,获利无算。为保持常度,渐渐谋扩充。设立工业研究所、机械陈列所、物产陈列馆等。其对于废物利用、原料独立二端,尤其注意。对于教育方面,补习教育,已经认为在义务教育、小学教育中注重实用生活之智能	
	第二工业学校校长刘北禾		略谓日本工业学校,现在正注重电气化学、电气工业。其补习学校,分高等、中等、普通三种。前二者,补习实用技能,后者补习普通学科	
	第一商业学校校长黄揆伯		日本商业学校,为联络社会起见,推商界领袖十余人,组织商议会。其历年毕业生自力经商,占百分之七十。受人雇佣者,只有百分之三十。至于夜校,功课比较简单,但极为实用。授课者的都是有声誉的教育家或实业家。信用非常好	
	教育厅厅长符九铭		职业教育的实施,以研究调查为先。学校、社会尤其应该接洽,使得社会事业因学校而发达	

资料来源:

1.记事:江苏省教育会[J].教育杂志,1914(06):56.

2.黄任之先生讲演美国教育状况笔记[J].临时刊布,1915(1):1.

3.会务录要:职业教育讲演会纪事[J].江苏省教育会月报,1916(03):19-20.
4.会务录要:职业教育讲演会纪事[J].江苏省教育会月报,1917(03):9-10.
5.调查日韩农工商教育状况讲演词[J].临时刊布,1918(25):1-10.

1916年12月11日,江苏省教育会专门邀请蔡元培先生讲《中国教育界之恐慌及救济方法》。蔡元培谈道,当时中国毕业生面临的问题有两个:一不能升学,二不能谋生。其中,不能升学的原因有三个:缺乏高等教育机关;由于无相当之职业教育,中学生能力不足;缺乏道德教育。但是不能谋生的原因,"纯由于实业教育不发达之故"。在蔡元培看来,解决教育问题的办法必须从重视职业教育入手,可以采用的方法是:于普通教育中加入职业教育;于实业学校课程注重实习;遣派学生至西洋专入实业学校肄业,作为实业教育师范生。[①]黄炎培在总结点评时也特别强调,要解决江苏的小学校毕业生缺乏出路的问题,还是要注重实业。

(2)黄炎培等人国外考察汇报讲演会

为了更好地推进职业教育,江苏省教育会在1917年1月派遣黄炎培、郭秉文、陈宝泉、蒋维乔等人专门赴日本、菲律宾等国考察师范和职业教育,为期2个月。这一考察团回国后,江苏省教育会专门组织了两场考察汇报会,邀请郭秉文、蒋维乔和黄炎培三人进行为期4天的讲演。为了扩大讲演的影响,起到切实的宣传作用,江苏省教育会专门致函时任江苏省省长齐燮元,陈明黄炎培、蒋维乔、郭秉文讲演职业教育,请求由省长出面,通令各县教育行政人员分期听讲[②]。可以说,这次讲演是江苏全省教育界对职业教育的一次全方位的总动员。江苏省教育会充分利用自己遍布全省的会员网络,与各地教育会之间密切的联系,联合自己下设的小学、中学、师范等相关的研究会,组织了全省的部分教育行政人员、中小学校教师、学生和各行业名人等前来听讲;讲演内容包括日本和菲律宾职业教育的考察与研究,对职业学校的开办,到科目设置,再到教材选用、教授方法、师资培训等,都进行了较为系统的介绍。按照江苏省教育会的安排,讲演在4月3—4日和13—14日分两次在上海和南京举行。据统计,仅

[①] 蔡子民先生讲演中国教育界之恐慌及救济方法[J].(江苏省教育会)临时刊布,1917(18):1-6.
[②] 文牍:致省长齐陈明黄炎培蒋维乔郭秉文讲演职业教育请通令各县教育行政人员分期听讲书[J].江苏省教育会月报,1917(03):6.

4月3日上午,听讲演者就有300多人。而且,除了讲演之外,现场还展示了日本、菲律宾教育方面的各种表格、房屋模型、当地的白麻一束、木材样子数块,还有留声机1台,讲演台上、后面黑板上悬有菲律宾革命伟人立柴之半身模型一具,对面墙壁上悬钉各种图片。还有一排桌子,上面陈列着日本、菲律宾关于教育的各种图画、表册、杂志以及手工积木,菲律宾学校成绩,还有英文说明。[①]

在讲演会上,郭秉文认为,菲律宾的教育有三大特色:一普通教育,二职业教育,三体育。而其中,职业教育尤为重要,其目的一是为了辅助教育,二是为了发展经济。

这次考察和讲演活动,不仅让黄炎培等人对国外职业教育的发展有了更深入的了解和认识,也对如何推进我国特别是江苏的职业教育进行了广泛的动员。讲演结束后不久,黄炎培就着手发起成立了中华职业教育社,力图联合全国的力量来推进职业教育的发展。

(3)暑期职业教育讲演会

1917年4月,顾树森也组织带领了一个教育考察团专门赴日本考察教育。归国以后,曾编辑出版《英美德法四国职业教育》一书。1917年6月15日,江苏省教育会如期举行干事员常会,在讨论暑假补习学校一事时,考虑到时局的纷乱,干事员常会认为,暑期补习学校及传习图书馆学,召集学员均恐不易,应改为暑期讲演会,专讲职业教育、设施方法,以一星期为度,并公推顾荫亭为主任,俟顾君订定办法,即函告各县教育会请派员听讲。随后,江苏省教育会一面致函省长公署,一面通知各县教育会,请求他们在暑假派人来参加这次职业教育讲演会。从其讲演大纲来看,主要包括:"职业教育之意义及其范围""职业教育设施之入手办法""普通教育中关于职业陶冶设施之方法""职业教育设施之方法""辅助职业教育之机关制度""设施职业教育与社会联络之方法""设施职业教育时当注意之点"[②],这些便是后来的《职业教育设施法纲要》一书的主要内容。

---

① 会务录要:职业教育讲演会纪事[J].江苏省教育会月报,1917(04):9.
② 文牍:致省长公署定期开职业教育讲演会请通令各县知事派员听讲书[J].江苏省教育会月报,1917(06):14—16.

(4)省内实业学校校长讲演会

江苏省教育会考虑到当时江苏省实业学校校长赴日本考察团已经回国,并且刚刚在北京参加了实业校长会议,决定请这些实业学校的校长们开一场讲演会。在黄炎培的主持下,讲演会正式开始。这次讲演会还请到了时任江苏省教育厅厅长的符九铭。讲演会开始后,先由江苏省立第二农业学校校长王企华讲演。王企华认为,"日本利用欧洲,获利无算",和日本对职业教育的重视是有关系的。为了扩充职业教育,日本设立了工业研究所、机械陈列所、物产陈列馆等,并特别注意废物利用与原材料的独立自给。在教育方面,他认为日本重视补习教育,并且在义务教育、小学教育中,也非常注重实用生活技能的教育。接着,第二工业学校校长刘北禾,重点介绍了日本的工业学校,认为日本非常注重电气化学、电气工业。日本的补习学校分为高等、中等、普通三种,在补习普通学科的同时,非常注重补习实用技能。接着,第一商业学校校长黄撲伯又介绍了日本的商业学校。他在讲演中特别提到了日本商界领袖组织的"商议会",并且强调在日本商业学校的毕业生中,受人雇佣者只有30%,而其余70%的毕业生都能够自力经商。至于夜校,虽然功课比较简单,但极为实用,任课教师大都是有声誉的教育家或实业家。最后,江苏省教育厅厅长符九铭主张职业教育的实施,以研究调查为先,尤其应该注意加强学校与社会的联系,使社会事业因学校而发达。

从整个讲演的时间、主讲人和内容来看,江苏省教育会通过邀请当时的教育界名流或者利害攸关的教育行政领导,对职业教育素有研究和经验的学者、校长等,介绍职业教育的相关理论和国外职业教育的实践,无疑为萌芽状态的中国职业教育提供了强大的舆论支持与榜样示范。

3.举办职业教育成绩展览会

早在1910年南洋劝业会举办时,江苏省教育会就积极参与其中,并把教育作为其中的一个重要门类(其中尤其注意教育与实业以及二者之间的关系),展出了很多学生作品。鉴于南洋劝业会的成功经验,1916年,当江苏省教育会把教育事业的重心转向职业教育以后,通过举办实业教育的成绩展览会,积极宣传职业教育。

1916年4月16日,江苏省教育会召集各实业学校校长召开谈话会,与会者有各校校长与职业介绍部各主任,共20人。黄炎培认真询问了各校的毕业生人数,以及平时与实业界联络方法。这次谈话会议定,在帮助各校介绍学生到各地的工厂参观、实习、试用的同时,由江苏省教育会负责,在上海举办一场"实业成绩品评会,使各科可以实地试验,以冀实业界与学校可以得彼此信用之益"①。同年8月,江苏省教育会在常年大会上,更是把这一主张变成了正式通过的议案。该议案明确提出,"由本会于明年设职业学校成绩展览会,请省公署派员评判,择其成绩优异者,厚给该校以奖励金,以后每年举行一次,暂以三年为期"②。此后,由于江苏省教育会职业教育研究会并入中华职业教育社中,该展览会遂由中华职业教育社负责举办。

(二)培养职业教育人才

注重实业教员培养

发展教育,端赖师资,深谙此道的江苏省教育会,在发展实业教育方面非常注重实业教育师资的培养。早在1908年3月,学部就奏准要在两年内逐渐普及实业学堂,提出每府应设中等实业学堂1所,每州县应设初等实业学堂1所。但到了1909年初,江苏省的官办实业学堂还只有江南高等商业学堂,其中除了经费缺乏之外,实业教员缺乏也是一个重要的制约因素。为此,学部特别要求各省提学司整顿各类实业学堂,并提出"设实业教员讲习所,以养成各实业学堂之教员为宗旨"③。1909年正月,学部又筹议实业讲习所毕业奖励办法,要求各省应于两年以内,至少设立1所实业教员讲习所。政令发布后,苏、宁两地的提学使也曾制定规划。一方面在已有的江南高等商业学堂内附设商业教员讲习所,一方面准备在江南高等农工实业学堂筹设农工教员讲习所。但由于社会风气未开,新式教育尚不发达,师资和学员都非常难得,再加上筹款困难,江

---

① 文牍:致各实业学校校长定期开谈话会书[J].教育研究(上海),1916(28):2.
② 会务录要:组织职业教育研究会[J].江苏省教育会月报,1916(02):16.
③ 奏议:学部奏筹议实业教员讲习所毕业奖励办法以裕师资而兴实业折[J].江宁学务杂志.1910(04):1.

宁提学使"恐勉强迁就,根基不固,谬种流传,贻误匪浅",不得已决定将农工教员讲习所推迟至1911年开办。对此,江苏省教育会并不满意,认为江苏省实业讲习所开办进展缓慢,并专门上书两江总督张人骏,提出"环球大通,皆以经营国民生计为强国之根本。要其根本之根本在教育。而实业不振,又无以为教育之后盾。现吾国国民生计日蹙,欲图自存,势已岌岌,舍注重实业教育外,更无急要之计划"①。在江苏教育总会的监督下,宁、苏两地提学使特别复文进行了解释,江宁提学使还特别提出,"业经札催高等农工实业学堂,将农工教员讲习所从速筹备"②。不过,随着清政府的灭亡,此类实业教员传习所的开办也就不了了之。

在江苏省教育会举行的第13届常年大会上,该会附设的职业教育研究会特别提出了"职业教育函宜筹备师资案",主张培养合格的职业教育师资。但江苏省教育会认为,职业教育门类很多,过于复杂,自身并不具备直接开办此类传习所的条件。1918年,江苏省立第二农业学校准备开办农村职业教员养成科,江苏省教育会认为,"职业教育之实施,首宜养成适当师资,方可收切实之效"③。江苏省教育会对这一做法非常提倡,还专门利用自己的影响力,致函各县教育会、劝学所,告知这一消息,希望能够加以推广。1923年,南京江苏省立第一工业学校拟开办木工教员养成科,但考虑到成本,提出会视报名情况决定是否开班,希望江苏省教育会帮忙致函各县教育会,告知各小学校。收到这一消息后,江苏省教育会给予了积极支持,帮助其进行了大力宣传。

(三)推动学校开展职业教育

1.改建职业学校

(1)改组南菁

自清末以来,江苏南菁书院改学堂之事先后历经多次变更,但主要是由江

---

① 咨呈江督张请开办实业教员讲习所文//沈信卿编.江苏教育总会文牍　六编甲[M].上海:中国图书公司,1911:6.
② 署宁提学李复文//沈信卿编.江苏教育总会文牍　六编甲[M].上海:中国图书公司,1911:8.
③ 文牍:致各县教育会劝学所转知省立第二农业学校开办农村职业教员养成科书[J].江苏省教育会月报,1918(08):1.

苏教育会负责。民国建立以后,江苏省教育会接到江苏都督的训令,要求就南菁学校的性质予以说明,即其到底是专门学校还是中学,是公立的还是私立的。南菁校董会认为:原有南菁高等专门学校,已经在辛亥九月解散,自董事会成立后,才重新开办;往高等专门学校方面筹划,但财力不在自己的控制之中,费用只够中学之用;现在准备先办中学,由校董会设法扩充,经费充足时,再改为农业专门学校。后巡按使公署决定,"饬遵照中学校令施行规则第三十七条之规定"[①]予以备案。随后,南菁学堂就成了南菁中学。自1917年倡导职业教育后,江苏省教育会再次组织将南菁中学改组成了第一工业学校。

(2)筹建中华职业学校

中华职业教育社成立伊始,就开始积极筹建职业学校。1917年7月,中华职业教育社成立议事会,决定筹建一所"都市式男子职业学校"。江苏省教育会的骨干成员沈恩孚、蒋梦麟、顾树森等,同时也是该社的骨干成员,都积极参与了中华职业学校的筹建工作,他们之中许多人后来都是该校的校董。1918年,中华职业教育社在上海南市陆家浜附近租到一块七亩半的荒芜土地,建造校舍,创办了中华职业学校。8月25日,学校公开向社会招收铁工科、木工科、纽扣科三科学生,并于9月8日正式开学。黄炎培为该校订立的办学理念是"劳工神圣""双手万能""手脑并用"。作为一所主要为工商业界培养中级技术、管理人才的全日制职业中学,该校后来又陆续开设了搪瓷、商业、机械等科类。在教学中,该校采取半工半读、工读结合的学制,既注重对学生职业知识技能的培训,又强调学生优良职业道德的养成,要求学生具有"金的人格,铁的纪律",使得该校成为我国职业教育领域的一所标杆学校。此后,江苏省教育会的很多推进教育的活动也大都会与中华职业教育社、中华职业学校联合开展。比如,租用中华职业学校的校舍作为临时活动或办公的场所,与中华职业学校合办理科实验室等。

2.倡导中小学增设职业科

1916年,江苏省教育会决定把发展职业教育作为该会的一项重要工作,之后的一年不仅通过了发展职业教育的相关议案,还专门向全国教育会联合会提交了相关议案,如通过《中学校改良办法》的议决案,其主要主张就是在普通学

---

① 文牍:巡按使公署复书[J].教育研究(上海),1916(27):4.

校中设立职业部。《中学校改良办法》中提到,"吾国中学教育,结果不良,无补社会,因谋改良之方法,得自第三学年起,就地方情形,酌授职业教科,并酌减他科时间"。教育部接到该案后认为,"近年中学校卒业之升学人数,远不及不升学之人数……酌定中学校增设第二部办法五条,先以草案通行各省区"。与此同时,教育部还要求,"凡办理中学人员,及平时注意于中学教育、职业教育者,对于此问题及其条目,如有意见,均可陈述。限两个月内送部汇核,再行确定公布,用收集思广益之效"[①]。1917年3月,江苏省公署专门致函江苏省教育会,要求就教育部的草案提出具体的建议与实施办法。

江苏省教育会接到公函后,又致函职业教育研究会研究答复。职业教育研究会经过讨论决定,由黄炎培召集,在1917年4月14日,邀请江苏各中学校校长在南京集会讨论。此次会议最后提出了七条建议,其中最重要的是明确了修习职业科的时间以及实习的时间,第二部(即职业科)"修业期限得减为三年","学费得酌量减免之","每周授课时间及实习时间之总数,得视中学校令施行细则表列之时数增加五小时以内,其实习时应占总时间之半数以上"[②]。

3. 指导中小学职业科目教学

在关注中学开设职业科问题的同时,江苏省教育会也注重小学生职业教育精神的养成,并要求加强小学校中图画、手工等科目教学的实用性。

(1)指导中小学图画、手工教授

为了配合职业教育的开展,江苏省教育会附设的小学教育研究会认为,小学职业教育应以图画、手工为重,并多次邀集上海的图画、手工教员召开研究会,希望能够改进这些科目的教学。1916年11月26日下午,江苏省教育会专门召开了由上海各小学参加的手工研究会,到会者约20人。他们主要讨论的问题有:"趋重应用的手工、减轻教育的手工,为职业教育之中心点","顾及经济,切于实用",对浪费材料的手工等需要加以改进,并议决:"实地调查各营业机关以便选定应用教材","选择应用教材后编定逐年教授之顺序"[③]。

[①] 文牍:江苏省公署转致教育部酌定中学增设第二部办法并征集意见书[J].江苏省教育会月报,1917(03):10.

[②] 文牍:职业教育研究会复书[J].江苏省教育会月报,1917(04):2.

[③] 会务录要:手工科研究会纪事[J].江苏省教育会月报,1916(04):10.

1918年3月,江苏省教育会附设的师范教育研究会和小学教育研究会,决定在3月23日专门组织召开小学校图画、手工讨论会,要求参会教师"酌带最近成绩品来会讨论"①,并鼓励教师提交各种意见书,报告各校图画、手工教授的概况。在交流和沟通的基础上,江苏省教育会还请顾荫亭阐述了他对于改进小学校图画、手工的意见。在他看来,教授手工、图画的共同目的有三个:第一,养成儿童创造发表的能力;第二,养成儿童生产的能力;第三,养成儿童的美感、共同心及责任心。他还对如何改进图画、手工教学提出了自己的建议。对图画,他提出:其一,教授图画种类,以记忆画、写生画、考案画为主;其二,图案画须利用写生画,由儿童自己发表。对手工,他则主张:其一,须改少手工种类及交叉;其二,制作品须有生产的价值;其三,须利用儿童自由制作及共同制作;其四,注重工作图。黄炎培也提出,我国小学教育中图画、手工的教学,需要注意两点:第一,在精神上须养成儿童的创造力;第二,在实质上须以美为基本,用经济的方法,以达适用之目的。

　　最后,大会对小学图画、手工教学,形成了一些共同的决议,包括:"小学校教授图画法之种类及方法""小学校教授图画书种类各学年分配表""小学校教授手工之种类""小学校教授手工种类各学年分配表""小学校应用手工教材之种类"②等。会议结束后,江苏省教育会就将以上决议,通告江苏省各小学校,要求各校分别施行,并征集施行后之意见与经历,以便将来开会讨论。

　　此外,江苏省教育会还号召各中小学组织图画教授研究会,提倡写生画的教学。江苏省教育会认为,写生"足以养成儿童对于实物之注意力,切实行之,收效极宏"③。组织研究会,可以补充时间上的不足,而且"图案画,于工业上之应用最大,尤足以养成青年发明创造的能力","图画注重写生,所以养成描写实物的技能,近今各学校渐废临画而注重写生者,已颇有所见"。但是,"写生图案,既须同等注重,而尤宜利用写生教材,应用于图案画,毋令拘泥成法,失图画真正之目的"④。

---

① 文牍:致各师范学校及附属小学校定期开小学校图画手工讨论会书[J].江苏省教育会月报,1918(03):9.
② 会务录要:小学教育研究会开小学校图画手工讨论会之结果[J].江苏省教育会月报,1918(03):13-15.
③ 文牍:致各县高等小学校请于图画教授注重写生画书[J].江苏省教育会月报,1918(11):8.
④ 文牍:致各中等学校请组织图画教授研究会书[J].江苏省教育会月报,1918(11):8.

(2)手工科提倡自制儿童玩具

在西方近代学前教育传入以前,中国民间儿童玩具不少。但是"玩物丧志"的传统古训,让中国人对于儿童玩具的教育意义缺乏足够的认识。随着西式幼儿园被引入中国,与之配套的"恩物"式教具以及蒙台梭利教学法所使用的一系列教具,逐渐改变了中国教育界对儿童玩具的认识。早在1913年,江苏省教育会就曾组织蒙台梭利研究会,并多次展出商务印书馆自制的儿童教具。不过此时,我国市场上的玩具大都是日本玩具厂商制造的。五四运动后,由于日本在山东问题上引起了国人的公愤,国内提倡国货的呼声日高,江苏省教育会认为,我国应该趁此良机,加以研究,自谋制造。在江苏省教育会的干事员们看来,"玩具一项,与儿童生活上有密切之关系,东西教育界莫不注意研究,提倡制造。我国对于玩具,向多忽视。致近年舶来之品,乘间而入,其中尤以日制之货,充斥市廛。儿童用邻国之玩具,教育上既多危险,而利权外溢"。因此,江苏省教育会希望各校此后在教授儿童手工时,能够"提倡学生从事于玩具之制作,材料不拘何种,用意以适合儿童心理、具有教育的价值者为贵"[1]。1913年5月16日,江苏省教育会决定,借中华职业教育社在月底召开第二届年会之机,举行儿童玩具陈列会,将各学校的作品陈列其间,代为介绍到国内商界,以谋推广,并且还准备在暑假举行儿童玩具展览会,请教育专家共同品评,以表示提倡国货之意。同时,该会还列举制作玩具的材料和要目,供各校参考,包括:纸制品、木制品、竹制品、金属制品、布制品、黏土制品、动物标本等。

4.提倡女子职业教育

近代江南实业之发达,实际有赖于蚕桑与纺织,而支撑这两项实业的是大量的女工。因此,早在清末,江苏学务总会就十分关注女子蚕业学校的开办。江苏教育会曾两次通告各劝学所、教育会,要求选送女生入女子蚕业学校。要求中谈道,"本会章程第二条第三项注意实业教育,吾国固有之实业,以蚕桑为大利,而育蚕实女子之天职,徒以女学未甚发达,蚕业新法又罕知研究,坐使利源为外洋所攘夺。固有者尚虑不能保守,遑言进取。迩来蚕桑学堂虽渐次成

---

[1] 文牍:致本省中等学校及各高等小学校请于手工一科提倡儿童玩具之制作书[J].江苏省教育会月报,1919(05):4-5.

立,而女子肄习蚕业之所,除上海女子蚕业学校外,未有所闻。该校创设多年,成绩优美,本年展览会送到自制丝茧等品,颇有可观。校长史君家修,固本会会员,自浙省蚕馆毕业后,即归设斯校,其志在振起吾国蚕业之衰,以免利权之外溢"。但是当江苏教育会了解到,就该校的学生生源而言,"本省来学之人反少于他省,岂吾省女子教育尚他省之不若欤",于是决定"急为提倡,以开风气"[①]。一年后,江苏教育总会再次提出,"省城女子蚕业学堂,先就上海原有女子蚕校招生开办,俟新校工竣迁入","查蚕桑为吾国固有之大利,而育蚕为女子之天职。方今蚕业不振,利权外夺,亟应竭力提倡。使各地方女子,咸知讲求栽桑育蚕等事,非仅扩充女子职业,实于生计前途,大有关系","凡具有高等小学二三年程度者,可请本地方劝学所、教育会保送或径向学堂投考。闰月二十日起至二十九日止,随到随考,本学期缴膳费二十元,学费宿舍费免纳"。江苏教育会同时还请求各地劝学所、教育会,"广为劝导,遴送合格学生到校肄业,以为本地方振兴蚕业之预备"[②]。

进入民国以后,江苏省教育会对于女子职业教育的倡导又有所加强。1916年,江苏省教育会在第13次常年大会上,讨论通过了提倡女子职业教育的议案,提议省立医校另外分设女子部,速办妇孺医学专修科,扩充女子职业教育。不过,在倡导女子职业教育方面,江苏省教育会也特别注意根据市场需求,因势利导。1918年,江苏省教育会听闻教育部拟提倡女校手工科注重制造花边,于是主动上书教育部进行劝阻。在江苏省教育会看来,"推广女生职业,开拓社会利源",用意本身是很好的,但是中国花边之所以能够成为大宗出口商品,是因为欧战的爆发影响了美国花边的货源,日本、菲律宾、中国才能取代欧洲而获益。但现在,美国已经宣布参战,并且把花边作为奢侈品禁止进口,以至于上海作为对外贸易的中心,花边存货很多,销路受阻,教育部在这个时候提倡制造花边,实际上是对商情的隔膜,如果在这个时候教育部仍出面倡导,就会导致各个学校"竞事

[①] 通告各劝学所教育会选送女生入女子蚕业学校书//沈信卿编.江苏教育总会文牍 五编甲[M].上海:中国图书公司,1910:64.

[②] 通告各劝学所教育会选送女生入女子蚕业学校书//沈信卿编.江苏教育总会文牍 六编乙[M].上海:中国图书公司,1911:44.

制造,以致耗费工料,反为经济之累"①。因此,建议教育部慎重考虑,以免误导。

(四)调查职业教育状况

由于职业教育与地方教育在经济发展方面密切相关,必然具有一定的适切性,因此江苏省教育会在推广职业教育时,也非常注重对各地职业状况的调查。正所谓"各县情形互异,应相度本地方状况,以定适宜之标准,庶几供求相应,实效可睹"②。为此,江苏省教育会专门制定了五种地方职业调查表、两种物产表,希望各个学校能够发动学生,利用寒假进行调查。

江苏省教育会下设的各个研究会也纷纷行动起来,如师范教育研究会考虑到开展职业教育,首重职业教师,所以在职业调查方面非常积极主动,很快就召开专门会议,讨论师范学校施行调查学生乡土职业状况的问题。

随后,师范教育研究会又与职业教育研究会、小学教育研究会一起讨论如何进行职业教育调查。第一步,先由各师范学校校长、教职员及附属小学教员,就本校分区范围调查社会上的各种职业;由各师范学校校长通告毕业生,让其在各自任职的学校周围调查社会上的各种职业,再把根据调查所得作施行职业教育的意见报告反馈给母校;同时,各师范学校校长还应该通告在校师范生,利用其暑假调查本乡土社会上的各种职业,再报告给所在学校,并提出在职业调查的同时务必注意各地的物产状况。③第二步,由各师范学校在前期职业调查的基础上,从速筹设农工商科;同时,还应该根据调查结果,在教授训练上,随时输入本校分区内职业上所需要的各种实用知识,并在师范生作业时间加以练习实践;在各师范附属小学的教育中,也要根据调查结果,酌情设置一些职业科目,并在儿童作业中,包括教室作业在内,酌情加以练习;各师范学校的毕业生,也应该在自己任职的学校,酌情开设一些职业科目,或者根据实际情况,在儿童作业中,尝试实践自己的主张,并随时把实验结果或成就报告给母校。

同时,职业教育研究会与师范教育研究会还号召江苏省内各行业自办的私

---

① 文牍:致教育部陈明女学校手工科应注重缝纫纺织等日用必需品书[J].江苏省教育会月报,1918(09):5-6.

② 文牍:致各县教育会、省立各学校分寄调查地方职业表及地方物产表书[J].江苏省教育会月报,1917(01):1.

③ 致各师范学校请分发七种调查表书[J].江苏省教育会月报,1917(02):10.

立学校,注重本业教育应该使用的教材。因为在他们看来,"此等学校所选之教材,自应于通用之教科书外,特别注意,以期适合于该业子弟应用之知识、技能"①,并要求各县教育会商同各县视学,召集区域内各业私立小学校校长,"先调查本校学生之家庭职业等",以便"妥议办法",更好地开展职业教育。

由此可见,为了推广职业教育,江苏省教育会对教育界中的各地教育会、县视学、各师范学校以及他们的毕业生、在校生等,进行了全面动员,在江苏省内营造了全面推进职业教育的氛围,为江苏职业教育的发展做出了重要的贡献。

三、推广体育

在中国近代众多的教育思潮中,军国民教育是其中的一个重要分支。如果说洋务运动时期中国的改革还仅仅局限于军事武器的改进与新型军事人才的培养,那么从甲午中日战争清政府失败以后,要求在全体民众中普及军事体育教育,增强全国人民的体质,甩掉"东亚病夫"的标签,就成为朝野上下的共识。1906年,"尚武"正式列入我国近代第一个教育宗旨之中。民国建立以后,在首任教育总长蔡元培的主持下,"军国民教育"也被看作是全面发展教育的一个重要组成部分。特别是随着"一战"的爆发,军国民主义思潮在我国更是广为流行。1915年2月,袁世凯颁布了《特定教育纲要》,重申民国的教育宗旨为"以道德教育为经,以实利教育、尚武教育为纬;以道德、实利、尚武教育为体,以实用主义为用"②。在这种思想的指导下,国人对于近代体育教育空前关注。这一思潮,不仅带动了学校体育的开展,也加速了社会体育的推广。而江苏省教育会在其中起到了非常重要的宣传、组织、示范作用,特别是在开展公共体育、举办运动会、组织童子军活动方面,成绩突出。

---

① 文牍:致各县教育会请会同县视学招集各业私立小学校校长酌议注重本业应用教材办法书[J]. 江苏省教育会月报,1917(03):3.
② 大总统特定教育纲要[J].中华教育界,1915(4):2.

(一)督促开展公共体育

从成立之初,江苏学务总会就非常注重军国民教育,力图通过体育来强健人民体质。因此,在积极推动学校教育,多举办运动会的同时,江苏教育会还大力提倡公共体育。

1.提倡军国民教育

1902年,张謇在《师范章程改订例言》中曾谈道:"国家思想、实业知识、武备精神三者,为教育之大纲,而我邦之缺憾。"[1]作为江苏学务总会的会长,张謇对于军事体育的主张在该会的章程中得到了鲜明的反映。1905年,《江苏学会暂定简章》中明确提出,该会的宗旨之一就是"提倡尚武精神:各学校均宜注重体育"[2]。很快,在1908年修订该章程时,江苏教育总会又提出,要"注意尚武教育,使地方人民皆有军国民之精神,以立强国之基本"[3],主张把尚武教育推向社会。在1911年召开的中央教育会上,江苏教育总会会长唐文治也曾明确提出了江苏教育总会的三大主张之一就是"提倡军国民教育"。不过,唐文治所说的军国民教育,更多强调的是学堂中开设体操课,"宣布军国民教育主义,并通饬高等小学及与同等之学堂,一律注重兵式体操。将体操一科,列为主课"[4]。但由于该案中有关打靶和枪支的内容引起了很大的争议,再加上清政府担心由此失去控制而未采纳这一主张。在1912年修订章程时,这一表达也没有改变。

如果说清末的江苏教育总会对于社会体育还只是停留在思想倡导上的话,那么在进入民国以后,江苏省教育会在社会体育的开展方面就有了很多实质性的行动,并取得了较大的成绩。

---

[1] 郝红暖选编.张謇睿语[M].合肥:黄山书社,2010:81.
[2] 江苏学会暂定简章[J].东方杂志,1905(12):333.
[3] 江苏教育总会章程(戊申十一月第二次改订)//沈信卿编.江苏教育总会文牍 四编丁[M].上海:中国图书公司,1909:1.
[4] 唐会长文治致中央教育会说略//沈信卿编.江苏教育总会文牍 六编甲[M].上海:中国图书公司,1911:6.

2.组织体育研究会

1911年,江苏教育总会发起的各省教育总会联合会会议通过了若干项各省自谋进行案,《定军国民主义教育案》就是其中之一。该议案曾提出各地方应设体育会的主张。不过,这一建议主要针对的还是学校体育教育。进入民国以后,虽然中央教育部专门设立了社会教育司,但对该司应该负责的主要社会教育事务中并没有包括体育教育,直到1914年7月重新修订的教育部官制中,才首次明确把"公众体育及游戏事项"[①]归于社会教育司负责。

1914年7月底,"一战"正式爆发,国内的军国民主义教育思想再次流行起来。1914年11月23日—28日,江苏省教育会特意举行为期一周的讲演会(主要围绕学校的卫生和体育展开),并专门邀请基督教青年会教师克洛恺及工业专门学校教员张谔讲述体育要旨,听讲者达到130多人,其中包括女听讲员3人,外省特许列席的听讲员也有数十人。这次讲演会有关体育的内容主要包括:克洛恺讲体育的历史关系,体育与智育、德育的关系,体育与卫生的关系,身体与运动的关系;张士一讲饮食、衣服、清洁与体育的关系,体育与运动、游息之关系等。在讲演会结束后,江苏省教育会副会长黄炎培对参与听讲的学员提出了六点希望,其中谈道,"关于体育事宜,宜乘机提倡",并且特别提出,要"平时练习,定期比赛,宜连续勿间断;宜普及全体勿专培选手","关于学校管理问题以及与卫生体育问题,皆宜设研究会"。[②]

因此,讲演会一结束,第一工业学校的张怡然考虑到体育之重要,就发起成立了江苏省教育会体育研究会,并草拟了十一条章程草案。该草案于12月4日获得省教育会干事员会认可。

随后,江苏省教育会还得到了美国体育专家克乐克(恺)的允诺,表示如有体育方面需要助力之处,极愿意帮忙。而与此同时,江苏巡按使公署也来函询问组织体育研究会的具体情形,主张可以在省立学校联合运动会开会期内提议设立。

1915年2月,袁世凯领导的北洋政府通过了《特定教育纲要》,重申尚武教育的宗旨。江苏省社会体育的开展进程由此加快了。7月4日,体育研究会正

---

① 教育部官制公布//朱有瓛,戚名琇,钱曼倩,霍益萍编.教育行政机构及教育团体[M].上海:上海教育出版社,1993:111.

② 会报:本会对于听讲诸君之希望[J].教育研究(上海),1914(18):9.

式成立,其宗旨是"研究体育之原理及方法,以求江苏体育之进步"[1],并仿照江苏省教育会的组织架构和运行机制开展活动。

但到了1918年初,因体育研究会会长张士一赴美留学,副会长徐一冰因在浙东任事而辞职,所以体育研究会的会务一度中断。恰逢江苏省教育会接到麦克洛的信函,说准备组织江苏省体育研究会,并审定体育名词,发行体育报。于是,江苏省教育会决定在省学校联合运动会期内商定时日,在南京开会,更举职员,讨论进行办法。4月26日上午9点,江苏省教育会在南京门帘桥的分事务所开会讨论改组事宜,到会者有黄炎培、沈信卿、麦克洛、郝伯阳、章赋刘、任孟闲、郝宝第、陆规亮、贾季英、陆佩萱、仇亮卿、黄揆伯、吴怀疚、胡少坑等。会上,先由黄炎培报告改组缘由和意见,接着沈信卿提议修改章程,经众人一再讨论,加入"设干事若干人,分部酌设主任",并暂分中等以上体育部、小学体育部、女子体育部、校外体育部等4部,推定沈信卿、仇亮卿、吴怀疚、陆规亮、麦克洛、郝伯阳、陆佩萱等7人为临时干事。其中,校外体育部的主任为何守白、胡少坑。

3.开办体育传习所

1915年6月3日,袁希洛提议请求在江苏省内多设公共体育场,以为军国民教育之基础。6月7日,他又正式上书巡按使,希望由省里出面筹拨经费,次第推广。24日,巡按使公署答复说:体育,"强身卫国,洵为要图",公共体育场是开展社会体育的基础,省里正准备提倡,并且希望江苏省教育会能够"酌拟办法及一切条例细则,寄备采择,藉广推行"[2]。后经江苏省教育会干事员会讨论,决定推举张士一、袁希洛于半个月内酌拟草案,以备答复。7月16日,张士一、袁希洛两位会员向江苏省教育会的干事员常会提交了他们草拟的公共体育场简章及说明书。经干事员常会讨论后正式确定,并提交给了省巡按使,其中特别说明,考虑到经费问题,可以次第推广。与此同时,体育研究会的组织选举也顺利展开。巡按使公署根据江苏省教育会提供的简章和说明书,经省教育行政会议讨论议决通过,遂通饬各县,3个月内报告设备场所备案。考虑到公共体育场筹办之初,最重要的是遴选体育专员,设所传习,储养人才,而"上海人才荟萃,延

---

[1] 文牍:张君谔等送到体育研究会通告书并章程草案[J].教育研究(上海),1915(19):1.
[2] 会报文牍:巡按使复书(六月二十四日)[J].教育研究(上海),1915(24):2.

聘教员容易",因此,巡按使公署又专门委托教育会筹办体育传习所。江苏省教育会自然不敢怠慢,由体育研究会会员张士一具体负责筹备组织(先后开办了两届体育传习所)。

1915年9月24日,江苏省教育会召开全体职员会,共同推举张士一为体育传习所主任,负责延聘教师,考核功课。姚子让、吴怀疚、贾季英、丁庚尧、李颂唐、贾叔香、沈信卿、袁叔畬、黄炎培等9人为公共体育场筹备员,负责体育传习所的组织筹备工作。随后,他们还拟定了体育传习所的章程和细则,对人员资格、课程内容、教学原则、场地管理、住宿安排、经费来源等都做了非常详细的规定。

(1)传习所的师资聘用

由于这一时期,我国的体育发展还比较落后,为了聘请资深的、高水平的体育教员,传习所的师资主要选自上海青年会以及南京、苏州各教会大学的教师。

(2)传习所的学员要求

从体育传习所的章程来看,设所目的主要在于养成公共体育场的指导员。因此,章程要求,学员需要曾在学校学习体操及曾任体操教员者,方为合格。因为只有这样,才能够加深学员对学习科目和内容的了解,便于学员掌握和领悟。

(3)传习所的课程设置

传习所的课程设置包括理论和实践两部分,分体操部、球戏部、器械部、田径赛部、技击部、游泳部等,但以体操部为主。所有实践场地都打算设在上海县奉文设立的公共体育场,拟采用慈善团执业之公地进行建设。

(4)传习所的费用

由于是第一届传习所,江苏省教育会希望能够起到一定的示范效应,再加上上海本身的消费水平,所以传习所的经费预算相对较多。在费用上,江苏省教育会提议,由省库和各县派学员时共同分担。而对于公共体育场的建设费用,则采取与上海县合资经营的方式。

在提交给省巡按使公署的开办章程中,江苏省教育会不仅提交了详细的经费预算,还勾勒了运动场的概况图,准备十分充分。

(5)传习所的实施

按照江苏省教育会的计划,传习所的学习时间以4个月为期,准备在11月

16日开学。但后来因为学员报到时间的延迟,原定开学时间只有南通的两个人前去报到,于是报到时间被推迟到26日。同时,根据武进县教育会及省立第六中学校等函送学员请求,登报广告,凡各县教育会中等以上学校愿送学员者,只要开具资格证明、保证书,也可以随班学习。后来总报名人数很快就达到了80人。到正式开班之日,前来报到的学员超过了90人。26日上午10点,体育传习所正式在上海公共体育场举行了隆重的开班仪式,巡按使公署特别派教育科科长卢殿虎前往训词。在开班仪式上,黄炎培报告了传习所开班的经过,传习所主任张谔阐述了传习所的宗旨。江苏省教育会还特别邀请江谦发表演说,要求学员注重以身作则,以改良社会教育。晚上,江苏省教育会又为学员播放了远东运动会的写真影片,以及当年新摄制的省立各学校第二次联合运动会影片,备学员观摩。到了1916年3月26日,传习期满,共有130人获得了传习所颁发的证书。

1918年,江苏省教育会在8月中旬开大会时,体育研究会议定再次设立体育传习所,由该会的名誉顾问麦克洛为主任讲师。这次传习所的宗旨是"利用学校授课余闲,研究最新、最适宜之体育方法及其原理,并练习纯熟"[1]。虽然这届学员中仍然包括了公共体育场指导员,但这次的传习主要面向学校,因此其学员范围与资格有所扩大,且以学校体育教员、师范学校最高年级生、体操学校最高年级生为主。同时,学习期限也延长为1年,具体要求是,"除寒暑假外,以每周土曜日(星期六)午后四时至六时为研究及练习时间";在教学形式上,对于道远不能入所者,还采用了函授这一灵活的变通方式,也因为如此,对于学员的人数并没有加以限制。此次接受传习的学员的收费标准是"入所者每年纳费十二元,函授者年纳讲义费及邮费三元",地点还是"借设上海公共体育场"。

如果说第一次体育传习所是受到了省巡按使公署的委托,专门为公共体育场培训体育指导员而开设的话,那么这一次则是江苏省教育会,特别是其下设的体育研究会主动开设的。前一次体育传习所的主持者是中国人,而这一次的主持者则是一个美国人。在体育理念和课程设置上,前一次的主要内容为体操,而这一次的主项是游戏运动。此外,除了关注游戏、运动、智育、天性、历史

---

[1] 会务录要:本会开办体育传习所纪要[J].江苏省教育会月报,1918(09):9.

之外,还关注了运动场的组织、团体运动方法,特别是注重了根据男女的性别差异进行游戏运动与体育教学,根据学生年龄、学生性别和学校类型等进行有差异化的游戏,采取不同的运动方法,强调打通学校与社会之间的联系,更加突出运动的娱乐性、游戏性。前一次有名额限制,这一次则不限人数,且培训形式灵活、创新。但也正是由于缺少行政权力的介入,这次开设的传习所是纯粹基于兴趣的体育传习所,最后入所接受训练者只有49人,函授41人,总人数与第一届相比少了很多。

(6)传习所的成效

从传习所的学员身份、构成以及毕业后的出路来看,在这些学员中,有一部分中小学的体育教师,他们毕业后有相当一部分依然是到各地的中小学任教,也有一部分是负责各地公共体育场的教练员,还有很多学员既在学校担任体育教师,也担负着公共体育场的建设和指导工作,真正实现了学校体育与社会体育的共同进步。

那些原来在中小学任教的学员中,很多人因为接受了新的培训,从而让自己的教学形式变得更加丰富多样了。比如,句容的张益明就非常注重学生的游戏、课外运动习惯的养成,甚至放假时他还印发了体育材料让学生在家里自主练习。而吴县的陆恩普则注重根据学生的年龄特征进行教育,对高年级采取锻炼主义,对年幼学生取活泼主义,不失诸放任,以养成思考及想象之观念,还特别注重体育与各科的区别与联系。比如,他认为运动与唱歌性质迥异,混合练习于儿童之声带易受刺激,对身体之发育尤有妨碍[①]。此外,他还在课外联合各校组织童子军,以为将来军国民之预备。这些新变化无疑都是由体育传习所的学习经历带来的。

当然,由于开设体育传习所是为了推动各地公共体育场的建设,因此有很多学员回去以后都和其所在县的相关人员积极协调、一起努力,推动了当地公共体育场的建设。比如,金山的蒋厚培就反馈说,当地的公共体育场,虽然限于经费,一切从简,但已经建设起来了。丹阳的朱润庠的报告也说,当地已经成立体育场,订细则及简章,征召运动员、指导员,不过指导员是由县里另外委托的

---

① 文牍:致体育传习所各学员分致通信摘要书[J].江苏省教育会月报,1916(10):7-8.

第四章 蓬勃发展的江苏省教育会(1914—1921)

夏志义充任,自己则被聘请为新建的县立第三高等小学校的体操教员,虽与体育场范围不同,但服务相同。当然,这种立竿见影的效果还比较少。很多地方,在学员受训回去后,还只能着手进行一些公共体育场的筹办工作。比如,江浦的徐谦和田楚良,返回后,通过与筹备体育场之县教育会会长谢仲卿、款产经理处许璞青、县署第三科科长田公章等多方接洽,争取到了开办场地政策和经费,拟定了开办简章,并经县长报省巡按使批准,公共体育场已经在6月初动工,拟设4部,当在暑假后成立。泰兴的季承瀚、朱铭洗的报告说,大约8月中可报完全成立。上海的胡健、王鹏回复:该县的公共体育场正在修建,本年10月可成。

除了这些直接的成效,江苏省教育会体育传习所,作为一个省内体育人才的专门训练机构,在预定目标达成之外收获的一些额外成效也值得关注。

第一,激发了学员的自主学习与研究精神。

在江苏省教育会举办的首届体育传习班中,不乏突出的体育工作者与体育研究者。如丹徒的陈邦才,自体育传习所毕业后5周之内,除了到省立第三师范及其附属小学观摩体操教授,还练习旗语、彩带操等;辅助陈明徽等筹办丹徒体育场,在各个学校讲演体育大意;除了担任省立第五、第六师范学校足球比赛的公证人、丹徒第五学区各学校联合举办的游艺会司令外,对于体操教授还有自己的思考,曾自编短棒操2套、彩旗操1套,主张高等小学体操课,"宜多授应用操","国民学校体操科合级教授时,主张用同教材、异程度法,以免儿童兴味之减少",舞蹈游戏,"小学中宜多授"[①]。如皋的叶烺坚持研习与思考体育问题,在学理上研究,在实践上改良体育课,如编辑《体育学提要》1册,油印装订后,分送通如高等小学以上各学校及各机关团体,以便其在社会上提倡体育。他又以最新式的各种教材,参以学员生理,编订徒手操、哑铃凳,分高等、中等师范应用,并将其定名为分级教材,以作本校及各校(所)授课程教材。他还在学校中组织体育部,鼓励学生参与运动,并希望通过学校运动影响社会运动。除了理论研究外,叶烺在技能研究上也进行了很多探索,比如研究拳术技击,如何实现强身健体、保存国粹等。

[①] 文牍:致体育传习所各学员分致通信摘要书[J].江苏省教育会月报,1916(10):6-7.

第二,形成了学员之间的互帮互助。

在第一届传习所中,如皋参训学员共有3人,他们除了在各自的岗位上推广体育之外,学员之间还彼此联络,共同提倡,齐心协力地推动当地的体育活动的开展。

从1916年4月开始,叶煨就基于自己所在的纺织专门学校,联合省立第七中学校等,竭力宣传体育,成功组建了三校校际之间的体育联盟,开展了联合运动会。这三校每逢星期日比赛1次,开展过足球联赛等。同时,为防止学生互相争执,他还特别注重体育规则的讲授和践行。

1916年暑假期间,受其他两位同学的邀请,他们三人一起筹办了如皋的公共体育场,并赴该县工业学校讲演体育,讲演纲目包括:西洋体育之状况、我国体育之历史及其衰弱之原因、近世科学时代体育与人生事业上之关系、团体运动之利益、个人运动之目的、卫生及游息[1],以此向学生和社会大众宣传体育运动的理念、历史和必备知识等。

丹徒的陈邦才从上海返家途中,先是在省立第三师范及其附属小学观摩体操教授,并练习旗语、彩带操等;再辅助了陈明徽等筹办丹徒体育场。

随着江苏各县公共体育场的开办,1917年,第一届体育传习所的学员又发起成立了江苏各县公共体育场联合会。

第三,带动了地方传习所的开办。

江都学员都鎏辉、孔繁润回到当地后不久,就被江都周知事委任为公共体育场指导员。他们忧心江北女子体育仍处于萌芽状态,遂联络扬州女子公学校校长郭坚忍女士,商榷再三,特就在该校校区于暑假期中设一下棋女子体育讲习所,以期最短之时期,养成有用之人才,并由郭校长请县公署备案,延请前浙江女子体育专修科毕业生陈幼思女士为主任教员。

在宣传与推广公共体育方面,金坛可以说是提倡最为得力的。1916年7月中旬,金坛的李森、徐懋昭,在当地教育会会长陈家凤、高等小学校校长杨立三、谢家骝等人的赞助下,在高等小学校内举行了夏季体育讲演会,由李森讲体育原理及学校卫生,徐懋昭讲体育方法及运动生理,并指导实习各种体操法,到会者60多人。会后,该县第四学区学务委员袁继善等特约2位学员,按月分赴各乡

---

[1] 文牍:致体育传习所各学员分致通信摘要书[J].江苏省教育会月报,1916(10):16.

讲演关于体育事项兼做指导。于是,该县定下办法,每月第1日,按照学区顺次,周行讲演,决定自10月份起从事进行。实际上这就把体育传习所的影响无形中扩大了,并促进了先进的体育理念与科学的运动方法在当地的传播。

4. 监督公共体育场的筹办与运行

江苏省教育会在培训体育师资方面一直在持续发力,不断创新。在培训结束后对学员的跟踪和帮助,对我们也非常富有启发,值得关注。

(1)坚持反馈,沟通信息

江苏省教育会在培训结束之际,要求所有参训学员及时地向江苏省教育会反馈各地公共体育场的开办和活动情况,并且利用江苏省教育会自己所主办的《教育研究》杂志,对相关的反馈信息予以刊登。根据相关反馈信息可知,1916年8月,江苏开办体育传习所已经半年后,只有上海、金山、六合、丹阳、泰兴、江浦、沛县等7县的公共体育场在实行筹备中,还有很多县经费未筹,场所未定。而1915年建议各县开办公共体育场时,曾提交行政会议议决通行。因此,江苏省教育会又呈请省长公署,"饬行各县速设公共体育场"[①],并要求体育传习所已经毕业的各个学员,随时通报情况,并且根据通报的情况,有针对性地进行处理。这种通报,一方面便于各方了解各地公共体育场的实际办理状况,起到信息沟通与联络的作用,另一方面,实际上也起到了舆论褒贬与监督的作用。比如在来信刊登中,把各县开办体育场的场地、经费、人员、进度等情况都加以公示,对于做得较好的县,这是一种肯定与激励,并且其开办经验也可以供其他县学习,而对于做得不好的县,它实际上也起到了批评督促的作用。这种如实摘登的方式,也会给各个地方不作为的官员以舆论压力,其不失为一个好办法。

从1916年第一届传习所学员毕业以后,一直到1919年,江苏省教育会还在坚持对参训学员的反馈信息进行持续的跟踪和摘登。

(2)协助学员,督促地方

1916年,泰县的冯文海、许抡英经过体育传习所培训回到当地后,即与县郑知事、县视学严君磋商,希望能够把该甲种师范传习所停办后的节余费用移作兴办体育场之用,以此来保证体育场充裕的常年经费。虽然有泰县教育会的帮

---

① 文牍:致齐省长请通饬各县速设公共体育场书[J].江苏省教育会月报,1916(01):5.

助,但由于地方执政者没有体育意识,一味地虚与委蛇,并有将此款项移作他用的打算,两人特别向江苏省教育会发出请求,希望省教育会能够专函省巡按使公署,饬知该县拨发经费。江苏省教育会干事员会立即议决,并函催省署,协助争取经费。直到1919年4月,距离第一届体育传习所学员毕业已经过了3年,阜宁的公共体育场仍然没有建立。据阜宁学董陈子贞、张泽民、姚继崇等函称,"阜宁公共体育场,旋兴旋废"[①]。由于困于经费,虽然屡次禀请续办,也已经蒙省令阜宁县知事,督同劝学所所长筹设在案,但由于曾遭到驻军破坏,经费无出,仍复延缓,即便是拟拨出的数百元整理开场经费,也在经理处滥支款数以内。

1917年2月,江苏省教育会接到体育传习所金坛学员的报告,反映当地体育场筹备不合法,江苏省教育会经过讨论,专门致函金坛县教育会请求调查。他们反映的问题主要有两个方面:第一,"开辟场地之不合度"。因为该县的公共体育场是从旧县署30多亩闲置土地中划出的,总面积为10亩,但是这块地中间种有桃树、柳树,建有小亭、园子,不符合运动场建设的要求。而且公共体育场的事务所设在文庙七君子祠,在运动场之后,不便管理。第二,"购置器械之不适用"[②]。所购器械多属于滞销品,运到时已经损坏,质量与安全问题较大,会极大地妨碍运动员的生理与安全,会阻碍体育的进步。对此,江苏省教育会高度重视,请求金坛县教育会就近调查,商榷改良办法。

从1915年年底开办体育传习所一直到五四运动前,公共体育场的筹集依然未获大成效。民国初年公共体育场的发展,主要得益于民间力量的推动和主导,也有来自上级行政命令的压力,但各地发展不平衡的问题非常突出。对此,江苏省教育会并没有推卸自己的责任。到1924年,江苏省教育会下设的体育研究会在给教育厅的提案里还提到,截至当年,还有仪征、铜山、砀山、灌云、涟水、南汇、奉贤、海门等8地未能设立体育场,考虑到省里倡议设立各县公共体育场是在民国四年(1915),至此时隔9年,情形依然如此,因此要求教育厅通令为成立体育场,各县教育局限于民国十三年(1924)成立。并且提出,如果各县经费支绌,不妨先树基础,再图分年扩充,以应需要。如果必待有巨额经费,为

[①] 文牍:致省公署转陈阜宁学董陈子贞等请催办公共体育场书[J].江苏省教育会月报,1919(04):1.
[②] 文牍:致金坛县教育会请调查公共体育场现状商榷改良书[J].江苏省教育会月报,1917(02):4-5.

大规模之建设,则终无成立之希望。其中还谈到,金坛一县早年办理的公共体育场,现已停办,应限期恢复。由此可见推行公共体育运动之艰难,而江苏省教育会对此之执着与坚持。

对此,《中国近代体育史资料》中对江苏省教育会有很高的评价:"民国四年,江苏省教育会见民众体育之重要,欲在江苏全省推广民众体育,为全国倡。即于是年秋,在该会附设体育传习所,聘麦克乐(洛)、史温、克拉克为教授,令江苏六十县每县派二人来所受训练,毕业后回各县任公共体育场场长及专科员,吾国公共教育场运动,实发端于是。翌年各学员毕业散布各县,办公共体育场,如上海、南京、无锡、扬州、通州等城,皆当时所开办。其他各县,亦莫不先后成立,此为本期中最堪注意之事。"①

5.提议推广体育计划

1915年,全国教育会联合会第一次会议在天津召开,江苏省教育会的袁希涛、郭秉文等人出席了此次会议,并负责对包括社会教育在内的相关议案进行了审查。此次会议议决的向教育部正式提交的7项议案中,涉及体育的主要是《拟设教育讲演会案》《军国民教育施行方法案》《社会教育进行计划案》。但实际上,这些议案的相关内容并没有得到有效的贯彻实施。1918年,在江苏省教育会的组织下,在上海召开了第四次全国教育会联合会,专门通过了《推广体育计划案》。

1919年,江苏省教育会根据会员陈家凤的提议,专门致函江苏省教育厅,提出了推广体育的两条计划。在这份计划书中,陈家凤提出应该要求"各县于公共体育场,附设体育传习所等",其理由是"体育为德育、智育之根本,已为近今教育家所公认,亟应极力提倡,以期普及"②。而且,当年教育部所设立的教育调查会议定分股调查,在普通教育项目下,主张首先注意调查的就是国民学校课外运动之有无及其种类。因此,要促进各地方体育的发展,设传习所自是正当办法。该计划书还特别提到,上年该会附设的体育研究会办理之体育传习所,各校体育教员踊跃入所,让江苏省教育会从中看到了上海一年来的体育成绩与

---

① 成都体育学院体育史研究所著.中国近代体育史资料[M].成都:四川教育出版社,1988:230-231.
② 文牍:致江苏教育厅推广体育计画书[J].江苏省教育会月报,1919(04):5.

进步。因此,如果各县都能够仿照办理,那么江苏全省的体育就可以蒸蒸日上。只是考虑到各县的具体情况差别较大,很多地方的公共体育场尚未完全设立,或虽经开办,而设备尚极简单,所以不得不酌量情形,分别办理。江苏省教育会主张,对于那些公共体育场设备完全,已经有成绩的县,可以请当地劝学所查明,向不太注意课外运动的小学各送1名学员,在每日下午4点到公共体育场附设的体育传习所学习,至于学习的时间及运动项目,由当地自行决定;如果人数过多,不便实习的,也可以分班传习。而对于那些公共体育场设备简单,及尚未成立的各县,则应该商请南京高等师范学校,在其体育专修科中酌情增加班次,由该县劝学所选送体育教员入学学习,等到该学员毕业回县后,再开办传习所。

此外,会员陈家凤还特别提议,要请省里出面,通令各县知事对通俗教育馆公共体育场积极开办。因为在1918年秋,他曾到金陵、沪海、苏常各道属参观教育,见各县对通俗教育馆及公共体育场事业,实力进行者,固不乏人,而敷衍塞责者也不少。"入教育馆,则标本模型,狼藉几案。入体育场,则器械损坏,衰草连绵。督察者听其自然,当事者不知整顿。甚有迄今尚未设立者。"在他看来,"教育馆及体育场,于人民智德体三育,关系綦重……敷衍成事,虚縻款项,不特利益未臻。且恐弊端立见。乖教育之本旨,失信仰于人民"。[①]江苏省教育会经过讨论认为陈家凤提议内容对于社会教育至关重要,因此专门致函江苏省教育厅,请求予以考虑。

(二)积极倡导运动会

在引入西方的军事体育的同时,西式运动会这一体育健身活动方式也被引入我国。江苏省教育会的积极倡导和持续推动,扩大了运动会的宣传效果。

1.对运动会的肯定与倡导

我国的体育运动会开展较晚,在晚清,它主要是由一些教会学校来组织。1908年,江苏教育总会会员陆瑞清曾说,当时上海在春秋两季举办的运动会,可

[①] 文牍:致教育厅转陈家凤虞念慈提议请通令各县知事对于通俗教育馆公共体育场积极进行公函[J].江苏省教育会月报,1919(01):4.

第四章 蓬勃发展的江苏省教育会(1914—1921)

以让参加者在游戏、柔软、器械、兵式种种武学方面有长足进步,不失为注重体育、培养军国民的良法。但在他看来,这种运动会也有弊端:其一,互相参观,虚掷时间。其二,铺张陈设,耗费金钱。其三,不练射击,获益浅鲜。因此,他主张应该注重平时的锻炼和精神。他还说,自己在上海的时候,曾经与黄炎培、袁希涛谋划,准备借制造局的靶场,率学生前往练习射击,但是清政府当局因为害怕出事而予以阻止。对此,江苏教育总会回复说:"运动会联合办法,同人集议,极表同情。就目前情形,只宜于平素交通各校,先行酌量举办"[①]。

虽然在这一时期的江苏教育总会还没有全面支持运动会的举办,但是它对运动会的体育价值是有明确认识并积极肯定的。

1911年,中国近代的第一届博览会——南洋劝业会在南京举办,在此期间,在美国人的倡议下,举办了中国首届学校联合运动会。虽然这次参会的都是教会学校,但借助南洋劝业会的巨大影响,运动会的形式及其效果渐入人心。而南洋劝业会的实际组织者中有很多都是江苏教育总会的核心成员,如张謇、黄炎培等,他们不仅把教育作为此次南洋劝业会的一个重要门类,而且还专门组织了一个研究会,针对其中展出的新式教育成果进行研究,写成报告,编辑成册出版发行。

此次运动会之后,上海青年会率先联系上海的各个学校,准备再次举办运动会。中国体操学校的徐益彬称,"运动会之组织也,注重团体运动,不尚选手竞技而其运动之种类及方法,亦必视乎各学校之阶级与程度,斟酌尽善。循序而进,以期达运动普及之目的。乃足以收良善之效果。"因此,他建议江苏教育总会,应该在全省范围内提倡运动会。江苏教育总会认为,"徐君所论,深合教育原理",因此它特别向各地劝学所、教育会发出通告,希望他们能够"广告学界,以资办理运动者之参考"[②]。自此以后,江苏教育总会对于各级各类运动会都极力倡导,表现积极。

[①] 复陆瑞清书//江苏教育总会着录.江苏教育总会文牍 三编上[M].上海:中国图书公司,1908:108.
[②] 通告各劝学所教育会组织运动会办法书.//沈信卿编.江苏教育总会文牍 六编甲[M].上海:中国图书公司,1911:42,44.

2.支持举办江苏省内学校联合运动会

1914年,鉴于"一战"的爆发,以袁世凯为首的北洋政府对体育与尚武教育更加重视,军国民教育的思潮在国内再次引起人们的关注。体育与运动会被看作是开展军国民教育的最好方式。因此,江苏省省长齐燮元提议举行省立各校联合运动会,以期逐渐形成尚武风气。江苏省教育会适时成立了体育研究会,在倡导公共体育、社会体育的同时,也非常支持举办省内各学校联合运动会。

(1)派代表、赠奖品

1915年,江苏南京举行了首届江苏省内学校联合运动会后,决定以后每年举办1次。1916年7月,江苏省教育会为了表示对于体育的重视,特制了银爵和证书,准备赠予第二届运动会的优胜学校。10月,该会专门推举副会长黄炎培、干事员张世鎏、评议员袁希洛为赠爵代表,由他们出席在11月举行的第二届运动会。12月,获赠银爵的南洋中学校校长王培荪还专门致函江苏省教育会,对该会的赠爵表示感谢。此后,由江苏省教育会向省内学校联合运动会优胜学校赠送银爵遂成定例。

五四运动后,江苏省立学校运动会改为分区举办,江苏省教育会干事员会专门提案议决,向与会各校等,各赠中华民国地图模型1架,以表赞佩。

(2)建议完善运动会赛事

1917年11月1日—3日,江苏省立各学校第三届联合运动会在扬州举行。江苏省教育会在当年8月的常年大会期间,帮助代拟了第三次《省立各学校联合运动会办法》。10月20日,又推举张叔良、袁希洛、张伯初3人为省立学校联合运动会赠爵代表。

1918年,第四次省立学校联合运动会定于4月1日—3日举行,江苏省教育会在当年2月底重新推举黄炎培、沈信卿、顾荫亭3人为赠爵代表。后因南京发生了疫症,联合运动会推迟到4月23日—25日举行。为此,江苏省教育会结合对前几届运动会的观感提出了完善运动会赛事的6条建议:第一,"下次运动会日期,宜早确定也",因为联合运动会的宗旨"在平时之锻炼,不在一日之竞争;在历届之比较,不在片时之优胜"。应该在每届运动会结束后,就宣布下一年会期,让各学校知道预备训练,养成习惯。第二,"宁垣省立公共体育场,宜克日成立也"。第三,"兵式操法宜归画一也"。第四,"体育视察宜设专员也"。第五,"操场器械,宜推广设备也"。第六,"本届及第二、第三届联合运动会报告,宜编辑颁发也"[1]。这些建议很快得到了齐燮元与教育厅的答复。

从这6条建议来看,江苏省教育会对联合运动会赛事的优化主要表现在:

第一,明确运动会的宗旨。

在江苏省教育会看来,运动会的宗旨在于养成锻炼的意识和习惯,而不是体育成绩的竞争,对于大多数学生而言更是如此。因此,它在建议中特别要求应该提前确定好时间、场地、内容等,以求体育运动的普及。

第二,丰富运动会的项目。

随着体育的发展,民国时期运动会的比赛项目也在不断地变化。但江苏省教育会认为,应该把柔软体操作为体育训练的基础,在运动会上,所有的兵式操法应该统一按照陆军部的规定进行,同时,还应该注意操场的建设与器械设备的添置等。

1926年,江苏省教育会下设的体育研究会经过研究提议,"省校联合运动会,于本年秋季举行运动会时,增加标枪、铁饼、三级跳远三项运动"。因为他们认为,"该三项运动,省校尚少练习,业经该研究会杜委员召棠实地试验,于中等学校学生生理上,并无不适,允宜增加,以免省校运动会独付缺如"[2]。

第三,扩大运动会的规模。

1919年,吴江县立中学向江苏省教育会提议,应该准许县立各中等学校加入第五次省立学校联合运动会,江苏省教育会经过讨论认为,因第五届会期临近,拟筹办第六次时呈请省长修正规程,准予加入,并就此专门致函省教育厅。同时,江苏省教育会又根据历年的联合运动会举办情况提议说,"就历届参观之结果,由附设体育研究会详加讨论,以为每届开会一月以前,宜先举行筹备会。召集与会各校体育教员,研究运动规则,有无应行改良之点,务期各运动员对于运动规则,得一致遵守"。同时,江苏省教育会还提出,"评判人员,亦宜于会期一月以前延定,开筹备会时,并邀集各评判员,举行评判员预备会。研究评判方

---

[1] 文牍:呈齐省长请规定联合运动会按年开会时期并条陈意见文[J].江苏省教育会月报,1918(05):9-10.

[2] 文牍:致江苏教育厅录送体育研究会议决案函(八日)[J].江苏省教育会月报,1926(06):1.

针,期临时易得圆满之结果,而办事上益臻完密"①。

除了参加省立各学校的联合运动会,江苏省教育会也对各地区间、学校间的联合运动会表示了关注。1917年春,江苏省教育会就曾接到上海县立高等小学校联合运动会事务的函件及入场券,并应吴江县教育会的邀请,专门派张士一、凌文之2人代表江苏省教育会出席吴江第一次全邑高等小学联合运动会。1920年,江苏省教育会接到张謇的函件,南通中等以上各校准备举办第二届联合运动会,还推举干事员章伯寅出席观赛。

第四,优化运动会的程序。

随着各地体育运动会的高涨,江苏省教育会提议在全省范围内举行分区运动会。

1920年1月15日,江苏省省立学校校长会议开会讨论联合运动会事宜时认为,当年节令较迟,恐四月初旬,气候尚寒,运动不便,决定把运动会会期展延至5月5日举行。同时,考虑到地理距离与交通的关系,为了扩大参赛学校的数量与规模,决定采用分区举办的方式,以上海、苏州、无锡、镇江、扬州等处为分区预赛地点。"须预赛及格者,方能参加联合运动会。"这样"既可缩短开会日期,又可节省往来川费"。②运动成绩分为甲、乙、丙三等,不定名次。会议还要求对上届运动会规程及运动规则中不适宜的条款,酌量修正。

与此同时,为了与全国的运动会保持一致,1920年,江苏省体育研究会第三次委员会会议议决案中提到,省内的分区运动会应在全国运动会之前举行,以便选派运动成绩优良的选手参加全国运动会。江苏省教育会觉得此建议很好,于是建议教育厅,令各分区运动会在5月10日前举行。这样一来,也不需要再专门组织全国运动会筹备会。同时,为了进一步推动江苏体育的发展,江苏省教育会又向教育厅建议说,"请通饬各中等学校,特派体育教员参观全国运动会"③,以便他们能够获得切磋观摩的机会,进而推进学校体育的革新。该建议也被江苏省教育厅认可。

---

① 文牍:致江苏省长公署对于省立学校联合运动会陈述意见书[J].江苏省教育会月报,1919(03):7.
② 文牍:江苏教育厅通知修改本届省立学校联合运动会办法公函[J].江苏省教育会月报,1920(03):5—6.
③ 文牍:江苏教育厅公函答复本会转送体育研究会议决各案办法其审定体育课程纲要一案请由本会组织委员办理文(四月十六日)[J].江苏省教育会月报,1924(04):5.

第五,修正运动会的标准。

在推行运动会的过程中,由于各地缺乏对体育科学和卫生健康的共同认识,在运动会项目的设置和标准的制定上有欠妥当。1917年,在金邑松隐国民学校和朱市国民学校举办的联合运动会上,出现了120码和50码的田径赛,东吴大学第四分校体操主任朱秦霞专门致函江苏省教育会,询问这一赛制是否合适。江苏省教育会经过干事员常会讨论认为,运动是否合宜应该按照体操原理及根据儿童年龄确定项目标准。

1920年,全国运动会的计量单位改用"米突制",江苏省教育会体育研究会经过研究认为,本届本省各校分区运动会既然有挑选选手的意思,就应该与全国运动会的标准保持一致,因此专门参照远东运动会及全国运动会的新赛制,对全省各校分区运动会的赛制进行了修订、完善。

(三)领导童子军运动

童子军运动首倡于英国,在"一战"期间,日益完备、发达。它以"诚实不欺,确负责任,服务社会"为组织宗旨,被认为是最完备之"修身教材",大有益于人格训练。我国的童子军运动始于1912年2月严家麟在武汉文化公书林组织的第一支中国童子军。随后,在上海工部局设立的华童公学创建了上海的第一支童子军。1913年以后,上海的教会学校纷纷设立童子军组织。1915年,第二届远东运动会在上海举行,上海童子军三四百人在公园大会场内会操,步伐整齐,精神饱满,同时他们还参加了大会服务,做维持秩序、协助职员等工作。童子军的服务、表演展示了特殊的精神与人格,引起观众的特别注意,各省热心教育界人士大为赞许,认为欧美各国童子军"团中规律最为纯美、高尚……此种训练方法施于我国之童子,正如对症发药,足治文弱、依赖及自利自私之病,进为道德高尚、智力俱备、独立自治之国民"[①],于是决定组织全国童子军协会。同年10月中华童子军协会的会址设在上海。但实际上,这是一个由教会学校组织的童子军协会。

1915年4月16日,江苏省(不含上海)第一支童子军诞生在无锡第三师范

---

① 国内大事记:苏教育会提倡少年团[J].新青年.1916(02):6.

附属小学,为中华江苏无锡童子军第一团,主办人是唐昌言先生,正团长是顾果。随后,无锡各校闻风而起,先后有10余所学校组织了童子军。1916年春,这些学校联合起来,在无锡第三师范附属小学开会,成立了中华江苏无锡童子军义勇队联合会,11月更名为江苏无锡童子军团联合会。该联合会以唐昌言为会长,秦权、陶守恒为副会长,高鹏为总教练。该联合会成立后,"统一各队编制""编订各级课程""规定各种徽章""定期开会研究""审定各级资格"[1],在江苏乃至全国都产生了一定的影响。

教育部鉴于童子军之组织,"原以陶成其服从规律之习惯,涵养其坚忍武勇之德性,而发达其公忠爱国之精神,实为补助青年教育之良法"[2],因此专门发布了942号咨文,主张应一面设立讲习会,使小学教员之愿训授童子军者,得以实地研习,一面要求省视学就视察所及,相机倡导。成立稍多后,再设立一个汇总机关,联络策进,并对开办较早的上海、无锡童子军传令嘉勉。在教育部政策的支持下,江苏省教育会很快发起组建了江苏省童子军联合会。

1. 组建江苏省童子军联合会

在各地纷纷组建童子军的时候,位于苏州的省立第二师范学校也在1916年组织了童子军,并且经过半年的经营,训练初具规模。但由于当地没有联络机关,同时也不便加入以教会学校为主的中华童子军协会,于是在1917年年初,该校建议由江苏省教育会出面,"筹设一全省童子军联合会,先在春假期中,敦请有童子军学识经验者,演讲若干日,然后各处小学校得着手开办,组织集议机关,讨论进行方法。"[3]

(1)组建过程

1917年3月16日,在干事员会议上,江苏省教育会经过讨论决定,先邀请上海已经成立童子军各校的代表在24日开会讨论,并先行征集材料,组织审查,编制草案。于是,江苏省教育会向上海县立第一高等小学校等已经设立童子军

---

[1] 唐昌言.中华江苏无锡童子军联合会报告书[J].江苏省立第三师范学校校友会杂志,1915(下):2-4.
[2] 部省注意童子军[N].申报,1917-06-27(民国六年,丁巳五月初九日,第十版)//申报影印版 第146册,上海:上海书店,1983:1008.
[3] 文牍:省立第二师范学校请筹设一全省童子军联合会书[J].江苏省教育会月报,1917(03):4.

的学校,广泛征集各处已办童子军各学校之愿词、规律、课程、编制、经费、服装徽章、用具等,并决定以4月15日为限,请余日章、唐闰生、沈信卿、贾季英、王饮鹤、沈叔逵、杨聘渔负责审查征集到的资料,编制草案。

随后,江苏省教育会考虑到李启藩办理童子军声誉卓著,便专门请他在5月5日之前到会,对审查小组审查通过的材料与草案进行了二次审阅。经过多次讨论,江苏省教育会决定出面组织江苏省童子军联合会。

6月17日,江苏省童子军联合会召开了成立大会,通过了会章,并推举了临时职员。会议决定在同年暑假开设一个童子军研究会,以谋普及。会章中确定的童子军联合会的宗旨是"联络、研究,力谋童子军之统一与进步"[1]。该会设会长1人,副会长1人,干事10人,并决定编辑《童子军月刊》为会刊。

(2)修订章程,拓展会务

江苏省童子军联合会成立以后,发展非常迅速。1918年,加入江苏省童子军联合会的各地童子军已有74团、128队、2106人。到了1920年,各县已经成立童子军者31县、170团、4620人。而团数较多之县,又各自组织了县童子军联合会,以谋统一。直到1926年随江苏省教育会的解散而解散的江苏省童子军联合会共存在了10年之久,是该会下设的存在时间较久的一个社团。

10年间,童子军联合会的章程也有所修改、完善。比如,1918年,该会特别在第四条下加"凡一县内童子军团满二团以上者,应即组织县联合会"[2];同时还增订了会章细则,一是扩充会员资格,"各县联合会职员;各团正副教练员;省教育会职员;本省中等以上学校校长;经本会认为确能赞助童子军延请加入者",均认可为会员。二是提议设立教练员会,并且讨论修正了《童子军联合会教练员会简则》。

1919年,考虑到五四运动的影响,童子军联合会又提议组织幼童队,研究女童子军。同时,为了配合国语运动,童子军联合会特别商定了注音字母、旗语之标准,由丹徒第三团教练员包明叔讲述读音及表演旗式,又考虑到童子军的生产力,提倡童子军贩卖工作园艺。

―――――――――――
[1] 文牍:呈教育部咨省长文[J].江苏省教育会月报,1917(06):4.
[2] 会务录要:本会附设各会分日开会纪要 (一)中华民国江苏童子军联合会[J].江苏省教育会月报,1918(08):17.

1920年,该会又专门请顾拯来详细讲解童子军的愿词规律,讨论了《英文双旗之统一法》,本级优级之救护法,佩戴专科徽章及年星之标准,用何法使儿童储蓄,并议定了优级课程中的游泳(可以根据当地的习惯和童子军队员本人的体质,自行选择)。此外,该会还提出讨论了童子军与警察的联络问题,如何面向社会征集童子军队员,增加兵式教练时间,以及童子军的费用问题等。

在随后几年里,童子军联合会又规定了幼童军的组织办法、女童子军的组织办法,并努力把童子军课程加入小学的正式课程,把童子军经费列入教育经费预算。同时,为了保证各地童子军事业平衡发展,对副总教练员的选举,开始采取分道区选举的办法,以本道区人充任当地的副总教练员。

2.开办童子军研究会与讲习会

童子军联合会成立后,联合江苏省教育会又筹办了童子军研究会和讲习所。江苏省童子军联合会成立之初,考虑到童子军指导人员、教练人员的匮乏,江苏省教育会就提出,办理童子军"宜先养成教练人员"[1],于是在随后的几年里,江苏省教育会、江苏省童子军联合会等机构,先后举办了童子军研究会、童子军讲习所、童子军教练员研究会、童子军讲习班等,培养相关人才。

(1)暑期研究会

1917年6月17日,江苏省教育会议定,在暑期内设一童子军研究会,初步定在7月23日至8月4日,决定"除星期日外,每日上午七时至八时为指导实习时间,八时至十一时为讲授功课时间,下午为自由练习时间"[2]。因为要同时开职业教育讲演会,场地不够,江苏省教育会又商借了上海小东门内县立第一高等小学校的讲堂宿舍,一切费用由省教育会支付。

表4-4 江苏省童子军研究会课程安排

内容	授课时间	主持人	主持人身份
童子军之历史及宗旨	二时	李启藩	上海青年会干事、中华童子军总会董事兼上海童子军第二团团长

---

[1] 文牍:致上海县立第一高等小学校校长书[J].江苏省教育会月报,1917(03):12-13.
[2] 文牍:致各县教育会请通知各学校定期开童子军研究会书[J].江苏省教育会月报,1917(06):10.

第四章　蓬勃发展的江苏省教育会(1914—1921)

(续表)

内容	授课时间	主持人	主持人身份
童子军之训练法	二时	唐昌言	江苏省立第三师范附属小学校主事、无锡童子军联合会会长、中华民国江苏童子军联合会临时干事
打结	二时	沈维桢	交通部立工业专门学校附属小学校教员兼上海童子军第十团副团长、中华民国江苏童子军联合会临时干事
童子军之操法	三时	顾果	江苏省立第三师范附属小学校教员、无锡童子军联合会总教练兼无锡童子军第一团团长
方位	一时	唐昌言	
观察	半时	沈维桢	
生火法	一时	李启藩	
急救法	六时	李启藩	
测量	一时	李启藩	
扎营	一时	顾果	
星象	一时	沈恩孚	江苏省教育会驻会干事员、中华民国江苏童子军联合会临时干事
童子军之组织法	四时	唐昌言	
国旗之解释及升旗法	半时	顾果	
礼节	一时	顾果	
记号	半时	沈维桢	
旗语	四时	薛元龙	江苏省立第三师范附属小学校教员、无锡童子军第一团教练员
跑步	半时	沈维桢	
炊事	一时	顾果	
制图	一时	李启藩	
军号	一时	顾果	
造桥	二时	王锦云	上海县立第一高等小学校教员兼上海童子军第十五团团长、中华民国江苏童子军联合会临时干时(事)

资料来源：文牍：致各县教育会请通知各学校定期开童子军研究书[J].江苏省教育会月报,1917(06):11-12.

这次童子军暑期研究会到会的各地小学教师共204人。浙江、安徽两省均派员参与了大会研究。从上表可知,其研究科目除童子军之宗旨、历史、组织法、训练法及各项功课外,还包括急救法等特别功课,特别强调野外演习。所请主讲人员均为上海、无锡等处办理童子军极有经验者,如唐昌言、李启藩、顾果、沈维桢等人。在上海担任童子军团长的外国人,也积极参会。其中,"第九团团长李斯廉君,第十团团长毕克士君,第一团团长鲁宾生君,均先后到会演说童子军之管理法,语多心得,研究员获益不浅。"①

(2)童子军讲习所

1918年,在江苏省第三次教育行政会议上,沛县视学李昭轩提交了《推广徐海道童子军教育》的议案,认为"童子军教育最于徐海子弟性质相近,应请厅长一面委托省教育会组织童子军讲习会,以提倡军国民教育,一面责令各县知事分担经费,保送小学教员三四人或二三人到会演习,俟毕业后,担任组织"②。大会经过讨论认为,"增设童子军不得以徐海一道为限,应请教育厅委托省教育会,于本年暑假期内开童子军讲习会,通令各县选派合格人员到会练习。"③江苏省教育会接到省教育厅的公函后,于6月21日的干事员常会上议决,请童子军联合会酌议办法。一周以后,童子军联合会议决了童子军讲习所简章及办法,并报省教育厅备案。

童子军联合会认为,上届办理之童子军暑期研究会,由各员志愿入会,系自发性质。此次由各县派员练习,系被动性质。后来,联合会推定唐昌言为所长,并制定了简章八条,决定讲习时间为7月21日起至8月8日止。简章中还特别提到,很多小学童子军毕业时还未来得及修完童子军的三级课程,如果就此半途而废,比较可惜。如果省立中等各学校也都有童子军的组织,那么学生升学后,他们就可以继续练习。因此,讲习所也提出,"请一并令知省立中等各学校之未办童子军者,亦派一人入所练习"④。

此次讲习所的简章在宗旨、内容和讲习方式上,均无大的变化。只是特别增加了参观童子军实地练习的内容和自由练习的时间,时间上较暑假研究会延长了很多,对于讲习员的资格也有了更为明确的规定:"以现任小学教员而品性

---

① 会务录要:江苏省教育会附童子军暑期研究会纪要[J].江苏省教育会月报,1917(8):4.
② 文牍:江苏教育厅委托本会办理童子军讲习会公函[J].江苏省教育会月报,1918(06):5.
③ 文牍:江苏教育厅委托本会办理童子军讲习会公函[J].江苏省教育会月报,1918(06):5.
④ 文牍:复江苏教育厅公函[J].江苏省教育会月报,1918(06):6.

优良、身体坚实、精神活泼者为合格。"①

7月21日上午10点,讲习所如期在上海南市陆家浜省立第一商业学校举行了开幕礼。江苏省教育厅厅长符鼎升,江苏省教育会代表沈信卿,童子军讲习所所长唐昌言、教员及各童子军团团长,还有各地学员及各中小学校教员百余人参加了开幕式。江苏省教育会代表沈信卿报告了开办讲习所的缘起,认为办理童子军非常必要,因为它可以矫正当时中国教育的三大缺陷:"诚实不欺,可以矫正现时之相率为伪;自动,可以矫正旧时能读书不能做事之病;扶助他人,可以矫正现时一般社会上自私自利,不愿公益之弊。"

江苏省教育厅厅长符鼎升也认为,童子军的价值"足以矫正国民性软弱之弊;养成国民牺牲之精神。"

讲习所所长、第三师范附属小学主事唐昌言报告说,此次办法,完全是根据童子军的宗旨办理,希望学员在短时间内通过接受童子军的训练成为良好的童子军教员。因此,讲习所所教授的内容都是童子军课程中最重要的内容。各个学员,如果能在短时间内仔细学习,将来办理童子军,必有把握。

在讲习所开办期间,恰逢广东童子军支部干事冯宝樾到上海考察童子军事宜,于是他也每日到讲习所旁听,还应邀介绍了广东童子军的发展情况。这次开办的童子军讲习所形式多样,除了听讲、练习、参观,还邀请了很多名人前来讲演。比如,第一农业学校农科主任唐荃身讲童子军必须具备的农业知识;第二师范、第三师范学校教务主任陈谷岑讲童子军野外演习时,认为教员必须具备的博物知识;上海英国童子军总教练劳合讲童子军与教育的关系及训练上应注意的事项。

8月8日,讲习所正式结业,在省立第一商业学校大讲堂举行了隆重的毕业典礼。按照毕业标准,"凡听讲时间达百分之八十以上者,皆给以毕业证书。百分之五十以上者,给与修业证书。不足百分之五十者,仅与以证明书"。最终,在参加学习的学员中,"得毕业证书者百五十六人,得修业证书者十五人,得证明书者五人"②。除了来自江苏47县的学员,讲习所还有来省外的听讲者14人。

---

① 附童子军讲习所简章[J].江苏省教育会月报,1918(06):9.
② 会务录要:本会附设童子军讲习所毕业纪略[J].江苏省教育会月报,1918(08):14.

由于此次讲习所的发起是为了在苏北各校推广童子军,因此江苏省教育厅对此特别重视,希望借此机会,能够推动苏北的童子军发展,以期江苏教育的平衡与统一。

(3)童子军教练员研究会

在发展童子军的过程中,江苏省童子军联合会认为,教练员学识不精是制约童子军发展的关键。因此,在1919年的常年大会之前,江苏省童子军联合会组织了童子军教练员研究会,要求各地教练员到上海参加学习研讨。①

3.举行省内童子军会操

江苏省童子军联合会成立之后,决定每年举行一次童子军会操,"集各团,开表演,示各地办理之成绩,此而促猛进,使一般社会实地观察,了此项事业之需要,起其注意,期共加提倡"②。1918年年初,江苏省童子军联合会在1月20日召开了第一次教练员会,决定在省校联合运动会结束之际,借南京高等师范学校操场举行第一届童子军大会操。1919年,该会又借南京公共体育场举行了第二届大会操。后来因为经费紧张,会操改为隔年举行一次。实际上,该会后来分别在1921年、1924年、1926年又举办了三届童子军大会操。

4.开展社会服务

除了训练童子军教练员,举行童子军会操,江苏省童子军联合会还积极开展社会服务。

(1)清洁街道

当时中国人的传统生活习惯与现代城市公共生活习惯之间有很大的不同。在近代早期城镇的发展过程中,城镇市容市貌相对较差。童子军本就含有服务社会的精神,因此,在1919年3月9日,江苏省童子军联合会提议试办童子军清洁街道事宜。在倡议书中,童子军联合会提出:"童子军事业,备具养成青年人格之种种方法,而又默察吾国社会状况,当以注重公众卫生,为社会教育之起

---

① 记载:记苏省童子军教练员研究会[J].童子军月刊,1919(06):17.
② 苏童子军联合会请拨会操经费[N].申报,1926-04-26(民国十五年,丙寅三月十五日,第十版).//申报影印版 第222册,上海:上海书店,1983:586.

点,虽公众卫生之事项,亦非一端。而街道不洁,实最足表示国民公德心之缺乏。将欲矫正旧社会之习惯,必先唤起青年之注意力。各国童子军凡有益公众之事,无不随时协助。本省童子军,既日渐发达,自宜酌量举行。"因此,该会经过讨论,议订了《童子军试办清洁街道简则》九条,要求各地童子军分团或分队划定区域,分段分日负责当地的清洁事宜;并指出了清洁时应使用的工具,注意清洁的程序,清洁卫生与安全及与地方警察局的联络,对居民的劝告等。江苏省教育会认为,"此事在我国虽系创举,实足为地方一般人民注重公众卫生之先导。而亦藉可试验童子军服务社会之精神。切实行之,必有良果"①。

在此之前,童子军训练主要着眼于校内外的训练,以及体育运动会时对秩序的维持,并通过童子军会操展示童子军的良好形象。而通过开展清洁卫生运动,童子军的服务也给普通市民留下了良好的印象。

(2)灭除蚊蝇

开展清洁卫生运动的成功让江苏省教育会看到,服务社会的实践既是对童子军的一种训练,也是展示童子军良好形象的好时机。因此,1922年,江苏省教育会联合上海县教育会、上海童子军会、家庭日新会发起成立了灭除蚊蝇会,开展了灭除蚊蝇的活动。先由南京昆虫局委派技术人员规划实施事宜,而童子军主要负责散发灭除蚊蝇的传单,按照警察编制的路线,逐日出巡等②。这次活动也取得了很好的效果,并且在1923年继续开展。

(3)童子军与公民教育

从1924年起,江苏省教育会把教育的重心放在了公民教育上,并专门编制了公民教育信条,因童子军作为流动的宣传力量,而得到了省教育会的高度重视。江苏省教育会专门致函童子军联合会等机构,让其分送公民信条"请力予倡行"③。

---

① 会务录要:中华民国江苏童子军联合会提议试办童子军清洁街道事宜[J].江苏省教育会月报,1919(03):9.

② 江苏省教育会大事记(十二年一月起十二月止):丙:联合他团体办理事件[J].江苏省教育会年鉴,1924(09):10-11.

③ 文牍:致江苏童子军联合会 上海县教育局分送公民信条请力予倡行函(九日)[J].江苏省教育会月报,1926(03):2.

(4)联络其他童子军团体

与江苏省教育会一样,江苏省童子军联合会也非常注重与省外童子军的联系。除了前面提到的与广东童子军的联系、邀请英国童子军总教练劳合到会演讲外,在湖南童子军总会成立后,江苏省教育会也曾毫无保留地将他们出版的书籍杂志、中华民国江苏省童子军联合会章程,以及童子军愿词、课程函等寄给该会,以便双方进行交流与沟通;联合各公团欢迎集美学校海上童子军;协调上海市北公学与上海县童子军会之争执等。

正是因为童子军教育卓有成效,1923年,在云南召开的第九届全国教育会联合会上,江苏省教育会代表袁希涛、黄炎培、庄百俞提出了5件议案,其中就有《设法推广童子军教育》。

四、重视理科教育

在1902年的《钦定学堂章程》中,首次正式提出了"理科"教育的问题,包括了动物、植物和物理等学科知识,但在随后正式颁布实施的《奏定学堂章程》中,"理科"一词被"格致"所取代,且内容也有了很大的拓展,把矿物、化学、生理卫生等方面的知识也涵盖在内。民国建立以后,1912—1913年的壬子学制,重新把"格致"改为"理科"。在1923年通过的新学制中,又把小学中的"理科"改为"自然"。尽管如此,在教育实践中,"理科教育"基本上可以等同于我国近代的科学教育,其大致包括数学、物理、化学、生物、地理等。

由于我国浓厚的人文传统,在我国传统的以经、史、子、集为分类标准的知识体系中,并没有给理科教育或科学教育留下太大的空间。随着近代西方知识分类体系的传入,它在改造中国传统的知识系统及认知的同时,也以其科学技术的先进性让中国人认识到了科学教育的价值与重要性。因此,从清末以来,新兴的格致教育开始受到有识之士的重视。在推行近代科学教育的过程中,江苏省教育会再次发挥了重要的作用,这主要体现在它对科学名词审定的积极参与和对江苏省内理科教学的实际推进,以及对科学教育的大力倡导上。

进入民国后,我国清末新式教育发展中的问题已经逐渐暴露出来。1913年5月,江苏省教育会在讨论如何处理刘江氏捐款时专门谈道,"原议应时世之需要办理法政大学,现因此项学校已有供过于求之势,而实业教育尚在萌芽,亟须提倡。实业发达之基本,在理科知识之普及,乃研究机关尚付缺如,而研究博物一科者,尤为缺乏,拟将此款改办中华博物馆,内设采集、陈列、研究、制造、出版诸部,以供需要,而立实业基础"①。尽管这一时期江苏省教育会对理科教育的理解还显得比较狭隘,但这亦是江苏省教育会关注理科教育的开始。而其之所以关注这个问题,和孟禄的中国之行是密不可分的。1913年,黄炎培在分送《学校教育采用实用主义之商榷书》中就明确谈到,孟禄在和他谈话时曾说过,中国理科教育太差,"贵国未尝无优良小学校,第以余所见一般学校,理化等科,程度去欧美太远,殊无以为富国之本"②。此外,江苏省教育会一直非常重视理科教育,特别是在五四运动以后,该会对科学教育的关注与日俱增,并在1922年正式把科学教育作为自己的年度工作重点,主张"应时势之需要,特别注重理科教育及国语教学之研究"③。

(一)组建理科教研组织

理科教授研究会

1914年8月,江苏省教育会常年大会决定成立各科教育研究会。9月18日,江苏省教育会就接到了会员吴家煦的报告:他发起组织理科教授研究会,并提交了组织大略5条。该报告经过干事员会的讨论,议决通过。

1914年11月22日,理科教授研究会正式成立,入会会员有20多人。29日,该会组织了第一次职员会,由王饮鹤干事任主席。从该会的名称看,理科教授研究会最初主要致力于理科教学的探讨。但实际上,该会成立以后,会务进行积极有序,其工作内容也远不止对理科教授的研究。

---

① 会报:干事员常会(五月十六日)提议刘江氏捐助一款[J].教育研究(上海),1913(02):8.
② 会报文牍:会员黄君炎培请分送学校教育采用实用主义之商榷书(二年十月)[J].教育研究(上海),1913(07):2.
③ 开会记录(八月二十一日 全体职员会)[J].江苏省教育会月报,1922(08):25.

(二)传播理科知识

理科教授研究会成立之后,为了倡导理科教育,在研究教材、推进讲演方面非常积极,除了专门的讲习会外,它利用召开常年大会的机会举行讲演,还专门开办了暑期学校,传播理科知识,培训理科教员。

1.调查并介绍理科教材

1913年美国教育家孟禄对中国理科教育的批评给黄炎培留下了深刻的印象。1914年黄炎培出任江苏省教育会副会长后,对理科教育非常关心和重视,对理科教授研究会的活动也比较支持。理科教授研究会成立后,首先开展的工作就是教材调查。调查问题主要有两个:第一,"是否用教科书教授",如果用,是用哪家出版社的教科书,如果不用,那是用什么方法和材料教授理科的;第二,对理科教授所使用的教科书,有无意见与建议。12月27日,在理科教授研究会第二次职员会上,与会人员对征集到的信息进行了详细的讨论。[1]随后,该会更是发布了非常详细的调查报告,不仅充分了解到了各个学校使用教科书的情况及意见,还明确提出,要根据理科教授的目的,来决定是否使用教科书,同时对使用教科书与不使用教科书都给出了一些建议。比如,对不用教科书的学校给出的建议是:"当调查本地教材,编制教授细目""教师当预备周密""注意儿童笔记及写生画";对使用教科书的学校给出的建议则是:"当采取实物,注重实验观察""当依地方情形,变更其一部之教材及排列""勿专注重教科书之讲解""插画须与实物对照""预习及自习勿限于教科书之材料""注重儿童笔记"[2]。随后,该会还翻译了日本东京高等师范学校附属小学校理科研究部关于理科研究的成果[3]。

2.组织各种讲演

从1917年起,理科教授研究会的工作重点转向了讲演传习。1917年1月5

---

[1] 会报:吴君家煦交到理科教授研究会简章并报告[J].教育研究(上海),1915(19):13-14.
[2] 专件:理科教授研究会第一次研究报告[J].教育研究(上海),1915(23):14-16.
[3] 野鹤:理科研究[J].教育研究(上海),1915(24):1-10.

日至7日,江苏省教育会专门邀请保定高等师范学校讲师、美国博士卫西琴前来讲演自然教育。其讲演主题初定为"个人隐力为教育之本",后改为"教育为生人能力之科学"[①]。在讲演中,卫西琴提出中国传统教育是非常注重自然的,但现在在进行新式教育时,却采用最不自然的方法。他还特别谈到了如何用科学来破除迷信。1917年2月,理科教授研究会又邀请美国飞行家史天逊女士讲演飞机学术。同年11月25日,又请南京高等师范学校农科主任邹秉文讲演植物病理。

表4-5　理科教授研究会零星讲演一览表

讲演时间	讲演人	题目	内容	备注
1916-09	张廷金	高压力蓄电池制造法	略	
1917-01-05	卫西琴	个人隐力为教育之本,后改为教育为生人能力之科学	中国衰弱之原因	沈信卿主持,张士一翻译。最推崇孔子,所著新教育论,注重教育革新,特别是学校管理训练方法。在北京等处讲演,很受欢迎
1917-01-06			中国迷信的教育:不合自然之理,而甘心为之,即为迷信。现在学生所迷信的有三种:傲气(从老学究遗传而来)、金钱、模范。因此离开自然之道德日远	到会者200余人

---

① 会务录要:卫西琴博士讲演自然教育纪略　致各学校会员请莅会听讲书[J].江苏省教育会月报,1917(02):8.

(续表)

讲演时间	讲演人	题目	内容	备注
1917-01-07			自然的教育:关于训练如何用自然的方法改良中国教育。训练与教授两方面,训练,要改良校舍,变通选取学生的方法,学生入学后分科的办法,减少授课时间,废除考试等。教授,教师之精神,要与儿童接触,不能受制于教科书,注意趣味,引起自动之能力。列举中庸、乐礼等	天下雨,但听讲踊跃
1917-02-26	美国飞行家史天逊女士	飞机学术	会场中将单叶飞机、双叶飞艇及齐柏林式飞机模型各一具,陈列演说台前任人参观。由南洋公学理科教员张贡九为翻译,吴和士任主席。讲飞机构造与驾驶安全。特别谈到在场也有不少女性,盼望其中将来能有女飞行员。吴和士总结并说她的冒险精神,为模范。在芝加哥设有航天学校,学费每年500(未说明是否是美金)	
1917-11-25	南京高等师范学校农科主任邹秉文	植物病理	首先由吴和士报告请邹君演讲之理由。中国虽然素称农业国,但对农事,常常听天由命。邹君演讲,本拟将植物病理详细发挥,所携带标本、图画、预备于演讲时参考	

资料来源:

1.理科教授研究会定期讲演录[J].江苏省教育会临时刊布,1916(01):1-7.

2.会务录要:卫西琴博士讲演自然教育纪略[J].江苏省教育会月报,1917(02):8.

3.会务录要:理科教授研究会延请史天逊女士演讲航空学术纪略[J].江苏省教育会月报,1917(02):10-12.

4.会务录要:本会附设理科教授研究会讲演会纪略[J].江苏省教育会月报,1917(11):8.

3.举办专场理科讲习会

1917年,在理科教授研究会的常年大会上,经多数议决,决定在1918年暑假举办理科讲习会,"招集各小学校理科教员,授以解剖、实习兼及教授法各项,以补充其不足,为期约一月"①。但因为该会既无来款,又不收会费,因此就按照历届讲习会之成法,向省教育会申请经费支持。江苏省教育会认为,理科教授非常必要,但要改良理科教授,必须先改良教学设备和研究理科教材。因此要求理科教授研究会"先行调查东西国最新设备法、及规定小学校应用教材"②,再根据调查的实际情况来决定要采取的办法。

五四运动后,理科教授研究会趁着五四运动所倡导的科学精神的流行,专门呈请省政府,并向各方募捐,筹建了理科实验室,并决定在1920年暑假举办理科讲习会。为了让讲习会更有针对性、实效性,理科教授研究会还专门呈请江苏省教育厅派理科视察员考察各地的理科教育。

随后,理科教授研究会鉴于各地实验教室已经初具规模,尤其是考虑到欧战结束后,"各国研究战后教育,均于理科特加注意。我国学校理科教授,因设备不完,实验缺乏,成效难观",再次提出举办理科讲习会的设想,希望以此"补充小学校理科教员智识之不足,并矫正其教授及设备上之缺点"③。为此,该会还研究提出了革新理科教育的七点意见,并制定了理科讲习会简章及实验实践方法。从其简章来看,其宗旨有三:"补充高等小学理科教师之学识,企图教授法之改良,注重实验与实习,而以应用为归宿。"④

经过认真的准备,江苏省教育会对此予以了认可,专函江苏省教育厅请通令各县选送学员。7月6日,讲习会如期开课,直到8月25日才结束,前后共持续了数十天之久。在讲习过程中,该会除了请富于理科教授经验之人到会讲演外,还进行了补充教授,包括参观工厂、旅行采集,并酌授化学小工艺。此次讲习会还提出,正式学员由各地劝学所保送,每县只有1个名额,以现任高等小学理科教师为限,但"如有余额,有志改革理科教授者,亦得报名听讲"⑤。后来,该会因故推迟到1921年暑假举办。由下表可以看出,其具体内容非常广泛,涉及物理、化学、博物(含植物、动物、生理)等。

---

① 文牍:理科教授研究会请举办理科讲习会书[J].江苏省教育会月报,1918(06):9-10.
② 文牍:复理科教授研究会书[J].江苏省教育会月报,1918(06):10.
③ 文牍:致江苏教育厅通知暑假期举办理科讲习会请通令各县劝学所派员听讲公函(附表)[J].江苏省教育会月报,1920(04):10-11.
④ 理科讲习会简章[J].江苏省教育会月报,1920(04):11.
⑤ 理科讲习会定期开会预志[J].江苏省教育会月报,1920(06):31.

表4-6　1921年理科讲习会讲演一览表

讲演时间	讲演人	讲演主题
1922-07-16		开会式
07-21	周颂久	物理学的新趋势
07-25	曹梁厦	欧洲复化学的革新
07-29	彭型百	近世博物学的新进步
07-31	陈聘丞	卫生化学
08-02	袁观澜	调查欧美教育所见之理科教授
	吴子修	生物发达进化之概要
08-06	薛良叔	野外教授法
08-08	周伊耕	理科上之种种问题

资料来源：江苏省教育会附设各研究会报告：四、理科讲习会[J].江苏省教育会月报，1922(07)：26-28.

1922年5月，理科教授研究会准备在暑假续办理科讲习会，但因为省内"十年度省教育预备费，业已支用无余，无从筹拨"[1]，只得作罢。

4. 常年大会集中讲演

清末民初，讲演会是教育家宣传自己主张最主要、最有效的方式之一，因而备受各家推崇。在理科教授研究会会员吴和士看来，"讲演会为谋人群进化上重要之事"，因此，为了谋求"各校理科教授之改进，及补充理科教师之新知识"，理科教授研究会应利用各种机会，举办讲演会。其中，除了零星讲演以外，常年大会和新年庆祝也是最主要的场合和时机。比如，1922年1月2日，理科教授研究会专门召开讲演会，邀请"在沪之英美日三国小学理科教师，演讲《个人之理科教授法及其心得》"[2]。

---

[1] 开会记录：十一年六月二日干事员常会[J].江苏省教育会月报，1922(06)：16.
[2] 会务录要：理科教授研究会讲演会纪事[J].江苏省教育会月报，1922(01)：19.

从表4-7可以看出,每次理科教授研究会的常年大会,都是它集中进行宣传理科教育的最好时机,一般它都会举办多场专题讲演。而根据吴和士对会务的汇报,有的时候,一年之中的讲演就举办了20余次。①

表4-7 理科教授研究会常年大会讲演一览表

讲演时间	讲演人	讲演主题	讲演内容	备注
1917	江苏省立第二女子师范学校附属小学理科教员黄竹铭	教授上经验之各种情形	大旨以自学辅导主义为归,所有标本仪器,亦皆自制,以唤起学生兴味,不拘泥于教科书为主	
	安徽省立第二师范学校博物教员丁捷臣			
1919	杜就田	照相术		
1921	章伯寅	此后理科教育应注意之事项		
	吴和士	理科的设计教学法		
1922	顾仲超	日本中小学校理科教授状况		顾仲超刚刚从日本留学归国

资料来源:江苏省教育会编:《江苏省教育会年鉴》,1917—1922年。

1.会务录要:江苏省教育会附设备会分日开会纪要(二)理科教授研究会.//江苏省教育会月报,1917(08):6.

2.江苏省教育会附设备会分日开会纪要(二)理科教授研究会.//江苏省教育会月报,1918(08):5-6.

3.江苏省教育会附设备会分日开会纪要(三)理科教授研究会.//江苏省教育会年鉴,1920(05):3.

4.江苏省教育会附设备会分日开会纪要(三)理科教授研究会.//江苏省教育会年鉴,1922(07):12-13.

(三)倡导理科实验教学

自然科学教学不同于人文学科教学之处在于其实验性。江苏省教育会高

---

① 江苏省教育会附设备会报告:(四)理科研究会[J].江苏省教育会年鉴,1924(09):5.

度重视理科实验教学。因此它从筹建理科实验室到组织理科实验竞赛与自制教具,都凸显了理科教育的实验性与本土性。

1. 筹建理科实验室

1918年,理科教授研究会鉴于小学校理科实验设备之匮乏,决定筹建理科实验室。5月16日,江苏省教育会经过讨论,决定先在上海中华职业学校的空地处筹建一个公共的小学校理科实验教室,以使缺乏理科设备的各个学校可以让学生分赴该教室自行实验。这样一来,投入少而成效大,可以收事半功倍之效。而且在江苏省教育会看来,"今外交失败,各方面咸致力于振兴国货。则理科实验教室之建设,尤为切要之图"[①]。

但因为江苏省教育会1919年度的预算已经入不敷出,原本拟定的设备费自然无从筹措,于是由江苏省教育会出面,向江苏省公署请求拨款。在呈文中,江苏省教育会提到:"事物之发明,百业之进步,无一不需乎理科之知识。故培养国民常识,须急图理科知识之发展。我国学校理科教授,非不讲求,而成效鲜见者。由实验时间太少也。东西各国最新教育,无论何种学科,均重实验。近今理科教室,已改从前之阶级式,为分组练习之设备。盖阶级式教室,仅足使学生共睹教员之试验。不若分组练习,全由学生自动。我国学校因设备不完,教授理科者,虽有极精良之方法,而学生实验时间,往往不敷。毕业以后,遂不免但谙理论,不足应用之弊。此理科实验教室所以万不可少也。惟是此项设备,最需经费。"[②]按照理科教授研究会的调查与预算,建设理科实验室至少需要3000元。但是江苏省财政厅只拨发了1500元的建筑费。江苏省教育会决定,先行动工建设,不足之处,由总会认捐200元,理科教授研究会自筹400元,其他联络各团体分别募捐。

在募捐书中,江苏省教育会谈到了理科教育对培养国民理科常识,投身科学之战的重要性和必要性,指出了当时我国理科教育方面实验缺乏、设备不完善的弊端,制约了理科教授的进步,公布了理科实验室建设的概况及经费缺乏

---

① 文牍:呈齐省长为特建小学校理科实验教室请拨款补助文[J].江苏省教育会月报,1919(05):6.
② 文牍:呈齐省长为特建小学校理科实验教室请拨款补助文[J].江苏省教育会月报,1919(05):5-6.

的情况,请求各相关团体"量力分担经费"①。最后,在各方的共同努力下,理科实验室最终建成,并配备了基本的实验设施设备。该实验室建成后,不仅成为理科教授研究会的常规活动场地,更是上海及周边高等小学开展理科实验的重要场所。后来,该会还专门推定中华职业学校理化教师钱梦渭担任该理科实验室特设管理员。②

2. 添设理科指导员

1919年11月,在举办理科讲习会之前,江苏省理科教授研究会希望能够对全省高等小学校理科教授的现状进行基础调查研究,以便更有针对性地安排讲习会的内容。但是由于经费不足,到各县实地调查难以成行。于是,理科教授研究会向江苏省教育厅建议,希望能够"仿照体育视察员办法,特设临时理科视察员,就本省研究理科,夙富于学识经验者,委定一人"③。但江苏省教育厅根据《部颁省视学规程》的规定,认为小学理科教授并不是该规定所指的"特别事项",如果只是"谋革新教授方法,只须令省视学特别注意,分别指示通知,于该会研究一方,未始不收实益。所谓设置临时理科视察员一节,应从缓议"④。

江苏省教育会干事员常会讨论后认为,此事非常重要,应该积极争取。因此,在致函教育厅的同时,又特别致函江苏省省长陈明特设理科视察员的必要性。江苏省教育会认为,"欧战以后,各国均视理科为特别重要之科目,而我国现办各校,以理科厕于普通科目,且教授及设备方面,尚未能注重实验,力图改良,非特设视察专员,万不足以唤起各校对于理科之注意。谨再撮其要点为钧座陈之。举办讲习会,所以补充小学校理科教员智识之不足,并矫正其教授及设备上之缺点。要须探究病源,对症发药。故非深悉各小学校理科现况,以定讲习会之科目教程。则讲习之结果,于实际上仍无所裨益"。江苏省教育会还提到,"视学人员虽多通晓理科之选,然现制为分道视察,所得状况,既各有不同。则视察者之判

---

① 文牍:致上海县劝学所教育会市经董办事处县商会第二师范学校第一商业学校分募小学校理科实验教室设备费书[J].江苏省教育会月报,1919(10):1-2.
② 会务录要:理科教授研究会开会纪事[J].江苏省教育会月报,1920(08):29.
③ 文牍:致江苏教育厅请特设临时理科视察员公函[J].江苏省教育会月报,1919(10):2.
④ 文牍:江苏教育厅复知理科视察员奉省令暂从缓议公函[J].江苏省教育会月报,1919(11):4.

断,虽能悉中肯綮,仍不能得全省小学校理科教授应行共同改良之要点"[1]。

最后,江苏省教育厅在省长的命令下终于同意设置临时算术理科视察员。因为在教育厅看来,"理科一门,包括理化博物诸科在内。其为用也,小之则日用事物所必需,大之则为农工等业之所由发展。故欲谋吾国农工等业之根本革新,诚非注重理科不可,然舍数学而言理科,则如物理、化学等,决不能造高深之境,故又非注重数学不可。小学校为各种学校之阶梯,既须于此时植理科之基,即不应漠视算术一科,是应设备县小学校临时算术理科视察员"[2]。

自1920年设置了省理科指导员后,理科教授研究会又在1923年专门提出了整顿全省理科教育办法的7条建议。其中之一就是要求各县设置理科指导员。因为理科教授研究会认为,"理科教育,为普通教育之骨干。吾国兴学三十年,而物资文明,视欧美日本,瞠乎其后,浸至国家日形贫弱者,究其症结所在,端由理科教育之幼稚",必须由指导员督促进行。但是该案经教育厅采纳公布后,"各县教育行政当局,或视为具文。或限于经费,延不设置",因此理科教授研究会还特别请求教育厅,"重申前令,督促实行"[3]。

除此之外,江苏省理科教授研究会还积极参与了科学名词审查会,在1916—1917年度,还曾编订了化学名词草案。

五、推动国语教育

黎锦熙曾把国语运动分为四个时期,即切音、简字、注音字母,新文学,国语罗马字及注音符号四个时期。

早在清末,随着新教育的推进,人口流动的加速,统一读音就成为教育面临的一个重要问题。1908年,俞子夷根据在日本考察小学教育,特别是东京高等师范学校附属小学教育的经验,提出"谋言文一致,为当今至重要之问题,故小

---

[1] 文牍:呈齐省长陈明特设理科视察员之必要文[J].江苏省教育会月报,1919(11):5.
[2] 文牍:江苏教育厅通知奉省令应设各县小学校临时算术理科视察员公函[J].江苏省教育会月报,1919(12):4.
[3] 文牍:致江苏教育厅陈送理科研究会议决案函(二十日)[J].江苏省教育会月报,1926(09):14.

学校中必注意话法,即于国语科演习之"①。他还具体谈到了国语科教学的内容及其方法,包括话法、事物教授、习字少映写、笔画顺序法等,认为活用课本,才能引起生徒之观念。1910年,各省教育总会联合会第一次会议议决通过了《统一国语方法案》②,并呈请学部予以施行,后由于辛亥革命的爆发而不了了之。

民国建立以后,蔡元培任总长时的中华民国教育部成立了读音统一会筹备处(吴稚晖任主任),制定了《读音统一会章程》。1913年2月15日,读音统一会在北京召开。虽然会议争论激烈,但最终还是审定了6500多个字的标准读音,核定了汉语的39个音素,并决定了采定注音字母的原则与方案。但可能是鉴于南北方争论之激烈,教育部不敢贸然公布。

1914年1月,在北京的读音统一会会员王璞等25人成立读音统一期成会。1915年1月,王璞等读音统一期成会会员呈请教育部"将公制之注音字母推行全国"。教育部虽批令派员办理,但实际上并未认真执行。同年11月,王璞等人在北京创办注音字母传习所,其宗旨为"借语言以改造文字,即借文字以统一语言;期以十年,当有普及之望"③,教育部准予先行试办。随后,注音字母传习所先后举办多届,包括师范班、国语班等,同时附设的一个注音书报社出了《注音百家姓》《注音千字文》之类的出版物,又发行了一种名为《注音字母报》的定期刊物,还在上海的中华书局"演制留声机的国音课片"④。

对于这一国语运动,江苏省教育会极为关注。1915年8月9日,在江苏省童子军联合会召开研究会之际,沈信卿就专门发表了关于童子军练习国语必要性的演说。后经讨论决定,"旗语字典用注音字母,童子军本级课程内增加国语一课"⑤。

1916年10月,蔡元培与张一麐、王璞、吴稚晖、黎锦熙等发起成立了中华民国国语研究会,主张"言文一致""国语统一"。1917年2月18日,中华民国国语研究

---

① 俞旨一述说一般小学之改良.//沈信卿编.江苏教育总会文牍 四编丙[M].上海:中国图书公司,1909:114.

② 各省教育总会联合会第一次报告目次.//沈信卿编.江苏教育总会文牍 六编丁[M].上海:中国图书公司,1911:123.

③ 陆徵祥.教育部呈试办注音字母传习所请予立案文并 批令(中华民国四年十二月二十二日)[J].政府公报,1915(1304):41.

④ 老笠.论说注音字母传习所七周年纪念[J].国语注音字母报,1921(124):3.

⑤ 会务录要:本会附设各会分日开会纪要:(一)中华民国江苏童子军联合会[J].江苏省教育会月报(上海),1918(08):16.

会在北京召开第一次大会,推举蔡元培为会长,张一麐为副会长。该会把注音字母的推行作为国语研究与调查的重点内容,因为它为社会层面推行注音字母扫清了障碍。国语研究会成立后,一面敦促北洋政府公布注音字母,一面要求改学校"国文"科为"国语"科,得到各地教育界人士的积极响应。后来,该会又改为全国国语教育促进会,江苏省教育会也积极响应,组织了江苏省内的国语教育促进会。随着新文化运动的兴起和五四运动的爆发,"文白之争"基本上尘埃落定,白话文运动兴起,全国开始大力推行国语运动,极大地改变了当时语文教学的面貌。

江苏省教育会认为,"统一语言,为普及教育之基础"。在国语教育方面,江苏省教育会主要的贡献在于致力于中小学和社会上国语的推广和普及,其采取的主要措施包括:组织国语推广团体、进行国语传习、组织演说竞赛、编辑倡导国语教材、提出相关国语推广议案与办法等。

(一)组织国语研究与促进团体

1.组织国语研究会

1917年10月10日至26日,第三届全国教育会联合会在杭州开会,议决通过了《请教育部定国语标准并推行注音字母以期语言统一案》,呼吁教育部"速定国语标准,并设法将注音字母推行各省区,以为将来小学国文科改国语科之预备"[①]。11月,在江苏省教育会的干事员会上,黄炎培传达了全国教育会联合会的议案及其精神后,当即决定在江苏全省推行国语。

1918年1月21日,江苏省教育会向教育部呈送了《国语教授办法及实施方法》,希望能够加强国语教员培训,积极推广国语。3月,教育部答复说:"国语教育,关系重要,诚宜设法推行。惟事属创设,欲收实效,端在师资得人,现在北京高等师范学校,亦拟逐渐增设此科,以期国语教育之发达。兹拟由南京及武昌两处试办,再图推广。"[②] 4月,教育部召集全国高等师范学校校长开会,议决高等师范学校附设国语讲习科,专教注音字母和国语。12月28日,教育部公布了

---

① 全国教育联合会议决案(民国六年十月十日):请定国语标准并推行注音字母以期语言统一案[J].官话注音字母报,1917(38):2.

② 文牍:教育部复本会呈请各学校用国语教授办法书[J].江苏省教育会月报,1918(03):8-9.

《国语统一筹备委员会规程》。1919年4月17日,教育部在北京组织成立了国语统一筹备委员会,议决了《推行国语教育办法案》等九大提案,要求在统一语音的基础上,"编辑国语辞典""编辑国语文法""改编小学课本",即"把'国文读本'改作'国语读本'……'国语'一科以外,别种科目的课本也该一致改用国语编辑""编辑国语会话书"①。

1919年10月,全国教育会联合会在山西召开第五次会议,议决通过了《推行国语以期言文一致》的提案。江苏省教育会遂决定根据该议案,于1920年1月23日组建国语研究会。与此同时,它还要求江苏各县教育会同步组织国语研究会。该会主要致力于国语研究与传习,其步骤有三:"第一步,传习注音字母,分为三期。""第二步,调查方言""第三步,审定标准语"②。

2.积极参与江苏省国语统一筹备分会

国语统一筹备委员会成立后,全国的国语运动有所推进,但各地进展不一。教育部考虑到无论是调查各地方言,还是探讨推行国语教育的方法,或者是正确地对待国语教员,各地情况不同,必须随地而定。为普及国语教育须由中央和地方通力合作,分工负责,因此,1920年8月,教育部专门下发训令,要求各省分设"国语统一筹备分会""参照部定国语统一筹备会规程,订定会章,切实进行,以期收国语统一之效"。江苏省教育厅接到训令后认为,"统一国语,事大任重。自应筹设分会,集思广益,以利推行"③。因此,江苏省教育厅聘请江苏省教育会的黄炎培、沈信卿为会员,并委托该会另外推举会员加入。在8月13日的干事员常会上,江苏省教育会推举了张士一、朱楚善等6人为江苏国语统一筹备会会员。在这些人中,除了张士一和张叔良外,其他人都曾经在北京国语研究会学习过,他们或深通声音之学,或于国语研究有素,其中张士一为国立南京高等师范学校英文专修科主任教授,朱楚善为江苏省立第二师范学校教务主任,并且他也曾在北京国语研究会学习,范祥善为上海商务印书馆国文部编译

---

① 专件:记国语统一筹备会[J].教育公报,1919(9):24-27.
② 文牍:致各县教育会通知组织国语研究会书[J].江苏省教育会月报,1920(01):20-21.
③ 文牍:江苏教育厅奉部令组织江苏省国语统一筹备分会请推荐会员公函[J].江苏省教育会月报,1920(08):8.

员,方叔远为上海商务印书馆字典部编辑员,朱英为松江县劝学所职员,张世鎏为上海商务印书馆汉英字典部主任。[1]这些人选也都得到了江苏省教育厅的认可。

3.组织"推行国语委员会"

1922年8月在江苏省教育会常年大会之后,决定把国语教育作为今后会务工作的重点。因此,它决定专门组织成立"推行国语委员会",并通过了《推行国语委员会简章》。该简章明确提出,该会的宗旨在于:"提出关于国语的一切问题,供教育界研究讨论,把研究讨论的结果推行于各学校,以督促国语教学的改进和普及。"[2]在成立大会上,与会人员共同推举方叔远为委员长,并分设了国语的口语研究组和文字研究组。[3]该会成立以后,积极行动,提出了很多促进、推行国语的议案。

到1923年,"推行国语委员会"共召开了4次会议。在1月份的会议上,首先拟定调查表,分发各校,征集对于国语教学进行困难的意见,得到了各学校的积极配合,到该年年底,共收到89县的调查表;其次,拟定了宣传推行国语的方法三种;再次,要求各地召开国语讨论会。5月24日,该会第二次会议议定,"在徐州联合到会之各县劝学所长及各学校校长开国语讨论会""联合上宝劝学所筹备召集本埠各校开国语运动的游行大会"[4]。8月9日,在该会的常年大会上,它一面建议江苏省教育会召集报界讨论改用语体文,一面向大会前评议员会提交了5份议案,要求联合教育厅轮流在江苏各师范区举行小学校国语科商榷会;请省教育厅拟定各县国语指导员规程,主张各中等学校应聘请专任国语教师,各县教育局应速谋补充小学校教师国语知识,各中小学校应奖励学生国语演说等。[5]11月29日,该会又召开了第四次会议。

---

[1] 文牍:复江苏教育厅公函[J].江苏省教育会月报,1920(08):10-11.
[2] 文牍:推行国语委员会简章[J].江苏省教育会月报,1920(10):3.
[3] 会务录要:推行国语委员会第一次会议纪略[J].江苏省教育会月报,1922(10):10.
[4] 江苏省教育会附设会报告(三)推行国语委员会.//江苏省教育会编印.江苏省教育会年鉴:第9期[Z].上海,1924:4.
[5] 江苏省教育会附设会报告(三)推行国语委员会.//江苏省教育会编印.江苏省教育会年鉴:第9期[Z].上海,1924.

1925年11月,江苏省教育会接到全国国语运动大会筹备处的函件,其决定在1926年1月发起国语运动,请求江苏省教育会筹划进行。推行国语委员会共提出了3条意见后,江苏省教育会干事员常会经过讨论认为,推行国语,"宜从国语方面用积极教练方法,不宜于国文方面用消极抵制方法"①,希望能够结合这一宗旨,酌量办理。

1926年8月18日,推行国语委员会常年大会通过了3项议案,其中一项是《实施普及国语于社会案》,其主张"提倡国语,决不是学校方面一部分的事,须学校与社会,双方并进,而后易于收效。"②后经江苏省教育会讨论,决定赞成该提案提出的宗旨,但删除该提案的办法,要求推行国语委员会对于修正后的各种实施方法设法办理。

与此同时,江苏第一师范、第二女师范区小学教育研究会建议,"各校招生时对于国语科勿偏重文言文"③,江苏省教育会也接受了该建议,并代为转达至江苏省教育厅。

(二)切实传习国语

1.国语补习会

1917年11月,江苏省教育会派黄炎培、沈信卿、郭秉文3人作为代表,赴浙江杭州参加了第三届全国教育会联合会。此次会议通过了《请定国语标准并推行注音字母,以期语言统一案》。在当月举行的干事员常会上,来自奉贤的会员周昌时就提议请筹设国语传习所,干事员经过讨论决定,将此事交给师范教育研究会与小教研究会讨论后再议。随后,师范教育研究会及小教研究会"交到议定筹设国语补习会及国语传习所办法",干事员会经过讨论认为,"所拟办法四条,均属切要,第一条物色相当教师,尤为急务,应俟物色得当后定期开办"④。

---

① 开会记录[J].江苏省教育会月报,1925(12):10.
② 文牍:致推行国语委员会实施普及国语于社会之各种方法由会设法办理函(三十一日)[J].江苏省教育会月报,1926(08):8.
③ 江苏省教育会大事记(十二年一月起十二月止):丁:协助他团体办理事件.//江苏省教育会编印.江苏省教育会年鉴:第9期[Z].上海,1924:13.
④ 开会记录[J].江苏省教育会月报,1917(11):8.

于是,江苏省教育会邀请到了李文元担任教授,准备先在寒假集合上海各校教员,举办一个国语补习会,先授注音字母,定国音之标准,并逐日练习国语,以期纯熟。江苏省教育会提出,"惟各学校向用土音教授,今改用国音,各教员虽不乏谙练之人,其但谙土语者,骤图改变,不免感受困难。亟应设法补习"①。1918年2月22日,报名参加国语补习会的已有76人。其课程安排包括:40小时音韵讲习,40小时动字与名词讲习,40小时助字讲习及练习。补习会除了请沈恩孚讲文字形体学,江谦讲声母韵母外,还组织学员进行了分组选习。

2.练习国语方法讨论会

就在江苏省教育会准备组建国语补习会的同时,江苏省教育会附设的师范教育、小学教育两个研究会,也专门合开了练习国语方法讨论会,并邀请上海当地的各小学校教员及学生前来参加听讲。由表4-8可以看出,该会主要由师范学校、各小学的相关代表参加,围绕统一国语的意义、研究和教授国语的必要性、教授与练习国语的方法等展开讲演。在讲演的过程中,还穿插了省立第二师范附属小学校学生的国语表演。在学生的国语表演中,洋溢着浓厚的德育精神。

表4-8 练习国语方法讨论会讲演一览表

讲演人	讲演主题
省立第二师范附属小学校主事杨聘渔	报告附属小学教授国语方法
澄衷学校教员杨子永	研究国语之必要
省立第一师范学校国语教员王凤生	统一国语,须自教授学校生徒为始基
南京高等师范学校国语教员周铭三	高等师范教授国语方法,并对于统一国语方面之意见
省立第二师范学校校长贾季英	学校教授国语之要点
省立第一女子师范学校代表李筱云	报告练习国语方法

---

① 文牍:致上海各学校定期开办国语补习会书[J].江苏省教育会月报,1918(01):1.

表4-9 练习国语方法讨论会学生国语表演一览表

表演学生	表演内容
职业科余浩	纳尔逊轶事
初四田蒪、李定恒	修身作法守时刻
高三宗之发	中国少年
初四沈有鼎、郁钟瑞、沈绍年	修身作法，勿听私语
高二印源圭	家庭教育
初四胡振豫、印企昌	国语会话
高一李定济	言语统一与中国前途

资料来源：会务录要：练习国语方法讨论会纪要[J].江苏省教育会月报，1918(01)：12.

3.国语练习会

国语补习会结束后，江苏省教育会还准备在暑假组织筹办国语传习所，同时，也倡议各地的教育会能够另行组织传布。但因为教育部已经委托南京高等师范学校开办了国语讲习科，所以江苏省教育会就把国语传习所改成了国语练习会，希望能以此进一步巩固国语补习会的学习成果。国语练习会的简章规定，其宗旨依然是"练习国语，使达发音正确、语言纯熟"，而"凡曾入国语补习会者皆得为会员"；对于练习会的要求是"除寒暑假外，每周四下午七时至八时半为开会练习时间"；方法为"到会必说国语，每项必有2人以上讲演，由会员轮任之，讲演时音有不准者，讲毕后其他会员得纠正之，遇有机会，请精熟国语之人讲演"。①

4.注音字母传习会

1918年年初，就在江苏省教育会提议筹办国语练习会的同时，该会也曾接到北京注音字母传习所王璞、陈哲甫二人的来函，要求江苏省教育会上书教育部，请颁布明令，自小学一年起，将注音字母编入白话教科书。江苏省教育会出于慎重，决定"俟办有成效，再行呈请"。1918年9月，北京高等师范学校教员兼注音字母讲习所所长王璞与研究国语至为纯熟的陆衣言两位先生，到上海考

---

① 会务录要：国语练习会成立纪略[J].江苏省教育会月报，1918(07)：7-8.

察。江苏省教育会特别邀请王、陆二人到会讲演,到会听讲者100多人。在讲演中,王璞特别谈到了当时关于推行注音字母的一大问题,即注音字母和汉字的关系问题。在他看来,"汉字乃中国文化之所寄。以浅简之注音字母,万不能代汉字"①。因此,他主要讲的是注音字母的源流与功用,特别强调它在统一语言、普及教育、辅导社会方面的作用,并且详细地讲解了注音字母形体读音,并及五声。②根据王璞的经验,江苏省教育会决定把传习注音字母作为推行国语的第一步。

1920年,江苏省教育会推举沈恩孚为主任,延请辛景文为助传习,准备分3期分别传习注音字母。按照规划,"第一期由各师范学校及附属小学校各选送职教员共三人到会传习。第二期由各县劝学所各选送本县小学教员二人到会,分甲乙二组,传习甲组略谙音韵者,乙组略谙国语者。第三期由上海劝学所选送各小学校教员每校一人到会,分甲乙丙三组,传习甲组略谙音韵者,乙组略谙国语者,丙组未谙音韵及国语,年在三十以内者"。传习时间均以1周为限,如果学员能够快速明了注音字母的读法及拼法,时间上可以再缩短。其中还特别提到,"本条第一步第一期传习完毕后,如各师范学校及附属小学校愿续选职教员到会传习者,得并入第二期传习,第二期传习完毕后如各县劝学所愿续送小学教员到会传习者,得并入第三期传习"。其传习内容与顺序是:"注音字母之发音部位、读法、拼法,南北音不同之要点,讨论练习国语之方法。"③考虑到这次传习重在练习发音,如果人数过多,练习时就不易详细矫正,反而会影响发音的准确性,所以传习所限定每县选派的正式学员只有2个名额。

1920年3月15日—4月23日,三期传习结束后,江苏省教育会考虑到各县志愿研究学习的人还很多,而且第二期传习时,很多县劝学所并没有派人到会学习,于是决定续办1期,至5月21日结束。最后,整个传习学员共有来自47县176人,旁听的有100人左右。

传习结束后,江苏省教育会要求参与传习的各地学员,"在本会传习注音字母完毕后,均有在本校或本县传习注音字母及随时研究国语之义务。传习注音

---

① 会务录要:注音字母讲演会纪事[J].江苏省教育会月报,1920(09):17.
② 会务录要:注音字母讲演会纪事[J].江苏省教育会月报,1920(09):17.
③ 文牍:致各县教育会通知组织国语研究会书[J].江苏省教育会月报,1920(01):20-21.

字母由选送之机关办理,即以本员为主任。研究国语应由本员主任在本校或本县组织国语研究会,注重练习国语"①。与此同时,江苏省教育会也要求这些学员回去后,能够进行地方方言的调查工作。

(三)举行演说竞进会

在1918年举办国语传习所的同时,江苏省教育会在1月15日的评议员常会上又提出组织演说竞进会的倡议,以配合各个学校的国语教学。3月,黄任之、贾季英、沈信卿起草《演说竞进会简则》八条,内容包括该会的主办者与参与者、分组情况、演说范围和要求、赛事规则与要求等。其中,特别强调"演说员以能操国语为及格",江苏省教育会主要负责中等以上学校学生的演说,而"高等小学及同等学校之学生",则由各县教育会比照本会简则组织演说竞进会。该简则还特别说明,"演说之目的,非专为选出优胜者起见,当普及于全校;为练习国语起见,演讲时一律须操国语;普及方法,先由本级分组比赛,再以各级优胜者比赛;比赛次数由校长酌定,以多为贵,藉资熟习"②。按照该会的设想,演说竞进会将于每年的11月由江苏省教育会定期举行。但由于湖南战事的爆发,全国教育会联合会临时改到上海举办,所以原定于1918年11月举办的第一届演说竞进会,不得不延期到12月举办。③

表4-10 江苏省教育会主办历届演说竞进会一览表(部分)

时间	地点	主题	概况	备注
第一届 1918-12-21,22	上海	不详	初赛由沈商耆君主席,张叔良、顾荫亭、吴和士三君评判;决赛由穆藕初君主席,黄任之、蒋梦麟、沈信卿三君评判。到会者百余人。比赛者共中学校十九,大学校四	第一届,因为湖南战事,全国教育会联合会改在上海举办,故推迟至12月。决赛结束之后,还专门请余日章演讲,演说时关于态度、音调种种必须注意之点

---

① 文牍:致各县教育会通知组织国语研究会书[J].江苏省教育会月报,1920(01):22.
② 文牍:附演说竞进会简则[J].江苏省教育会月报,1918(03):7-8.
③ 文牍:致中等以上各学校通知定期开演说竞进会书[J].江苏省教育会月报,1918(10):2.

(续表)

时间	地点	主题	概况	备注
第二届 1919-12-21,22	南京	关于新文化运动之种种问题及其推行方法		提出了对各校练习演说的六条意见。
第六届 1923-11-24,25	南通 (城南总商会)	预赛:演说员自择	甲组6校;乙组10校	
		决赛:演说员自择	主席张謇庵。评判员:甲组、黄任之、杨卫玉、张叔良;乙组,朱经农、章伯寅、沈信卿	
第七届 1925-05-23,24	丹徒 (万寿宫)	演说员自择	甲组,大学及专门,11校;乙组,师范及中学职业,26校评判记分办法,仍如旧例:思想占40分,结构、态度各占20分,国语及音调占20分	本应于1924年举行,因时局而推迟。推伍义伯、吕凤子、徐师竹3人为筹备员。23日预赛
第八届 1926-04-25,26	松江	公民教育	推陆规亮等7人为筹备员,甲组,大学及专门,6校;乙组,师范及中学职业,30校。评判记分办法如旧例	原定5月16日-17日举行,为配合公民教育运动周提前举行

资料来源:

1.会务纪要_演说竞进会比赛纪事[J].江苏省教育会月报,1918(11):10-12.

2.文牍:致中等以上各学校通知定期举行演说竞进会书[J].江苏省教育会月报,1919(10):24-25.

3.会务纪录:第七次演说竞进会纪_附录演说竞进会简则细则,修正演说竞进会简则[J].江苏省教育会月报,1925(05):17-19.

4.会务录要:第八次演说竞进会纪[J].江苏省教育会月报,1926(04):11-15.

5.会务录要:第八次演说竞进会纪细则[J].江苏省教育会月报,1926(04):11-15.

截至1926年,除了1924年因为江浙战争的原因,演说竞进会一度被迫推迟外,该会先后共举行了八届演说竞进会。

1919年10月,江苏省教育会决定在12月22日举办第二届演说竞进会。考虑到新文化运动与五四运动的巨大影响,江苏省教育会也与时俱进,在《演说竞进会简则》的基础上,又提出了对于各校练习演说的六条意见:"(一)演说之目的非专为选出优胜者起见,当普及于全校;(二)为练习国语起见,演讲时一律须操国语;(三)普及方法先由本级分组比赛,再以各级优胜者比赛;(四)比赛次数由校长酌定,以多为贵,藉资熟习;(五)演词之内容,应由演说者自定,他人不宜加以助力;(六)上届优胜员不必加入,以期广造演说人才。"①这六条意见,特别强调了学生的自主、参与,要求以赛促练,着眼于国语的普及与练习,扩大学生的参与,造就更多的操国语者。

从1923年开始,江苏省教育会决定,演说主题由参赛选手自定,并把主题也作为一项重要的评判指标。1924年,因为江浙战争的爆发,原定会议无法如期举行,不得已推迟到了1925年5月。1926年,为了配合该会开展5月的公民教育运动,会议再次提出,把演讲主题限定在"公民教育"范围,并且把当年的演说竞赛时间提前到4月。

由此可见,在借用演说倡导学生使用国语的同时,该会还特别注重把演说主题与社会时事结合起来,引导学生关注社会。不过,与演说主题因时、因事而变不同的是,在执行演说评判标准方面,江苏省教育会基本未做改变,仍是从思想、结构、态度、国语、音调等几个方面进行评判(其具体评分标准则:思想占40分,结构、态度各占20分,国语及音调占20分)。从这一标准也可以看出,江苏省教育会对国语的工具价值有清醒的认识,对于演讲的考察与评判是比较全面、合理的。

每届演说竞进会,都分为两天(预赛和决赛)进行,中等组与高等组分别评奖,并会伴有评判员的演说。这不仅对参赛的学生、学校起到了极大的鼓舞与激励作用,对江苏国语教育的推动,特别是以国语为载体的其他教育的推动作用也是巨大的。

---

① 文牍:致中等以上各学校通知定期举行演说竞进会书[J].江苏省教育会月报,1919(10):24.

(四)推动国语教学改进

1.教学须用国语

1914年8月24日,江苏省教育会下设的小学教育研究会召开常年大会时,特别汇报了对小学实施国语教授问题的研究结果,还针对相关问题提出了一些具体办法:第一,"教师须多讲国语,凡遇开演讲会行训话时,必汰去俗音而用国语,不可以不善国语而惮于应用";第二,"每天令儿童练习国语数句,日积月累,自成习惯";第三,"令儿童读书时必用国音"。[①]随后,小学教育研究会将小学校用国语教授方法的提案提交大会进行讨论,经过议决,将议题改为"各学校用国语教授案方法",交新职员会研究。

自1917年全国教育会联合会通过提倡国语的议案后,江苏省教育会就积极组织师范教育研究会和小学教育研究会,多次召开教授练习讨论会,共同研究国语教授办法,多次讨论后它们提出了四大办法和三大措施。1918年1月21日,江苏省教育会一面将讨论确定的"改进国语教授方案"呈送给教育部,一面在省内各学校积极倡导。在江苏省教育会看来,要想使国家立于坚固永久之地位,就必须使国民养成统一的国民性,而要养成这种相同的国民性,就必须先使各方面的思想能够随时随地发表;各方面的意见,能够随时随地沟通。而发表思想与沟通意见的主要工具,就是语言文字。"而教育未普及之国家,语言尤重于文字。"我国各地的语言,差异较大,省与省、县与县、甚至一县之内都各有方言,互不统一。以至于随着西方语言文字的传入,"同胞相遇,有反藉外国语以通情愫者。上海等交通便利之区,尤属数见不鲜。若不亟图挽救,恐将以外国语为吾国之普通语言,而使国民特性,完全丧失,尚何望于国基之巩固。"[②]这也是国家和社会提倡读音统一、普及国语的重要背景。不过在江苏省教育会看来,由于我国教育尚未普及,仅仅依靠《注音字母报》,对于国语普及来说收效太慢。因此,"宜于学校厉行国语教授"。因为"青年时代,学习较易,基础既固,传

[①] 会务录要:江苏省教育会附设各会分日开会纪要[J].江苏省教育会月报,1917(08):8.
[②] 文牍:致各县教育会、省立学校请转知各学校厉行国语教授书[J].江苏省教育会月报,1917(12):1.

播自速"①。为此,该会专门就这一问题向江苏各县教育会、省立学校等发出了倡议。

在倡议书发出后,江苏省立第五师范学校还专门来函询问,有无更完善的方法及注音字母方面的简明书籍。江苏省教育会的干事员们认为,练习国语的根本方法是国语、国音必须口授,必须把土音与国音之间的差别一一比较,随时矫正,并给该校推荐了北京高等师范学校国语教习王璞所编辑的《国音检字》《模范语》等,作为参考资料。

1918年8月12日—13日,在师范教育研究会和小学教育研究会的联合大会上,王饮鹤特别报告了江苏省立第一师范学校英语与国文分科的办法,以及练习国语的情况。随后,该会重点讨论了国文读法教授的顺序,主张"对于文字教授,须分发音教授法,形体教授法二种"②。1919年8月13日,师范教育研究会、中学教育研究会、小学教育研究会联合大会,又特别提出了"请小学校废止国文会考"③的议案。可以说,中小学的国文与国语教学,是这一时期江苏省教育会关注的一个重点。

2.教科书

民国初年,教育部对教科书采用审定制,希望通过竞争让教科书日臻完善,并为此专门颁布了《审定教科书规程》。

1915年,为了更好地推行国民教育,教育部专门组织人员编辑了针对国民学校修身、国文、算术三科的教科书。1917年,这三套书编辑完成。为了表示慎重,教育部专门把修身、国文两科的稿本印发各地,要求详加讨论研究,并把1918年1月至5月设定为讨论期。江苏省教育厅认为,"改良教科书,实为根本教育之要务"④。鉴于江苏省教育会附设有小学教育研究会,对于教学用书素有研究,教育部还专门委托江苏省教育会按照相关要求认真研究。

---

① 文牍:致各县教育会、省立学校请转知各学校厉行国语教授书[J].江苏省教育会月报,1917(12):2.
② 会务录要:本会附设各会分日开会纪要:(一)师范小学教育研究会[J].江苏省教育会月报,1918(08):19-20.
③ 会务录要:中学师范小学教育研究会开会纪事[J].江苏省教育会月报,1919(08):16.
④ 文牍:江苏教育厅转到部发教科书请本会附设小学教育研究会详加讨论公函[J].江苏省教育会月报,1918(01):7.

随后，自1919年4月国语统一筹备会成立后，在全国推行国语的大潮中，将小学的国文读本改作国语读本又成为当务之急。因为在各地推行国语的过程中，首先遇到的一大问题，就是缺少合格的教科书。而且，由于教材更新不及时、国语师资的缺乏、保守势力的阻挠等诸多因素的影响，在全国"文白之争"尚未定论之前，国语教学在学校中的推行遇到了重重阻力。为此，国语统一筹备会积极行动起来，联合其他团体，敦促教育部重申1920年通过的将国民学校中的国文改作国语的法令，并明令初级小学校绝对禁用国文教科书。

但由于北洋政府对全国各地控制力的弱化与威信的降低，常常出现政令不畅，颁而不行的状况，因此，直到1926年前后，白话文教学仍未完全取代文言文教学。为了使"反文言、倡白话"运动深入人心，苏浙皖师范附属小学联合会在《中华教育界》上发表了《三省师小联合焚毁初小文言教科书之宣言》，提出："我们这一次因为反对初级小学用文言教科书，曾经收集了一部分初级小学的文言教科书，郑重焚毁，以表示我们的决心。"[1]

3. 培训国语视学员

1919年，江苏省教育会附设的县视学研究会在开会时，江浦视学邢泰阶提出，视学视察学校的国语教学，仍然采用自学辅导主义，学生能否明了的问题。最后，经过与会视学的讨论，认为教授方法可不必拘泥于某一种，视学在视察学校时，更应该关注学生是否能够练习纯熟。同时，视学们还认为，"各县宜多派教员赴各地国语讲习所练习"，最后决定，"指定教员采用巡回教授方法，分赴各市乡教授"[2]。

1920年8月22日，江苏省教育会附设的县视学研究会在举行常年大会时又提出，视学要想做好对各学校国语教授的视察工作，自己首先要有所研究，这样在视察时才能够有所把握。但因为视学本身任务比较繁重，难以保证自学的时间与效果，因此，沈信卿提出，可以由江苏省教育厅出面，请南京高等师范学校开办一个视学短期国语讲习会。这一提议得到与会者的一致赞成。后来，江苏省教育厅经过研究决定请省长专门开办一个"江苏国语讲习所"，以三个月为

---

[1] 国内教育新闻:三省师小联合焚毁初小文言教科书之宣言[J].中华教育界,1926(08):8.
[2] 会务录要:县视学研究会开会纪事[J].江苏省教育会月报,1920(08):33.

限,从南京高等师范学校延聘教员,并"于九月十日开学,预计寒假时期,第一期已可结束"①。这一消息被江苏省教育会下设的通俗教育研究会会长陈家凤得知后,他就向江苏省教育会提出,"统一国语,为普及教育之先导。学校方面,固宜注意,社会方面,似更切要"②,希望能够让各地通俗教育馆主任也加入该讲习所,后来这一提议也得到了江苏省教育会的支持与江苏省教育厅的批准。

1922年8月17日,江苏省教育会下设的地方学务研究会召开常年大会时,再次提及了"提倡国语"的议案。而江苏省教育会新一届全体职员会经过讨论,也决定把国语教学作为需要特别注意的工作,并为此拟定了一个更加系统的提倡国语的方案。

江苏省教育会认为,推行国语教学,一方面要培训教师,让教师掌握国语教学的基本技能与教授方法;另一方面,也要加强监督,督促各个学校、各个教师主动倡导国语教学。而江苏方言比较复杂,很难统一,所以虽然经过多年传习,但收效甚微。各学校的国语教学到底如何,在实际推行过程中有哪些困难,"教授方法,是否完全适宜,尤待详加考察,切实指导,方可实收宏效"。因此,江苏省教育会特别向韩省长及江苏省教育厅建议,应从五个方面加强国语教学:"请省长教育厅长奖励提倡,并专设国语省视学特别视察以促进行""由省教育会征集各校国语进行困难情形,研究进行方法""请各师范学校,重视国语科,注重教练,以养成国语技能""请各县县教育行政机关,速为各校教师广开国语讲习会,以宏造就""省县视学视察学校时,应特别注重国语教学,并征集各校已经试用之方法。择其成绩显著者,通知各校仿行"。③

恰逢此时,江苏省决定厉行义务教育。在江苏省教育会看来,推行国语,与义务教育关系非常密切。"自各校改用国语后,为时仅及二年,成效已昭然可见。将来义务教育实行后,人人入学校,即人人知国语。当是时,读音尚虞不统一,言文尚患不一致乎。"所以江苏省教育会提出,"是国音者,乃学普通话之良好锁钥也"。与此同时,他们还从反面论证说,"设教以家乡土音,恐与儿童不合。欲

---

① 文牍:致各县视学员书[J].江苏省教育会月报,1920(08):22.
② 文牍:致江苏教育厅请通令各县知事特派通俗教育馆主任附入国语讲习所书[J].江苏省教育会月报,1920(10):4.
③ 文牍:附录原案:提倡国语案[J].江苏省教育会月报,1922(08):4.

迁就儿童土音,则又苦不知。即用所谓普通话,而杜撰之普通话,果适用否乎。如用国音国语,即用标准音标准话,则到处一致,尚何患言语之枘（凿）哉。要之国音国语,有利而无弊,体大而实宏,可认为重要,应即实力提倡者也"[1]。江苏省教育厅也采纳了这些建议。

不过,在推行国语的过程中,江苏省教育会的很多设想或建议也并不是总能得到贯彻实施。1920年,为了进一步推进国语教育,南汇二团乡教育会提议,请行政机关一律用国语文告。在他们看来,如果政府能够身体力行,必将在社会上起到很好的示范作用,从而有效地帮助学校推进国语教学,否则,在穷乡僻壤的小学堂教授国语,一定会遭到很多父母的误解,甚至会让学生因此流失到私塾里去。因此,这是"关系全国教育前途"的大事。但江苏省教育厅却认为,"行政机关一律改用国语文告,须奉有中央命令,方能施行。一省一机关,未便单独改用"[2]。对此,江苏省教育会再次力争,提出"白话文告,自前清时已行；近山西兼用语体之文告,未闻有中央命令。敝会以为,照来函转复该乡教育会,则推行国语,必大生阻力,盖未有己必不行而能强人行者"[3]。但是,作为一个民间的教育团体,江苏省教育会自然无法影响牵涉全省行政的决定,所以此事最后不了了之。实际上,推行国语的阻力一直较大。1925年,因为时局和财政原因,江苏省教育厅又准备裁撤国语视察员。对此,江苏省教育会会员倪伯英（松江）,在国语研究会开会时,特别针对江苏省教育厅的这一决定,提出了不能裁撤国语视察员的理由及若干条建议。江苏省教育会认为,该案"请求勿裁国语指导员,省县视学注意视察,并续开国语讲习会各节,于督促进行,培植师资,均关重要"[4],所以特别向江苏省教育厅进行了转达。不过,江苏省教育厅借口经费无着,只是暂行裁撤,"俟经费稍裕,再行分别酌办"[5]。由此也可以看出,国语推行进程的缓慢与反复。

---

[1] 文牍:附录原案:提倡国语案[J].江苏省教育会月报,1922(08):5.
[2] 文牍:江苏教育厅复书[J].江苏省教育会月报,1920(11):3.
[3] 文牍:复江苏教育厅书[J].江苏省教育会月报,1920(11):3.
[4] 文牍:致江苏教育厅请促进国语教育函(十二日)[J].江苏省教育会月报,1925(09):13.
[5] 文牍:江苏教育厅复函(二十六日)[J].江苏省教育会月报,1925(09):14.

六、研究英语教育

作为中国对外开放的重要通商口岸,上海及其所在的江苏各城镇,也是外国人来华办学的主要目的地。因此,无论是最早的军事学堂,还是为了商业往来,江苏的新式学校普遍重视外语教学。

1914年9月4日,江苏省教育会常年大会后的第一届干事员常会决定,提倡设立各种研究会。很快,杨锦森等30多人就率先报告江苏省教育会,准备发起组织英文教授研究会,并提出了5条办法。可以说,这是在这一时期最早行动起来的一个研究会。9月27日,英文教授研究会在江苏省教育会开成立会,通告了发起缘由,并选举了相关的职员。这次成立大会,"到会者二十四人,公推叶达前君为临时主席,张谔君为临时书记员"[1]。会上,关应麟当选为会长,叶达前当选为副会长。此后,该会坚持每月举行1次会议。10月11日,该会再次开会,会长关应麟主持会议,宣布推举廖承绪为评议员会会长,并对会章修订与常会日期进行了讨论。评议员会审查了会员李植藩提出的需要研究的15个问题,并从中选了5个问题交会员研究。在11月8日的常会上,与会会员讨论的第1个问题就是:在英语教学的第一阶段,是否要尽可能消除母语。众人经过讨论认为,在学习英语之初,国文必不可少,应该在学生能够明了英文意思后,再逐渐少用、不用母语,以便让学生有更多练习英语的机会。在12月13日的常会上,研究会讨论了之前提出的第2个问题:在英语教学中,读、说、写,最应该强调哪个方面?与会的15名会员展开了充分的讨论,但最终未达成一致。1915年1月,英文教授研究会进行了改选,提议准备筹办教育讲演练习所,后经江苏省教育会干事员会讨论,决定由该会联合基督教青年会一同办理。

尽管英语教授研究会的会员们对相关问题的研究非常积极主动,但在这一时期,社会舆论对中小学的英语学习却有很多非议。在1915年的常年大会召开前,预备议案主任沈信卿向大会前的评议员会提交了4个议案,其中一个是《修正师范课程案》,在该议案中,沈信卿特别谈道:"各地师范生国文程度,每患不足,毕业以后,贻误小学教育前途不浅。权其缓急,惟英语科尚非小学所必

---

[1] 文牍:英文教授研究会报告成立并选举职员修正章程九条[J].教育研究(上海),1914(17):1.

需,不如省习英语,加习国文,以清其本"①。同时,在当年召开的师范教育研究会大会上,第二师范学校考虑到师范生国文程度低下,决定自本科第三学年起,为国文不良的学生,单独组织1科,把英文课时用于国文。但是,这一变动,与社会上对英语教师的需求并不完全一致。在开会讨论时,第二女子师范学校校长杨达权就报告说,按照部定女师范章程,以英文为随意科,所以学生大都不够重视。后来,该校在第一学年中把英文列为必修课,但学生知道该科只需要学习1年,依然轻视这门课程,以至于"今夏如高小之来请英文教员者,颇有数处,敝校殊难对付"②。于是,围绕今后师范英文科究竟应该如何办理,特别是女子师范教育中是否应设英文科,江苏省教育会的会员们展开了激烈的讨论。沈信卿认为,女子高等小学,没有设置英文课的必要,女子师范,可以不必注意。杨达权则认为,女子高等小学有设置英文一科的必要,如果女子师范不能培养英文女教员,对于女子小学的教学必定产生妨碍。黄任之认为,女子应用英文极少,女师范课程中可以不列英文科,要养成英文女教员,必须设英文专修科。张志千也认为,今后女师范英文科可以废除,沈信卿等人均赞成这一主张。从中可以发现,男性教育者虽然认可女子接受教育的权利,但态度还是比较保守的,认为女子师范教育可以比男子师范教育程度低。但实际上,除了女子小学需要英文教师外,由于上海等地从事对外商贸的需要,英语等语言类课程学习对学生求职是非常有帮助的,可惜在当时,很多人还没有意识到这一点。而这种对英语学科的轻视,在一定程度上也影响了英文教授研究会会务的开展。

与此同时,该会还提出了英文教科书的问题,决定交英文教授研究会讨论。1917年,英文教授研究会召开常年大会时,汇报并讨论了英文教科书的研究情况,并决定由会长请会中教授英文年数较多且确有心得之会员,以其教授英文之意见,撰成短篇文字,遍发本省各英文教员。一方面征求讨论,一方面作为辅导。1918年,该会常年大会召开之际,又专门请人演说英文教授经验与心得。其中,周越然演说教授师范学生英文之经验,而原预定演说的南京陆君虽然因事不能到会,也专门寄来了演说稿,请张叔良代读。此次年会,除了修改会章外,还有两个明显的变化:第一,考虑到外国人在我国担任英文教员者人数众

---

① 会报:预备议案主任员会沈信卿君交到议案四种[J].教育研究(上海),1915(19):14.
② 开会纪录:师范教育研究会大会(补录)[J].江苏省教育会月报,1916(02):35.

多,决定吸纳他们加入英文教授研究会;第二,决定设立一个发表英文研究结果的平台,先"以商务印书馆出版之英文杂志为机关报,每期以四面为度,不索报酬,以本会自有能力刊行印刷品之日为止"[①]。

1919年8月18日,英文教授研究会召开常会时,又先后请麦伦书院英文教员汉密尔顿博士、西童学校英文教员慕尔先生、前约圣约翰大学英文教员吴东初讲演英文教授法。但此届常会因为该会正、副会长均不在上海,由干事员张叔良任主席,所以决定延期改选会长与副会长。1920年8月12日,该会选举职员后,又邀请林羽青讲授教授英文学习之经验。

随后,一方面是中小学英文教授不受重视,另一方面又由于该会正、副会长均不在国内,该会会务无从组织,英语教授研究会也就于无形中解散了。但不管怎么说,作为江苏省教育会下设的第一个专门讨论英文学科教授问题的研究组织,该会的成立及其活动,特别是其随后组织的几次英文教授方面的演讲,对改进当时的英文教授还是起到了一定的作用的。

七、关注幼稚教育

中国社会化的幼儿教育起步较晚,清末虽有蒙养院的设置,但基本上依然是附设在家庭里的。客观来说,这一时期,江苏在学前教育发展方面并不突出,学前教育也不是江苏省教育会关注的重点。但即便如此,江苏省教育会也曾一度组织了学前教育的研究组织,开展了一些讲演活动,还是展现了其一定的远见卓识。

(一)组织学前教育研究会

民国以后,随着江苏省教育会对西方教育,尤其是对美国教育接触的日益频繁与研究的深入,正在西方流行的蒙台梭利教育法引起了江苏省教育会的关注。

1915年4月4日,江苏省教育会组织召开了蒙台梭利教具研究会,还陈列了

---

① 会务录要:本会附设各会分日开会纪要:(一)英文教授研究会[J].江苏省教育会月报,1918(08):24.

美式、日式与上海仿造的中式蒙台梭利教具,供大家研究。同时也提出,要研究如何制造蒙台梭利教具才能更切合中国的实际,及其如何在中国的小学和幼儿园分别使用的问题。①

1916年3月,在主持蒙台梭利教育法的讲演会时,黄炎培首次提出了组织幼稚教育研究会的设想,"深盼诸君,约同志来会,组织幼稚教育研究会,俾得达实施之目的"②。4月,该会收到了博文女学校教员钟镜芙、黄学梅女士发起组织幼稚教育研究会的章程,获教育会副会长黄炎培、会员朱葆康赞成。她们与教育会会员杨鄂联、吴家煦、顾树森等商量,决定共同发起组织幼稚教育研究会,并通过了修正后的简章,把该研究会的宗旨确立为:"研究幼稚教育关于教授、训练、养护之各种重要问题。"③它被看作是"中国近代最早的幼教研究社团"④。

该会成立以后,由黄炎培出面,邀请我国著名女权运动的先驱——胡彬夏出任幼稚教育研究会主任。此时,胡彬夏已经从美国留学归来。她曾代表中国参加万国儿童幸福研究大会,此时正担任《妇女杂志》的主编,并著文介绍过当时流行的蒙台梭利教学法,可以说是幼稚教育研究会主任的恰当人选。⑤可惜,由于胡彬夏的身体原因,以及我国学前教育发展还处于起步阶段,在这一时期,幼稚教育研究会的工作主要集中在幼儿教育理论的宣传与介绍上。1919年夏,该会得到城西幼稚园创办人龚子英先生的许可,决定把城西幼稚园作为幼稚教育研究会的实地研究之所,并聘请薛锦琴女士为主任。就在该会有了理论与实践并进的可能之际,1919年年底,郭秉文在讲演欧美教育近况时却提出,"蒙铁(台)梭利之教育法,以其不能发展儿童创造力及想像(象)力,故其教具,在今日认为不适于用。"⑥自此以后,以蒙台梭利教育法为重心的中国学前教育的发展一度停滞下来,江苏省教育会附设的幼稚教育研究会也于无形中解散了。

---

① 会报:讲演会纪事(四年三月)[J].教育研究(上海),1915(23):4.
② 柯乐恺夫人讲演蒙铁(台)梭利教育法纪录(黄副会长谢辞)[Z].临时刊布,1916(05):18.
③ 会报:钟黄二女士函送组织幼稚教育研究会缘起[J].教育研究(上海),1916(28):24.
④ 喻本伐,赵燕.民国最早创设的幼稚教育研究社团考论[J].华中师范大学学报(人文社会科学版),2018(03):165.
⑤ 有关胡彬夏及其幼稚教育研究会的相关内容,请参见:于书娟,陈春如.鲜为人知的学前教育先驱——胡彬夏[J].教育评论,2017(02):161-165.
⑥ 会务录要:教育讲演会纪事[J].江苏省教育会月报,1919(12):22.

(二)组织学前教育演讲

1.讲演蒙台梭利教具使用方法及教学法

1914年,江苏省教育会决定专门设立讲演部以宣传介绍西方最新的教育理念与方法。这时,蒙台梭利教学法已经引起了国人的注意,上海的徐汇公学与商务印书馆都曾引入蒙台梭利的教具。随后,江苏省教育会还曾专门购置全套的蒙台梭利教具,并邀请顾荫亭在1915年1月13日的讲演会上,讲解蒙台梭利教具的使用方法。虽然当天天气极寒,但到会听讲者众多,"约三百人,多迟至闭会,满意而去"[①]。这一方面说明江苏省教育会的号召力大,另一方面也说明了国人对学前教育、新式教育的重视。4月4日,在蒙台梭利教具研究会上,江苏省教育会再次请顾荫亭讲解蒙台梭利教具的使用方法。

1916年3月4日,江苏省教育会再次举行讲演会,请柯乐恺夫人讲蒙台梭利教育法,由郭秉文任翻译,同时,在讲演会现场,还陈列商务印书馆改制的蒙氏教具供人参观。5日,又请"前任北京国立医学专门校长汤尔和先生讲演妊娠、产蓐及婴儿保育法"[②],听讲者400多人。在讲演中,黄炎培也提到,《蒙氏教育法》一书刊布后,教育界即有注意研究者,唯如何用法,多嫌隔膜,希望参会人员能够共同研究。

随后,江苏省教育会又在20日下午延请美国的巴士第夫人到会讲演蒙氏教育法及其来华宗旨。为此,巴士第夫人还专门用从美国带来了一些教具进行一些试验,并希望能够设立一个万国蒙台梭利教育研习所,以造福中国儿童。6月,巴士第夫人提出了5条创办蒙台梭利学校的意见给江苏省教育会,该会干事员常会经过讨论认为,没有地方直接设立此校,因此作罢。

---

① 会报:讲演会记事:通告学界[J].教育研究(上海),1915(19):26.
② 会报:按月讲演会纪事[J].教育研究(上海),1916(28):21.

表4-11 蒙台梭利教具讲演一览表

讲演时间	讲演人	讲演内容	备注
1915-01-13	顾荫亭	蒙铁(台)梭利教具及其使用方法	
1915-04-04	顾荫亭	蒙铁(台)梭利教具及其使用方法	是日,举行了蒙铁(台)梭利教具研究会
1916-03-04	柯乐恺夫人	蒙铁(台)校(梭)利教育法	郭秉文任翻译
1916-04-20	(美)巴士第夫人	蒙氏教育法	自带教具,希望设立万国蒙台梭利教育研习所

资料来源:

1.会务录要:教育讲演会记事:通告学界[J].教育研究(上海),1915(19):26.

2.会报:蒙铁(台)梭利教具研究会通告及纪事(四年三月)[J].教育研究(上海),1915(23):4.

3.会报:按月讲演会纪事[J].教育研究(上海),1916(28):21,23.

4.文牍:致各幼稚园及男女学界听讲蒙铁(台)梭利教育法并商榷幼稚教育研究会书[J].教育研究(上海),1916(28):23.

2.讲演幼稚教育

幼稚教育研究会成立后,除举办常年大会外,还经常举办讲演会,宣传幼稚教育理念。从表4-12可以看出,该会成立以后,围绕幼稚教育、家庭教育,邀请中外教育界人士举行了多次讲演会。从讲演内容可见,该会不仅注重理论宣传,还注重教具使用方法与使用技能的传授。不过,正如该会会长胡彬夏在1919年常年大会总结时谈到的那样,"幼稚教育研究会之目的,分为实际研究及学术研究。惟吾国之研究,往往缺乏西人研究之真精神","敝会于实际研究,殊多惭愧也。学术研究,自成立以来,仅有四五次。然尚有所得"[1]。

---

[1] 会务录要:幼稚教育研究会开会纪事[J].江苏省教育会月报,1919(09):49—52.

表4-12 幼稚教育研究会成立后讲演一览

讲演时间	讲演人	讲演主题与内容
1916-08-26	薛锦琴	幼稚教育家对于家庭改良之责任
	曾纪芬	曾文正公家训与幼儿家庭教育经验
	胡彬夏	夫勒白耳与蒙氏二派学说
	黄琼仙	儿童保育(遗传性及新生婴儿之保育与抚养)
1917-08-23	黄炎培	幼稚教育宜注重觉悟力
	余日章	近今幼稚教育观
1917-11-25	朱友渔	生育进化之要旨
1918-04-13	沈信卿	不详
1918-08-14	吴稚晖	略谓幼稚教育与国民教育有别等
	高践四	略谓现在欧美各国咸认幼稚教育为必要
	沈信卿	略谓幼稚教育宜以注重体育、顺其自然为要义。此外,尚有音乐一科
1919-06-01	沪江大学缪君	模范家庭
	倪君	模范乡村
	万夫人	卫生图表

资料来源:

1.演稿(补录):幼稚教育研究会大会纪录(八月二十六日)[J].江苏省教育会月报,1916(9):52-59.

2.会务录要:江苏省教育会附设各会分日开会纪要[J].江苏省教育会月报,1917(9):6-7.

3.会务录要:本会附设幼稚教育研究会讲演会情形[J].江苏省教育会月报,1917(11):6-7.

4.会务录要:本会附设幼稚教育研究会幼稚生表演会纪略[J].江苏省教育会月报,1918(04):2-3.

5.会务录要:本会附设各会分日开会纪要(一)幼稚教育研究会[J].江苏省教育会月报,1918(08):21-23.

6.会务录要:幼稚教育研究会开会纪事[J].江苏省教育会月报,1919(06):13-14.

（三）举办幼稚生联合表演会

除了组织讲演，该会也开展了其他一些活动，它们对扩大幼儿教育的影响是比较显著的，其中最重要的就是幼稚生联合表演会。

自1917年4月起，幼稚教育研究会曾组织三次上海幼稚园联合表演，一方面检验了幼稚园的实际教学成果，另一方面也扩大了学前教育的宣传。在首次表演会中，博文、城西等7所幼稚园（当时上海仅有幼稚园12所）踊跃参加参与，来宾百余人。各园幼稚生的表演"均极娴熟、活泼"[1]，赢得掌声不断。从表4-13中可以看出，幼稚生的表演内容丰富多彩，既有英文类节目（彰显国际化的特点），也有唱歌等节目（展现幼稚园注重培养幼儿的爱国情怀、关爱幼儿成长之心），表演结束后还有摄影环节，照片刊登在各大报纸杂志之上。照片中的幼儿个个精神焕发、茁壮成长，充分展现了实行新式学前教育的成果，以及新思想的贯彻和落实的成效。

表4-13　1917—1919年幼稚生联合表演会节目一览表

	表演项目	参演幼稚园
1917-04-28	国旗　春天歌　游戏花圈　英文故事 兵歌　体操游戏　农夫歌	养真幼稚园
	钢琴独奏（一）　英文歌　少年旅行歌 钢琴独奏（二）	兴华幼稚园
	四肢运动　游戏竞争　爱国歌　英文歌 钢琴独奏　跳跃国旗歌	启秀幼稚园
	滚球　手工竞争　竞争游戏　表情唱歌	广东幼稚园
	营巢燕　象形字表演　小家庭	博文幼稚园
	识字问答　打麦歌　恩物游戏	城西幼稚园
	英文歌　听琴游戏　国旗歌	培真幼稚园
1918-04-13	行进游戏	松江育婴幼稚园
	花麻雀歌	清心幼稚园
	小鸟歌	养真幼稚园
	五鸟归林	广东幼稚园

---

[1] 幼稚生联合表演会纪要[N].申报，1917-04-29（民国六年，丁巳三月初九日，第十版）.//申报影印版，第145册，上海：上海书店，1983:1056.

第四章 蓬勃发展的江苏省教育会(1914—1921)

(续表)

	表演项目	参演幼稚园
1918-04-13	风筝游戏	博文幼稚园
	游戏歌　手足游戏　爱国歌	聂氏幼稚园
	游戏歌	启秀幼稚园
	皮球游戏	城西幼稚园
1919-06-01	唱歌　竞争游戏　猎师(狮)捉虎	广东幼稚园
	矮强盗　诵讲古诗　表情游戏	博文幼稚园
	小朋友表情歌　上山游戏　循环游戏	城西幼稚园

资料来源：

1. 幼稚生联合表演会纪要[N].申报,1917-04-29(民国六年,丁巳三月初九日,第十版).//申报影印版,第145册,上海:上海书店,1983:1056.

2. 会务录要:本会附设幼稚教育研究会幼稚生表演会纪略[J].江苏省教育会月报,1918(04):2-3.

3. 会务录要:幼稚教育研究会开会纪事[J].江苏省教育会月报,1919(06):13.

首次联合表演会的成功举办让幼稚园的办学热情更为高涨。1918年4月13日,幼稚教育研究会在江苏省教育会会所举办了第二次幼稚生联合表演会。此次表演会共有8所幼稚园参会,省立第一女子师范学校、第二女子师范学校都派代表莅临参观,南通女子师范学校、崇明县立尚志女子师范学校也有教员、学生共10人赴会参观,其余来宾千余人。1919年6月1日,幼稚教育研究会举行了第三次幼稚生联合表演会。此次表演会时虽然风雨交加,但与会来宾仍然陆续惠临,到会者不下千人。南京省立女子师范附属保姆科专门派学生莅临参观,松江育婴幼稚园唐、周两位教员也冒雨前来参会。正好当时安徽省立女子师范学校学生在上海参观,因此她们也到会观看。

在此后的两次表演会中,不仅参与的幼稚园数量增加,幼儿表演更是愈发精彩,胡彬夏不禁赞叹小朋友比大人有志气,天真烂漫状,甚可爱①。幼稚教育研究会通过组织联合表演会,不仅可以让大众了解幼稚园整体的运作和发展情

---

① 幼儿教育研究会大会纪[N].申报,1919-06-02(民国八年,己未五月初五日,第十一版).//申报影印版,第158册,上海:上海书店,1983:551.

况,同时也打破了幼稚园"孤军奋战"的局面,促进了各园之间的交流与学习。此外,表演会的参观者也由初期百人到后来千余人,各省各界来宾比比皆是,这更有利于幼稚教育研究会联合社会力量共同促进学前教育的发展。

(四)研讨幼稚教育的具体问题

自1916年幼稚教育研究会成立之后,该会对幼稚教育实际问题的研究虽然成效不大,但也并不曾有意忽视。1916年12月,该会就曾集议讨论需要研究的问题。会长胡彬夏就提出,幼稚园应否读书?功课全日、半日,何者为宜?幼童天性优劣不同,其教法应否归一?[①]等问题,引起了与会职员的热烈讨论。会上,方雅南、黄学梅等会员争相发表意见。1918年8月14日的常年大会又提出了两个重要的问题。第一,筹设幼稚园教师养成科。有会员认为,现今各地幼稚园设立者日多,然欲聘请相当之教师,深明幼稚教育原理者,颇难其人。近虽有教会中设立之幼稚师范,然毕业者甚少,且又不易聘得。因此,希望能够在一些女校中附设幼稚园教师养成科,以预备幼稚园之师资。最后经过讨论,决定商请省立第二女子师范学校酌情开设这一科目。第二,提出了需要研究幼稚园的组织经营与教授的具体办法。因为当时中国各地自办的幼儿园"大都沿用旧法,类似降低之国民学校,即外国教会中所设者,多注重英文及宗教,与我国人之心理,颇有未合。"所以,会员们希望能够通过研究,讨论出一个"完全之组织设备,以及教授方法材料等,俾实施者得有所参考"[②]。后来,会议决定先从各地调查入手,详细调查各个幼稚园的现行办法及施教方法,待将调查资料汇总整理统计后,再决定讨论研究的方针。

可以说,江苏省教育会对学前教育的关注是比较早的,虽然此后因为国情问题和教育重心的转移,该会并没有对学前教育给予特别的关注,但它毕竟开启了对我国学前教育进行组织化宣传与研究的先河。

---

① 幼儿教育研究会开会纪事[N].申报,1916-12-05(民国五年,丙辰十一月十一日,第四版).//申报影印版 第143册,上海:上海书店,1983:640.

② 文牍:会务录要:本会附设各会分日开会纪要:(一)幼稚教育研究会[J].江苏省教育会月报,1918(08):22.

八、注重美术教育

(一)成立美术研究会

1918年9月,已经加入江苏省教育会的上海图画美术学院院长刘海粟,决定在10月6日发起成立美术研究会。成立大会召开时,到会会员百余人。从该会的简章看,其宗旨是"研究美术各科学理,力图美育发达"[1],对会务研讨后认为,除了开展美术教育讲演,调查各地美术学校,举行美术展览会与研究会外,还准备刊行美术杂志。虽然该会首任会长为沈信卿,但实际会务的推进却是由副会长刘海粟具体负责。

该会成立后,很快就召开了第一次职员会议,并且决定,"通告中等各学校图画科,应注重写生及图案并于课外组织研究会,以补教授时间之不足"[2]。

1919年8月23日,美术研究会召开常年大会,虽然开会期间天气异常炎热,但到会会员仍有60多人。会长沈信卿因出席江浙省教育会协进会的会议,未出席该会,会议由副会长刘海粟负责主持,会上专门邀请了日本国立美术专门学校毕业生江颖彦讲演"什么是美术"[3]。而在过去的一年之中,该会举行了两次讲演会,共讲演7个主题,分别是"汪立基君讲图画教授的方针应该怎么样""江新君讲美术是什么""沈信卿君讲美术宜注重实用及美感教育之必要""桂承之君讲美术与人生关系""黄朴诚君讲中国画学之源流""沈泊尘君讲美术之大要""石井伯亭君讲为什么学画及西洋绘画史"[4]。

(二)举行美术展览会

1920年1月,上海图书美术学校改名为上海美术专门学校,该校也与美术研究会建立了良好的合作关系。随后,该会以上海美术专门学校为依托,积极参与

---

[1] 文牍:会员刘海粟君报告美术研究会成立情形附到修正简章书[J].江苏省教育会月报,1918(10):6.
[2] 开会记录[J].江苏省教育会月报,1918(11):15.
[3] 会务录要:美术研究会开会纪事[J].江苏省教育会月报,1919(08):21.
[4] 江苏省教育会附设各研究会报告:(六)美术研究会[J].江苏省教育会年鉴,1919(05):4.

江苏省教育会筹办的小学校图画、手工成绩展览会,举办暑期学校,筹备展览会。

1923年,美术研究会决定举办第一届美术展览会,时间暂定在3月底至4月初,地点借南京教育实业联合会场馆。后因时间过于仓促,场地也没有洽谈好,不得不更改了计划。

1923年8月,美术展览会筹备会组织成立,王亚尘等10多人为委员。9月,展览会的筹备方案得到江苏省教育会的认可,并争取到了600元的省款补助。于是,1924年4月9日,上海美术展览会开幕,借用的是职工教育馆为会场。这次展览会共展出了29所学校107位美术家的作品。图书、洋画等作品数千余件。其评判标准则坚持"美的创造力,技术优良,合于教育原理"三条。在展览会期间,参观者达数万人,轰动一时。同时,该会还在展览期间,邀请名人就美术之讲演数日,"实开美术界之新纪元"[①]。第一届美术展览会的成功举办,在社会上引起了巨大的反响。适逢民国建设社准备在美国西雅图筹备中华民国美术展览会,其社长郑保元专门请求将江苏第一届美术展览会作品运输到美国陈列。

在这种情况下,1924年8月15日,在美术研究会的常年大会上,提出要筹备第二届美术展览会,地点设在南京,时间为1925年4月1日—10日,后因江浙战事而被迫中止。1926年1月,美术研究会旧事重提,筹拟了江苏第二届美术展览会章程及预算,希望能够请省公署拨款补助。但又因为经费问题而被迫作罢。

美术研究会成立之后,"会员增至二百余人,均属美术界之主要人员,及爱好美术之同志,历年办理过去事务,如研究美术,调查学校,敦请名人讲演,提倡开会展览等事"[②]。

(三)提议设立艺术科指导员

美术研究会虽然成立较晚,但会务相对比较稳定。1925年8月10日,该会召开常会,向江苏省教育厅提议,要求仿照理科指导员的成例,增设艺术科指导员。在美术研究会看来,江苏教育虽然比较完善,但还有很大的改进余地,尤其

[①] 江苏省教育会附设各会报告(十三年一月至十二月):(五)美术研究会.//江苏省教育会编印.江苏省教育会年鉴:第11期[Z].上海,1924:25.

[②] 江苏省教育会附设各会报告(十三年一月至十二月):(五)美术研究会.//江苏省教育会编印.江苏省教育会年鉴:第11期[Z].上海,1924:25-26.

在过于忽视的艺术教育一块。"若以智德体美四育衡，吾苏教育，则偏颇畸重之失，灼然可见。何以故，国人狃于智德体三育之旧说，斤斤焉惟三育之是重。摈美育而不究，以是各地美育之成绩，寂焉无闻。抑知美育之在欧美各国，有列于智德体之上者。有并重而不相异视者，故艺术教育之潮流，为现代文化之一大重心，非无因也。我苏诚欲以教育先进自居者，自应急起直追，弥缝前失。幸教育新制颁行，救偏补弊，将艺术科列为必修科，海内始共识提倡该科之必要，惟是新制颁行伊始，其风气先开之地，各校固已相率注重，渐著成绩。而见闻较僻之区，有待于专家之指导。始能奉行者，尚居多数。"[1]所以，他们希望通过设立艺术科指导员以推动各地艺术教育的开展。但是，江苏省教育厅却以经费困难为由，予以回绝。实际上，正是在这一年的上半年，江苏省教育厅已经以经费困难为由裁撤了国语视学员，美术研究会在这一时期提出增设艺术课指导员的请求，并不是一个明智之举。

(四)取缔裸体画风波

早在1911年创办上海图画美术学院时，刘海粟就开始倡导人体写生，并于1915年春，正式开始了人体模特素描课程的教学。但是，在当时中国风气尚未开化之情形下，人体写生不仅面临招聘模特难的困境，更面临着很多传统卫道士的攻击。1917年仲夏，当刘海粟决定公开举办一次师生美术作品展，向社会展示该校的办学成果时，展览会上的几件人体素描作品就引发了一场不小的风波。前来观展的有上海城东女学的校长杨向民，作为新式女学的校长，杨向民不可谓不开通。可是，当他看到展览会上的人体素描画时，却勃然大怒，视之为伤风败俗，随后，他专门撰写了《丧心病狂崇拜生殖之展览会》投到时报，又到江苏省教育会拜会沈恩孚，希望他能够上书江苏省教育厅，封闭展览会，并严禁使用模特。后遭到了沈恩孚的婉拒。也可能正是因为此事，后来沈恩孚和刘海粟走到了一起，共同主持了江苏省教育会美术研究会。不过，尽管开明人士与专业人士对西洋人体绘画课程持欣赏与肯定的态度，但在社会风气尚未完全开化的民国时期，社会大众对这一西方的艺术形式尚缺乏足够的了解，再加上在这

---

[1] 文牍:致江苏教育厅请增设艺术科指导员函(十五日)[J].江苏省教育会月报,1925(08):2-3.

一时期,有一些不法商贩或无耻之徒也打着人体艺术与模特的旗号,以拍摄妓女裸体照片,绘制淫秽春宫画为牟利之途,甚至一些低俗报刊也会刊登、兜售裸体照片的广告,电影院在开映电影前也会放映几张裸体女郎的幻灯片,这就加重了社会大众对裸体模特的反感。因为如何区分艺术和淫秽,对于当时的普通民众来说是非常困难的事情。也正是在这种背景下,1925年9月,江苏省教育会特别致函江苏省教育厅,请求由警务机关负责取缔地方裸体画之发售。在江苏省教育会看来,"自美术学校以模特儿描写人体曲线美以来,轻薄少年及营利无耻之徒,遂利用机会,以裸体画公然出售。今且日甚一日,名则影射模特儿,实则发售一种变相之春画"①。因此,取缔裸体画实际上也是为了更好地保护正常的美术教学与创作。但由于事前未和刘海粟进行沟通,一时也引起了刘海粟的误会。后虽然经过双方的沟通,消除了这种误会,但江苏省教育会的这一请求,却又激起了保守派的斗志,比如,上海闸北市议员姜怀素、上海县县长危道丰,他们不仅指责人体模特素描课,还把攻击的矛头指向了上海美专和刘海粟本人。在这种情况下,美术研究会的会务工作也受到了一些干扰。

不过,即便在如此困难的情况下,美术研究会还是积极开展了几场小型的美术展览会,并敦请了一些美术大家到会讲演,除了刘海粟本人外,汪立基、江新君、沈信卿、桂承之、黄朴诚、沈伯尘、石井伯、李毅士、滕固、陈肇宏等人都曾到会讲演。

九、推行社会教育

(一)积极推进通俗教育

1.两次重组通俗教育研究会

自伍达去世后,民国初年成立的通俗教育研究会实际上就被迫解散了。1915年,教育总长汤化龙在《呈大总统拟设通俗教育研究会文》中提出,西方社

---

① 文牍:致江苏教育厅请通函警务机关取缔各地方裸体画之发售函(九月二日)[J].江苏省教育会月报,1925(09):14.

第四章 蓬勃发展的江苏省教育会(1914—1921)

会之发达在于民智健全,而民智健全在于社会教育的普及,建议由政府拨款成立通俗教育研究会。随后教育部公布了《通俗教育研究会章程》,规定下设小说、戏曲、演讲三股,分别负责审定小说、戏曲等,并普设图书馆,以传播社会教化。同年,江苏省教育会决定发起成立通俗教育研究会,推举陆规亮、庄俞、杨同颖、袁希涛拟定通俗教育办法。9月底,4人向干事员会提交了3条简易办法,经过讨论,准备一面先行试办,一面筹集经费,并且提出,"拟用留声机器唱有益社会之词曲""推广幻灯影片"[①]。10月底,在黄炎培主持的干事员常会上,社会教育部干事袁希涛报告说,以前曾聘请蒋凤梧编辑通俗教育讲演稿,现在可以与林步青联络,把讲演稿在上海进行录制,并修整完善以前的幻灯片用于演示练习;教育科科长卢殿虎则准备把之前在美国参加巴拿马赛会的教育品运回国后,放在通俗教育馆陈列,作为设立江苏省教育博物馆计划的基础,还专门征求江苏省教育会的同意,对此干事员们一致表示赞成。同时,江苏省教育会还请求巡按使公署征集、借阅各县已有的通俗教育讲演稿,并收到上海等16县讲演稿共23册,准备编辑通俗教育宣讲书。随后,该会还组织了一些通俗教育讲演等活动。但自1916年江苏省教育会将会务重心转向了职业教育和体育之后,通俗教育研究会的工作曾一度中断。

1920年8月,在召开第十六次常年大会前,江苏省教育会收到了会员陈家凤请求组织通俗教育研究会的议案,并附有一份研究会章程。在议案中,陈家凤指出,江苏省的通俗教育之所以不够发达,是因为缺乏研究机关,不能互相鞭策鼓励。8月27日,常年大会前的干事员常会经过讨论,认为通俗教育研究会,"关系全省通俗教育之进行,自应博采众意,期臻妥善"[②]。为此,江苏省教育会专门致函各县通俗教育馆征求意见,很快便得到了各县的赞成,于是又决定成立通俗教育研究会。

在陈家凤为该会制定的章程中,不仅规定了该会的名称、宗旨、会员资格、组织机构、会费等基本问题,还列出了应该研究的问题范围与研究方法。该章程规定,该会主要的研究内容包括三个方面:一是个人心得与经验总结,二是个

---

① 会报:陆君规亮庄君俞杨君同颖袁君希涛报告筹拟通俗教育办法[J].教育研究(上海),1914(16):5.

② 文牍:致各县通俗教育馆拟组织通俗教育研究会书:组织通俗教育研究会案[J].江苏省教育会月报,1920(08):18.

人的困惑与问题,三是个人关于通俗教育的主张与理论;研究方法则包括通信和开会讨论两种。新成立的通俗教育研究会,运行良好,在推动通俗教育方面提出了很多议案,成绩比较突出。

1921年,江苏省通俗教育研究会第二届常年大会共讨论通过了6项议案。其中,主要涉及各地通俗教育馆的开办,通俗教育经费的增加,设置社会教育视察专员,在通俗教育馆附设图书博物讲演各部,增设娱乐部,请各地担任通俗教育的人员编著改良小曲等内容。江苏省教育会常会前的评议员会通过讨论认为,可以把增加通俗教育经费,通俗教育馆与娱乐部合并,并函请教育厅,通令各县通俗教育馆,酌量财力设法增加经费,并提倡高尚娱乐,以唤起人民对于通俗教育之兴趣。

2.组织通俗教育讲演会与练习所

1916年通俗教育研究会成立后,一度开展了一些富有成效的活动。其中最值得一提的是组织通俗教育讲演会与练习所。

(1)通俗教育讲演会

1916年1月,江苏省教育会联合上海县教育会、上海中国青年会,连续9天在上海南北市开联合讲演会,取得了较好的效果。

8月2日下午8点,江苏省教育会又请沪江大学校长董景安讲演通俗教育。他研究这一问题多年,曾选社会通行浅要之字600个编成各种教科书,各地用此书办通俗夜校者,有60多所,毕业生已经有700多名。当天,他讲演的主题是通俗教育的急要及其办法,并阐释了教育界应尽的天职。

(2)通俗教育练习所

通俗教育讲演会的成功举办,让江苏省教育会看到,"办理通俗教育,以广行讲演为最宜。而此等讲演人才,尤非预为练习不可"。于是,经干事员会讨论,决定与中国青年会联合组织开办通俗教育练习所,推举余日章为主任,并制定了具体办法。该办法包括:拟定4周学习时间,定额40名,定于4月10日开办,江苏省公派人员优先。另外,还规定了学费、住宿费、学员资格等。其中对学员资格的要求是:"年在二十一岁以上四十岁以下,品行端正,体格健全,口才清利,合于下开各项之一者:(甲)师范学校或中学校毕业生;(乙)曾任小学教员二年以上者;(丙)曾任视学员、劝学员、学务委员或宣讲员二年以上者。"①对旁听学员,还要求有各团体或学校的介绍,资格同学员。

按照江苏省教育会的设想,各县至少应派1人参加。为此,江苏省教育会还特别请求巡按使饬催各县派送学员,同时请求拨款。巡按使公署本身也在考虑推进这项工作,遂委托江苏省教育会如期开办。但实际上在开学之际,前来报到的学员中,"每区约有三四县,惟第八区仅涟水一县,第十区仅邳县一县,第九区则尚未有报到县分"②,最后实际只有22人报到。

5月6日,此届通俗教育练习所学员期满毕业,江苏省教育会又呈请巡按使齐耀林请委派代表宣示毕业训词。巡按使派教育科股员濮祁到会训话。当天上午10点,举行了毕业仪式。黄炎培报告开办成绩,主任余日章报告毕业学员,"正额四十名,内本省二十二名,北京、天津、浙江各二名,山东五名,自费生七名,另旁听十三名"③。余日章还特别强调说,希望学员们以后要注重实业,不可自限。与此同时,江苏省教育会还要求各学员,每月6日,发信回江苏省教育会,报告进行情况,并专门制作了两种报告表式。根据相关资料来看,学员夏抡升、吴家齐等都有报告。

(二)节日庆祝与移风易俗

节庆活动时期,是社会教育的重要时机。民国时期的江苏省教育会非常注重对重大节日如元旦与国庆的庆祝时开展各种庆祝活动以起到移风易俗、引领社会风气为教育目的。

1.元旦聚餐庆祝

民国肇兴后,改用世界通用历法。在民国初年,为了移风易俗,自民国改用阳历后,江苏省教育会就提倡利用庆祝元旦的契机,带动社会移风易俗。教育条例也明确规定,教育界等应尊重阳历,阴历年一律不放假。但由于传统习俗的强大惯性,这一规定并没有得到严格的执行。特别是自变通寒假之说出来以

---

① 会报:开办教育讲演练习所情形致齐巡按使请派员肄业书[J].教育研究(上海),1916(27):13-14.
② 会报:再致巡按使书[J].教育研究(上海),1916(28):3.
③ 会报:致各听讲员书[J].教育研究(上海),1916(28):5.

后,学校受到社会一般风俗的影响,仍然在春节放寒假,阳历年初的新年元旦,却只是停课1日。以至于到了1918年,社会依然沿用阴历如旧。为此,1918年,江苏省教育会接到了会员袁希洛的函件,建议"自本年起,凡学校一方面,似须一致将阴历寒假停止,以为社会倡"①,而且江苏省教育会作为全省教育研究机关,应该对此问题加以讨论,形成引导性的办法。江苏省教育会经过讨论认为,各校对新历元旦,固然应有相当的庆祝和表示,但对阴历寒假能否停止,还是应该由各校自行决定。

1919年年底,考虑到袁希洛的建议,江苏省教育会决定,在这一年联合上海总商会、南商会、县教育会发起元旦聚餐大会,邀请外宾与会,公推蒋梦麟、张叔良两人接洽筹备,并专门制定了元旦庆祝方案。而且由于前几年元旦聚餐庆祝,并不包括女性,江苏省教育会还决定打破社会陈规,在元旦聚餐时,"与女界共同举行"。正如江苏省教育会自己所说的那样,"共和国家,男女同是国民,凡届国家大典,自应同伸庆祝,方足以见共和之精神。欧美各国民气之融洽,盖亦肇端于此。迩来我国各项庆祝,虽亦有一部分之女子参加,惟于聚餐等事,仍未能破除旧习,一并加入。至庆祝元旦,女界尤多限于家庭,尚未有在公共场所举行者"②。1920年1月1日上午10点,江苏省教育会举行的元旦聚餐会,共到男女来宾115人。江苏省教育会特别提出,"世界新思潮之汹涌,多主张改革种种不自然之思想与态度,今年度国民之新趋势,其必倾向此点可知。今日之会,即本此旨,男女同席,凡所表演,或以言论,或以音乐,或以其他艺术,以及席次节序,悉采自然主义,不加拘束"③。自此以后,元旦聚餐庆祝时男女同席的场面就比较常见了。

1924—1925年,由于江浙战争的爆发,江浙两省遭到了重创。因此,对1925年和1926年的元旦庆祝,江苏省教育会在庆祝方式上进行了变通。1925年的元旦庆祝直接被取消;1926年的元旦庆祝也照常悬旗庆祝,只是停止了聚餐集会。

---

① 文牍:致各县劝学所省立学校请尊重阳历书[J].江苏省教育会月报,1918(12):2.
② 会务录要:元旦庆祝会纪事[J].江苏省教育会月报,1920(01):26.
③ 会务录要:元旦庆祝会纪事[J].江苏省教育会月报,1920(01):27.

2.国庆庆祝

相比于元旦庆祝来说,对于国庆庆祝,江苏省教育会的提倡更是不遗余力。早在1915年,江苏省教育会为了庆祝国庆节,不仅举行了聚餐会,还试演了商务印书馆自制的幻灯影片,并请江逢治演说"德国状况与医学界情形"。此后,利用节庆活动举办演说,寓社会教育于节日庆祝便成为江苏省教育会开展社会教育的一种重要方式。在随后几年的国庆庆祝中,江苏省教育会更加注重对教育理念与活动的宣传、推广。1916年国庆,该会不仅举行了聚餐会,还专门演示了武昌起义的幻灯片以示庆祝。五四运动时期,天津警察局因为学生在国庆节举行演讲而殴伤学生一事经媒体曝光后,江苏省教育会多次表态,"国庆讲演,各地通行,禁阻已大拂人情,殴伤更显干国法"①。1921年10月,考虑到北方正遭受巨灾,江苏省教育会决定,仍赴公共体育场庆祝,但停止聚餐,移餐资助赈。由于联合了沪上众多团体,升旗、演说、游行、演剧、影戏、幻术、烟火等庆祝活动并不曾减少。据测算,仅"应用国旗,大约需数十万之多"②,可见庆祝规模的盛大。为了起到教育社会的作用,江苏省教育会还决定,在庆祝会举行当天,向群众分发提倡国货的印刷品。

1922年,江苏省教育会鉴于当时国家的主要问题是筹款赎路运动,希望教育界也能够加以宣传,以期达成早日收回路权的目的。而"国庆纪念,最易激发国民爱国思想",因此,特别致函上海各学校,请其在国庆纪念日宣传赎路储金,在举行庆祝仪式时,"将赎回胶济铁路之利益,切实讲演,于提灯游行时,特制灯旗,专以鼓吹赎路为主旨,并沿途讲演,散发传单,寓鼓吹于庆祝之中"③。

除了自己组织,江苏省教育会还派员出席其他团体组织的庆祝活动。比如,1922年,上海童子军联合会发函给江苏省教育会,准备在国庆时举行全县童子军团行升旗礼,江苏省教育会就推举张伯初为代表前往参加。

1924年,鉴于江浙战争仍在进行,江苏省教育会决定暂停该年的国庆庆祝。1925年以后,鉴于局势纷扰,江苏省教育会逐渐把教育重心转向了公民教

---

① 文牍:致大总统国务院请撤惩天津警察厅长电[J].江苏省教育会月报,1919(10):20.
② 会务录要:双十节庆祝会及预备会纪事[J].江苏省教育会月报,1919(10):27.
③ 文牍:致上海各学校请于国庆纪念日鼓吹赎路储金书(十月六日)[J].江苏省教育会月报,1922(10):1.

育。因此,在当年的国庆日,江苏省教育会联合中华职业教育社、家庭日新会于国庆日提倡公民教育运动。在倡议书中,江苏省教育会主张,"中华民国十四年来,虽号称共和,而国事蜩螗,迄无宁岁。鉴于已往之政争,及最近之贿选,抱救国之志者,孰不曰舍教育无他道。顾教育之道多端,究竟何者适于我国现情,则非洞察症结,无从设施。吾人所敢断言者,我国之所以扰扰,最大原因,实在国民缺乏公民智识而已。惟其缺乏公民智识,对于自动互助之界限,及共和国人民应负之责任。未能澈(彻)底明瞭(了)。以致动为感情所驱使,酿成今日之现象,本此症结,以施教育,则舍公民教育,实无他法。而尤赖教育同人,一致提倡。庶几正本清源,垂危之局,可期挽救"①。所以江苏省教育会决定,在民国十四年(1925)国庆之际,用这种积极精神,指导群众,不做循例之庆祝,而是借机提倡公民教育运动。这一国庆庆祝方式的改变,起到了一定的宣传公民教育的效果。因此,到了1926年,江苏省教育会再次联合中华职业教育社于国庆日提倡公民教育运动,其理由依然是:"年来教育同人,鉴于国本之飘摇,人心之纷扰。实基于缺少公民智识道德之培养,认为根本救济。惟有注力提倡公民教育。两载以还,影响所及,渐趋一致。客岁国庆,同人谓勿宜为循例之庆祝,点缀一时,应有以指导群众,本积极之精神。各有相当之努力。爰于是日联合庆祝,提倡公民教育运动,为分途进行之一助。本月十日,为十五年国庆之期,仍本斯旨,假尚文门外迎薰路职工教育馆联合举行。"②

就节日庆祝的具体仪式来看,江苏省教育会对此类庆祝高度重视,袁希涛、黄炎培与沈信卿等江苏省教育会的领导核心悉数出席。大会程序首先是全体向国旗致敬,唱国歌;然后宣读公民教育信条;接着,由大会主席袁会长致开会辞,内容无非是勖勉国人,从教育上猛下功夫,以立始基。再接着,就是邀请名人讲演。比如,在1926年的庆祝会上,就先后邀请了上海贫儿院院长朱懋澄、政治大学教授吴国材博士、云南教育会联合会代表张培光等人发表演说。

---

① 文牍:致各会员本会联合职业教育社家庭日新会于国庆日提倡公民教育运动函(二日)[J].江苏省教育会月报,1925(10):1.
② 文牍:致各会员本会联合中华职业教育社于国庆日提倡公民教育运动函(二日)[J].江苏省教育会月报,1926(10):1.

总之,与清末民初相比,进入1914年以后,江苏省教育会通过核心领导人的更替,组织架构的优化,在副会长黄炎培的带领下,通过吸纳年轻的归国留学生和学校教员的加入,鼓励会员组织各式各样的研究会,发起成立各种全国性的教育团体,基本上组建了一个覆盖各级各类教育的省内外教育网络。在此基础上,江苏省教育会通过举办讲演会、开办传习所、组织展览会和竞进会、筹措教育经费等多种方式,在完善民初学制、倡导职业教育、推广体育运动、厉行理科教育、推动国语教育、探索英语教学、提倡艺术教育、注重幼稚教育、宣传社会教育等诸多方面,都开展了一些卓有成效的研究与实践,取得了较大的成就,从而将自己打造成了在全省乃至全国都具有重要影响力的一个教育社团。

第五章 内外交困下的江苏省教育会（1922—1927）

第五章 内外交困下的江苏省教育会(1922-1927)

五四运动使中国政局为之一变,学生运动时有发生,面对学生运动,以及社会各界势力对教育界的渗透、拉拢与争夺,教育界之前的团结局面开始出现裂痕。江苏省教育会对江苏教育界的领导也面临极大挑战。

第一节 内部出现冲突与分裂

随着国内政治局势的动荡,秉承中立立场的江苏省教育会却面临着教育界内部与会内的冲突与矛盾,早期团结奋进的风气受到了一些冲击与影响。这种分裂的迹象从1922年的江苏省议会的"议长之争"中率先表现了出来。

一、议长之争与会长更迭

(一)反对议员加费案

早在清末,张謇等江苏立宪派人士就曾联络省内教育界人士,在1907年9月19日—20日,在上海的江苏教育总会会所开会,商定江苏省咨议局研究会所章程,并推举出了宁、苏两属咨议局筹办处总办,会办备选人员,呈请督抚从中遴选之法。从后来的江苏省咨议局议员名单来看,江苏教育总会所推荐的很多候选人,如宁属张謇、仇继恒、魏家骅、许鼎霖,苏属王同愈、马良、王清穆、蒋炳章等,后来都成了江苏省咨议局的议员。据统计,在百余位江苏省咨议局议员中,江苏教育总会会员共有42人,占到了其全体议员的1/3,而且江苏教育总会会长张謇和副会长蒋炳章还分别成为咨议局的议长和副议长[1]。可以说,"江苏省咨议局几乎成为江苏省教育会的翻版,教育会的会长成了咨议局的议长"[2]。

民国成立后,江苏省第一届议会在1913年2月22日至5月12日召开了第一届常会。在地方自治的架构下,省级议会是一省最高权力机关,它除了决定江苏省的教育发展规划,也决定江苏教育事业经费的划拨与分配。而江苏省教育会作为江苏教育界的最大代表,在拓展教育事务的过程中,不得不仰仗省议会的支持。再加上当时的惯例,议长对议会的决议走向有着很大的影响,因此,江苏省教育会对省议会的议长人选格外关注。进入民国后,第一届江苏省议会选举的议长是江苏省教育会会员、曾出任过江苏省教育会副会长的许鼎霖,后因许鼎霖辞职而改为沙炳元。

1914年,因袁世凯下令停办地方自治,省议会中止工作。1916年8月,新接任大总统的黎元洪下令,各省省议会在10月1日至12月19日由各省行政长官依法召开,并颁布了《省议会议员选举法》,第一届议会恢复活动。1918年7月10日至8月10日,按照议员选举三年一选的规定,江苏省举行了第二届议会议员选举。在两届议员选举过程中,黄炎培等江苏省教育会的骨干成员,都曾经被推举为议员。但是,就在第二届议会成立后不久,有议员提出了"议员加费案",主张通过削减教育经费来给议员加薪,这一提案遭到了江苏省教育会的激烈反对。通过多方面的努力,江苏省教育会虽然借机争取到了一些教育经费的独立权,却恶化了自晚清以来与省议会之间形成的密切合作关系。此时,江苏省教育会内部的立场是一致的,会长张謇先后以个人及江苏省教育会的名义,对于"议员加费案"表达了强烈的反对[3]。

---

[1] 刁振娇著.清末地方议会制度研究:以江苏咨议局为视角的考察[M].上海:上海人民出版社,2008:101-106.(该文对议员的教育会会员身份多有疏漏,比如,张謇等人。)
[2] 许纪霖,倪华强著.黄炎培:方圆人生[M].上海:上海教育出版社,1999:68.
[3] 张南通之两要电[N].申报,1919-05-25(民国八年,己未四月二十六日,第四版).

(二)议长之争中的隔阂

1921年,时值第三届江苏省议会议员换届选举。在此次议员选举中,由于受不良政治风气的影响,选举中出现了一些舞弊、贿选拉票的现象,特别是在随后的议长选举中,参与选举的各方因为矛盾与利益纠葛而冲突不断,致使议会"沦为朋党政治角逐权力的竞技场"[1]。从当时江苏省议会的选举形势来看,最有竞争力的人选是"两张",即代表江苏北方利益的张孝若与代表江苏南方利益的张一麐。作为张謇之子,张孝若实际上代表着张謇本人。自清末组织咨议局以来,张謇一直都是江苏省议会的实际掌舵人。虽然在民国后的第一届议会选举中他未能当选议长,却成功地迫使议长许鼎霖辞职让贤,随后的正、副议长沙炳元和钱崇固都与张謇私交甚厚[2]。1921年10月3日,在新成立的省议会第一次谈话会上,与会议员便因议长速选、缓选的时间问题发生了激烈的争执,争论背后的实质是议长人选问题。因为在代表张孝若的"北张派"一方,对于议长选举早有准备,希望速战速决,而"南张派"的议员则希望通过缓举,为南方派赢得更多的时间。在两派的纷争与互相攻评中,"南张派"攻击张孝若用金钱运作选举,张孝若遂率先表态辞职,希望能够置身事外,"南张派"候选人张一麐随后也离宁而去,以避纷扰。对此,与双方均有密切关系的江苏省教育会发表声明称,"议长选举应凭正义,稍违正义,即失人望,今者万口宣传金钱运动,致舆论有污我江苏焉,用议员之愤慨,如尚不觉悟,则撤回代表之文电,必致纷纷而起,尚望有者改之,无者加勉,坚持正义,以雪苏人之耻"[3]。江苏省教育会这一中立而公允的表态,在"北张派"看来却隐含着对张孝若贿选行为的指责。

10月21日,在议会内部占多数的"北张派"议员为了避免更多的舆论压力,通告禁止外人公开旁听议会会议,结果却适得其反,引起了学生的抗议并引发了学潮。有研究者称,江苏学界中的学生明显倾向于袒护张一麐一方,可能是

---

[1] 祝小楠.民国时期议会政治的纷争与困境——以江苏省第三届议会议长选举风波为考察中心[J].北方论丛,2015(04):96.

[2] 谷秀青.民国时期省议会与民间社团之间的冲突——以江苏省议会"议员加费案"为例[J].江苏社会科学,2012(05):212.

[3] 苏省会争长潮之反响[N].申报,1921-10-15(民国十年,辛酉九月十五日,第十四版).//申报影印版,第174册,上海:上海书店,1983:336.

借助了江苏省教育会的力量,甚至是江苏省教育会在幕后指使,并且认为,江苏省教育会之所以会在此事上与张謇决裂,是由于张謇作为旧式人物的代表,早已失去了在江苏学界的影响力;再加上这时张謇生意上的失利所带来的经济实力的下降,其声望也必然低落。《张謇传记》的作者刘厚生就说,辛亥革命后,"中国社会已经有了变化,旧社会之人物当然逐渐受到淘汰。张謇即使不受经济上之打击,其声望亦必低落"①。从江苏省教育会当年的常年大会选举得票情况看,上述论断似乎有一定的道理。在1921年8月的选举中,大会选举的171张有效选票中,张謇仅得到75票,尚未过半数,而黄炎培则得到了137票②。但这并不能证明张謇与江苏省教育会的核心领导袁希涛、黄炎培等人个人之间关系的破裂。因为就在1923年1月6日,江苏省议会再次提议并通过了削减省立各校教育经费而增加议员公旅费的议案,引发第二次"议员加费案",并激起议会对于时任省长韩国钧的弹劾时,与韩国钧关系紧密的张謇、袁希涛、沈恩孚等江苏省教育会中人曾共同通电,支持韩国钧继续"长苏"③。这年年底,江苏省教育会主办的第六届演说竞进会在南通举行,张謇主持,袁希涛、黄炎培等人不仅出席,还受南通学生邀请发表了讲演。1926年9月张謇去世后,江苏省教育会也曾专门举行追悼会,就张謇对江苏省教育会的贡献给予了高度评价。

(三)会长易人开启苏属时代

1921年的议长之争,无疑给张謇的声望带来了沉重的打击。他在江苏省教育会会长选举中得票之低,也确实反映了他在江苏省教育会内部威望下降这一事实。因此,在1922年的会长选举中,袁希涛代替张謇,当选为新一任的会长,似乎也是顺理成章的事。自此以后,一直到1927年江苏省教育会被迫解散,以"袁黄"为会长、副会长的苏属会员,开始全面主导了江苏省教育会的运作,而张謇则基本上退出了江苏省教育会的舞台,甚至在1925年也未出席该会成立20周年的纪念大会。

---

① 刘厚生编著.张謇传记[M].上海:上海书店出版社,1985:282.
② 江苏省教育会议事月报汇录(十年一月至十二月).//江苏省教育会编印.江苏省教育会年鉴第7期[Z].上海,1922:58,60.
③ 张孝若之谈话[N].申报,1923-02-09(民国十二年,壬戌十二月二十四日,第十三版).//申报影印版,第188册,上海:上海书店,1983:783.

如果说王同愈的绅商身份很明显,张謇介于绅商与学绅之间,那么,袁希涛和黄炎培则可以看作是纯粹的学绅。在张謇担任会长期间,历届常会由黄炎培负责主持的就多达6次。实际上,由于张謇的根基及事业主要在南通,与上海距离较远,在很长一段时间里,张謇只是江苏省教育会的一个挂名会长,主要活动均由一批学绅组织与展开。学绅在后期占据核心地位的另一标志是,一些留学生如郭秉文、蒋梦麟等成了教育会的干事员,并且成为其中的骨干分子。实现这种交替的主要原因无疑是1914年以来黄炎培对会务的大力拓展,以及由此而培养出来了一众教育家,如袁希涛、郭秉文、蒋梦麟等。会务的拓展,极大地提升了江苏省教育会在教育界的影响力,与此同时,也提升了这些教育家在江苏省教育会的地位。他们也由于在江苏省教育会的积极活动而成为当时引人注目的人物。黄炎培和袁希涛更是因为曾经担任过江苏省教育司司长、教育部次长等要职,而成为民国教育界极有影响力的人物。尤其是袁希涛,曾长期在当时的中央教育部任职,并多次作为江苏省教育会的代表参加全国教育会联合会,曾赴全国各地乃至欧美诸国考察教育,在普通教育与义务教育方面也素有研究。自他出任会长以后,江苏省教育会的教育活动重心开始转移。

二、会员风波与"学阀"指控

(一)会员风波

1919年,教育部公布了《修正教育会规程》,明确要求教育会在每届选举前两个月组织会员资格审查会。江苏省教育会也立即遵照执行。但到了1923年,随着局势的变化,在当年的会员资格审查与选举时,江苏省教育会却遭遇了一场不小的风波。

原来,考虑到宁、苏两属的平衡,在苏属会员全面主导江苏省教育会的会务之后,1923年5月4日,袁希涛在主持干事员常会时提议,将当年的常年大会改在徐州召开,并希望能提前组织会员资格审查会,并决定从6月1日起至7月31日止作为审查期。5月18日,干事员常会进一步确定了常会的开会程序与选举日期。6月15日,该会还接到江苏督军公署的复函,对该会在徐州举行年会请求保护照料之事,已经转饬镇道妥为办理。按照教育部《修正教育会规程》的规定,省级教育会的会员审查,应该"由省教育会通知中等以上学校校长及省视学组织"[1],但在开审查会时,"到会审查员只有六人,不及审查员全体九分之一"[2]。因此,江苏省教育会特别登报通知,要求各审查员在8月7日上午10点以前到会共同审查。

但就在7月底,情况突变,社会传闻有政治反动势力贿赂部分教育界人士,以会员资格大量申请加入江苏省教育会,企图左右该会的大会选举,以至当年新申请的入会会员有268人之多。江苏省教育会及其会员资格审查会发现这一反常情况后,在8月3日的干事员常会上,由童季通提议,按照该会章程第二十六条第一款之规定,请求会长召集临时大会,遂决定于11日,"在上海开临时大会,原定常年大会展期十日",并"登报广告"[3]。5日,在临时评议员会上,评议员们又提出了变更大会地点的问题,他们认为,时局不靖,徐州又正在闹匪患,如果在徐州开会,恐滋障碍,请求变更大会地点,仍在上海召开常年大会;而对审查新会员资格问题,则决定依据各种传闻中的疑点,请本月资格审查会在审查资格时,实地调查申请人是否是志愿入会,而不能仅凭介绍书决定。随后,在8日的干事员临时会上,再次讨论议决,这次大会不再设置旁听席,并且,即便是该会会员,如果没有带入场券,也一律不予招待。

由于事发突然,8月11日的临时大会,到会会员仅有11人。这也是江苏省教育会成立以来,首次召开的临时大会。在这次临时大会上,讨论的焦点仍然是常年大会的地点与新会员的资格审查问题。部分会员认为,应该把上海规定为永久性的常年大会开会地,而大多数会员对此并不认可。对于志愿入会的手续问题,与会会员一致认为,为了避免政治上的影响,应该对会员入会手续加以修正完善。除了对志愿入会者加以"须得本会承认"的限制之外,还进一步规

---

[1] 法规:修正教育会规程(1919)[J].教育公报,1919(12):4.
[2] 省教育会定期审查会员资格[N].申报,1923-08-02(民国十二年,癸亥六月二十日,第十四版).// 申报影印版 第194册,上海:上海书店,1983:34.
[3] 省教育会定期开临时大会[N].申报,1923-08-04(民国十二年,癸亥六月二十二日,第十五版).// 申报影印版 第194册,上海:上海书店,1983:77.

定,由本会全体职员会对审查会所报告合格者提出表决①,这就事实上把会员入会的决定权收回到了江苏省教育会自己的手中。比如,在1924年7月15日,在全体职员会上,在对会员资格审查会提交的入会审查合格者名单进行表决时,黄鼎复就因为大多数职员的反对而未能成为会员。

这次会员风波,可以说是江苏省教育会成立以来遭遇到的第一次大危机。尽管由于消息披露及时,应对措施得当,该会避免了这一次有预谋的选举危机,但这只是该会危机四起的一个序曲。实际上,早在1921年,由国民党左派创办的《民国日报》,就已经刊登文章说:"现在的学阀,也有什么大杭县主义、大江苏主义"②,实际上是在影射江苏省教育会为"江苏学阀",表达了对它的不满。而在1923年年初的"议员加费案"中,江苏省教育会表态支持省长韩国钧,似乎已经坐实了这一指控。加之作为江北学界领袖的张謇从江苏省教育会的淡出,也无疑会在江苏省教育会中江北学界的会员心里产生一些影响,江苏省教育会早期内部的那种团结和谐气氛,此时已经因为地域、政治等原因而受到了破坏,再加上随后学界内部对待学生运动态度的分化,江苏省教育会的分裂似乎在此时就已经注定。

(二)"学阀"指控与迁址建议

1924年,是江苏省教育会成立20周年,早在1月15日的春季评议员会上,评议员们就提议筹划该会的20周年纪念办法,决定以编制中国教育史或江苏教育史的方式编行纪念册,举行庆祝纪念会,并决定改建新会所。不过,9月3日,江浙战争爆发,为期40天的战争给江浙两地带来了极大的破坏,江苏省教育会不得不在10月底决定暂缓举行20周年纪念(后推迟至1925年12月12日),并将原本应该在10月份举行的秋季评议员会议推迟到了11月15日。但就在这次评议员会议上,大会收到了3份有关教育会自身会务的提案,其中除了会员孙南城提议的改良选举、"以杜混冒"的议案相对客观中立之外,另外两项议案则明显表达了对苏属会员,特别是对黄炎培长期主导江苏省教育会会务的不满。

---

① 江苏省教育会议事月报汇录(十二年一月至十二月).//江苏省教育会编印.江苏省教育会年鉴:第9期[Z].上海,1924:52.

② 汉胄.随感录:"寻短见"的学阀[J].民国日报·觉悟,1921(07):3.

会员李木贞提出,"省教育会副会长,坐办连任10多年,迹近把持",明确要求副会长黄炎培让贤避路,尽管评议员经过讨论认为,"会长出自选举,坐办亦由公推,均系公众意思,未便加以限制,应毋庸议",但这无疑是对黄炎培长期担任副会长的公开不满,不亚于指控其为"学阀",以至于在1925年的常年大会上,黄炎培明确表达了希望不再担任副会长的意思。所以在当年选举时,黄炎培的选票一度大幅度下滑,在出席大会的138位会员中,仅得到60票。不过,随后虽然杨卫玉代替黄炎培表达了辞去副会长之职的意思,请求另选他人,却并未得到多数会员的认可,后经主席提议付诸表决后,依然当选。与此同时,会员刘荷提出了要求把省教育会会所迁移到省治所在地南京的议案,而评议员会认为,教育部颁布的《教育会规程》,并没有规定省教育会一定要设在省城,因此不予讨论。这两项议案的提出以及评议员会的态度,既表明了部分会员,特别是宁属会员的不满,也隐含着苏属会员希望能够维持苏属优势地位的隐衷,会员内部的分化开始显现出来。

三、动议修改会章

1923年,因为出现了会员入会风波,江苏省教育会决定对会章进行修改。在8月25日举行的常年大会前的评议员会上,评议员们围绕会章修改进行了讨论。

(一)提议改"会长制"为委员会制

清末,无论是商会、农会,还是教育会,当时主流的会社组织多称其领袖为总理,后改称会长。会长有总理全会事务之权,有提议会中应办事务以凭公决并执行公决各事之权,有以事由召集职员开职员会并决行开临时会之权,有定闭会期之权。副会长则有协助会长理事之权,会长不能主持会务时有代行会长完全之权。与此同时,所有的评议员会、会董会、职员会等,都以会长为当然主席,会长不在时由副会长主持,二者均不在时则公推年长者担任。在这一制度框架下,会长作为所有会议的自然召集人和主持者,有较大的权力。这种制度,被人们称为"会长制"。

江苏教育会成立之初,采用的也是会长制,即把会长作为会务的总体把控者和协调者。不过,该会对于会长的权限,也有一些约束性的规定,比如,规定"若经会员多数两次公议否决者,本会期内即不得复提议执行"。同时,由于其日常运行主要是由干事员会和评议员会民主协商决定的,所以会长实际上更多的是起一种主导、引领的作用,与绝对的独裁有着本质的区别。特别是在早期,由于张謇、唐文治等都另有他务,实际上学务总会的主要事务往往是由副会长和驻会干事主持负责。当然,由于会长往往是由会员公举出来的,一般都有较高的声望与较大的权威,所以对会长的限制并不明显。

五四运动后,一方面由于学生运动的高涨,教育会内部对学潮的态度在激进派和温和派之间出现了分歧;另一方面由于社会各界势力的渗透、拉拢与争夺,再加上国民革命军从苏联引入了委员会制度,因此国内各个组织、团体要求取消会长制采取委员会制的呼声日益高涨,湖南等地的教育会就率先取消了会长制,而代之以委员会制。因此,在1923年8月25日的评议员会上,有评议员提议应该修改会章,改用委员会制,最终经全体议决,主张从缓。

(二)提议修改会章

在提议修改会长制的同时,江苏省教育会也在考虑修改会章。1923年的评议员会上,有好几位会员都提出了修改会章的议案。这些提议,有的是出于教育形势的变化,比如,1923年,教育部已经发布了政令,要求各地的劝学所改为教育局,劝学所所长也相应地改为了教育局局长,因此在江苏省教育会的当然会员中,也要在表述上做相应的更改。有的则是出于扩大或巩固教育会影响的目的,比如,在加强对于新入会会员的资格审查的同时,江苏省教育会又把国立大学校校长及分科主任作为当然会员写入会章。同时,常年大会还对该会的经费来源进行了补充,修改后的会章第38条规定,本会入款,以会员年费及省库补助暨含有定额之捐项为经常款,以会员入会费及其他一切无定额之捐款为特别款[1]。

---

[1] 江苏省教育会议事月报汇录(十二年一月至十二月).//江苏省教育会编印.江苏省教育会年鉴:第9期[Z].上海,1924:55.

随后,为了进一步完善会务,袁希涛也曾在1926年8月21日大会前的评议员会上提出会章的修改问题,但大多数评议员认为无须修改,遂仍照旧章执行。

由此可见,这一时期,随着时局的动荡,江苏省教育会早期所形成的团结风气并代表江苏学界的优势地位,因为内部会员在地域、观念、政见上的差异与分歧而每况愈下。

第二节 遭遇外部攻击与指责

江苏省教育会遭受到的内部冲击,尤其是会员审查与提议对教育会自身组织、会址、选举、会长人选等问题的质疑,虽然表现为教育界内部的分歧,但其背后实际上隐含着更为广阔、更为深层次的外部危机。

随着中国政治局势的动荡与复杂,各派政治势力都在觊觎江苏省教育会在教育界的巨大影响力,一方面,它们希望能够拉拢、利用江苏省教育会;另一方面,在拉拢不成后又对江苏省教育会进行分化瓦解与打压。而以黄炎培为代表的江苏省教育会,力图保持中立而不得,逐渐被卷入各派政治势力的斗争旋涡之中。在国民党北伐逐渐取得胜利的过程中,江苏省教育会在教育界的实力不断被蚕食与削弱。

一、"东大易长"风波

如前所述,在北洋政府统治前期,江苏省教育会会员黄炎培曾出任江苏省教育司司长并主持规划了江苏教育发展方案,而袁希涛则以普通教育司司长、教育部次长等职务在北京教育部长期任职。1914年,江苏省教育会得到北京教育部的允诺,将原来的两江师范学堂改成南京高等师范学校。南京高等师范学校成立后,江苏省教育会推举刚回国并加入江苏省教育会的郭秉文出任该校校长。五四运动后,江苏省教育会曾一度有"北大南迁"的想法,希望能够在江苏建立一所全国性的高等学府。后来,随着蒋梦麟代替蔡元培主持北大校务,江

第五章　内外交困下的江苏省教育会(1922—1927)

苏省教育会以黄炎培为代表,遂联络郭秉文、蒋梦麟等到北京,说服教育部与国务会议成员,将南京高等师范学校扩充为东南大学,另在上海附设商科大学,作为东南大学的分校。此后,东南大学逐渐成为东南地区的教学科研中心。1921年10月20日,在东南大学梅庵召开评议会成立大会,适逢美国教育家孟禄在南京考察教育,他曾盛赞东南大学是"中国政府设立的第一个最有希望的学校"[1]。

作为当时的一所国立高等学府,东南大学的最高管理机构为东南大学评议会。但是江苏省教育会却通过在东南大学设立董事会的方式,实际上影响着东南大学的发展。在当时,董事会是私立大学才普遍采取的管理方式。在东南大学成立之初,《国立东南大学董事会简章》中曾规定,董事会的职权主要是两个:一、辅助学校之进行;二、保管私人所捐之财产[2]。其首届校董共13人:"张謇、蔡元培、王正廷、袁希涛、聂云台、穆湘玥、陈光甫、余日章、严家炽、江谦、沈恩孚、黄炎培、蒋梦麟"[3]。这些校董,大多为江苏省教育会的会员,少数非江苏省教育会的会员也与江苏省教育会有非常密切的关系。为了扶持东南大学快速健康发展,帮助东南大学赢得更多的支持,1922年以后,东南大学校董会又推定袁希涛、沈恩孚、黄炎培3人为办事校董,推举聂云台、钱新之、穆湘玥3人为经济校董;江苏省督军齐燮元和省长韩国钧为名誉校董。这种安排,固然有利于东南大学得到地方政商学各界人士的鼎力支持,促进新成立的东南大学的快速发展,但也为后来的东南大学易长风波埋下了伏笔。

一方面,在校董会成员中,除了校长郭秉文,并没有东南大学的教授代表,这埋下了校董会与东南大学教授为代表的评议会之间的事权之争的隐患。1923年10—11月,校长郭秉文鉴于东南大学评议会人员过多,导致很多问题议

---

[1] 国立东南大学评议会会议记录(1921-10-20).中国第二历史档案馆藏国立中央大学档案,全宗号648,卷宗号514.//转引自:牛力.分裂的校园:1920—1927年东南大学治理结构的演变[J].中山大学学报(社会科学版),2017(01):75.

[2] 张雪蓉.1920年代东南大学的董事会制度研究[J].东南大学学报(哲学社会科学版),2005(06):122.

[3] 东南大学校董由部聘定.//《南大百年实录》编辑组.南大百年实录　中央大学史料选　上卷[M].南京:南京大学出版社,2002:116.(注:该实录第117页国立东南大学第一次校董名单中,只有13人。钱新之、荣宗敬是后来补推的,任鸿隽是作为教育部的当然代表,校长郭秉文也是校董会章程中所规定的当然校董。)

而不决,严重影响了学校事务的顺利推进,决定改组学校的组织架构,改变其权力安排,特别赋予董事会六大职权:"(一)决定学校大政方针;(二)审核学校预算决算;(三)推选校长于教育当局;(四)决定学校科系之增加、废止或变更;(五)保管私人所捐之财产;(六)议决学校其他之重要事项。"[1]这就把董事会为学校发展承担的经济职能扩大为对学校事务的全面主导。这一修改于1924年得到了教育部的批准。而随后董事会在决定东南大学校内学科设置与教育资源分配的过程中,又因为触动了部分学科或教授的利益而引起了他们的不满,使得双方的矛盾不断激化。

另一方面,为了赢得当时江苏军政当局的支持,江苏省教育会、东南大学与江苏省督军齐燮元和省长韩国钧关系较为密切。1922年直奉战争爆发后,江苏宣告自保,并在当年10月召开的江苏省第三届议会第二次常年会议上,议决通过了《咨请省长提议苏人治苏参用本省人员案》。1924年江浙战争的爆发,不仅使东南大学的教育经费锐减,使之陷入严重的财政困境,同时也带来了政治势力对江苏省教育会与东南大学内部的渗透。在直系、奉系与南方革命军等多方政治角力中,郭秉文和江苏省教育会虽然试图保持中立,却因为之前为了发展教育而与直系的齐燮元等人保持了较为良好的关系,因此被认为在政治上有亲近直系的倾向。随着1924年年底齐燮元的军事失利,南方军政府与北京段祺瑞政府开始联手清理江苏省教育会在教育文化界的巨大势力。

1925年1月,北京政府突然下令免去郭秉文的校长职务,引发了东南大学校内外对于谁人"长校"的长期争议。现有研究表明,"东大易长"风波,既有着复杂的国内政治斗争,尤其是党争的背景,也和东南大学自身的组织管理混乱、低效有关[2],但教育部希望借此来削弱江苏省教育会的意图却是非常明显的。2月22日,东南大学教授萧纯锦致柳诒徵、胡刚复的信中明确说道:铲除江苏教

---

[1] 国立东南大学校董会简章(民国13年6月25日教育部指令修正).//《南大百年实录》编辑组编.南大百年实录 中央大学史料选 上卷[M].南京:南京大学出版社,2002:117.

[2] 许小青、吴忠良、储朝晖、牛可等人的研究最具代表。参见:许小青著.政局与学府:从东南大学到中央大学(1919-1937)[M].北京:中国社会科学出版社,2009.吴忠良.柳诒徵与东南大学易长风潮[J].东方论坛,2013(02):1-6.储朝晖.民国时期党化教育的牺牲者郭秉文与东南大学[J].华中师范大学学报(人文社会科学版),2012,51(06):159-170.

育会,尤为执政府及民党(国民党)两方殊途同挺之目标。[①]

在这场风波中,江苏省教育会坚定地站在东南大学原校长郭秉文一边,坚持用《东南大学董事会章程》中有关"校长由董事会推荐"的规定,抵制教育部对东南大学校长的任免。面对这种情况,教育部在3月7日发布训令,认为"该校校董事会近年以来,常有侵越权限情事,势将益滋纠纷,应即暂行停止行使职务"[②],直接勒令东南大学校董会停止行使职权。当然,尽管面临多方的攻击,江苏省教育会毕竟在江苏布局多年,根深叶茂、实力雄厚,在挺郭秉文无果的情况下,又于1925年7月推出了江苏省教育会的另一位重要成员蒋维乔接替郭秉文的职务,从而在事实上保证了对东南大学的控制。

不过,虽然江苏省教育会在东大易长案上取得了暂时的胜利,但不久后,教育部在10月决定停办东南大学,并委派秦汾、伍崇学等人南下筹备改组。10月14日,教育部又指令秦汾暂行兼任国立东南大学校长,伍崇学为副校长[③],并批准了新修订的东南大学规程。

面对教育部一次次的攻击,江苏省教育会也在寻找应对之策。实际上,对教育部的禁令,东南大学董事会并没有太放在心上。直到1926年春,董事会仍然多次召开会议,讨论东南大学及其附属上海商科分校的后续发展问题。4月13日,东南大学校董会曾开会讨论,决定将上海附设的东南大学商科分校改为国立单科大学,此举得到了商科分校教授们的赞成,但是教授们又听说,校董会有将学校迁回南京的打算,于是在报刊上公开表示反对。[④] 实际上,如果东南大学已经失守,江苏省教育会肯定会把上海商科大学作为一个后手,迁回南京的说法恐怕只是谣传。但教授们的公开反对,无疑又进一步表明了江苏省教育会对江苏学界控制力的减弱。1927年3月18日,东南大学教授会最后一次开

---

① 东大易长问题又起风波:萧纯锦致胡(刚复)、柳(翼谋)氏函[N].申报,1925-03-05(民国十四年,乙丑二月十一日,第十一版).//申报影印版 第210册,上海:上海书店,1983:87.

② 教育部关于东大校董会停止行使职权的训令[A].//《南大百年实录》编辑组编.南大百年实录 中央大学史料选 上[M].南京:南京大学出版社,2002:182.

③ 秦汾伍崇学为东大正副校长[N].申报,1925-10-17(民国十四年,乙丑八月三十日,第七版).//申报影印版 第217册,上海:上海书店,1983:371.

④ 本埠:商大教授反对学校迁回南京[N].申报,1926-06-12(民国十五年,丙寅五月初三日,第十二版).//申报影印版 第224册,上海:上海书店,1983:274.

会,议决"因时局关系,自本日起暂行停课"[①]。至此,围绕东大易长的风波才最终结束。而此时,江苏省教育会也在一再受挫中走到了它生命的尽头。

二、更换教育厅厅长

(一)更替厅长

就在时任教育部部长马叙伦下令免去郭秉文东南大学校长一职的同时,1925年2月7日,教育部又一纸命令,免去了江苏省教育厅厅长蒋维乔的职务,由教育部普通教育司司长沈彭年接任。这无疑是对江苏省教育会的又一次重创。因此,江苏省教育会反应迅速而激烈,一面联合江苏学界致电北京执政政府和教育部,表示坚决反对,请其收回成命;一面在9日致函江苏省省长韩国钧,提出现值各校筹划开校、经费万分困难之时,骤易生手,恐生绝大波折,且蒋厅长艰难支持,极费苦心,以公道论,更不宜更动,至于如何电争,请省长明示[②]。韩国钧接到江苏省教育会的信函后,致电北京力争蒋维乔厅长勿动。但教育部回电态度坚决,在毫无商量余地的情况下,韩国钧遂复函教育部,请沈彭年缓来[③]。江苏省教育会得到韩国钧的复函后,2月13日召开干事员会,商论应对教育部的办法。在给段祺瑞的函电中,江苏省教育会认为,"郭校长秉文,蒋厅长维乔,一和一介,时论均推其热心任事,并深明教育之关系重要,确能不涉政潮,为士林所信仰";而马叙伦不但对于北京国立高校学潮无维持办法,"对于苏省二十年来辛苦经营之教育竟摧残不遗余力,非特大召各方之恶感,且将重累执政之令名",因此,请"速免马叙伦职,复郭秉文蒋维乔职。庶几日月之食无损

[①] 公告(1927-3-19),中国第二历史档案馆藏国立中央大学档案,宗号648—350.//转引自:牛力.分裂的校园:1920—1927年东南大学治理结构的演变[J].中山大学学报(社会科学版),2017(01):88.

[②] 苏省教育会请力争勿动蒋教厅长[N].申报,1925-02-10(民国十四年,乙丑正月十八日,第十一版).//申报影印版 第209册,上海:上海书店,1983:633.

[③] 韩省长复教部请饬沈彭年缓来[N].申报,1925-02-15(民国十四年,乙丑正月二十三日,第十二版).//申报影印版 第209册,上海:上海书店,1983:734.

于明,是非判然,弥璋威信"①。

与此同时,江苏省教育会发动全省学界的力量,包括江苏名流张一麐,请教育部"收回成命"②。江苏省立各校校长的态度更为坚决,请求省长俯从公意,力予挽回③。除了教职员和社会各界反对教育部的命令外,江苏学生也参与进来。如江苏学生会认为,蒋维乔任职以来致力经费筹措,得南北各校学生信仰,因此也勉力挽蒋维乔留任。④

但是,随着省长韩国钧的去职与新任省长郑谦的任命,江苏省教育会内部对沈彭年的态度也开始发生了分化。一方面,沈彭年也是江苏省教育会的会员,而且与会长袁希涛既有同乡之谊,又为龙门书院同学,两人在龙门师范学堂和教育部共事多年,因此袁希涛虽然对教育部武断罢免郭秉文和蒋维乔的命令表示抵制,却并不反对沈彭年的就职。另一方面,上海县教育会在3月6日职员会上议决,一面致电欢迎新任教育厅厅长,一面致电教育部请沈彭年速莅任,也表达了对沈彭年的支持。⑤但是此时江苏各地县级教育会、教育局、省立学校等挽留蒋维乔的呼声依然强烈。截至3月1日,江苏各地县级教育会要求挽留蒋维乔,反对教育部任命的仍有38县之多。这充分说明了江苏学界内部分化之严重。

(二)教育厅厅长回避本籍案

4月14日,教育部决定,由司法总长章士钊暂时兼任教育部部长,马叙伦去职。江苏省教育会对沈彭年的态度也开始发生转变。不料,很快,章士钊就抛出了一份"教育厅长回避本籍"的阁议。阁议的通过,不仅打破了江苏长期以来维持的"苏人治苏"的局面,更是对江苏省教育会的另一种否定。因为早在

---

① 文牍:电段执政请速免马叙伦职复郭秉文蒋维乔职文(十四日)[J].江苏省教育会月报,1925(02):1-2.

② 张一麟电请慰留蒋教厅长[N].申报,1925-02-17(民国十四年,乙丑正月二十五日,第十二版).//申报影印版 第209册,上海:上海书店,1983:772.

③ 苏省校长又请力挽蒋教厅长[N].申报,1925-02-21(民国十四年,乙丑正月二十九日,第十版).//申报影印版 第209册,上海:上海书店,1983:844.

④ 全省学生会再电请留蒋教厅长[N].申报,1925-02-18(民国十四年,乙丑正月二十六日,第十一版).//申报影印版 第209册,上海:上海书店,1983:791.

⑤ 县教育会开会纪事[N].申报,1925-03-08(民国十四年,乙丑二月十四日,第十版).//申报影印版 第210册,上海:上海书店,1983:146.

1917年和1919年全国教育会联合会上,江苏省教育会就曾提议教育厅厅长"宜以本省人才充当"[①],并得到各省教育会赞同。事隔多年以后,章士钊却要求教育厅厅长回避本籍,不啻于对江苏省教育会的正面出击。因此,江苏省教育会表示坚决反对,并提出了教育厅厅长应由本籍人士担任的三大理由:一是易于地方教育进行,合乎新学制精神;二是可以因地制宜,发扬自治精神;三是应唯才是任,而不应有本籍非本籍区分[②]。同时,江苏省教育会又致函全国各省教育会和县级教育会,"敬请一致否认,以资维护"。浙江省教育会于5月13日首先回应,认为教育部此举"违背世界民治之潮流"[③],其他各地支援江苏省教育会者也纷纷发电声援。

面对如此不利的局面,为了迅速地恢复并稳定江苏教育秩序,江苏省教育会退而求其次,决定由蒋维乔出任东南大学代理校长,接受沈彭年就职江苏省教育厅厅长。但江苏省立各校校长仍然反对教育部对沈彭年的任命。7月1日,省立各校校长获悉沈彭年将在6日接任教育厅厅长的消息后,曾在江苏省教育会南京分会会所开会,商议"拒沈"的方法,同时分别致函省长和江苏省教育会请其表态。对此,江苏省教育会颇为为难。因为同样在4月,北京政府又更换了江苏省财政厅厅长、江苏教育会会员曾朴,改由卢永祥推荐的王其康接任,以进一步削弱江苏省教育会在江苏财政方面的有力支持。在多方受敌的情况下,让蒋维乔接管东南大学,同时接受沈彭年为教育厅厅长,恐怕是江苏省教育会无奈之下的最好选择。但这种妥协毕竟不够光彩,江苏省教育会无法对外界公开解释自己的决定,但它又不愿意公开表态支持沈彭年而与省立各校校长直接对立,只好选择沉默。作为省内学界的领袖,在如此重要的事情上失声,不免让省内教育界人士感到失望,因此又招来了江苏各地县级教育会的不满。嘉定县教育会就说,省教育会向主公论,亦依违两可,有失持正不阿之精神[④]。这

---

① 第十一届全国教联会议决案全文[N].申报,1925-11-11.(民国十四年,乙丑九月二十五日,第七版).//申报影印版 第218册,上海:上海书店,1983:205.

② 文牍:教育行政长官不应回避本籍案[J].江苏省教育会月刊,1925(10):3.

③ 浙教育会反对教厅长回避本籍[N].申报,1925-05-14(民国十四年,乙丑四月二十二日,第十一版).//申报影印版 第212册,上海:上海书店,1983:269.

④ 公电:嘉定县教育会来电[N].申报,1925-08-06(民国十四年,乙丑六月十七日,第四版).//申报影印版 第215册,上海:上海书店,1983:107.

样一来,江苏省教育会虽然在教育厅厅长回避本籍案中赢得了表面的胜利,但在江苏教育界的声望和影响力都遭到了削弱,而北京政府则借机达到了分化、瓦解江苏学界的目的。

在与江苏省教育会此轮交锋中,北京政府顺利的剪除了江苏省教育会在江苏地方政局中的有力外援,省长、财政厅厅长、教育厅厅长纷纷被改换,江苏省教育会在江苏地方政府的人脉资源受到了极大的冲击。尽管江苏省教育会在反对东南大学易长案中取得了一定的胜利,但是北京政府对江苏省教育会的打击并没有就此结束。

9月1日,教育部又决议调沈彭年回部,命胡庶华担任江苏省教育厅厅长,以达到"教育厅长回避本籍"的目的。胡庶华的任命发布后,江苏省教育会和县市乡各级教育会纷纷表示反对。江苏省教育会认为,章士钊为贯彻"回避本籍"的主张,更换江苏籍教育厅厅长沈彭年,"独不回避部长之同乡,其何以折服舆论";况且,江苏历届非江苏籍教育厅厅长如符鼎升、胡家祺,均为一时知名人士,"在财政尚未枯竭之日,均无所展布而去",而江苏籍教育厅厅长蒋维乔、沈彭年却在财政枯竭时仍能竭力维持,而"教育事业须有适应地方需要远大持久之计画(划),决非传舍之官所能洞见本原",因此,"为苏省教育前途考虑,对于章部长此种消极政策不敢赞同"[①]。江苏各地教育会也纷纷致电反对,宝山、上海、嘉定等教育会也认为,章士钊此举,为有意阻碍我省教育之进行[②]。

面对江苏教育界的激烈反对,胡庶华不敢贸然就职,在9月19日接任江苏省教育厅厅长前,有"长苏"后"不动一人,不更一令之表示";但其到任后,除代理第一科科长谢君因有其弟之增援未有更动外,其他二、三两科科长及多年的老科员均纷纷打算加以更换。如将三科科长陆规亮调任省立校长,第五师范学校校长任诚调任省视学主任等。相对于沈彭年时期仅调动二人,胡庶华对江苏省教育厅厅员的调整更为彻底,这样就使得江苏省教育会在教育厅的人脉关系被彻底切断了。

在这一连串的打击中,尽管江苏省教育会据理力争,并在一定程度上显示

---

① 文牍:致段执政反对教育厅长回避本籍电(四日)[J].江苏省教育会月报,1925(09):7-8.
② 反对更易苏教厅长之昨讯[N].申报,1925-09-08(民国十四年,乙丑七月二十一日,第九版).//申报影印版 第216册,上海:上海书店,1983:163.

了它在教育界的巨大影响力,但以一个民间教育团体与中央政府相抗衡,无异于以卵击石,其节节败退的命运是不可避免的。更严重的是,江苏省教育会在应对这一连串的打击时的表现,也让其在江苏教育界中的领导地位逐渐丧失。政治资源的失控,更为各方打压江苏省教育会提供了乘虚而入的机会。

三、江苏学界的分裂

作为一个富有学术研究传统的教育团体,在社会局势极不稳定的情况下,出于地方教育近代化的目的,提出保障和捍卫教育界合法权益,以及包括要求本省籍人士主持省教育行政,确保教育政策制定及实施的连续性和畅通性,显然不能武断地将其斥之为地方主义。相反,从另一个角度看,它是江苏省教育会组织性及斗争性的重要表现。

但是,江苏学界对于江苏省教育会的态度却在此时发生了重要转变。自1919年五四运动以后,军阀混战、政治腐败、政党活动对教育秩序造成了极大的破坏,部分青年学生的政治热情被激发出来了,各校风潮不断。尽管江苏省教育会在派人调查、协调各校学潮、教潮时,基本上能够秉持客观中立的立场,甚至对学生有所理解与同情,也组织各校开展学生自治的疏导,甚至多次利用学生的热情达成一些目的,但从根本上来讲,江苏省教育会及其核心领导人并不希望学生、教育界人士过多地涉及政治或时事。因此,1922年,江苏省教育会曾经建议教育厅,要整顿教育界的作风与纪律,以减少风潮;主张一旦风潮发生且学校与省厅当局无法解决时,应该令有关人员和学生暂时停职离校以待调查解决。[1]1923年,在中华教育改进社的董事会上,黄炎培再次重申了自己1919年8月的主张,即呼吁教育界团结而独立,不要为政党所利用。

1923年,国民党计划在上海广设平民学校以开展地下工作,希望能够借用江苏省教育会的名义与影响力,但遭到了拒绝。于是,国民党开始公开指责江苏省教育会为"乡愿教育"与"学阀"。

1925年五卅运动期间,江苏省教育会联合其他团体与部分学校,发起成立

---

[1] 大事记:建议解决学潮根本办法.//江苏省教育会编印.江苏省教育会年鉴:第8期[Z].上海,1923:1-2.

了上海各学校教职员联合会,同时以上海大学为主的、受到中国共产党影响的教育界人士,发起组织了上海教职员救国同志会,及江苏各地的中小学教职员组织成立了中小学教职员联合会等组织。1926年三一八惨案以后,江苏省教育会仍然主张学生不应参与国事,"尤望爱国志士奋勉力学,谋此后根本之建设,勿徒为一时之举动,无谓之牺牲"[①]。这种要求学生对于政治的疏离,使得已经运动起来的学生愈来愈排斥江苏省教育会。1927年北伐胜利前夕,江苏国民党党员杨杏佛、戴盆天等人,"鉴于同志之缺乏团结力,环境之压迫者"[②],决议成立江苏省教育协会,明显把矛头指向了江苏省教育会。新苏公会也宣布成立江苏教育委员会,并向江苏全省民众发出通告,"江苏教育,十数年内,受军阀之蹂躏与学阀之把持,致成外强中干之局"[③],对江苏省教育会主持下的江苏教育发展,表示不满。在这种情况下,江苏省教育会可以说是陷入了内外交困、众叛亲离的境地,其被取缔、解散的命运已经注定。

第三节 解散与重建

1919年的五四运动改变了中国社会的政治氛围和生态,对时事的关注成为个体和团体的自觉,江苏省教育会虽然坚持不干涉教育行政,但其监督议政的功能却在强化。江苏省教育会把社会教育看作自己分内之事,希望借发表对时事的态度和主张,影响和教育广大民众。再加上其历经20多年的发展,逐渐根深叶茂,发展壮大,已成为当时国内一股不可小觑的社会力量,也引来了各派军阀和政治势力的关注。在这一时期,以黄炎培为核心的江苏省教育会,旗帜鲜明地表达了自己的中立态度和超然立场。随着国民革命军北伐的节节胜利以

---

① 各界援助京案之昨讯[N].申报,1926-03-25(民国十五年,丙寅二月十二日,第十三版).//申报影印版 第221册,上海:上海书店,1983:541.

② 教育消息:江苏省教育协会之组织[N].申报,1927-03-07(民国十六年,丁卯二月初四日,第二张第七版).//申报影印版 第232册,上海:上海书店,1983:147.

③ 新苏公会教育委员会开会纪[N].申报,1927-03-19(民国十六年,丁卯二月十六日,第二张第七版).//申报影印版 第232册,上海:上海书店,1983:393.

及国民党势力的不断扩大,到了1927年,江苏省教育会的主要领导人黄炎培等被扣上了"学阀"的帽子,江苏省教育会也被林立三等人为代表的、倾向国民党的教育人士所接管。

时人鉴于江苏省教育会的巨大影响力和实际贡献,怀念和恢复江苏省教育会的呼声和努力并没有停止,到抗日战争结束时,江苏学界的众多人士终于开始付诸行动,并成功重组了江苏省教育会,虽然二者在人员、章程、宗旨和任务方面都明显不同,但新组建的江苏省教育会依然把前期江苏省教育会的荣耀和精神,作为激励自己的一笔重要的宝贵遗产和财富。不过,随着内战的爆发和国民党败走台湾,战后的江苏省教育会并未发挥太多实质性的作用,产生大的影响,终究成为历史的过客。

一、被迫解散

五四运动爆发后,随着学生势力的崛起,教育界内部在对待学生政治运动的态度上逐渐出现了分化。江苏省教育会在极力协调学生与政府当局的冲突中,虽然也非常重视培养学生的自治能力和对社会事务的责任心,但其坚决主张教育与政治的分离,坚持教育独立的立场,引起了教育界部分师生的不满,日益失去了其早期所具有的巨大影响力和号召力。随着北伐的不断胜利,国民党开始专政独营,而这与江苏省教育会坚持的"苏人治苏"理念产生了不可调和的矛盾。因此,江苏省教育会在国民党攻克上海后被解散也就是早晚的事了。

早在1923年中华教育改进社的董事会上,黄炎培就曾呼吁教育界团结起来不为政党所利用。在1923年的江苏省教育会的常年大会上,有会员指责黄炎培为"长期把持省教育会"的"学阀",虽然省教育会内部对此类指责并未理会,但这些迹象已经表明江苏省教育会正面临着内外的挑战和压力。

1925年,东南大学发生学潮,国民党人借北京政府之手,将江苏省教育会的核心成员——东南大学校长郭秉文及江苏省教育厅厅长蒋维乔等官员免职,后来又进一步取缔了东南大学校董会,这可以被看作是用政党力量打击民间团体和个人的开端。对此,江苏省教育会反应激烈,号召其他各省教育会和江苏教育界一道,坚持本省人治本省,反对东南大学易长和教育厅厅长更换,更是把矛头指向了教育部中的国民党代表、时任教育部次长的马叙伦。虽然这一系列事件在各方的妥协后暂时得到了解决,但它更加坚定了国民党解散江苏省教育会的决心。

1927年2月,杨杏佛、姜琦等人发起成立了江苏省教育协会,在其发起缘由中,该会指责江苏省教育会为"学阀",且通过与军阀勾结,干预教育行政,剥削教育经费,并指责是江苏省教育会导致了"学校学风的堕落","学阀是教育的敌人"[①]。

面对这一公然分裂江苏省教育界的挑衅,1927年3月20日,江苏省教育会召开了"修改会章及征求意见委员会"会议,主要议题有两个,即"关于本会组织者""关于改进本省教育者"[②]。实际上,召开此次会议的目的主要是为了商讨如何应付日益紧张的政治时局。此刻,北伐军已经攻进上海。而江苏省教育协会的成立,俨然已经做好了取代江苏省教育会的准备。江苏省教育会也已经意识到了这场迫在眉睫的生存危机的降临,因此想通过主动的调整来应对新的政治局势。但是它低估了国民党解散江苏省教育会的决心。在此之前,国民党在攻占浙江后,便强行解散了浙江省教育会。由此可见,这次会议也是江苏省教育会召开的最后一次会议。

就在同一天,上海各学校中不满江苏省教育会所作所为的各界人士,联合成立了上海中小学教职员联合会。3月21日,国民革命军抵达上海。当天下午4点,上海中小学教职员联合会"八十余人,赴西门外林荫路接收江苏省教育会会所"[③]。由于会所人员早在下午3点已经离开,这次"接收"颇为顺利。从事件发生的时间上来看,这次"接收"更像是一种自发的行为,似乎没有得到国民党的授意或支持。

为了避免正面的冲突,江苏省教育会在法租界内的中华职业教育社内设置了临时办事处。但是,就在23日下午5点3刻,有一伙暴徒(20多人),忽然闯入了中华职业教育社的办事处,声称奉令"接收"职教社,后来,幸亏得到了暨东路

---

① 外省之部:江苏教育界发起组织省教育协会[J].山东教育月刊,1927(02):9.
② 教育消息:苏省教育会征求改革办法[N].申报,1927-03-21(民国十六年,丁卯二月十八日,第二张第七版).//申报影印版 第232册,上海:上海书店,1983:443.
③ 教育消息:中小学教职员联会接收省教育会[N].申报,1927-03-22(民国十六年,丁卯二月十九日,第三张第十二版).//申报影印版 第232册,上海:上海书店,1983:468.

总指挥的明令保护,"职教社始获安然复业"①。而江苏省教育会虽然也曾加紧与国民党的联络,试图挽救被"接收"的命运,却并未成功。

1927年6月22日下午9点,江苏省教育会临时办事处接到江苏省政府的电报,要求江苏省教育会把所有文卷等资料全部移交给江苏省教育协会接管,不能拖延,并且定于24日(周五)下午2点,在该会临时办事处移交,还请上海教育委员会派员监视。"省教育协会拟派王恪成六人,会同省党部特派员徐恩曾到会接收。"②至此,江苏省教育会彻底成为历史。虽然此后恢复、重建江苏省教育会的努力一直没有停止,但它再也没有机会再现昔日的辉煌。

关于江苏省教育会走向消亡的原因有多种说法,黄炎培说是由于他与国民党的不合作。原来,早在1923年,国民党曾准备借设立平民学校的名义,"在上海开展地下工作,汪精卫出面和黄炎培商量,要求将这些学校归入江苏省教育会以作掩护,黄炎培考虑到自己的活动据点多数在租界之外,因此一旦受到牵连,将会前功尽弃,于是婉言拒绝"。但没有料到因此得罪了国民党。③

沈恩孚则说,"这主要是由于(江苏省教育会)与杨杏佛的矛盾所致"④。他在自传中谈到,在几年前,东南大学校长郭秉文在江苏省教育会的支持下打算裁撤杨杏佛所主持的系所(商科),遭到了"杨派"的反抗,故此引发了易长风波。最终杨杏佛被迫离开东南大学,之后,郭秉文也被教育部撤职,江苏省教育会的成员时任江苏教育厅厅长的蒋维乔也被取而代之。因此,北伐成功后,杨杏佛就借助国民党的力量,以江苏省教育协会主要负责人的身份接收了江苏省教育会,从而报了"一箭之仇"。蒋维乔也曾戏称,"东南大学易长风波实为杨杏佛一只饭碗问题"⑤。

以上说法固然都有道理,但究其实质,则是因为国民政府在南京建立政权

---

① 杨卫玉.最难忘的一夕.//刘仰东编.梦想的中国 三十年代知识界对未来的展望[M].北京:西苑出版社,1998:328-329.

② 杂讯:江苏省教育会之末运[J].教育杂志,1927(07):12.

③ 许纪霖,倪华强著.黄炎培:方圆人生[M].上海:上海教育出版社,1999:55.

④ 郑新华.近代中国教育如何可能——以江苏省教育会的实践为例(1905-1927)[D].华东师范大学,2006:35.

⑤ 蒋维乔.我的生平,上海图书馆藏稿本.//郑新华.近代中国教育如何可能——以江苏省教育会的实践为例(1905-1927)[D].华东师范大学,2006:35.

后,要求统一号令,而江苏省教育会在江苏的权力太大,加之在任免江苏各校校长和北京高师校长时它具有决定权而被骂为"学党",并且该会与盘根错节的地方势力关系密切,参与议会活动,调解江浙军阀矛盾,左右政治局势,故又有"学阀"之名,不解决它,国民党政权无法安枕。不久,江苏省教育会的会所和临时会所都成了国民党党部的办公场所。因此,有人认为,"省教育会的失败并不是因为教育,而是由于政治的深度参与"①。

教育社团的消亡固然与时局的动荡有密切关系,但也与教育内部的纷争有密切的联系。负责接收江苏省教育会的江苏省教育协会,虽然背后有国民党的支持,但其也网罗了江苏学界的一些知名人士,如姜琦等,而他们在成立省教育协会时发表的宣言中,直言不讳地声称,"江苏教育界近鉴于同志之缺乏团结力,受环境之压迫,最近特发起江苏省教育协会"。因为在他们看来,被全国誉为发达的江苏教育,其实弊病丛生,"大家看见的,只是学阀与军阀的勾结,教育行政的溃败,教育经费的被剥削,教育者的不安其业,以及中等学校学风的堕落,各种新说底浮面的仿效等等",并且还指出,教育者应该一致觉悟,"教育的问题该由教育者自己解决,大家团结起来,合成坚强的力量,把教育的敌人赶除了,也就永远阻遏他的再生。这才能专心一意努力于教育,收到真实满意的效果。江苏省教育协会,就是这样的一个团结。这里头的分子,确信'自己解决'与'团结起来'的必要,以为惟有这样,才可以革新江苏的教育,也就可以改善自身的生活。尤其确信教育是独立的,才可以在大改革的时期里,充量的尽他具有的功能"②。上海商科大学的校长姜琦在主持该校时被认为只是一个"虚君","他只能算是大媳妇,上面有黄任之、沈信卿那些婆婆管着的"③,时人的这种观感无疑可以折射出姜琦对江苏省教育会的态度。

不过,江苏省教育会遭到解散的真正原因,恐怕还是因为国民党自身强化政权的需要。江苏省教育会与江苏主政者关系过从甚密,固然是导致江苏省教育会受到政治波及的一个主要原因,是江苏省教育协会攻击它的一大罪状,但

---

① 郑新华.近代中国教育如何可能——以江苏省教育会的实践为例(1905-1927)[D].华东师范大学,2006:35.

② 外省之部:江苏教育界发起组织省教育协会[J].山东教育月刊,1927(02):8-10.

③ 曹聚仁.暨南的故事.//夏泉主编.凝聚暨南精神 暨南大学建校一百周年 1906-2006[M].广州:广东人民出版社,2006:200,204.

实际上，江苏省教育会的解散，只是国民党控制教育界，解散进步教育团体的牛刀小试。1930年，作为当时唯一的全国性、综合性大型教育社团，被人戏称为"民间教育部"和新教育运动的中枢——中华教育改进社，也因为陶行知这一主任干事被扣上"勾结叛逆，阴谋不轨"等罪名受到通缉后而消亡。先有浙江省教育会被解散，后有中华教育改进社被解散，可见，作为一个具有巨大影响力的民间团体，除非被国民党政府收编驱使，否则它们终究无法摆脱被解散的命运。正所谓，"匹夫无罪，怀璧其罪"，江苏省教育会被解散的原因，究其实质，与它们并无不同。

尽管江苏省教育会一贯保持与当权者进行有原则的合作立场，然而它真正的力量和社会基础所在，是它所表现出的相对权力当局的社会主体意识。江苏省教育会被解散后，该会的许多骨干成员和省内大中学校校长也随之纷纷从各自的岗位辞职。而江苏各县市乡教育会同样没有摆脱被解散、被接收的命运，以江苏省教育会为代表的江苏教育自治势力自此基本被拔除殆尽。

不过，虽然江苏省教育会的资产等全部由江苏省教育协会接管，但很快，由于国民政府决定实施大学区制，在江苏成立了大学院，并于1927年7月组织了第四中山大学。因此，国民政府教育行政委员会于8月6日发布了21号训令，提出"为划一各地方教育会之名称及组织起见，……江苏省教育协会，替代从前江苏省教育会接管财产，……应由该校长（第四中山大学校长）派员前往接收"[①]。从中可以看出，江苏省教育协会的存废，恰恰是国民党利用、分化、打击教育的典型例证。当它完成了对江苏省教育会的接收后，它存在的价值也就消失了。从本质而言，国民党政府根本就不希望有一个统一的、有影响力和号召力的独立社会力量的存在。就这一点，时人在评论中已经谈道，"省党部和第四中山大学行政处忽然争起教育协会和教育会的问题来""农工商一切民众都许有组织，唯教育界不许有组织，想在党治之下总不至有如此的怪论吧？"[②]1928年2月14日，大学院颁布了《教育会条例》，江苏省教育协会因为不合法令的规定，也很快被解散了。而且依据条例，第四中山大学明令，"江苏六十县教育局，从

---

① 江苏省教育协会之接收[J].教育杂志，1927(09):25.
② 宰木.短评:教育协会和教育会[J].北新，1927(04):469-470.

速依照组识(织)法,恢复教育会制度"①。自此以后,教育会就不再是纯粹的民间教育团体了。

二、努力重建

江苏省教育会被迫解散后,时人重新恢复组织江苏省教育会的努力一直没有停止。不过,学界对于此后的江苏省教育会基本上很少再去提及,倒是日本学者高田幸男曾因为在江苏省档案馆发现的一批史料——《江苏省教育会档案(1946—1949年)》,对此问题有过专门的探讨。但由于资料等原因的局限,他并没有注意到抗战前江苏省内教育界重建江苏省教育会的努力,在对抗战胜利后江苏省教育会重建的研究中,他的部分研究结论也值得商榷。

(一)抗日战争前尝试重建

江苏省教育会奉令解散后,本来是由江苏省教育协会出面接收的。但很快,随着国民政府在1927年暑假决定开始实施大学区制,且以江苏为主要试点,特别是在颁布了《教育会条例》后,原江苏省教育会的全部资料都转由中央大学接管,江苏省教育协会实际上就被解散了。因此,江苏省一级的教育联合组织已经不复存在。这时,各地的教育会也因为教育行政和法规的变化而处于调整阶段。1928年实行大学区制后,中央大学管辖江苏全省教育,61县中,"三十四县成立最早者,为无锡,溧阳,……现有当然会员,最多者无锡八百六十三人"②。

同年,经亨颐、郭春涛、刘守中等人纷纷在国民党的第二届五中全会上提议撤销大学院,改设教育部,于是国民政府不得已恢复了教育部的设置。1929年5月,新成立的教育部很快公布了《教育会规程》。《教育会规程》第九条规定:"省教育会由该省各市县教育会联合组织之。"第十一条规定:"省教育会设执行委员会,由大会选出委员十一人至十五人组织之。任期一年……"第三十条规定:"教育会之组织或改组,应按照本规程拟具会章,在省教育会呈请大学区大学或

---

① 楼云林.国内教育新闻.二、江苏:省县恢复教育会制度[J].中华教育界,1928(02):2.
② 教育要闻:(二)省外:(四)江苏各县教育会之调查[J].安徽教育行政周刊,1929(25):21.

教育厅转报教育部;在特别市教育会呈请特别市教育局转报教育部;在市县教育会呈请市县教育局,转报大学区大学或教育厅。"①此次新颁布的《教育会规程》,最大的改变表现在两个方面:第一,借用了国民党中央委员会和教育行政委员会的治理结构和组织形式,明确了教育会必须采取委员会制,彻底否定了民初长期实行的会长制。第二,明确了各级教育会之间的隶属关系。在此之前,清末和民初的教育会相关法律都一再强调,各地教育会与省级教育会之间虽然应该互通消息,共谋教育推进,但相互并无隶属关系,而新颁布的《教育会规程》规定,省级教育会的成立必须由下属的各市县教育会联合组织发起。

根据这个规定,江苏各地纷纷组织了教育会,并积极行动,尝试恢复和重建江苏省教育会。1929年11月12日,镇江、无锡等县教育会在镇江召开第一次大会,准备重组江苏省教育会,并且邀请了江苏省党政部执行委员会暨中央大学的代表出席大会。1930年暑假,无锡、松江等县教育会分函各地征求意见,共得到16县20多人的响应。他们于1930年8月2日,在无锡召开了江苏各县教育会联合会第二次会议,并根据《教育会规程》之第十一条的规定,选举出了一个5人组成的执行委员会,希望通过该会能够做到"互通声气,切实团结,改进教育"②。3日,选出了5位执行委员:无锡秦冕钧、松江沈浮云、嘉定潘志久、江宁芮良恭、上海张麦,公举无锡代表秦冕钧为主席,共议决提案7件:"一、推定无锡县为主席委员。二、第二次执行委员会议,遵照章程,由主席委员订期召集之。三、如何扩大本会组织案。(议决)一、通函未参加各县从速参加;二、函已加入各县,就近向未加入各县接洽。四、本会立案问题,先行呈请省党部备案,领得许可证后,再向主管机关立案。五、请已加入各县,于一月内缴纳年费,汇缴无锡县教育会。六、正式会议决议案等三项,发表宣言,改为□文。七、保留各案,由本会依照审查委员会意见,函复原提案人……"③

其中,第四条最为关键。因为此次会议虽然依法选举出了5人组成的执行委员会,但毕竟没有达到教育会规程所规定的11—15人的规模,必须继续扩大该会的组织,才能发起成立江苏省教育会。虽然《教育会规程》已经明确规定,

---

① 法规:教育会规程[J].国立中央大学教育行政周刊,1929(94):13-15.
② 地方要闻:苏省各县教育会联合会在锡召开[N].锡报,1930-8-3(第二版).
③ 江苏各县教育会联合会开口[N].锡报,1930-8-4(第二版).

省教育会的成立应该通过大学区(1929年7月1日已经被正式废止)或教育厅转呈教育部立案,但在此之前颁布的《人民团体组织之规程》《人民团体组织法》中有明确规定,所有职业类团体或社会类团体,都应该向党部申请许可证,且从成立一开始就应该派员指导。因此,第四条立案问题中"先行呈请省党部备案……再向主管机关立案"的决定就可以理解了。

8月24日,江苏省各县教育会联合会正式向江苏省国民党党部备案,恳求发给许可证。在《苏省县教联合会　呈请省党整会备案》中特别谈道,"自民国十六年以来,江苏各县市教育会,虽均次第组织成立,而省教育会迄今犹未组织,夫以江苏教育如是发达,而无研究改进之机关,以资领导,岂是所宜"[①],其实,这还是把江苏省教育会定位为全省教育的主要领导机构在看。

但是在1931年1月27日,教育部重新制定了《教育会法》。因此,2月1日,江苏省教育厅紧急电令无锡县教育会,提出《教育会法》正在由立法院制定,并请国民政府公布,所以一切正在组织中的各省、各县市教育会,都应该"俟教育会法颁布饬遵后,再行遵照办理"[②]。

自此,联合重组江苏省教育会的努力因相关教育会法令的修订而耽搁了。随后新颁布的《教育会法》又对教育会的组织进行了较大的调整。第一,它明确规定:"县市教育会之设立,应有所属区教育会过半数之同意订立章程""省教育会之设立,应有所属县市教育会过半数之同意订立章程"[③]。这一规定,不仅进一步明确了各级教育会之间的隶属关系,而且对下级教育会过半数的要求,明显增加了更高层级教育会组织设立的难度。第二,它特别规定了各级教育会的监督机关为各级政府或政府教育主管机关,比如,"省教育会为省政府教育厅,行政院直辖市市教育会及其区教育会为市政府教育局,县教育会及其区教育会为县政府,市教育会及其区教育会为市政府",同时,它还规定,所有教育会的成立章程,都应该"呈请该管监督机关核准",在必要时"转呈直接教育部备案"[④]。实际上就把国民党对教育会的领导用法律的方式给明确定下来了。9月15日,

---

[①] 苏省县教联合会　呈请省党整会备案[N].锡报,1930-08-25(第二版).
[②] 教育会　无论在改组中或改选中应俟教育会法颁布饬遵[N].锡报,1931-02-01(第三版).
[③] 法规:教育会法[J].教育公报.1931(04):28.
[④] 法规:教育会法[J].教育公报.1931(04):28.

教育部又制定并颁布了《教育会法施行细则》,它成为指导随后各地各级教育会开展活动的主要法律依据。

1934年7月24日,无锡县教育会召开第五次干事员会议,议决为了明了各县教育会概况,准备制定一份调查表,调查各县教育会的组织情况,以便能够早日促成发起组织省教育会[①]。8月7日,崇明县教育会因为"省行金库制,有碍教费独立,特代电各县教育会,发起迅速成立省教育会,一致力争"[②]。

可见,在江苏省教育会解散后不久,江苏各地教育界为了更好地联合起来,争取教育经费的独立和教育事务的更好开展,迫切需要全省教育联合机关的指导。以无锡、上海、镇江等地的县教育会为代表的各地教育会也一直在为重新恢复省教育会进行着不懈的努力。但由于法律的调整和国民党对社会团体控制的不断强化,重组江苏省教育会的努力多次被搁置。此后,随着抗日战争形势的日益紧张和严峻,特别是上海沦陷后,国民政府向西南迁移和撤退,全国所有的文化教育事业都受到了极大地冲击,重建江苏省教育会的努力再次被搁置。

(二)抗日战争胜利后成功重建

1945年,抗日战争胜利后,江苏各地的教育会也先后恢复。1946年4月,无锡教育会恢复[③],武进县教育会恢复[④],10月,镇江县教育会成立。这些县级教育会成立后,它们再次组织了联合成立省教育会的活动。其中,镇江、徐州、南通、常熟、江浦等五县市教育会推举法度等人为省代表,发起江苏省教育会成立筹备会议,并于1946年12月18日,在私立镇江女子职业学校举行发起人会议暨筹备会议,出席这次会议的除了各地教育会的代表外,还有江苏省社会处和省党部、省教育厅的代表。因此,可以说这次会议集中反映了江苏各地教育界对成立江苏省教育会的期盼。正如该筹备会发起宣言中所声称的那样,"江苏省教育会,过去在全国教育界颇有地位,十余年来,不幸中断,以致教育事业,只赖行政一轮推进,力薄势单,胜利复员,各县市教育会纷纷成立,朝野各界,期待省

---

① 县教育会发起组织省教育会[N].锡报,1934-07-25(第二版).
② 筹组省教育会[N].锡报,1934-08-07(第二版).
③《无锡市教育志》编纂委员会编.无锡市教育志[M].上海:三联书店上海分店,1994:351.
④ 高天德主编;常州市教育志编纂委员会编.常州市教育志[M].上海:上海人民出版社,1990:245.

第五章　内外交困下的江苏省教育会(1922-1927)

教育会重整旗鼓,尤为殷切"①。

在这次筹备会议上,江苏省社会处方秉璋、省党部陈金声、教育厅沈蔚霞等,相继致辞,语多激励,"教育厅沈秘书,更以配合行政力量,发扬过去省教育会之光荣相勖勉"②。会后,教育厅厅长陈石珍还在省教育厅宴请参会代表并致辞,还特别谈到教育行政与职业团体要相辅相长,改良风气。最后,筹备会议决定,在1947年3月10日,举行江苏省教育会成立大会,会期两日,地点定在江苏省临时参议会,并要求各县市教育会尽量在2月15日以前组织完成,选出省代表,以期届时能讨论、修正并通过省教育会会章草案。筹备会还推定法度、曹书田、施仁夫、顾克彬、赵光涛5位代表筹备成立大会一切事宜。

1947年3月10日,江苏省教育会成立大会顺利召开,与会的有60个各县市的代表,江苏省政府主席王懋功、省教育厅厅长陈石珍、省社会处处长钮长耀、社会处科长黄蔚等省内党政、教育官员也一起出席了这次会议。3月11日,大会修正通过会章后,继续开会,讨论了近百个议案。3月12日,修正通过《成立大会宣言》后,选举职员,并按照《教育会法》的规定,选举出了理事、监事以及候补理事、监事等。其中,教育厅厅长陈石珍以43票的最高票数当选为省教育会的常务理事。从下表可以看出,在所有当选的理事或监事中,省教育厅和各县市教育行政人员较多,官民合办的色彩比筹备会议更浓厚,其中虽然不乏俞庆棠这样的知名教育家,但其时俞庆棠也正担任上海第三科科长,负责民众教育,因此其身份的双重性无助于改变该会的官方色彩,这也充分说明了国民党对于江苏省教育会的控制与渗透。

表5-1　1947年选举出的(新)江苏省教育会职员一览表

职员类别		当选名单
理事	理事(25人)	陈石珍　顾克彬　曹书田　施仁夫　法　度　刘平江　沈亦珍 马客谈　周绍成　冯　策　曹　□　赵光涛　童致旋　顾　琨 张粒民　任和声　范绍曾　董雪山　张正觉　刘鸿鉴　许藻飞 张益明　赵升元　施兴旸　夏佩白

---

① 江苏省教育会明年三月成立[N].锡报,1946-12-22(第二版).
② 江苏省教育会明年三月成立[N].锡报,1946-12-22(第二版).

(续表)

职员类别		当选名单
	常务理事(7人)	曹 □　陈石珍　法 度(驻会)　冯 策　施仁夫　刘平江　马客谈
	候补理事(12人)	相菊潭　李茂林　李鸿安　王文新　俞子夷　汪祖懋　曹竟成　朱经农　张渊扬　沈同文　李南薌　钮长廉
监事	监事(9人)	顾希平(常务监事)　朱稚山　陆 盖　俞庆棠　林 栋　姚仁寿　刘焕文　童润之　王传南
	候补监事(4人)	牛云峰　廖茂如　林蔚岑　武海楼

资料来源:文化教育:江苏省教育会组织成立选定理监事积极推展工作[J].国民教育辅导月刊(镇江),1947(4):24-25.

高田幸男根据江苏省教育会的相关档案,对战后江苏省教育会的筹建进行了细致的梳理。但他据此得出的几个结论却有待讨论。他认为,江苏省教育会在战后的"复活","主要是由教育行政人员而非党政人员推动的,教育界推动省教育会的成立,也是为了团结起来,维持教育的发展"。这些观点固然有他的道理,但他认为,新江苏省教育会的发起人和旧江苏省教育会的主要相关人员几乎没有关系,同时发起成立省教育会是为了推举自己的国民大会代表,这一结论恐怕还需要更加深入细致的考察。

1. 新旧江苏省教育会的人事关联较为隐秘,但精神传承一致

虽然表面上看,战后的江苏省教育会的成员基本上没有早期江苏省教育会的核心成员,但新旧江苏省教育会之间内在的关联还是非常清晰的。无论从人员的推举还是地址的选择上看,新的江苏省教育会中,最早的发起人法度、杨卫玉都和黄炎培保持着比较密切的联系;成立大会开会地——私立镇江女子职业学校,也是在黄炎培和中华职业教育社的直接支持下选定的(黄炎培一直担任该校的校董)。

作为私立镇江女子职业学校的校长,1929年1月,法度正式应冷遹、黄炎培之邀,回镇江出任私立镇江女子职业学校校长[1]。他和黄炎培不仅相识,而且还很得黄炎培的赏识。自1927年春至1937年夏,中华职业教育社每学期补助该校经常费500元。

---

[1] 钱榛.法度与镇江女子职业中学.//李植中等主编.镇江文史资料 第17辑 文化教育专辑[M](内部资料).1990:53.

和黄炎培同任私立镇江女子职业学校校董的杨卫玉,更是早在1917年就在黄炎培的介绍下加入了江苏省教育会,并长期作为干事员参与该会的重要活动,还长期担任黄炎培发起成立的中华职业教育社副理事长、总干事,是黄炎培的亲密战友。1945年,他还与黄炎培、胡厥文、李烛尘等组织民主建国会,并出任常务理事。因此,法度和杨卫玉两人,以私立镇江女子职业学校为会址,发起组织江苏省教育会的筹备会议和成立大会,不可能不和黄炎培有所沟通,甚至说不一定这背后还有黄炎培的授意和提示。俞庆棠作为近代中国为数不多的卓越女性教育家,因其亲人唐文治和俞凤宾早期都是江苏省教育会的重要领导和骨干成员,因此在1922年留美归国后,也曾经加入江苏省教育会,并在1925年被推举为该会附设的公民教育委员会的委员。至于其他职员,如冯策、顾琨、顾克彬等人,虽然不是江苏省教育会的成员,但他们也和江苏省教育会的核心成员郭秉文、江恒源、吴研因等有着较为密切的交往。他们曾经在1932年联合发起组织了中华乡村教育社。

因此,新的江苏省教育会的成立,虽然表面上看和过去的江苏省教育会似没有关系,但其精神的内在承续是不容否认的。这种表面的无涉,一方面是由于距离江苏省教育会的解散已经过去了20年,江苏省教育会早期的核心人物和骨干力量大都开始进入暮年,甚至有相当一批人已经离开了人世,如袁希涛、沈恩孚等;另一方面更重要的是,由于当年江苏省教育会被解散是因为不和国民党合作,被扣上了"学阀"的帽子,再由这些人出面号召组织江苏省教育会明显不可能得到当时政府的允许,只会徒增重组的阻力罢了。

高田幸男之所以认为二者之间的关联不强,除了因为对这些人物之间错综复杂的关系缺乏了解外,还因为他忽视了江苏省教育会被解散后,各地一直在做的恢复江苏省教育会的努力。

2.教育行政和政党色彩鲜明

高田幸男认为,国民党并没有对江苏省教育会的成立有太多干涉,甚至在成立时都没有派代表参加,但实际上这是因为他对各位代表的身份缺乏细致的考察所致。虽然国民党没有直接派党部人员参与江苏省教育会的成立大会,但是在当选的监事和理事中,也有一些军政界与国民党内的著名人物,比如常务监事顾希平。当选新成立的江苏省教育会监事时,顾希平正任职江苏支团部干事长、制宪会议国大代表。实际上他就是国民党和军方力量在该会的代表。周绍成,1928年就被江苏省党部指导委员会指派为江都县党部党务指导委员会常委,此次也是以制宪会议国大代表的身份当选的理事。

至于说新江苏省教育会是以教育行政为主导力量,表面上看确实如此,但仔细分析,其中很多人是学校校长,这其实并不能说明成立该会的主要力量来自教育行政。在江苏省教育会成立的早期,也是由劝学所所长、地方学董、各县教育会会长、各学校校长组成的。这一方面是为了扩大教育会的影响,另一方面也是为了便于教育事务的顺利推行。如果从这一点去考察,反而可以感觉到战后的江苏省教育会,实际上仍然延续了原江苏省教育会的成熟经验和做法。只不过是因为时事变迁,形势变化,不能够直接点明这种继承关系,且新江苏省教育会反而可能是有意淡化二者在这方面的联系而造成。

不过,在成员构成上,确实有一个重要的地方值得注意,那就是在早期积极组织成立的江苏各市县教育会的代表,在全部核心的理事和监事人员名单中的占比过低,且兼具多重身份。可能正是这一点误导了高田幸男,让他误认为新的江苏省教育会行政色彩过于浓厚。

新江苏省教育会成立后,也曾经组织各种研究会,包括国民教育研究委员会、中学及高等教育研究委员会、师范教育研究委员会、职业教育研究委员会、社会教育研究委员会、教育经费研究委员会、教育行政研究委员会等。其中,职业教育研究委员会的成员主要有顾树森、江问渔、邓邦狄、贾佛如、郑辟疆、吕凤子、杨卫玉、薛天游、唐进、马明吴、王刚、徐文熙、张霞飞[①]。这些人中,至少有一半的人和原来的江苏省教育会、中华职业教育社有着较为密切的联系。

由于时局的原因,江苏省教育会成立后不久,国民政府因忙于应付战事,根本无暇顾及教育,因此它几乎没有开展什么实质性的活动就由于国民党政权的丧失而自然解散了。

---

① 江苏教育会组织各种研究会[J].教育通讯(汉口)复刊,1948(04):29.

第五章　内外交困下的江苏省教育会(1922-1927)

第四节　教育活动重心的转移

随着时局的变化,秉持教育救国理念的江苏省教育会,在继续推进已有教育活动的同时,在重心上也有所转移。在努力克服学潮、政争、经费缺乏带来的对教育的制约的同时,江苏省教育会把工作重心放在了制定并实施新学制、推行义务教育、倡导公民教育、深化理科教育和推广社会教育上去。

一、组建新式教育研究机构

(一)年度会务重点稳中有变

自1915年起,江苏省教育会就结合全国教育会联合会的决议与江苏教育发展的具体情况,于每届常年大会后的第一次全体职员会上,讨论确定该会的年度教育工作任务。

1921年,江苏省教育会曾经议决的年度工作重心是义务教育、职业教育、童子军教育与体育。1922年8月,全体职员会则提出,除了上述四项教育继续进行外,还"应时势之需要,特别注重理科教育及国语教学之研究"[1]。1922年10月,第八届全国教育会联合会决定,下一届提案的重点是社会教育与义务教育。1924年8月,新一届全体职员会在讨论年度会务工作方针时提出,除历年已办各事业继续进行外,新年度特别注意的是"公民教育与自然科学教育"。在这一思想的指导下,该会迅速组织成立了公民教育研究会,并在随后开展了大规模的公民教育运动。

总的来看,这一时期,江苏省教育会的会务工作主要集中在义务教育、理科教育、公民教育与社会教育上。但各年度的工作重心又会有所微调。

---

[1] 江苏省教育会议事月报汇录(十一年一月至十二月).//江苏省教育会编印.江苏省教育会年鉴:第8期[Z].上海,1923:41.

(二)筹建教育研究会

鉴于江苏省教育会各项教育事务的推广一般都是通过其附设的各种研究会来组织实施,因此,仅从这一时期发挥主要作用与影响的组织机构来看,就能够明显看出江苏省教育会教育活动的重心除了原来的体育、理科教育、职业教育外,还逐渐转向了国语教育、义务教育和公民教育。

仅1921—1926年,江苏省教育会根据会务工作的需要,先后组建的各种教育团体或研究机构就有22个之多。除了个别研究会与上一阶段有所联系外,其他绝大多数研究会或委员会等基本上都是新组建的。总的来看,这一时期,较为活跃的研究会主要有注重科学教育与理科实验的理科教授研究会,注重推行国语的国语推行委员会,倡导体育的体育研究会和江苏省童子军联合会,注重社会教育的通俗教育研究会,1924年以后着重推行的公民教育委员会,以及关注职业教育与学生就业的职业学校联合会,另外美术研究会在这一时期也开展了一系列的活动。

二、倡导推行新学制

自民国建立以来,由于1912—1913年新学制的推出较为仓促,依然以日制为主,加之袁世凯复辟政府对教育宗旨的调整,导致教育宗旨的摇摆与反复。学制改革一直是民初教育界的重要议题,在这一时期,在事实上,它也有一定的调整。但是真正对民国学制进行大修改发生在1922年,即新学制的颁行。这次新学制的推出,共涉及三次学制会议及草案,即1921年全国教育会联合会会议议决的《学制草案》、1922年教育部主持通过的《学制草案》,以及1922年全国教育会联合会通过的《学制草案》(此外,还有中华教育改进社第一次年会)。最终颁布的学制,就是这三次学制会议相互妥协的产物。在新学制制定的过程中,江苏省教育会始终积极参与,在事实上它还主导了1922年新学制的制定。

(一)主持审查广州会议的《学制草案》

1920年的全国教育会联合会第六届年会虽然没有讨论学制改革案,但此时的学制改革已刻不容缓。因此,这次会议决定,第七届教育会联合会应先将学制系统案议决后,再议其他各案。这就使得广州的教育会联合会会议事实上成了专门的学制改革研讨会。在第六届年会闭幕的同一天,陈炯明通电就任广东省省长一职,宣布致力于教育的革新发展,并邀请陈独秀出任教育委员会委员长(权职相当于教育厅厅长),主持全省教育行政工作。

1921年七八月间,广东组织了改革学制系统案讨论会,出席此次会议的不仅有广东省教育会正副会长及评议员30人,还有广东全省小学校以上各校校长18人,中学及专门学校毕业曾研究教育者9人,教育行政人员14人。他们通过比较德、英、美、法、日各国学制的优缺点,结合我国教育实际和世界教育趋势,制定了一份学制系统案。

与此同时,孟禄应江苏省教育会、中华教育改进社等机构的邀请,于1921年9月5日抵达上海开展教育调查,并在6—7日,与沈恩孚、黄炎培、余日章、郭秉文、朱经农、陶行知等人讨论学制问题。鉴于孙中山南下护法后的南北对立之势,江苏省教育会曾提议把教育会联合会改在浙江举行,但没有得到大多数省教育会代表的同意。同年10月,因为太平洋会议召开在即,上海总商会及江苏省教育会发起在上海召开商、教两联合会联席会议。会后,在上海出席此次会议的16个省区教育会代表,在江苏省教育会举行了谈话会,并在会后结伴同至广州。途中大家已经形成了对现行学制弊端的一致意见,即"(一)现行学制太死板,太拘束,太无伸缩活动余地,势在必改。(二)教育的精神必须趋重于平民的。(三)教授法要改良,各地方学校的注入式教授法应淘汰。(四)此次会议,大家要牺牲我见,要从大多数的福利方面着想"[①]。江苏省教育会代表黄炎培拿出一个表,挨个询问各省代表有无议案,并一一记明。这可能是江苏省教育会为了减少不必要的分歧,提高会议效率,节约会议时间而做的准备,但在事实上却已经无形中在代表们心中形成了一些共识。

1921年10月27日,第七届教育会联合会在广东省教育会新建的议事堂正式召开。此次学制会议,真正提出完整学制改革议案的有黑龙江、广东、甘肃、浙江、湖南、江西、山西和直隶。但因为直隶提交时间逾期,所以最后会议决定

[①] 高语罕编. 广州纪游[M]. 上海:亚东图书馆,1922:15.

只把前7省的议案并案审查讨论。会议开始后,又收到其他省的提案共计11份之多。在当天下午的会上,各与会代表商议应当选择哪个省的提案作为讨论的根据时,江苏省教育会的代表沈恩孚认为"广东提案最完备,请就把它做审查根据"。这一方面可能是为了向广东这个东道主表示尊重,另一方面从广东提案的筹备来看,该案确实有其优势,在沈恩孚看来,"此案系兼取容各省提案之长,而又极富于伸缩性,且极活动,中等教育一段的编制尤好"[①]。

大会还同时确定了六大审查标准,选举黄炎培、袁希涛、金曾澄为讨论草案起草人,请他们在广东省学制提案的基础上,参照其他省的提案,拟出供大会讨论的学制系统草案。黄炎培还被选举为审查会主席。

至此,江苏省教育会虽然没有提出江苏自己的学制草案,却在很大程度上影响了大会讨论的学制系统草案的底本与走向。

10月29日,孟禄在进行学校调查期间,专程赴广州参加第七届全国教育会联合会,并提议把"适应社会进化之需要"增加为草案的审查标准之一,获得了与会者的赞同。孟禄还通过一次讲演会、三次谈话会,与各省代表系统讨论了他对幼稚园、初等、中等、高等各个阶段教育的看法,对第七届教育会联合会的《学制草案》表示了肯定。他认为,欧战后专制国家与民治国家"都往六三三制进行,中国现采取六三三制正合现代教育的趋势"[②]。孟禄的肯定与认可,进一步说明了提案的科学性与说服力,也坚定了与会代表们对新《学制草案》的信心。之后,各省代表经过多次审查讨论和"三读"后,通过了《学制草案》。[③]

(二)倡导与试行广州会议议决之新学制

广州会议议决的《学制草案》在通过时,就特别提到了施行方法。其中第一步是,"由事务所通函各省区教育会、各高等教育机关,征求意见""并声明请集各教育机关代表及教育行政机关代表组织讨论会""同时并将本草案函寄全国各报馆、各教育杂志社,请其披露,并征其意见"。在此基础上,"如各省区认为

---

① 高语罕编.广州纪游[M].上海:亚东图书馆,1922:43.
② 王卓然编纂.中国教育一瞥录[M].上海:商务印书馆,1923:210.
③ 全国教育会联合会第七次开会纪略(广州).//朱有瓛,戚名琇,钱曼倩,霍益萍编.教育行政机构及教育团体[M].上海:上海教育出版社,1993:244.

可行,应各邀集相当人员,拟订各级课程草案及实施方法,提出于下届联合会"[1]。这是第二步。

1921年11月,出席第七届全国教育会联合会会议的江苏省教育会代表袁希涛向江苏省教育界介绍了《学制草案》。随后,在江苏省教育会的建议下,江苏省教育公署于1921年12月8日在南京公共演讲厅召集成立了江苏新学制草案讨论委员会,内设初等、中等、师范、大学、专门、教育行政六股,执行事务由江苏省教育会负责。9日上午,江苏新学制草案讨论委员会召开第二次委员会,议决各项议案。24日,江苏新学制草案讨论委员会在江苏省教育会召开第三次会议,决定由江苏省教育厅于1922年2月24日召开第一次大会,邀请委员会成员、各县劝学所所长、县署第三科主任、县视学参加,同时令各县劝学所酌情召集小学校校长出席[2]。为了开好2月24日的讨论会,江苏省教育会在23日还在南京公共演讲厅举办了新学制草案讲演会,到会代表包括教育会会员、教育行政人员和各校校长共138人。讲演会上,沈恩孚介绍了新《学制草案》议决的经过。沈恩孚指出,草案定为"四二三三制","完全在儿童身心及社会需要上着想""故各县不妨各视其财力办理"[3]。之后,袁希涛介绍了"新学制与各国学制之比较",并主张一国教育,当以本国为本位,以各国为比较。24日,会议如期召开,共议决新学制草案意见4条;同时还有小学方面的意见7条和中学方面的意见4条。同时,在24日,上海各报纸还发表了袁希涛《对于新学制讨论会地方教育方面之意见》一文,其提出了11个问题供江苏省教育界讨论,其中包括4个有关职业教育的问题。

1922年3月14日,在江苏省教育会的建议与支持下,江苏省教育界组织了新学制学程研究委员会,分设初等、中等、高等、师范、职业五组,分别负责研究和推行。

可以说,在江苏省试行新学制的过程中,江苏省教育会起到了很好的组织、联络的作用。通过设置专门机构,广泛征集意见,专门组织讲演与研讨,在整个

---

[1] 全国教育会联合会第七次开会纪略(广州).//朱有瓛,戚名琇,钱曼倩,霍益萍编.教育行政机构及教育团体[M].上海:上海教育出版社,1993:244.

[2] 文牍:致江苏省长公署函请择定改革地方教育行政制度讨论会开会日期[J].江苏省教育会月报,1922(02):4.

[3] 教育界消息:三志新学制运动[J].教育杂志.1922(04):2.

江苏教育界进行了一次推行新学制的大动员,最终提出了比较一致的意见与建议,这充分说明了江苏省教育会的巨大号召能力与务实的精神。

(三)出席教育部主持的学制会议

值得注意的是,和以往的教育会联合会议案不同的是,1921年广州会议的议案,"独无陈请政府施行之件"。之所以如此,一方面是因为当时南北分裂,"广东政府与教育部既不通声气,所以前届(指第七届)全国教育会议决的新学制案也不送进部去"[①],这就使得早期全国教育会联合会与教育部之间形成的良性互动关系一度中断。另一方面则与教育总长人事更迭频繁,民间团体对教育行政当局失望有关。五四运动后,随着学潮的兴起,教育面临的局面也越来越复杂,许多教育家并不愿意成为各派军阀进行政治斗争的工具与摆设。1920年直皖战争之后,军阀与政治派系之争频繁而多变,教育总长等相关职位,成为执政军阀用来笼络各方力量和社会名流的政治工具,致使教育总长变动频繁。

1921年5月14日,教育总长范源濂被免职,虽然随后又被二次任命,但范源濂拒绝出任,教育部部务由前次长马叙伦暂代;12月25日,部务又由内务部总长齐耀珊兼署;1922年4月9日,齐耀珊辞职,部务由国务总理周自齐署理;6月11日,周自齐又被免职,部务改由交通部总长高恩洪代理;8月5日,部务又改由国务总理王宠惠署理;9月19日,部务又改为汤尔和署理;11月29日,部务再改由彭允彝署理。至1923年9月4日,彭允彝可以说是这一时期处理部分相对较长一位行政官员了。

一方面,教育部人事更迭频繁,无暇推进教育;另一方面,广东《学制草案》在全国教育界引起的热议与各地如火如荼的实验。由于广州学制会议没将《学制草案》递交给教育部,所以"教育部中人谈及新学制,他们都觉得,要办实没有根据。但外面各省均纷纷实行改革,所谓教育最高行政机关,自问不好意思"[②]。于是,1922年7月,教育部宣布的学制与其多有未合,致进行诸多窒碍,准备召

[①] 经亨颐.报告新学制及实施方法之商榷.//璩鑫圭,童富勇编.中国近代教育史资料汇编 教育思想[M].上海:上海教育出版社,2007:861.
[②] 经亨颐.报告新学制及实施方法之商榷.//璩鑫圭,童富勇编.中国近代教育史资料汇编 教育思想[M].上海:上海教育出版社,2007:861.

第五章　内外交困下的江苏省教育会(1922-1927)

开学制会议,以资征集意见,定学制改进之标准。对此,当时的《京报》评论说,教育部现行学制,颁布已久,业因时势之变迁,函须改正。1921年各省教育会联合会在广东开会时,多数会员提出修改学制案,1922年夏,中华教育改进社在济南开会时,关于改革学制案,也有七八件之多。教育家及各方人士主张修改学制,教育部亦不得不顺应趋势,自动地开设会议,召集部内外研究学制者,共同讨论,以便产生新制。这一点,在会议召开当天,黎元洪的代表刘春霖在致辞中也曾谈及,此次学制会议是发端于社会,而政府徇从众意,以助其成之一端[①]。从中明显可以看出,教育部之所以召开此次学制会议,也有顺势而为、维护自身权威之意。

为此,教育部做了精心的筹备,发布《学制会议章程》,对于议事内容、参会人员、提案准备、会议方法等都做了详细的规定。其中,有关《学校系统改革案》,由时任教育部次长邓萃英组织教育部的筹备员负责拟定,最后以时任教育总长高恩洪的名义提交给大会,即通常所谓的"教育总长交议案"。由于此次学制会议带有明显的官方色彩,议决的学制系统很有可能直接推行,因此教育界对其非常重视,各参会代表也提交了5份相关提案。

后来,因为人数不足,会议曾一度延期。最终决定在9月20日正式召开会议。此次会议,因为教育总长的更迭,汤尔和尚未就任,故教育总长并没有出席该会。蔡元培被选为大会主席。出席此次学制会议的代表主要包括教育部各部门的主要官员、北京各高校校长、各地教育行政部门和各省教育会推举的代表,教育总长特别邀请的代表等共50多人。

会议开始时,作为会议主席的蔡元培,特别提到了学制成于"元年之临时会议",施行以来,每多窒碍,所以才有全国教育会联合会议开会对学制的周密讨论。大会确定的讨论宗旨为"旧制之改善,属于将来发展问题,宜注意将来之若何",而不需要考虑"目下之影响"。

讨论伊始,代表们围绕是否应该把第七届教育会联合会的《学制草案》列入讨论,就出现了分歧。有会员提出,应该把第七届教育会联合会的《学制草案》纳入,因为只要是会员提出的提案就能与教育部的议案一起讨论。按照教育部

[①] 特载:学制会议记实:开会式[J].河南教育公报增□,1922(01):1-68.

事前拟定的《学制会议议事细则》,"教育总长交议事件,应尽先议决,会员提案有与前项议案相类者,得并案付审查"[①]。所以,如果有代表提出了其他有关学制的提案,的确是可以一并讨论的。但是由于这次会议广东没有派代表参加,而其他省份的代表也没有做好准备,所以广东《学制草案》只能作为一种参考。随后,袁希涛又提议说,应该先确定讨论办法,即是分段讨论还是综合讨论。最后代表们决定以总长所交议案为底本,采用分段讨论的办法,先由提案人讲明提案理由、内容,再进行讨论。

从各种方案和争论焦点看,教育部草案与广州《学制草案》的区别主要集中在初等、中等和高等阶段。

在初等教育阶段,争论主要集中在年限分期和义务教育实施的年限,以及如何分段上。与会代表普遍认为,就当时的实际情况而言,即便是实施四年的义务教育,国家和地方财力也难以保证,就更别提六年了。因此初等教育必须分段实施。围绕"四二制""四三制""五二制"等不同分段办法,袁希涛主张,各国初兴义务教育时年限都较短,即使是当时的意大利其义务教育年限尚有短至三年的,美国各州中也有短至四年的,所以中国应该先普及再延长,注重大多数未受教育者。这就是所谓的"四二制"。江苏省教育会与江苏省义务教育期成会的会长袁希涛是义务教育的积极倡导者与践行者,他的主张得到了与会者的普遍认可。

在中等阶段,争议的焦点也主要是围绕分段方式展开的。代表们分别提出了"四二制""三三制""二四制""四四制"等几种方案。黄炎培发言道,对于部案总体赞同,但他认为"三三制"更好;同时,建议应该允许职业教育改为高中专门科。邓萃英从便于实施的角度,主张用"四二制"。而李建勋则认为,如果只是考虑到实施的便利,则不如不改革。袁希涛则更为关注中学选科制,他根据美国中学的经验,认为如果采用"二四制",就绝对不能采用选科制,如果采用"三三制",选科制可用可不用,但如果采用"四二制",则最后一年一定要分科。在讨论完中学后,会议又专门讨论了职业教育与师范教育的问题。经亨颐认为,师范教育没有必要单独保留,中学生完全可以胜任教师一职。

[①] 法规:学制会议议事细则[J].教育公报,1922(08):3.

在高等教育阶段,因为"高师改大"的问题一直很引人关注,此段的提案便更多地围绕高专而论。部案主张大学招收高级中学毕业生,高师、高专招收初级中学毕业生,国家可以设多科大学、单科大学、师范大学,修业年限都是四到五年。这实际上是在降低高师、高专的办学层次。这与民初以后高专、高师与大学逐渐接近平级的现实趋向,与教育会联合会通过的《学制草案》以及教育界倾向于提高高专、高师程度的愿望出入较大。因此与会人员围绕这一问题,再次分为两派,"旁人一望而辨别两方面系立于对峙形势"。不过,就当时出席会议的人员态度而言,"主张保存高专制者,实占多数"①。在高等教育段,李建勋主张废除高师,改办单科大学;而邓萃英则说明,部案之所以保留专门科,是因为社会上还有需要,而且就实际情况而言,那些条件较差,无法改为大学的高师、高专,也不能一关了之。

从会议的过程来看,每位代表均说明了自己的主张与理由,整体气氛还是比较民主的。作为教育界人士,争议的双方实际上有着不同的出发点:主张取消高师、高专的人,实际上是为了把高师、高专提高到大学水平,进而提升人才培养的水平,同时也是提升学校的办学地位与社会声望而言;而主张保留高师、高专的人,则更多地考虑到了"高师、高专改大"的现实困难,双方都有一定的道理。不过,由于作为讨论底本的"教育总长交议案"是由倾向于保留高师、高专的代理教育部次长邓翠英主持制定的,再加上出席此次会议的北京高专等校的校长人数比例较多,所以讨论的最终结果是保留高师、高专。

议案公布后,直隶省教育会率先公开反对此次议案,认为它"除小学教育缩短一年,余与旧学制无甚差别"。当然,更主要的是该案"置全国教育会联合会议决案于不顾,蔑视全国舆论。特电致各省区教育会,请一致反对,以免为其垄断"②。而在教育部内部也出现了总长汤尔和与次长邓萃英的争执。原来,就在该会结束后不久,原定10月11日在山东济南召开的第八届全国教育会联合会即将开幕。新任教育总长汤尔和提出,既然新议案遭到了一些人的反对,不妨把学制议案交给在山东召开的全国教育会联合会再深入讨论一下,因此决定

---

① 北京通信:学制会议中之北大与七专暗潮[N].申报,1922-9-25(民国十一年,壬戌八月初五日,第七版).//申报影印版 第184册,上海:上海书店,1983:523.

② 纪事:外省:直隶教育会反对教育部学制会议.[J].南海教育会杂志,1922(03):87.

"将议决案送往济南征求全国教育会同意,以昭特别郑重之意"[1]。但这一决定却遭到了教育部次长邓萃英的激烈反对。在邓萃英看来,此次教育部主持召开的学制会议,参会的也是全国教育界的代表,应该可以代表教育界的意见,没有必要再把学制议案交到山东的全国教育会联合会讨论。而且一旦山东会议否定了这次学制会议的议案,无论是主持这次讨论的教育部次长邓萃英,还是整个教育部,恐怕都会失了面子。所以他主张直接把讨论议决案呈报总统颁行。在胡适和马叙伦等人看来,汤尔和之所以主张把议案再交给山东召开的第八届全国教育会联合会讨论,是因为江苏省教育会的代表黄炎培、袁希涛等人不满意教育部学制会议对中学分段的规定,希望能够在全国教育会联合会上重新讨论并加以修正。这也导致邓萃英对袁希涛颇有微词。[2]

事实究竟如何,今日已不可考。不过,教育部学制会议通过的《学制草案》,与广州《学制草案》相比,在中学段出入较大却是不争的事实。考虑到江苏省教育会在广州《学制草案》中的实际作用,特别是他们把中学"六三三制"作为广州《学制草案》的一大亮点,他们对于北京《学制草案》的不满也就可想而知了。

(四)参加1922年全国教育会联合会新学制会议

1922年10月11日,第八届全国教育会联合会在济南召开,全国共有21个省区的代表参会。教育部派部员陈容、胡家凤参加,带去学制会议的议决案和提交学制会议的原案各100本。教育总长汤尔和还派员在开幕式上代读致辞,其中谈道"惟教育事业,关系綦钜;省区状况,因应万殊;故调查宜求确切,探讨不厌精详。本部为教育行政中枢,自应秉甘白之虚衷,策措施之至当,尚希贵会诸君子悉心讨论,无隐无遗"[3],在胡适看来,它很明显是希望联合会认真讨论教育部学制会议的议决案。但因为致辞是用文言文写的,且事前没有印刷,宣读者用的是江苏口音,致使许多代表根本没有听懂其中的真意。再加上当时发给各个代表的是9月间教育部学制会议讨论的议案,而不是广州学制会议通过的

---

[1] 抱一:学制会议之经过[N].申报,1922-10-04(民国十一年,壬戌八月十四日,第六版).//申报影印版 第185册,上海:上海书店,1983:66.
[2] 胡适.记第八届全国教育会联合会讨论新学制的经过[N].努力周报,1922-10-22(第1-3版).
[3] 胡适.记第八届全国教育会联合会讨论新学制的经过[N].努力周报,1922-10-22(第1-3版).

决案,但山东省教育会主席许名世在分发材料时,并没有向与会代表解释清楚,以至引起了与会代表很大的误会。浙江省教育会代表许悼云就对教育部不尊重上届广州教育会联合会议案的做法非常不满。因此,他主张"完全不睬学制会议,只认去年的广州原案和本年各省提出的修正案"。这一主张显然表达了一部分教育会联合会成员对教育部学制会议的不满情绪。

这时,力主折中的胡适受命起草审查底案。胡适的办法是:底案的宗旨是采取广州议案的精神,但尽可能保留学制会议案的用词,兼采其他省份的提案与建议。该议案提交甲组审查会。该审查会推定江苏代表袁希涛为主席,黄炎培也是这一审查会审查员。审查结束后,又推举袁希涛、胡适、许悼云为起草员,草拟了起草员案。然后再开审查员会,通过了审查会报告案,分发各会员后,再提交大会通过。

在会议讨论的过程中,争论最激烈的是小学、中学和师范阶段。在小学阶段,主要争论的是,到底要不要按照山西的提案将小学阶段年限改为7年。最终议定为6年,但可以根据各地方情形延长1年。中等教育方面,围绕"三三制""四二制""二四制"三种学制争论不下;再有就是对要不要开设职业科和补习科争论不断。经过激烈的讨论,大会最后议决:以"三三制"为主,兼采"四二制"或"二四制",初级和高级中学均可单设,并根据实际情况,增设补习科、职业科等。在高等教育方面,则允许高等师范学校存在并改称为师范大学。同时,也保留了天才教育与特种教育。

1922年11月1日,《学校系统改革案》由时任中华民国大总统的徐世昌签署,国务总理王宠惠、教育总长汤尔和副署,以大总统令向全国公布,即壬戌学制。

这场长达两年之久的学制之争,随着教育部《学校系统改革案》的发布而尘埃落定。但由此次争论可以看出其背后隐含着的学制会议的主导基调到底是学习美国,还是学习欧洲特别是德国之争,反映出了当时中国教育界不同国别的留学生对教育权的把控。

纵观整个新学制的制定过程,可以说争议贯穿始终,但各方基本上也能保持一种妥协和民主协商态度。有人认为,在1922年学制制定过程中,江苏省教育会的黄炎培、袁希涛都是关键人物,与新学制关系密切的四次会议(第七届、八届教育会联合会,中华教育改进社第一次年会,教育部学制会议),他们是仅有的每次会议皆出席的代表,而且每次都是会议的重要人物。在第七届教育会联合会上他们都是审查员,黄炎培还是审查长。在中华教育改进社会议上,他们分别是教育行政组和职业教育组的组长。教育部学制会议中,他们又都是教育部特邀代表,袁希涛同时也是江苏省教育会代表,都曾被作为大会主席的人选考虑。在第八届教育会联合会上,他们又是审查员,袁希涛还是学制审查组的组长,后来又都被选为"新学制课程标准起草委员会"委员。在第八届教育会联合会召开时,他们和胡适收到汤尔和电报,要他们在教育会联合会结束后回京,最后他们都出席了汤尔和在教育部召开的讨论会。以至于时任教育部次长的马叙伦回忆道,"一件中等教育'三三制'的改革,我也不过随同'画诺';因为这个制度是黄炎培先生们研究好了,汤尔和赞成,我只觉得旧的四二制是有弊的,也需改革罢了"①。此话虽然有不满的成分,但也充分说明了江苏省教育会在1922年新学制制定过程中的巨大影响力。

当然,对于黄炎培等人的作用能否如此来看,恐怕还是值得讨论的。江苏省教育会的巨大影响力及其核心会员的美国取向是毋庸置疑的。但是,从整个学制会议的召开过程看,虽有激烈的争论,但与会人员基本上还是有民主发言权且议案也是经过表决才通过的。

纵观四次学制会议,江苏省教育会对1922年新学制的贡献,主要集中在两个方面:一是坚持了中学的"六三三制",对此,不需要赘述。二是对职业教育的推动,其主要表现为:第一,正式确立了职业教育在学制中的地位。新学制明确规定,将旧制甲种实业学校改为职业学校,或高级中学农、工、商等科,乙种实业学校改为职业学校,招收高级小学毕业生,也可根据地方情形,招收一定年龄的修习了初级小学课程的学生。第二,确立了各级各类学校中职业教育的地位。"这次职业教育改革最大的亮点是在独立的职业学校之外,在中学设置职业科,从事职业教育。新学制规定,初级中学实行普通教育,但根据地方需要,兼设各种职业科;高级中学实行分科制,除设普通科外,还可依地方情形,设立农、工、商、师范、家事等科。这样,新学制的职业教育有6种形式:(1)在小学较高年级所开始的职业准备教育;(2)初级中学兼设的职业科;(3)高级中学职业科;(4)

---

① 马叙伦著.我在六十岁以前[M].北京:生活·读书·新知三联书店,1983:74.

职业学校;(5)大学及专门学校附设的职业专修科;(6)补习学校的职业科。"这样一来,"从小学到大学,从学校教育到补习教育,从普通教育到职业教育,形成了一个较为完整的职业教育体系。新学制在职业教育方面的改革,反映了当时我国职业教育的客观需要,对于推进职业教育的发展,发挥了积极作用"[1]。此外,新学制还提出了职业学校的学习年限及程度,即应改变旧制的做法,不做统一规定,而由各地根据实际情形与需要自己决定,以留有自由把控的余地。

(五)推进1922年新学制的实施

新学制正式公布前,江苏省教育会便积极推进江苏各地试行新学制,待新学制正式颁布后,江苏省教育会的行动更加积极,特别是在课程标准制定、教材编写、教学方法革新等方面发挥了很大的作用。

1.参与编订课程标准

1922年10月,在山东会议结束以后,黄炎培等人又到北京参加了教育部组织的讨论会。随后,教育部组织了新学制课程标准起草委员会,袁希涛、黄炎培、胡适、经亨颐、金曾澄5人为其主任委员,并由他们分头另聘专家50余人,负责制定新学制中小学普通科、师范科和职业科的课程标准。经多次讨论、修订,该委员会于1923年6月完成了预定工作,并在7月发布了《新学制中小学课程标准纲要》。该份课程标准纲要,突破了传统的课程模式:初中由单科制分科教学改为综合课程;高中课程分必修、分科选修和纯粹选修三大块,率先实行学分制。这种注重学生个性发展和学校与社会经济生活联系的形式,在近代中小学课程史上占重要地位。

2.组织江苏省施行新学制委员会

1922年新学制颁布后,教育部继续向教育界征求关于施行新学制的标准。对此,江苏省教育会认为,应先汇集各方意见后,再召集会议。与此同时,江苏省教育会在省内积极建议教育厅组织施行新学制委员会,专门讨论新学制的推

---

[1] 王建军著.中国教育史新编[M].广州:广东高等教育出版社,2014:312.

进,还建议成立新学制课程标准起草委员会,讨论各项课程纲要。江苏省教育厅不仅接受了这一提议,还在1923年4月,要求江苏省教育会从速组织编订《体育课程纲要》。1923年6月,《新学制中小学课程标准纲要》发布之后,江苏省教育会又接受江苏省施行新学制委员会的委托,代为征求省立学校、县市乡施行新学制标准草案的意见。1924年2月,施行新学制委员会各代表,与江苏省教育厅厅长及第三科科长,在江苏省教育会共同商议拟定江苏省各校今后5年的概划草案,决定将该委员会改组为江苏教育行政委员会,继续联合商议讨论江苏教育事务,特别是教育行政推进事务。

3.组织小学教材调查委员会

新学制已经颁行,配套的课程标准也已经发布,但新教育的实际推行,首先仰赖配套的教材。因此,1923年年底,江苏省教育会提议,委托江苏师范附属小学联合会,组织小学教材调查委员会。后经省公署批准后,在1924年2月正式组建该会,以着手调查。随后,江苏省教育会又特别致函江苏各县教育局,希望能够组织教科书研究会,以择定适于本地方之用书。因为新学制最大的优点是允许各地方根据地方实际情况,灵活调整学制、相应的课程标准与教材,加之江苏省教育会及各县市教育局(会)"大江南北,气候风俗习惯等,固随在不同,即六十县之市乡,其有特殊情形,如地方文献等类,足为补助教材之资料者,亦枚不胜举。故对于各小学教材之取材,若者宜删节,若者宜补充,正刻不容缓"①。所以,江苏省教育会倡议各地应该先组织小学教科书研究会。

当然,在倡议或者组织相关研究会的过程中,江苏省教育会更是依赖已有的相关研究会,大力推进江苏各项教育事业的发展。但与前一个时期相比,这一时期教育活动的重心,随着时局与教育形势的变化而有所转移。

三、厉行义务教育

所谓义务教育,是指由国家强制执行的、面向所有儿童的免费普及教育。

---

① 文牍:致各县教育局、会请组织采用教科书研究会函[J].江苏省教育会月报,1925(09):17-18.

在近代兴办新式教育的过程中,我们对普及教育、国民教育与义务教育的认识也有一个发展过程。对此,田正平、熊贤君等前辈已有非常深入的研究[①]。这里要探讨的是,江苏省教育会在推进江苏普及义务教育的过程中的贡献及其影响。

(一)发起成立义务教育期成会

早在1915年,袁希涛任教育部次长时,主要负责的就是基础教育工作。在袁世凯颁布《教育纲要》后,为了推行义务教育,当时的教育部就准备在各省成立义务教育期成会,以督促义务教育的普及与实施。1919年9月,江苏正式出台了全省推广义务教育的计划——《江苏省义务教育施行程序及办法》,准备分年推进实施义务教育。但在随后的时间里,义务教育的分年推进计划并没有真正得以施行。

1921年7月,袁希涛从北京教育部退职,并结束了他的欧洲考察之旅。在第五次江苏省教育行政会议召开时,袁希涛与黄炎培作为讲演嘉宾受邀出席。此次会议的与会人员一致认为,必须尽快推进江苏已经颁布的《义务教育施行计划》。而施行义务教育,必须详尽地规划,在调查研究的基础上去推进。因此,与会人员共同提议发起成立了江苏义务教育期成会。7月28日,该会正式在南京讲演厅宣告成立,到会会员100多人,通过了会章及支会组织法,推举袁希涛为会长,黄炎培与张孝若为副会长,后来又推举张謇为名誉会长。在该会成立的宣言书中特别提到,"江苏创办教育几二十年,义务教育至今日而尚未观厥成,江苏人之耻也",并且认为,义务教育"一方为国家对于人民之义务,一方亦为人民对于地方之义务。世界各国初等教育之发达,大都合地方人民之全力以举之"[②]。在这政争兵乱的时代,如果一味地依赖国家,就不可能真正实现义务教育。考虑到义务教育的普及,首在经费筹措,义务教育期成会希望:在筹款方面,能够做到"对官厅为适法之请议,对社会为同情之联络",在会务方面,能

[①] 田正平,肖朗主编.世纪之理想:中国近代义务教育研究[M].杭州:浙江教育出版社,2000.熊贤君著.中国近代义务教育研究[M].武汉:华中师范大学出版社,2006.

[②] 江苏义务教育期成会宣言[J].义务教育,1921(创刊号):1.

够实现"对学校为相当之赞画,对家庭为必需之劝导"①。因此,该会的主要职责包括:"(1)筹划义务教育经费;(2)研究义务教育方法;(3)督促义务教育进行"②,同时它希望合江苏省人民之全力,共以地方义务教育为己任,"期于八年之间,现普及教育之实"。

为此,该会在组织架构上,专门设置了调查部、出版部、研究部、公布部、庶务部、会计部等机构,并号召各地参照会章,在各地联络议员、劝学所所长、各学校校长或各团体之负责人等,组织地方支会,共同筹划推进江苏的义务教育。为了起到交流、联络的作用,该会还发行了自己的会刊——《义务教育》,除了刊登自己的会务纪要、会员名单外,主要刊登各地有关义务教育推行的调查研究报告,有关义务教育的研究心得与建议,其他省区、地方推行义务教育的经验与措施等。从现有资料看,该会刊从1921年创刊直至1924年,共出版发行了28期。除此之外,该会也受到了当时国内知名教育杂志如《教育杂志》《中华教育界》《小学教育月刊》等的关注。

尽管该会是在南京发起成立,也没有明确说是隶属于江苏省教育会,但发起人袁希涛和黄炎培都是江苏省教育会的核心人物,随后二人长期担任江苏省教育会的正、副会长,而该会的会址也设在江苏省教育会南京办事处内,后来还在江苏省教育会(上海)内增设了办事处,加之该会的很多干事员也大都同时是江苏省教育会的会员、干事员或评议员,可以说,此会的成立及其开展的活动,都离不开江苏省教育会的支持与参与。

(二)推动江苏义务教育的发展

1.争取义务教育经费

一切教育的推进,首要的是对教育经费的筹措。深谙此道的义务教育期成会领导,对筹措义务教育经费非常重视。

在1919年颁布的《江苏省义务教育施行程序及办法》中,就曾对教育经费

---

① 江苏义务教育期成会宣言[J].义务教育,1921(创刊号):2.
② 会章录要:江苏省义务教育期成会总则[J].义务教育,1921(创刊号):1.

第五章　内外交困下的江苏省教育会(1922-1927)

筹措做出规定:"以本区原有经费为基础,不敷时,得就本届议决新增款项,酌量指拨。"①这种依靠临时申请拨款的做法,对稳定义务教育的经费来源无疑是不利的。因此,义务教育期成会成立以后,特别关注义务教育经费的筹措。1921年,期成会特别呈请江苏省省长,建议征收亩捐充作各县的义务教育经费。因为在期成会看来,就"各县情形而论,似舍亩捐外,别无大宗款项",而在此之前,虽然省长公署已经令财政厅分令各县,"查酌情形,与地方团体商定应征或应增成数"②,却往往会因为少数人的反对而无法执行,反而成为推行义务教育的障碍。其原因是财政厅对于亩捐的批示,往往过于谨慎。所以,期成会希望能够由省长公署将征收亩捐充作各县义务教育经费明确规定下来。此后,江苏各县相继开征义务教育亩捐。

1921年秋,因为各县出现灾情,各地先后有减少税收征收、暂缓义务教育的提议。对此,义务教育期成会又特别呈请省长,希望能够根据各地的实际受灾状况和程度,加以区别对待。在此基础上,义务教育期成会不仅希望省长能够维持亩捐原案,还特别请求分年截留漕粮特税来充当义务教育经费,并争取国务院财政部能够特别提拨义务教育经费。

1922年11月,教育部鉴于河南、四川等地已经指定了一些地方特别税作为地方教育经费,于是为了"策学制之改良,谋教育之普及",训令各地厘定调查教育经费状况,并提出了调查的项目与内容,其主要包括:现在额数与清宣统三年(1911)及民国十年(1921)之比较;有无指定确实专款;指定之专科是否永久性质;现在数能否收支适合。此外,还提出了急需调查的三项内容,即省县区可以指定之确实专款约得若干;能否增加税款或指定新税;除增加税款外,有无方法筹得必须之款。江苏省教育厅遵从部令,委托江苏省教育会研究调查。经干事员会讨论,推举袁观澜、黄任之、沈信卿、贾季英、陆规亮等5人为调查员。随后,义务教育期成会专门提交了《组织清理教育款产委员会案》与《建议地方教育经费审查及公布案》2份议案。在议案中,义务教育期成会认为,江苏省各县市乡教育款产,尚有未经清查整顿,彻底公开者。为了履行义务教育,急需一体

---

① 记事:江苏省义务教育施行程序及办法[J].教育杂志,1919(11):4.//李桂林,戚名琇,钱曼倩编.中国近代教育史资料汇编 普通教育[M].上海:上海教育出版社,2007:785.

② 会牍录要:呈省长建议征收亩捐以充各县义务教育经费文[J].义务教育,1921(01):4.

实施,以裕财源而昭大信。江苏省时任省长在批复中说:"察阅所陈草则及办法,一方面为过去之补救,一方面为未来之准备。此种组织,在县市乡议会未成立以前,洵极切要。"①

1923年5月,江苏省教育会提议组建了江苏教育经费委员会,并通过了简章10条。该简章经过省公署的修正,核准备案。从该会的简章来看,它主要由来自教育行政、学校、教育会等各方面人员合议制定,主要是"谋教育经费之适应需要,协助行政长官对于教育费之收入款额,为相当之考查,或筹议整理方法"②。同时,义务教育期成会又主张以县为单位,实行统收统支,并鼓励绅商量力捐资,从而扩大了资金的征收渠道。但这些措施并没有起到切实作用,各地拖欠经费依然严重,教育经费筹措仍多有隔阂。

1924年,江苏省教育会再次建议省公署,令各县切实筹定义务教育经费。其中谈到,《分年进行义务教育的计划案》已经由江苏省议会颁布生效了,但各县在筹集经费时,动辄遭到不明教育者的反对,很难落实。自治恢复后,经费分配的纷争更加激烈。因此,该会特别提议,由省公署或教育厅出面,"通令各县按照分年进行计画(划),切实筹定经费,以符法案而促进行"③。得到教育厅的答复后,通令各县遵守。

但随后爆发的江浙战争,对江浙两地的社会各项事业都产生了很大的破坏。1925年8月,该会又对简章进行了重新修正,加入了财政、教育两厅的行政人员,以便更好地接洽与合作。④但战争结束后,为了维持江苏省的社会与政治秩序,孙传芳一度训令各县知事,整理江苏省财政,要求对于经征各款,照章报解财政厅,不得自由提拨款项。江苏省教育会得到消息后,赶紧致函孙传芳,并向江苏省省长及各道尹行政官员请求维持。在江苏省教育会看来,战争的破坏

---

① 文牍:江苏省公署批本会会同义务教育期成会呈请通令各县清理教育款产并审查公布地方教育经费预算及用途文(十月二日)[J].江苏省教育会月报,1922(10):8.

② 文牍:江苏省长公署检送修正江苏教育经费委员会简章函(十九日)[J].江苏省教育会月报,1926(11):4.

③ 大事记:一.建议江苏省公署、江苏教育厅请通令各县切实筹定义务教育经费.//江苏省教育会编印.江苏省教育会年鉴:第10期[Z].上海,1925:4.

④ 文牍:江苏省长公署检送修正江苏教育经费委员会简章函(十九日)[J].江苏省教育会月报,1926(11):3-5.

是巨大的,但各级各类教育受到的冲击也很大,现在仅能勉强维持现状。因此,向章指充教育经费之"漕粮附税、卷烟特税、屠牙税三项"[1],是万万不能挪作他用的。经过江苏省教育会的多方奔走协调,这次经费危机才得以化解。但这也给教育界人士敲响了警钟。因此,1926年9月,有会员提议,把筹划义务教育的款项与重新制定江苏教育设施计划作为重要议题进行专门讨论。其中,《设法筹划义务教育的款案》就是在讨论前提出的。虽然历届教育行政会议都有筹划义务教育经费的提案,但大都未能实施,以至于推行义务教育往往因为经费匮乏而成了一纸空文。与此同时,以王朝阳为代表的4位会员在提交的《重定教育设施计划案》中,特别提出了一个"量出为入"的经费筹拨与使用原则。他们主张,江苏省的教育经费虽然号称独立,但实际上所有的教育经费都由教育管理处管理,而他们往往抱着"量入为出"的原则,致使教育计划的推行流于空谈。特别是因为省教育费来源为卷烟特税及漕粮附税,而这两项税收,又往往因为天灾人祸而不够稳定。如果一味地采取"量入为出"的原则,势必会影响教育事业的推进。既然"教育足以救济天灾人祸,为唯一救国之事业"[2],那就必须反对"量力而出"的消极被动态度,应该从未来的实际需要,积极谋划筹集义务教育经费,以收切实效果。他们还谈道,觊觎此项教育经费的人和部门很多,如果预先筹定分年增收的款额,以图行政计划之贯彻,并且逐年编制预算,就可以省去其中的种种争执与为难,而全省教育基础也可以得以稳固。

与此同时,来自崇明的龚、黄两位会员还提议,"各县办理义务教育,未能切实进行,大都以经费无著为词。而查各县杂税,被地方有力土豪吞没者,不计其数。苟能设法整顿,移私为公,堪资挹注,并请以崇明乐同乡为试行区域"[3]。江苏省教育会的干事员们经过讨论认为,如果真能按照这些意见切实整顿,的确可以补充义务教育经费之不足。于是,省教育会再次上书江苏省财政、教育两厅,要求对各地地方杂税加以整顿,以充当义务教育经费。此后,也不时地有会员提出要求教育经费独立的议案。

---

[1] 文牍:致孙总司令漕附税卷烟特税屠牙税向充教育费请通令一并照章办理电[J].江苏省教育会月报,1925(11):1.

[2] 文牍:请建议省长教厅重定省教育设施计画案[J].江苏省教育会月报,1926(09):3.

[3] 文牍:呈郑省长为整顿地方杂税化私为公充义务教育经费文(三日)[J].江苏省教育会月报,1925(09):2-3.

可见,江苏省教育会在推行义务教育,特别是用税收筹措教育经费,保障江苏义务教育经费独立方面,做出了重要的、制度性的贡献。不过,由于民国时期,政府威信的不足,往往存在令行不施的情况。比如,为了推行义务教育,江苏省第七次省教育行政会议核准公布,要求各县限期征收亩捐来筹措教育经费,以利义务教育之循序进行。但是,江苏省教育会经过调查发现,很多县并没有真正遵办。因此,它曾多次上书江苏省教育厅请求通令执行。[①]但直到1927年,江苏全省征收义务教育亩捐的县也只有40多个,仅占到全省的2/3。[②]

2.鼓励义务教育研究与交流

义务教育期成会确定的推进义务教育的任务,除了筹措经费外,还要提供办理方法。因此,在注重为义务教育发展争取经费的同时,义务教育期成会还很注意介绍其他地方筹措义务教育经费、发展义务教育的经验,倡导开展义务教育的研究。比如,在第1期的会刊上,刊发了荣德生关于无锡开原乡义务教育的实施情况的报告、穆藕初关于上海杨思乡义务教育的实施情况的报告,以及张孝若对施行义务教育的思考;在第4期的会刊上,又特别介绍了广州市筹办义务教育的计划书与施行义务教育的暂行规程。随后,该会会刊更是刊登了大量有关推行义务教育的研究性文章,仅无锡第三师范学校校长顾倬有关义务教育的文章,就发表了36篇之多。特别是在1923年以后,随着新学制的颁布与新的课程标准的发布,江苏省教育会以及义务教育期成会,在引导江苏省内教育界人士研究义务教育的推进方面,起到了重要的引领作用。

3.引导义务教育调查与规划

按照江苏实施义务教育的规划方案,江苏全省应该从民国十年(1921)至民国十七年(1928),利用八年时间完成义务教育的普及。但江苏省教育会始终认为,推行义务教育,应当从调查学龄儿童就学现状,了解未来义务教育发展的需要入手,按照八年的既定目标,根据各地的实际情况,具体制定实现八年计划的方案。因此,义务教育期成会成立之后,先是委托几位省视学利用到各地视学

---

① 文牍:呈郑省长函教育厅请通令未办亩捐各县限期征收以利义务教育之进行文(九月三日)[J].江苏省教育会年鉴,1925(09):16.

② 教育部编.第一次中国教育年鉴 丙编 教育概况[M].上海:开明书店,1934:488.

的机会调查当地学龄儿童与义务教育的实施状况,并在自己的会刊上予以刊发;同时,又请各地的教育会会员、劝学所所长等地方教育界人士,共同规划当地推行义务教育的八年计划,还倡导各地组成自己的义务教育期成会,作为该会的支会以互相联络。从其会刊刊发的文章看,这些调查尽管详尽程度不同,但对于了解各地学龄儿童入学的比例,学校数量与经费状况,都有极大的参考价值。各地也先后在此基础上,制定了实施义务教育的八年规划。

4.推动乡村义务教育的实施

1920年以后,中国教育的城市化、贵族化、西方化倾向逐渐受到了教育家们的批判,平民教育、乡村教育日益兴起。作为一个传统的农业国家,乡村教育的发展严重制约了中国近代教育的整体发展水平。因此,江苏省教育会与义务教育期成会非常重视农村义务教育的发展与农村师资的培养。1922年2月26日,义务教育期成会召开了一次全年大会,袁希涛提出了义务教育应该注重师资养成的议案,决定一面呈请省长在省立各师范学校添办讲习科,一面呈请省教育厅令各县开办甲种师范讲习所,以养成全省所需要的义务教育的师资。王朝阳还特别拟定了《试办省立农村师范讲习科计划书》。两个月后,义务教育期成会特别提出的开办省级师范学校乡村分校的设想,得到了全省各地人士的积极响应,如省立无锡第三师范学校洛社分校等一批乡村师范学校的建立。这些学校,又进一步带动了江苏各市乡农村师范讲习所的开办。到1927年,江苏省60余县中已经有50多个县创办了县立师范学校和讲习所。

除此之外,江苏省教育会在提高教师待遇,引入新式教学方法,进行教育革新实验方面也做了很多工作,进而有力地推动了江苏义务教育的发展。从1921年到1928年,包括义务教育在内的江苏初级小学校的数量从7401所增加到了8082所,平均每年增加近百所学校;经费投入也从2504999元,增加到了4198498元;就学儿童从399751人,增加到了507644人[①]。尽管这并不全是江苏省教育会、义务教育期成会等个别团体或个别人努力的结果,但考虑到江苏省教育会的巨大影响力,特别是考虑到这一时期江苏经历了两次大的战争的破坏与自然灾害的侵扰,这一成绩的取得还是非常不易的。

---

① 教育部编.第一次中国教育年鉴 丙编 教育概况[M].上海:开明书店,1934:488-490.

四、推动公民教育

相对于其他新式教育而言,我国的公民教育起步较晚。过去,中国人习惯的是臣民和国民,而缺乏"公民"这一概念。但最晚到1900年,梁启超等启蒙学者已经对公民及公民自治有所认识。[①]辛亥革命后,我国的国体与政体发生了很大变化,但在培养国民的中小学课程上,却影响不大。当时如教科书之类的教材,虽然也注意到了对于民众共和思想的塑造,但在壬寅和癸卯两学制中颁布的修身科,依旧存在。

(一)倡导公民教育的缘起

在江苏省教育会的资料里,最早提及公民教育是在1916年。美国哥伦比亚大学师范院教员琴娄博士来华调查教育,江苏省教育会特别委托贾腓力介绍其到会讲演。他演讲的题目是"现今中国教育最要之途径与方法",分家庭、职业、公民教育、道德教育四大主题,公民教育是四大主题之一。自此以后,公民教育出现的频率逐渐增高。

同一年,在师范教育研究会的年会上,会员刘平江先生提交了一份意见书就专门谈到了公民教育问题。在8月26日的幼稚教育研究会的大会上,薛锦琴在演说中也道:"教之读书,便谓尽改良之道,其最要之点,为一公民教育"[②]。在江苏省教育会《文牍:致各县教育会请通知各校教员听讲职业教育书》中也提及:"近今东西各国之公民教育,一方面既能振起儿童作业之精神,日施以积极之训练;一方面,又各就地方之需要,分门别类,特设相当之职业教科,以养成其他日从事职业之能力。"这样的结果是,学生"在校时为生徒,离校后即能为独立之公民"[③]。由此可以判断,至少在这一年,用公民取代国民,积极倡导公民教育,已经成为当时教育界人士的一大共识,这可能是来自教育界对袁世凯复辟的反省与新文化运动的启发。

---

① 参见:明夷.公民自治篇[J].新民丛报,1900(06):41-82.
② 林文钧.演稿(补录):幼稚教育研究会大会纪录(八月二十六日)[J].江苏省教育会月报,1916(09):52-53.
③ 文牍:致各县教育会请通知各校教员听讲职业教育书[J].江苏省教育会月报,1916(10):3.

1917年，江苏省教育会下设的小学教育研究会，在8月24日召开的常年大会上，讨论了很多关键性问题，其中除了强调国语、国音练习之外，特别提及"国民学校修身科，加入公民教育材料之研究"[①]，还具体地提出了可以用于公民知德、经济能力、体力等方面的材料。不过，在这一时期，公民教育尚未引起江苏省教育会的高度重视。

五四运动以后，随着学生自治运动的兴起，加之国内政局的腐败，公民教育再次进入江苏省教育会主要领导的视野。

1919年9月，在全国教育会联合会召开前，江苏省教育会专门致函各省区教育会通知补推全国教育会联合会代表，并在征集后续提案中提出，江苏省教育会准备提出《今后教育之革新方法案》，要求各学校应练习公民自治、实施公民教育。该提案指出，第一次世界大战之后，"教育者当以适应社会趋势，培养完全人格为目的者也。故今后教育设施之方法，自当顺适时势之变迁，而为具体之改革，益以我国自欧会失败以后，青年心理感受激刺，骤生变化，施教者更宜因势利导，俾有适当之发展"[②]。在这份提案中，江苏省教育会认为，要巩固共和基础，发挥民治精神，就必须先从学校培养学生的自治习惯入手。因此，中等以上程度的学校，都应该指导学生成立一些自治团体，使学生能够了解法治的意义，有机会学会共同生活，并在集体中养成自制、尽职、牺牲的美德。特别是可以让学生在自治而不是被治中，养成自主、自治的人格，在不影响学校管理的情况下，让学生"练习会议，执行评判等职务，隐约为立法、行政、司法之雏形"。而对于小学生来说，应该教授公民须知，引导他们量力而行，特别是在"修身作法"方面，可以给予适当的练习。

1920年，江苏省教育会与浙江省教育会联合组织了江浙两省中等以上学校联合会，并于8月20日，在江苏省教育会召开第一次会议，对中学生进行公民教育成为大会的一个重要议题。沈信卿在报告此会发起宗旨时特别提到，"宜在学校中训练学生，立共和国民主之基础，施以相当之公民教育。其法莫善于提

[①] 会务录要：江苏省教育会附设各会分日开会纪要：小学教育研究会（二日）[J].江苏省教育会月报，1917(08)8.

[②] 文牍：致各省区教育会通知补推全国教育会联合会代表并续提议案书[J].江苏省教育会月报，1919(10)：4.

倡学生自治,惟学生自治,必须多方预备,多方指导,方易收效"①。大会主席贾丰臻主持讨论了学生自治办法的要点,经过再三讨论,最后确定了5点。第一,认定学生自治,系教育陶冶,非实施政治。第二,学生自治权限,宜由校长视学生之年龄与程度,斟酌授予。第三,宜以公民教育之精神,练习自治,校内宜采分区制度。第四,学校教职员中,应设自治指导员会,负指导学生之责。第五,除学校行政外,均得由学生根据校长所授予之权限,定相当之办法,由自治指导员会通过施行。这就把学生自治作为养成学生公民教育精神的一个重要途径和方式了。

由此我们似乎可以判断,江苏省教育会对公民教育的倡导,始于袁世凯复辟失败之后,并伴随着五四运动后学生自治运动的高涨而逐渐受到重视。

1922年新颁布的《学制系统改革案》中,正式增加了公民科,取代了清末的修身科。同一时期,中华教育改进社公民教育组在其第一次年会报告中,专门把公民科代替修身科当作一个议题讨论,其给出了三个改"修身科"为"公民科"的理由:"修身范围太狭,仅斤斤于个人之修养,务使个人适应社会;公民学则改良社会以适应个人。故修身不适用于共和的社会,此应改之理由一。修身注意道德之涵养,缺乏法律的观念。法治国之人民,以富有法治精神为最要,其能培养法治精神,巩固法律观念者,莫公民学若。本是而言,则修身不适用于法治的国家,此应改之理由二。修身之标准太旧,多从消极方面立言,与公民积极图谋团体幸福适相反。修身不适用于合作团体,此应改之理由三。"②作为中华教育改进社的发起团体之一,江苏省教育会此后在推动公民教育方面也更加积极。

1924年8月21日,江苏省教育会全体职员会在讨论会务进行方法时议决,除历年已办各事业继续进行外,本年度所特别注意公民教育、自然科学教育,此后在各地开讲演会时,即以此两点为中心。此后三年,直至江苏省教育会被迫解散,它始终把公民教育与科学教育作为年度会务的工作重点。但从取得的实际成果来看,江苏省教育会在公民教育方面的推进要比科学教育更有成效。

---

① 会务录要:江浙两省中等以上学校联合会开会纪事[J].江苏省教育会月报,1920(08):30.
② 分组会议记录:第八公民教育组:第一次会议记录(七月四日)[J]新教育,1922(03):473.

(二)组织公民教育委员会

1924年,就在江苏省教育会决定把公民教育作为年度工作重心的同时,8月21日举行的全体职员会还特别提议要组织公民教育研究会,并推举贾季英、沈信卿、张君劢3人负责筹划。但由于江浙战争的爆发,会务一度陷入停滞状态,组织公民教育委员会的工作只能延后。1925年9月,时局稍靖,江苏省教育会再次把公民教育提上议事日程。12日,江苏省教育会邀请上海自治学院的张君劢、青年会的刘湛恩、中华职业教育社的杨卫玉、中华职业学校的潘仰尧等上海教育界人士,共同召开公民教育研究会,讨论公民教育的宗旨、进行办法等。

为此,江苏省教育会一面致函各县教育会和各中等以上学校,一面联络各省区教育会,呼吁教育界共同倡导公民教育。在江苏省教育会看来,"中华民国十四年来,所以扰扰无已时者,最大原因,即在国民缺乏公民智识,而对于自动互助之界限,未能澈(彻)底明瞭(了)。以致为感情所驱使,或不免逾越范围。"而五卅惨案以来,"愈觉此项培养根本之未可或缓"。而"欲使全国国民确有完美之公民智识,舍教育无他道。舍提倡公民教育,更无他法。"[①]

公民教育委员会正式成立后,推举程湘帆、孟宪诚、刘湛恩、俞庆棠等14人为公民教育委员会委员。

相对于其他的教育研究会而言,公民教育委员会是江苏省教育会根据时局变化和教育需要组建的新的教育团体,此委员会虽然成立较晚,但工作却颇有成效。截止到江苏省教育会被迫解散,该委员会的每月常会从未间断,共举行了18次。

该委员会成立以后,开展了一系列卓有成效的工作,包括发起公民教育运动,组织公民教育研究,审查、编辑公民教育图书,拟定公民教育信条,发起公民教育运动周,组织公民教育讲演等活动。

1.发起公民教育运动

早在1924年5月,上海中华基督教青年会全国协会智育部的刘湛恩,就曾

---

① 文牍:致本省各县教育会各中等以上学校请提倡公民教育函(五日)[J].江苏省教育会月报,1925(09):8.

和江苏省教育会联系,希望江苏省教育会能够与他们一起,发起公民教育运动,江苏省教育会当即表示,会就能力所及,共同提倡。1925年5月,震惊中外的五卅惨案发生后,江苏省教育会在发表自己的意见时,还特别提到,希望"各校职教员学生,更宜及此时机,将本国法律及国际公法暨先例详加研究,以立公民教育之根本,以为此事之后援,并为办理交涉之准备"[①]。9月25日,在公民教育委员会成立之后,该委员会再次接受刘湛恩的建议,准备发起大规模的公民教育运动,召开公民教育研究会,举行公民教育讲演等活动。10月,江苏省教育会决定联合中华职业教育社、家庭日新会共同提倡公民教育运动。随后,江苏省教育会又专门致函各县教育局、教育会、各省立学校,调查各县各校举行此次运动的实际状况。

鉴于这次公民教育运动的巨大影响与取得的成效,江苏省教育会遂决定在1926年继续举行相关活动,"以冀此项事业精神之继长增高"。1926年3月,江苏省教育会决定把5月3日—9日定为公民教育运动周,并推举刘湛恩为主席。为了充分动员民众,扩大公民教育的宣传效果与影响,江苏省教育会决定,在这一周内,围绕公民教育开展一系列形式多样的宣传教育活动,活动包括:提前举行演说竞进会,举行公民教育演讲会,宣读公民教育信条,演唱公民教育运动歌曲,开展学生征文比赛,举行模范学生与模范公民选举等,以期快速而高效地在社会各界传播公民教育的基本信念。

1926年,江苏省教育会再次联合中华职业教育社,发起了公民教育运动。正如江苏省教育会自己所说,"年来教育同人,鉴于国本之飘摇,人心之纷扰。实基于缺少公民智识道德之培养,认为根本救济,惟有注力提倡公民教育。两载以还,影响所及,已渐趋一致……同人谓勿宜为循例之庆祝,点缀一时,应有以指导群众,本积极之精神。各有相当之努力。爰于是日联合庆祝,提倡公民教育运动,为分途进行之一助"[②]。

---

① 文牍:代电全国国民发表对内对外之意见文(八日)[J].江苏省教育会月报,1925(06):4.
② 文牍:致各会员本会联合中华职业教育社于国庆日提倡公民教育运动函(二日)[J].江苏省教育会月报,1926(10):1.

2.拟定公民教育信条

1925年11月,在第四次公民教育委员会会议上,有委员提议采用浦东中学青年公民誓词方法,制成公民教育信条,以便更好地宣传公民教育。经过讨论,委员们当场草拟了八条公民教育信条:"发挥自动精神;养成互助习惯;注意公共卫生;遵守公共秩序;尽力公共服务;注意公共财政;鼓吹公共储蓄;提倡正当娱乐"。

随后,该委员会又续开了两次会议,基本确定了公民教育的八大信条:发展自动精神;养成互助习惯;尽力公共事业;注意公共卫生;注意公共经济;遵守公共秩序;履行国民义务;培养国际同情。信条制定出来后,公民教育委员会专门制定了详细的说明,决定送登各报,征集意见;同时,又印刷后分送各校,要求学生们在寒假时,在本乡土各地点讲演宣布,包括茶馆及书场,戏园或公共娱乐处,公共体育场等。

1926年2月,经4个月的研究与讨论,公民教育信条在广泛征集多方意见的基础上,正式确定下来。为了推行公民教育信条,江苏省教育会和公民教育委员会还特别推荐了使用信条的场合与方法。比如,可以由学校在朝会、周会及各种集会时宣读。宣读时,由主席逐句宣读,全体和之;地方各种集会及仪式,也应宣读此信条。随后,江苏省教育会将此信条专函通知了全国教育会联合会事务所、中华教育改进社、各省区教育会、江苏省各讲演机关、全国青年会,请为宣传,并分送江苏省各县教育局、教育会及各学校,希望它们能够利用假期请学生广为宣传。

1926年5月,借助于公民教育运动周的开展,江苏省教育会对于公民教育信条进行了集中讲演与宣传,达到了"半载以来,传布日广"[①]的效果。为了进一步扩大该信条的影响,江苏省教育会又接受公民教育委员会的建议,专门向当年的全国教育会联合会提交了一份提倡公民教育的议案。在这份议案中,江苏省教育会强调,"共和国之国民,均应具有公民常识。其服务国家社会,始能群趋正轨。而欲使全国国民,确备完美之公民智识,舍教育无他法,舍提倡公民教育,更无他途。公民教育之本旨,在养成国民自治之能力,以及处理公共事务之

---

① 文牍:致各省区教育会本会举定全国教育会联合会出席代表并提出推行公民教育案函(三日)[J].江苏省教育会月报,1926(09):4.

责任心。使其各尽公民之天职,尤在修养健全人格,以各个人之道德精神。巩固国家社会之基础,而能发扬国光于世界。此实为教育最要之目的,我中华民国十五年来,虽号称共和,而国事蜩螗,迄无宁岁。考其症结,一言以蔽之曰,在国民缺乏公民智识,故对于自动互助之界限,及共和国民应负之责任,未能澈(彻)底明瞭(了),易为感情所驱使。一溯已往之纷争,何一非缘此而起。处此国本动摇之际,图挽危局,惟有指导群众,各本道德精神,为相当之努力。顾空言提倡,无裨事实"①。

为了更好地推广公民教育信条,江苏省教育会几乎动员了一切可以动员的力量,除了报刊媒体、专题演讲、庆祝集会外,又请电影审阅委员会通告各电影公司,自1926年起,将公民教育信条及说明分别在开幕及休息时插入放演,以达到宣传公民教育的目的。1926年年底,江苏省教育会又接受会员的建议,联系各大出版社,希望能够将公民教育信条印刷在即将发行的新年日历上,以期收到更好的宣传和推广效果。公民教育委员会认为,"此项信条,教育界方面,推行日广,而欲期普及于各界,非藉传布最多之印刷品附印分发不为功。查各书局印行之日历,几于家悬户置,又为无日不需检阅之品,于此附印信条,俾各界人士,日夕观览,则收效之伟大,必有足以惊人者"②。

3.组织公民教育讲演

讲演是宣传的重要手段,对此,江苏省教育会早已熟悉。因此,公民教育委员会在成立之初,就曾准备筹办公民教育临时讲习科,后因战事影响,未能进行。

1925年9月12日下午2点,公民教育委员会在开会时特别邀请刘湛恩、沈信卿、张君劢进行讲演,并先期发布通告,邀请江苏教育界人士前来听讲。公民教育委员会还特别决定,倡议各县教育局,在孔子诞辰日开展大规模讲演会,讲演公民教育。同时,在筹备公民教育运动中,讲演公民教育也成为其重要内容。1925年10月10日,江苏省教育会就公民教育专门在上午8点半至10点安排了

---

① 文牍:致各省区教育会本会举定全国教育会联合会出席代表并提出推行公民教育案函(三日)[J].江苏省教育会月报,1926(09):4.

② 文牍:公民教育委员会致上海各书局请将公民信条印入十六年新日历函(八日)[J].江苏省教育会月报,1926(10):5-6.

几场公开讲演，10点之后又举行了分组游行和宣讲。下午2点至5点，还在指定地点进行了宣讲。

江苏省教育会及公民教育委员会还倡议各县教育局会同县教育会，每月至少开公民教育研究会1次，并特别注重对公民教育实施的研究；同时，又要求各学校每天举行朝会时，用简单的仪式进行简单训话；在星期天上午举行1次公民教育讲演会，为学生准备公民教育方面的讲演材料，教授中等学校学生爱国运动的方式方法，在星期天下午，则由学生分组到指定地点对大众讲演。

公民教育信条拟定后，江苏省教育会又着手组织公民教育讲习会，对信条加以解释。1926年4月，在公民教育运动周举行前，江苏省教育会专门邀请张君劢、朱经农、金井羊、黄任之、贾季英、沈信卿、杨聘渔、潘仰垚等11人就公民教育信条的各个子目进行讲演。[①]同时，还请省教育会出面，召集各县教育局人员、教育会会员、县视学、省立各学校教职员、巡回讲演团全体团员、上海少年宣讲团团员，由省童子军联合会召集各县童子军会总教练员，由上海县教育局召集上海各公立学校校长、教员、上海童子军各团教练员、上海各教育委员等，在讲习会开讲当日前来听讲。

为了更好地配合公民教育运动，江苏省教育会还加强了与家庭、学校与社会的联络；在推动学校的公民自治、模范学生选举、公民教育宣讲等活动的开展同时，还借用举办多年的各中等以上学校演说竞进会予以配合，告知各学校，"本届演说竞进会，请提前于公民教育运动周前择期举行"，并且"本届演说题，以公民教育为范围，藉以唤起群众之注意"。

第五节　推进已有教育活动

江苏省教育会在这一时期教育活动重心的转移，并不意味着其原有教育事务的淡化。相反，与之前的教育活动相比，江苏省教育会在顺应时势的同时，也不断地把已有的教育活动向前推进。

[①] 文牍:致各讲师请届时拨冗莅讲函(十二日)[J].江苏省教育会月报,1926(03):3.

一、理科教育的深入

与义务教育、公民教育相比,以理科教育为代表的科学教育,自1922年起,一直是江苏省教育会最为重视的一个方面,而其下设的理科教授研究会的各项活动,也是开展得最为丰富、最有成效的。

(一)注重理科研究的组织建设

1.组织新学制自然科学程委员会

1921年广州会议结束后,江苏省教育会就开始在全省倡导实验新学制。按照广州拟定的《学制草案》,原有的小学理科改成了自然科,对于这门新设置的学科究竟该使用何种教材,采用何种方式进行教授,以符合新学制的要求,是各地小学理科教员比较困惑的问题。为此,1922年8月,在教育部正式颁布新学制(11月)之前,江苏省教育会下设的理科教授研究会就特别提议,要专门组织讨论新学制自然科学程委员会,采用周会制,"定每星期日上午九时半至十一时,假座……贻德里总弄吴江同乡会为集会所"[①],研讨新学制下的理科教学问题。

2.改组理科研究会

理科教授研究会,是江苏省教育会成立较早的几个研究会之一,也是存续时间最长、活动最为频繁有效的几个研究会之一。进入20世纪20年代以后,随着江苏省教育会对科学教育的重视,该研究会在宣传科学教育理念,培养理科教育师资,提倡理科教育实验,推行新学制下的理科教学等方面,开展了很多富有成效的活动。

1923年8月,该会鉴于会员来源与会务范围都超出了理科教授的范围,且随着五四运动后对学生自治的倡导,为突出学生自学的地位与重要性,在教学上也逐渐有改"教授"为"教学"的提法,因此该会决定更名。在到底更名为"理

---

① 会务录要:(一)理科教授研究会[J].江苏省教育会月报,1922(08):15.

科教学研究会"还是"理科研究会"上,该会经过会员们的讨论,认为理科研究会的范围更广,也比较契合该研究会实际开展的会务工作,因此决定更名为"理科研究会"。[①]

名称更改的背后,不仅是对会务内容的调整,更重要的是教学理念的变化,更注重学生学习的思想了。1924年,该会又对会章进行了修改,把原来"向系研究理科者,须有著作或论文,可实查考者方得入会"[②]删掉了。该会希望通过对会员入会资格的放宽,能够更好地宣传与推进理科教育和科学教育。

3.发起各县理科教育研究联合会

在理科(教授)研究会的示范下,尤其是自江苏省教育厅设立理科指导员以后,江苏各县也纷纷成立了各自的理科研究会。

在1923年的理科研究会的年会上,到会会员及各县代表30多人,除了主席吴和士报告了1年来的会务概况外,各县理科研究会的代表也纷纷报告了各地的理科教育状况。虽然其中有很多县级理科研究会非常注意与省级和其他各县研究会之间的相互联络,但也有一些县与该会缺乏必要的联系。因此,为了加强各县研究会之间在理科教育方面的联系交流,1923年,在更名为理科研究会的同时,该会又专门添设了交际员,以便与各县理科研究会及理科设备较为完善的学校加强联络。1924年,在江苏省理科研究会的倡导下,又共同成立了江苏各县理科研究会联合会。

在各县理科研究会的联络委托下,1924年,省理科研究会又专门组织了服务股,"规画(划)理科教育之进行,采办理科器械,将前设之理科器械检查部并入此股,布置公共理科实验室,及交换植物种子、博物标本等事务"[③]。

4.组织科学教育实施委员会

1924年,江苏省教育会鉴于第九届全国教育会联合会议决通过了《提倡科

[①] 江苏省教育会附设各会报告:(四)理科研究会.//江苏省教育会编印.江苏省教育会年鉴:第9期[Z].上海,1924:6.

[②] 江苏省教育会附设各会报告(十三年一月至十二月):(一)理科研究会.//江苏省教育会编印.江苏省教育会年鉴:第10期[Z].上海,1925:2.

[③] 会务纪录:理科研究会之职员会议记[J].江苏省教育会月报,1924(04):13.

学教育案》,建议江苏省教育厅组织科学教育实施委员会[①],并会同中国科学社共同商议江苏推行科学教育的办法。

上述相关组织的成立或改组,对推进江苏的理科教育与科学教育,起到了很好的组织协调作用。

(二)大力宣传理科教育

1.继续举办理科教育讲演

清末民初,讲演会是教育家宣传自己主张最主要、最有效的方式之一,因而备受推崇。在吴和士看来,"讲演会为谋人群进化上重要之事"。因此,为了谋求"各校理科教授之改进,及补充理科教师之新知识"[②],理科教授研究会利用各种机会,举办讲演会或讲习会。其中,除了零星讲演以外,常年大会和新年庆祝日也是开展讲演活动最主要的场合和时机。

这一时期,研究会的讲演活动更是丰富多彩,尤其在各种节庆日和常年大会,宣传理科教育思想的活动愈是丰富。在1922年的常年大会上,理科教授研究会的总干事吴和士报告说,过去一年该会已办事项包括:"理科演讲十七次,工艺传习会五次,理科讲习会一次"[③]。在1923年的常会上,吴和士在报告会务时又说,"演讲会计开二十余次"[④]。由此可见,该研究会对于讲演会的重视。

在1925年和1926年,该研究会在常年大会的召开之际举行了非常密集的讲演活动,内容十分丰富,既涉及地理、生物、物理的教学与考评,也涉及理科实验室的建设与实验设备、仪器、标本的制作。同时,其总的主旨又都能围绕当时理科教育的发展方向而展开。比如,1922年1月2日,理科教授研究会借新年之际,专门举行讲演会,邀请在沪之英、美、日3国小学理科教师演讲个人之理科教授法及其心得。到会之日本小学校校长士佐林勇氏与美国小学教师米勒氏

[①] 江苏省教育会大事记(十三年一月至十二月):甲.建议或陈请各官厅及他团体办理事件[J].江苏省教育会年鉴,1925(11):2.
[②] 会务录要:理科教授研究会讲演会纪事[J].江苏省教育会年鉴,1922(01):19.
[③] 江苏省教育会附设各研究会报告:(三)理科教授研究会[J].江苏省教育会年鉴,1922(07):11.
[④] 江苏省教育会附设各研究会报告:(四)理科研究会[J].江苏省教育会年鉴,1924(09):5.

都进行了较为充分的讲演。理科教授研究会总干事吴和士总结说,日、美两位讲演者所讲的内容,有一大共同点,即注重"利用儿童好奇心,以授理科"[1],这显然是符合五四运动以及1921年广州学制会议的精神的。而1923年以后,理科研究会则更注意突出实验对于科学教育的重要性。

2.举办讲习会与暑期学校

1921年,理科教授研究会曾经成功地举办了一期理科讲习会(学员共有37人)。在这些人毕业之前,该研究会还举行了一次谈话会,希望他们回到各县后,能着手推进各地理科教育,并进行了一些具体的指导,包括:调查当地理科教材,规定当地理科设备费,建设中央理科教室,组织讲演会与讲习会,组织理科研究会分会等。1922年5月,理科教授研究会又向江苏省教育会提出续办理科讲习会的申请,并希望能够通过该会向省教育厅争取到一些补助经费,后来因为经费困难而作罢。

与此同时,该研究会在1921—1922年度,先后举办了5届工艺传习会(第2届—第6届),后来该会虽因为战争影响而未能连续举办,但到了1926年,又举办了两届。讲演会与工艺传习会相辅而行,不仅推动了理科教育在各县的推广与普及,也把理科教育与工艺技术的传播结合起来,把科技教育推向了社会。

1924年6月,为了推行初中自然科教学,理科研究会又准备筹办初中自然科教员暑期讲习会。在他们看来,"自然科,包括博物理化各科,本有互相联络之必要,新(学)制为教授上之便利,采用混合方法,从前中小学教员兼长博物、理化两科者,不易多得,新(学)制施行后,各初级中学,聘请此项教员,自感困难"[2]。因此,请求省教育会予以拨款支援。江苏省教育会认为,此事虽然重要,但是省里经费困难,教育会自己的经费也不充足,无法协助。后来了解到中国科学社,"由本省国库项下岁拨二万一千余元,经济力量,较为充裕",而且考虑到"该社对于本省科学教育之进行,并允积极提倡"[3]。因此,建议他们与中国科

---

[1] 会务录要:理科教授研究会讲演会纪事[J].江苏省教育会月报,1922(01):21.
[2] 文牍:致教育厅理科研究会拟办初中自然科教员暑期讲习会请转向中国科学社商酌办理函(六月七日)[J].江苏省教育会月报,1924(06):1.
[3] 文牍:致教育厅理科研究会拟办初中自然科教员暑期讲习会请转向中国科学社商酌办理函(六月七日)[J].江苏省教育会月报,1924(06):2.

学社函商。但是中国科学社的回复却是,他们已经有在明年暑假开办科学讲演会的打算,目前正在准备向江苏各中等学校调查科学教育,以明了当前理科教育中存在的问题,然后采取有针对性的措施应对之,而且他们自己上下所办各种事业,"需费浩繁,且政府方面,应拨之款,欠发至数月之久,维持敝社各种事业,已感困难"[①],没有答应理科研究会的请求,此事只得作罢。

就在这时,中华职业教育社鉴于1923年与江苏省教育会在南京合办的暑期学校较为成功,准备续办,并提议分设小学教育、职育教育两组。[②]江苏省教育会考虑到理科研究会筹办自然科教员暑期研究会的计划受阻,因此邀请理科研究会加入,与中华职业教育社在上海合办暑期学校。理科研究会总干事吴和士得到消息后,特别自涟水县发函,嘱咐理科研究会推举代表,与中华职业教育社联合举办暑期学校,由吴和士、钱梦渭、黄颂林、钟衡臧4人代表该研究会为自然科暑期研究会筹备员。[③]

3.举办小学理科自制教具展览会

第一次世界大战结束以后,从战争中逐渐恢复的西方列强再次对中国的民族工商业造成了极大的冲击,以张謇为代表的中国实业家在经营上遇到了极大的困难。而以自然科学为核心的理科教学,由于较为注重科学实验,对科学设备与仪器有很大的依赖,但随着西方经济的复苏,"理科器械,定价日涨",而与此同时,国内由于军阀混战,民生凋敝,学校教育经费又异常竭蹶,在这种情况下,完善理科设备,推进理科教学,无疑是一件非常困难的事情。因此,理科教授研究会认为,"救济之方,惟有提倡自制教具"[④]。1921年5月,该研究会专门拟定了小学自制理科教具展览会的简章,"以造成教具用代商品为宗旨"[⑤],呈请教育厅和教育部予以备案,并在当年10月得到了教育厅的批准。

---

① 文牍:江苏教育厅函知中国科学社复称理科研究会商量补助初中自然科学教员暑期讲习会经费力不从心文(六月二十七日)[J].江苏省教育会月报,1924(06):2.
② 文牍:中华职业教育社来函拟与本会续办暑期学校文(六日)[J].江苏省教育会月报,1925(05):9.
③ 文牍:理科研究会复函(同前由)(三十一日)[J].江苏省教育会月报,1925(05):10.
④ 文牍:致各省区教育会、本省各县劝学所为小学自制理科教具展览会征集出品书[J].江苏省教育会月报,1922(10):1.
⑤ 文牍:附小学校自制理科教具展览会简章[J].江苏省教育会月报,1922(10):2.

第五章　内外交困下的江苏省教育会(1922-1927)

1922年8月19日,在理科教授研究会的常年大会上,总干事吴和士提议,在寒假举行小学自制理科教具展览会,希望能派人到各地去征集展品,顺便指导制作,最后考虑到经费问题,派人到各地去不太现实,就请江苏省教育会将征集章程分发到江苏各中小学校及各省区教育会分头征集。同时,还委托江苏省各师范学校及附属小学校联合会,承担征集展品的工作。该研究会希望通过这次展览会,让已经实行理科教具自制的学校,"得交换研究之机会,益谋改良",让无力自制的学校,也能够闻风兴起[1]。对此,江苏省教育会给予了极大的支持,不仅提供展览会的场所,而且还专门致函教育部,希望能够由教育部出面,一面通令各省教育厅征集展品,一面协商税务、交通等部门,对展览会的展品准予免税起运,由教育部或者各省教育厅"核填护照",以省手续。[2]这样一以来,不仅征集的范围扩大了,而且因为省去了教具运输中的税费,还调动了各地参展的积极性。

与此同时,该研究会还拟定了详细的经费预算,并争取到了省里的经费补助。1923年2月12日,江苏省教育会又专门为此次教具展览会进行了详细的筹备,包括展品的整理、保管专员的任命、会场的布置方式、会场间歇的娱乐等。25日,小学自制理科教具展览会如期举行。由理科研究会与省教育会共推举审查员15人。为了起到激励和示范的作用,理科研究会经讨论决定,各校陈列小学自制理科教具展览会展品,凡列优等、上等者,照章均请教育部给予奖励证书,以资鼓励。展览会结束后,5月,理科研究会又推定吴和士为小学自制理科教具展览会报告编辑员,专门编辑总结报告,预备分送各校以资观摩。

小学自制理科教具展览会,是在国家经济凋敝,教育经费困难的情况下,各学校本着自立自强的精神而开展的一次教育交流活动。这次展览会,既属于提倡国货运动的一部分,更是对小学理科教育的一次极好的宣传与倡导,其中所蕴含的教育精神与价值,不失为当前世界各国倡导的创客教育的先驱。

---

[1] 会务录要:(一)理科教授研究会[J].江苏省教育会月报,1922(08):15.
[2] 文牍:呈教育部请通令各省教育厅征集小学自制理科教具展览会出品并发给各校运寄出品护照文(十一月二十一日)[J].江苏省教育会月报,1922(11):6-7.

4.举办理科实验竞赛会

1920年,理科教授研究会所倡导的理科实验室落成,其经费全部来自省里的补助款及各个团体的捐助。1922年新学制颁布后,为了进一步提倡理科教育,尤其是养成中小学教员注重理科实验教学的意识与习惯,理科教授研究会特别提议,每年轮流在不同地区举办中小学理科实验竞赛会,"以实验之比赛竞争,促进各校注重理科实验为宗旨"[①],这一倡议得到了江苏省教育会的大力支持。自1923年起,至江苏省教育会被迫解散,该竞赛会分别在上海、苏州、南京、江都等地共举行了5届。

表5-2 举办理科实验竞赛会一览表(部分)

举办地点	时间	参赛范围	比赛项目	备注(评判员)
第一届 上海职工 教育馆	1923-07-07, 08	中等组	回热焦点之燃烧 阿莫尼亚之容积组成 氢气之物理性质 气之溶性及反应 中和之现象 锑砒化合物之检出法 临时实验目的之范围	钟衡威 曹梁厦 陈禹臣
		小学组	空气存在之实验 气体对流之实验 验气压半球之实验 水之电解实验 空气成分之实验 □气性质之实验 临时实验目的之范围	
第二届 苏州省立第一 师范学校	1923-11-03	中等组	气压半球之实验 阿摩(莫)尼亚之容积组成 氢气的物理性质 气之溶性及反应 中和之现象 锑砒化合物之检出法 临时实验目的之范围	原定为阳历10月27日为中等组竞赛日期,28日为小学组竞赛日期,后推迟

---

① 命令:训令第二四六四号(十月二日)[J].江苏教育公报,1923(10):9.

(续表)

举办地点	时间	参赛范围	比赛项目	备注(评判员)
	1923-11-04	小学组	不并容性之实验 气体对流之实验 空气弹性之实验 水之电解实验 空气成分之实验 □气性质之实验 临时实验目的之范围	

资料来源：

江苏省教育会附设备会报告：(四)理科研究会[J].江苏省教育会年鉴,1924(09):11,17-26.

1923年5月13日，理科教授研究会开会议定，第一届理科实验竞赛会在上海职工教育馆举行，并制定了竞赛章程，议定于7月7日为中等组竞赛日期，7月8日为小学组竞赛日期，先将通则另则印刷后，函请教育厅及各县劝学所通知所属各校查照办理，还推定吴和士、钟卫臧、钱梦渭、刘之常、朱有章等7人为筹备员。竞赛会举行前，理科教授研究会专门致函江苏省教育会，请推举代表及评判员并酌赠奖品，经干事员会讨论决定，公推章伯寅代表赴会，陈禹臣为评判员，并定其成绩优良者，赠以褒状。

8月19日，在该研究会的常年大会上，钱梦渭报告了第一届理科实验竞赛会的情形，并提交了举行第二届理科实验竞赛会地点及日期案，经过讨论决定，地点定在苏州省立第一师范学校，在小学组以苏常道属为范围，中等组不限区域地点，日期方面，原定为阳历10月27日为中等组竞赛日期，28日为小学组竞赛日期。后来，又推迟到了11月3、4两日。

与此同时，为了进一步推进理科教育和实验竞赛，理科研究会还向江苏省政府提出了推进理科教育的7条建议，其中特别谈道，"各县市乡每区至少设一公共学校园"。1924年，该会进一步建议，"宜就各学区各设学校园一处。即名某市或某乡公共学校园，经费抽诸市乡，而管理则由该区各校轮值"[1]。理科研究会认为，这样就可以提高公共园地与实验室的利用效率，在不多耗费经费的情况下，帮助理科教育进行观察实习。

---

[1] 文牍:致江苏教育厅陈送理科研究会议决案函(二十日)[J].江苏省教育会月报,1926(09):14.

1924年，4月21日上午9点，该研究会在理科实验室开职员会议，"议定第三届理科实验竞赛会地点，在南京公共讲演厅，并定阳历六月七日为小学组竞赛会期，六月八日为中学组竞赛会期。又议定中小学两组实验目的"①，同时也优化了竞赛会规则。

这一年，为了进一步引起学校理科教员对实验的重视，江苏省教育会下设之理科研究会特别提议，应请教育厅要求"促进小学理科注重实验"。在他们看来，"理科为实验学科，徒藉书本空讲，听者不免模糊。各县小学，在高级则托诸经费缺乏，无力购置实验器械；在初级则以为实验非低年级所需，等理科于国语国文之列，驯至学生在小学已毕业，而理科常识，丝毫未具"②。他们提出，理科的教授与学习，是以实验为中心的，无论对高小或初小都非常必要，不容忽视。因此，希望教育厅出面通令各县，教学理科时务必以实验为教学的中心，并且要在临时测验或学期测验中，强化对实验的考察，而省县视学视察学校时，也都应该对实验格外注意。同时，理科研究会鉴于各县公共理科实验室与通俗教育馆的博物部与理科部的隔阂，使得它们各自为政，造成其规模小，种类少，便提议"设立省立理科教育馆"。按照他们的设想，这个理科教育馆，不仅应置办齐全的理科器械、标本等，还应完整地搜集、陈列从"小学以迄大学之理科成绩制作品物，中外图书，以及全省理科教育之各种统计表册"等，使得"各程度之学校师生，咸视此馆为研钻学识，解决问题之宝库"③。不过，由于经费困难，这一提议并没有被采纳。

1925年，江苏省教育会原本准备在淮扬道属的江都举行第四届理科实验竞赛会，但后来因为江浙战争爆发，江北各校大都停课，而改在了沪海道属的松江举行，时间也从1925年6月推迟到了1926年年初，"阳历一月十日为小学组实验竞赛日期，一月十一日为中等组竞赛日期"④。

理科实验竞赛会的举办，虽然受到了战争的影响，但通过由各县市轮流举办，在全省中小学中形成了一股倡导理科实验的精神，这对新学制推行后的理科教育，起到了很好的引导与示范作用。

---

① 会务纪录:理科研究会之职员会议记[J].江苏省教育会月报,1924(04):12.
② 文牍:致江苏教育厅陈送理科研究会议决案函(二十日)[J].江苏省教育会月报,1926(09):14.
③ 文牍:致江苏教育厅陈送理科研究会议决案函(二十日)[J].江苏省教育会月报,1926(09):15.
④ 文牍:理科研究会在松江举行理科实验竞赛会请本会推举评判员函(十二日)[J].江苏省教育会月报,1925(12):1.

(三)重视理科教材编撰

虽然理科教学以实验为重,但基本的原理教授还有赖于教材。自1918年起,江苏省教育会下设的理科教授研究会,就特别关注高等小学的理科教授问题,还专门编订了高等小学理科教授要目。随后,研究会总干事吴和士借视察各地理科教育的机会,对学校理科教材、教学设备进行了广泛的调查,并在1920年的常年大会上,特别提出要注重理科教育的改进,在教材方面,"除必要之常识外,当注重乡土材料,活用现行之教科书",而在教学方面,则应"注重自动主义,以学生观察实验所得之结果,为教师施教之出发点"。[①]

1922年,为了配合新学制的实验,理科教授研究会特别强调了初中自然科的课程与教材问题。1923年,当得知中华博物学会准备在当年举行新学制初中自然科教材讨论会时,理科研究会认为,"初中自然科教材,为各校所亟盼,有人研究具体标准,以资依据者,初中之自然科,包括理化博物,在中华博物学会,一方面或偏于博物部分,故本会似宜协同进行,以期完善"[②]。因此,专门推定钟衡臧、华享平、钱梦渭3人为筹备员,与中华博物学会联络进行。

从1924年开始,两会协作就初中自然科教材问题,先后在上海和苏州召开了两次专题讨论会。出席讨论会的不仅有江苏省内各主要中学的相关负责人,还有师范学校的代表、教育局代表、各县理科研究会和科学教育研究会代表,以及商务印书馆、中华书局的代表。讨论内容则涉及自然科的动物、植物、矿物、化学、物理等各科教材。会议主席吴和士在谈到教材编撰宗旨时特别强调,"初中程度,应当注重应用,完足人生常识,俾毕业后之不再求学而至社会上求职业者,具有生活知能",因此,他认为应降低难度,注重实用,"关于理化之原理学说等,除浅显而必要者外,均可略去"[③]。同时,本着新学制提出的多留各地方伸缩余地的精神,要求编辑教科书时,可以参考地方情形加以变动调整。

该研究会中的很多人也都参与了新学制自然科课程标准的草拟与审定工作。此后,该研究会还编辑出版了理科丛刊系列,并"悬奖征集小学校自然科实

---

① 会务提要:理科教授研究会开会纪事[J].江苏省教育会月报,1920(08):29.

② 江苏省教育会附设各会报告:(四)理科研究会.//江苏省教育会编印.江苏省教育会年鉴:第9期[Z].上海,1924:6.

③ 会务纪录:初中自然科教材讨论会在苏开会记[J].江苏省教育会月报,1924(04):11.

验观察项目,以期改进自然科教育"①。通过具体的教科书编写,使得江苏的理科教育有了更为具体的参考教材,这在很大程度上保证了各地理科教育的顺利开展。

二、职业教育的持续

江苏省教育会虽然是职业教育的最早倡导组织之一,但在中华职业教育社成立之后,该会在职业教育方面的很多活动都是配合中华职业教育社开展的。1920年代以后,特别是新学制颁布以后,在黄炎培的大力倡导下,职业教育正式进入各级各类学校。为了共同研究职业学校发展中存在的问题,江苏省教育会又发起成立了一些职业教育方面的社团组织,并通过加强职业指导,推动了江苏省职业教育的发展。

(一)发起成立职业教育的相关组织

1.发起江苏职业学校联合会

早在1916年,江苏省教育会就注意联络各个实业学校校长,拟以定期开展谈话会的方式共同讨论职业教育问题。1916年4月16日,第一次谈话会在江苏省教育会召开,出席谈话会的包括各实业学校的校长和各职业介绍部主任20余人。在谈话会上,黄炎培详细询问了各校毕业生人数及各校平时与实业界联络的方法。"议定将来学生之须赴各工厂参观、或实习、或试用者,当由本会设法介绍。又拟于本年就上海地方,开一实业成绩品评会,使各科可以实地试验。"②随后,江苏省教育会专门致函各实业学校校长,提出了征集成绩品及展览的要求等。1917年,江苏省教育会又在常年大会上决定,自当年起连续3年举办实业教育成绩展览会。不过,此时的实业学校校长定期谈话会的设想并没有完全实现,而真正把各地的职业学校联合起来,要到1922年。

---

① 江苏省教育会附设各会报告(十三年一月至十二月):(一)理科研究会.//江苏省教育会编印.江苏省教育会年鉴:第10期[Z].上海,1925:2.

② 会报:致各实业学校校长定期开谈话会书[J].教育研究(上海),1916(28):2.

1921年，中华职业教育社鉴于各地职业学校陆续建立，为了互相联络，共同研究与发展，发起成立了全国职业学校联合会。1922年，该会曾在济南开会，决定组织各省区职业学校联合会。而在此之前，无论是在广州还是在济南召开的全国教育会联合会所拟定的《学制草案》中，都决定要改实业学校为职业学校，把职业教育渗透到各级各类教育之中。由黄炎培负责的江苏省教育会，率先于8月17日开会并发起成立了江苏职业学校联合会，也就不难理解了。在这次成立大会上，共有江苏"江宁、南通、六合……十三县二十四校二十六人"[①]出席，共同推举中华职业学校主任顾荫亭为主席，并讨论通过了联合会简章八条。简章规定了该会成立的宗旨、会员资格、常会次数与条件等，其中特别谈道，在开会时，"凡入会之学校，皆得推举代表一二人赴会，江苏省教育会及中华职业教育社均得派代表出席本会"[②]。除非特别事由，该会的一切相关印刷、邮递等费用，概由江苏省教育会承担。

在成立大会上，除了讨论江苏新学制学程研究会提出的《新学制职业教育学程草案》外，还特别讨论了六合乙种商业学校提出的《刷新职业学校案》。原案共分4项：1.定经费标准；2.设专门视察；3.调查各地职业状况；4.举行职业学校成绩展览会。会议讨论认为，职业状况调查与职业学校展览会一直都由中华职业教育社负责举行，因此还应该请该社照旧进行。最重要的是由省教育会出面，请省教育厅专门安排职业教育视察员，以视重视并督促各地方职业教育的发展。该会成立后，先后举行了五届常会，它在推动江苏职业教育方面起到了积极的作用。

2.提议组织江苏县教育实业联合会

1921年1月，江苏教育、实业两厅为了谋职业教育的联合推进，组织了江苏教育实业联合会，以南京贡院为会址。该会成立以后，每年举行一次常年大会，讨论江苏职业教育的相关问题，它在对推动江苏职业教育的发展方面起到了非常重要的作用。

---

① 会务录要：(一)江苏省职业学校联合会[J].江苏省教育会月报，1922(08)：13. 也有资料说是共26校代表。见：江苏职业学校联合会成立记[J].教育与职业，1922(37)：1.

② 会务录要：(一)江苏省职业学校联合会[J].江苏省教育会月报，1922(08)：14.

1925年,江苏职业学校联合会举行常年大会时提及,江苏职业教育的发展在省一级行政方面,已互有裨益,但在各县的推进还比较慢,也难有成效,其主要是由于教育与实业双方缺少沟通联络之机会。因此,"宜仿照省教育实业联合会办法,通令各县,由主管教育实业人员,组织县教育实业联合会。一方研究各本县职业教育之推行计画(划),一方辅助主管人员切实办理,声应气求,进行自速"[①]。

该会虽然属于一种相对比较松散的组织,但它也在一定程度上促进了地方教育与实业的联合与协作。比如,1926年,江苏省教育会曾建议省长公署及教育、实业两厅,通令各县筹备设立平民职业传习所,后经江苏教育实业联合会讨论,决定"改为贫民职业传习所,会同江苏政务处先就灾区较重之淮徐海三属设置五处"[②]。

3.提议组织职业指导研究会与毕业生就业指导委员会

1916年,江苏省教育会就注意到了新式学校毕业生的出路问题,并专门为此组织职业介绍部,还拟定了《江苏省教育会职业介绍部办法》7条,规定:"凡毕业于中等以上学校之学生,欲从事于教育或实业之职务者,应开具姓名、籍贯、年龄、学术经验送交本部,惟须得本会会员二人以上或母校校长证明之""凡教育或实业机关因职务之需要,欲物色相当之人才者,得向本部征求之"。[③]借助这种职业介绍部,江苏省教育会不仅可以沟通毕业生与实业单位,而且由于掌握了人才来源,便更有助于江苏省教育会自己的后备人才队伍建设,同时这也反映出了江苏省教育会在教育界和实业界的实力。

1920年,江苏省教育会接到北京、清华等学校的通知,说他们为学生经济之补助,及将来游美学习各专门科起见,"特设学生夏令工作介绍部。俾学生得于夏令休业期内,作各种相当之事业及各项工程之练习"[④]。江苏省教育会则提出:"请即将苏省学生姓名、住址、年龄、学级及其志愿服务之种类,开单见示,以

---

① 文牍:致江苏教育实业厅请令各县教育实业主管人员组织县教育实业联合会函(十一日)[J].江苏省教育会月报,1925(08):9-10.
② 江苏省教育会大事记:甲.向各官厅及各团体表示意见事件.//江苏省教育会编印.江苏省教育会年鉴:第11期[Z].上海,1926:7.
③ 会报:江苏省教育会职业介绍部办法七条[J].教育研究(上海),1915(26):9.
④ 文牍:北京清华学校通知特设学生夏令工作介绍部书[J].江苏省教育会月报,1920(06):1.

备设法介绍。"①可见,江苏省教育会不仅关注江苏省内毕业生的就业情况,而且也关心在外求学的江苏学子的就业问题。

1924年,鉴于学生就业困难,廖世承与杨卫玉特别向江苏省教育会提交了一份议案,要求初级中学应注重职业指导。经过讨论,省教育会决定委托中华职业教育社组织职业指导员研究会协同进行。②之后,该会按照双方协商的办法,把中华职业教育社起草的江苏职业指导研究会组织大纲,发给各初级中学校征求意见,并希望它们能够入会。但因为战事影响,未能来得及开会研究。

1925年,江苏省教育会再次提议,专门组织江苏中学职业指导研究会,并希望能够把纯粹的工作介绍变成对职业指导的研究。同时,为了解决学生的就业问题,该会还特别建议将省内各农校毕业生派遣到各机关服务,以资联络。③1926年,江苏职业学校联合会的常年大会又决定,联合江苏省教育会及中华职业教育社,组织毕业生就业指导委员会,江苏省教育会欣然同意。9月7日,毕业生就业指导委员会正式成立,并讨论通过了1项提案——《救济学校毕业生失业问题案》,委托江苏省教育会提交给当年的全国教育会联合会,以期共同讨论。该提案不仅直指"毕业生失业问题之严重",也提出了若干项救济办法。比如,由各省区教育会对毕业生就业情况进行调查、统计;会同行政当局、地方领袖,以及农工商学各界重要人物、教育专家共同讨论研究毕业生失业问题之原因与症结,其中还特别指出,"勿再使盲目的之教育,贻误青年";号召各地军政教育事业各重要机关,给学校毕业生留出若干名额的实习机会,甚至可以采取定向委培的方式扩大毕业生就业机会;最后,则是制定经济事业发展规划,最终实现"无业者因以有业,有业者因以乐业"④的伟大目标。

---

① 文牍:复清华学校书[J].江苏省教育会月报,1920(06):1.
② 初级中学应注重职业指导案.//江苏省教育会编印.江苏省教育会年鉴:第9期[Z].上海,1924:50-51.
③ 文牍:江苏实业厅函复本会转送江苏职业学校联合会议决派遣农校毕业生分驻各机关助理进行文(十二日)[J].江苏省教育会月报,1925(10):4.
④ 文牍:毕业生就业指导委员会请向全国教育会联合会提出救济学校毕业生失业问题案函(九日)[J].江苏省教育会月报,1926(09):11.

(二)切实推动江苏职业教育的发展

1.进行职业教育调查

江苏省教育会利用自己遍布全省的网络,对学生的就业状况进行调查,对各地的物产情况进行调查,对当时江苏职业教育学生的情况及各地的经济、职业状况进行调查,这对于省教育会了解相关情况都起到了很好的作用,为以后制定职业教育方面有针对性与科学性的决策奠定了基础。

1926年,有会员鉴于当时江苏各地毕业生失学问题严重,提出应组织各县物产商况调查会,以便让职业教育更具针对性,设置更加合理。[①]经过讨论,会议决定,将该职业学校联合会改为江苏各县经济状况调查会,并推定潘仰垚等4人为委员,与中华职业教育社合作进行。这一名称的改变,标志着该会作为江苏各职业学校的联合会,更加注重对职业教育本身的调查研究,而不只是具有一般的联络组织作用。9月23日,该会正式成立。

2.维持各地职业学校

1922年新学制颁布后,江苏省教育厅为扩大中等教育规模,出台了关于各县创办初级中学及职业中学的一些鼓励政策。但由于各地教育经费严重不足,再加上推广职业教育对师资的要求较高,社会上很多人对职业教育还抱有偏见,很多地方在设立此类职业学校后不久,就往往会因为生源问题、师资问题、经费问题而面临诸多困难,于是干脆将职业学校改为初级中学。1923年,江苏省教育会联合中华职业教育社,向江苏省教育厅提出建议,要求维持各县已经成立的职业学校现状,不得任意将职业学校改为初级中学。这对防止江苏职业教育的滑坡起到了很大的作用。[②]

[①] 会务录要:本会附设各会大会记:(八)江苏职业学校联合会[J].江苏省教育会月报,1926(08):16—17.

[②] 江苏省教育会大事记(十三年一月至十二月):丙.联合他团体办理事件.//江苏省教育会编印.江苏省教育会年鉴:第9期[Z].上海,1924:12.

3.加强职业教育的宣传与视导

1923年,该会还建议省教育厅设立专任职业教育指导员,对全省职业教育进行督促与指导①,又提出设职业教育视察员,视察各地职业教育的进行。

不仅如此,随着平民教育的兴起,江苏省教育会还借鉴陕西筹设平民职业传习所的经验,要求教育厅、实业厅切实推广平民职业教育。同时,它对农村教育以及以科学为基础的职业教育,也有所推动。

在黄炎培与江苏省教育会的大力推动下,在当时,江苏的职业教育一直走在全国的前列。据中华职业教育社统计,1922年,全国共有职业学校822所,其中江苏最多,有142所。②

三、社会教育的拓展

五四运动以后,江苏省教育会对社会教育也更加注重。为此,它成立了若干个专门的研究会或委员会,一面加强传统的通俗教育,一面又针对社会上新兴的电影、剧本等加强引导与监督,同时还加强了禁毒宣传,倡导社会风气的改良。

(一)通俗教育研究会及其提案

1920年江苏省教育会下设的通俗教育研究会成立之后,非常注重对通俗教育经费的筹集,通俗教育馆的建设,对通俗教育的指导及高尚娱乐的倡导,其历届年会的主题在保持一致性、连贯性的同时,还经常配合江苏省教育会的年度教育工作重点,开展了卓有成效的工作。

---

① 江苏省教育会大事记(十二年一月起十二月止):建议教育厅请多设专任职业教育指导员.//江苏省教育会编印.江苏省教育会年鉴:第9期[Z].上海,1924:5.

② 中华职业教育社.全国各种职业学校分布在各省区比较表(十一年四月三十日止)[J].教育与职业,1922(37):1.

表5-3 江苏省教育会下设通俗教育研究会历年提案概况一览表

常年大会	提案概况	次数/地点	备注与资料来源
第一届 1921-08-17	内容包括:规定社会教育经费案;实施通俗教育宜与官厅联络进行案;关于通俗教育各项应兴应革案;讨论通俗教育协进会办法案;讨论改良说书传习所办法案;通俗讲演宜改用国语案;拟照金坛办法各县通俗教育馆附设注音字母传习所案	筹备会1次,成立大会1次,常年大会1次,职员会4次,均在上海	成立于1921年1月2日,江苏省教育会1921年年鉴
第二届 1922-08-16	内容包括:请函教育厅通令各县关于通俗教育经费须实行增加以利进行案;请教育厅设置社会教育视察专员督促进行案;各县通俗教育馆附设图书博物讲演各部应行注意之要点案;提议各县通俗教育馆增设娱乐部案;请各地担任通俗教育人员编著改良小曲案;请函教育厅凡未成立通俗教育馆,令各县赶速筹办案等		江苏省教育会1922年年鉴
1923	内容包括:设立社会教育讲习会;各县通俗教育馆应增设改良说书场;各县按年递加通俗教育经费;请官厅切实严禁情词涉及淫秽不正之书籍画片戏剧电影等	常年大会1次,职员会2次,均在上海	江苏省教育会1923年年鉴
1924	内容包括:建议教厅通令各县注重演讲并宜注重道德与常识等材料;请省公署通饬各县教育机关与警察所协同切实取缔戏剧及电影;凡有伤风化之图画及言情片宜请各县取缔;调查本省各县通俗教育概况等	常年大会1次,职员会2次(一次在南京,一次在苏州)	江苏省教育会1924年年鉴
1925-08-23	内容包括:劝导各县慈善团体酌办轻而易举之通俗教育事业案;乡村社会之义务教育既未普及,宜格外注意通俗教育实施案;请省厅通令各县教育会组织通俗教育研究会案;请恢复吴县通俗教育馆案;请未设立通俗教育馆之各县应速筹设案等	上海	江苏省教育会1925年8月月报
1926-08-17	内容包括:注重公民教育案;提倡通俗图书馆案;要求中华教育改进社特设通俗教育组案;函请暑期讲习会添设通俗教育组;函请礼制会编订礼制宜从俭约;设法改良新剧以及评话弹词案;劝导人民破除迷信等	上海	江苏省教育会1926年8月月报

资料来源:

1.1921:江苏省教育会附设各研究会报告:(一)通俗教育研究会.//江苏省教育会编印.江苏省教育会年鉴:第7期[Z].上海,1922:1-4.

2.1922：会务录要：(一)通俗教育研究会[J].江苏省教育会月报，1922(08)：12.；江苏省教育会附设备会报告：(四)通俗教育研究会.//江苏省教育会编印.江苏省教育会年鉴：第8期[Z].上海，1923：7-12.

3.1923：江苏省教育会附设备会报告：(五)通俗教育研究会.//江苏省教育会编印.江苏省教育会年鉴：第9期[Z].上海，1924：27-29.

4.1924：江苏省教育会附设备会报告(十三年一月至十二月)：(二)通俗教育研究会.//江苏省教育会编印.江苏省教育会年鉴：第10期[Z].上海，1925：17-18.

5.1925年：江苏省教育会附设备会报告：(五)通俗教育研究会.//江苏省教育会编印.江苏省教育会年鉴：第11期[Z].上海，1926：17-19.

6.会务录要：公民教育委员会开会纪：本会附设备会大会纪[J].江苏省教育会月报，1926(08)：13.

由表5-3可知，通俗教育研究会的活动一直较多，除了自行关注的问题外，其年会议案往往还会围绕江苏省教育会的整体教育活动来开展。比如，当江苏省教育会倡导国语时，通俗教育研究会也主张用国语开展通俗讲演；当江苏省教育会开展电影、剧本审查时，通俗教育研究会也注重倡导高尚娱乐，抵制不良剧本、影片等；当江苏省教育会推行公民教育时，通俗教育研究会也配合倡导公民教育。

当然，经费保障始终是困扰近代教育的一大问题，而对社会教育而言，经费问题尤为突出。通俗教育研究会在第一次年会便提出希望"各地照原定经费按年增加四分之一"以保证社会教育经费的投入。1922年，它又言辞恳切地希望各县能"对于通俗教育，应酌量财力，设法增加经费"①，一直到1924年"社会教育经费的保障案"，说明社会教育的经费问题在这一时期始终没有得到彻底解决。

1923年6月，北京曹锟贿选案被媒体披露出来，对此，通俗教育研究会建议江苏省教育会向本省各中等以上学校、各县公共体育场、通俗教育馆等，分寄贿选投票的议员名单，将其中江苏籍各议员的名单公之于众。江苏省教育会接受了此项提议，不仅通电否认这些参与贿选的江苏籍议员为江苏人，还把涉案的

---

① 文牍：公函教育厅请通令各县设法增加通俗教育经费并提倡高尚娱乐文(八月三十日)[J].江苏省教育会月报，1922(08)：3.

23名江苏籍议员的名单分寄本省中等以上各学校、各县通俗教育馆、公共体育场及其他公共场所,以示其为舆论所不齿。随后,江苏省教育会又依据自己的组织章程,对于出席贿选国会的江苏省教育会会员吴荣萃、夏寅官、孙炽昌、杨润、邵长镕等5人,由评议员会议决除名。

(二)监督社会教育

在推行社会教育的同时,江苏省教育会还主动承担起了改良社会风气与风俗的任务。在这方面,其最突出的表现就是组织专门机构,对电影、剧本等大众娱乐进行监督与内容审查,以期倡导高尚娱乐,摈弃低俗趣味,推进社会教育。

1. 开展电影审查

电影诞生之后不久就传入中国。早在1915年通俗教育研究会成立之际,它就已经注意到电影作为教育手段的意义,只不过它把"关于活动影片、幻灯影片、留声机片之调查事项"①统统归入了戏曲股。但实际上,直到1918年之前,戏曲股仅编辑"各种新旧剧",并未进行任何电影审查工作。而江苏省教育会因为地处上海,得风气之先,对于电影这种新型的娱乐活动接触较早、较多,也非常注重利用它来宣传相关的教育活动,提高教育活动的趣味性与吸引力。

在1913年编辑《教育研究》时,王同愈就提议,"所刊教育研究拟附编社会小说,以为改良风俗之助,并以助阅者之兴味"②,并被采纳。1914年11月,江苏省教育会专门举行了一场大规模的讲演会,其中就穿插播放了"商务书馆自制之幻灯影片"③。1915年9月24日,在新一届全体职员会上,江苏省教育会的干事员们经过讨论决定,"试演影灯,为社会教育之预备""购备留声机器并唱片事"④。由此可见,该会对在教育,尤其是社会教育中应用新技术的重视。在随后的聚餐会上,该会又试演了商务印书馆自制的幻灯影片,并且在1915年年底举办第一届体育传习所时,专门安排了一个晚上,为学员播放运动会影片,"演

---

① 法规:通俗教育研究会章程[J].教育公报,1915(04):15.
② 会报:报告(二年五月份)[J].教育研究(上海),1913(02):8.
③ 会报:讲演会纪事[J].教育研究(上海),1914(18):6.
④ 会报[J].教育研究(上海),1915(25):26.

第五章　内外交困下的江苏省教育会(1922—1927)

试远东运动会,及本年新摄之省立各学校第二次联合运动会影片,备各学员观摩之助"①。自此以后,江苏省教育会往往把电影、戏剧等文艺展演作为重大公开仪式和庆典中的有机组成部分。

但与此同时,随着电影的引入,电影对社会容易产生不良影响的一面也招致了时人的批评。1919年,天津警察厅就把当时乘摩托车抢劫的犯罪新形式归结为美国侦探片的"教育"。1920年,上海发生了轰动全国的"阎瑞生案",而嗅到商机的电影公司,很快就在1921年把这一故事搬上了荧幕。由于电影中直接把案件翻版成画面,其中的凶杀血腥场面引起了江苏省教育会等众多团体的激烈反对,认为"此等影片皆取社会罕见之惨恶状况摄影流行,实不能收欣赏感化之效果"②。

1922年,中华教育改进社在济南开会时提出,外国影片进入中国后,其中有害内容于风俗人心不无影响,于是要求严加取缔。因此,1923年6月15日,根据中华教育改进社的提案,江苏省教育会组织成立了电影审阅委员会,由沈信卿担任该委员会主席。对于电影教育的态度,沈信卿在《影戏与教育》一文中说,"吾人应当辨别影片的内容,是否可以引起国民的良善性,是否可以矫正一般的坏风俗,果然能够,我们便当借影戏为教育的一大助手了"③。电影审阅委员会成立之后,首先确立了审阅电影的三条标准:"确合教育原理能于社会发生良好之影响省……通常影片但为营业关系可无流弊者……有害风化曾经本会劝告未能改良者"④,并据此审定了明星公司的8部电影。但此后,江苏历经战事,加之政治的纷扰,该会把工作的重心放在了公民教育的倡导上,再加上各个电影公司并不配合,电影审阅委员会并没有开展太多的活动。不过,该委员会审阅电影一事仍被看作是"中国影片被审查之始"⑤。

1926年2月,全国通俗教育研究会呈文教育总长称,"影剧一事于社会教育

---

①　会报:开学记事[J].教育研究(上海),1915(26):2.
②　省教育会干事常会纪事[N].申报,1923-04-01(民国十二年,癸亥二月十六日,第十四版).//申报影印版　第190册,上海:上海书店,1983:14.
③　沈恩孚.影戏与教育[J].电影杂志,1924(01):(丙2).
④　江苏省教育会大事记(十二年一月起十二月止):乙.自谋进行事件:组织电影审阅委员会.//江苏省教育会编印.江苏省教育会年鉴:第9期[Z].上海,1924:8.
⑤　剑云.电影审查问题[J].电影月报,1928(05):2.

关系亟重,其良者固足转移风俗脾(俾)益社会,而稍涉偏激亦易滋流弊,不可不详加审核,分别奖禁"。该会还拟定了《审查影剧章程》10条,主张国内外影片"均得由本会随时审核",并规定如果"其事实情形深合劝惩本旨者、有益于各种科学之研究者、于教育上确有补益者、扮演人于前列三项确能发挥编者之旨趣者",将予以褒奖;如果"迹近煽惑有妨治安者、迹涉淫亵有伤风化者、凶暴悖乱足以影响人心风俗者、外国影片中之近于侮辱中国及中国影片中之有碍邦交者",则将呈明教育部转行该官署禁止或剪截之,如果"情节乖谬不合事理者、形容过当易起反感者、意在劝惩而反近诱惑者、大体尚佳间有疵累者"[①],则由该会直接通函劝其缓演或酌情修改。该章程经教育总长易培基批准后正式生效。

与此同时,美国为了纪念其独立150周年,决定于1926年7月至12月,在费城举办世界博览会。当时的中国处于北洋政府统治的后期,政局动荡,军阀混战,本来无力参加,但作为浙、闽、苏、皖、赣五省联军总司令的孙传芳,为了彰显自己治理东南的功绩,决定专门组织世博筹备委员会,办理参赛事宜。同时,为了提高展品质量,江南筹备美国费城万国展览会还专门拟订了展品审查规则,规定所有参赛展品都须经过专家审定,填写入选、落选单据等报表。

就这样,在全国通俗教育研究会的带动下,在教育部政策的指导下,江苏省教育厅在4月致函江苏省教育会,委托它代为组织审查运赴费城展览会的教育影片,经过4月16日的干事员常会讨论,公推袁观澜等7人于17日午后7点半以前,"至国光影片公司审查"[②]。5月,江苏省教育厅又借机委托江苏省教育会调查上海的各个剧场和电影影片。在江苏省教育厅看来,"沪上剧场林立,电影充塞,其情节优美,意存劝导者,固所时有,而诲淫诲盗,伤风败俗者,实居多数,亟应设法取缔",因江苏省教育会"耳目较近,调查易周"[③]。

1926年5月15日下午2点,江苏省教育会下设的电影、剧本审阅(查)委员

[①] 教育部关于审查影剧章程施行事致通浴教育研究会指令.//中国第二历史档案馆编.中华民国史档案资料汇编 第3辑 文化[M].南京:江苏古籍出版社,1991:177.

[②] 文牍:致袁观澜沈信卿章伯寅陆规亮潘仰尧王志莘邹恩润七君请审查运赴费城展览会之教育影片函(十六日)[J].江苏省教育会月报,1926(04):4.

[③] 文牍:江苏教育厅委托调查剧场电影状况函(一日)[J].江苏省教育会月报,1926(05):1.

会,召开联席会议。①此次会议除了通报电影审查情况外,还重点讨论了如何开展教育厅委托的调查电影剧本问题。最后决定,先期制作两种调查表,围绕上海各影片公司的名称、地址,已经出品的影片说明书,分别函致各个公司自行填报;对于各个公司随后新推出的影片,则请它们先把影片说明书送交审查委员会审查,并在正式上映前三日,将入场券送到审阅委员会,以便电影审阅员前往观看审阅。同时,审阅委员会还希望由江苏省教育会出面,知照公共租界及法租界工部局,对于审阅委员会所推举的电影审阅员,应一体招待,以便审阅;对于在华界内的电影公司,则直接请淞沪警察厅通知各公司照办。会议还决定,自该月起,"每月至少开会一次,其常会期于第一星期日之上午十时举行"②。与会人员还一致决定,委托张叔良调查上海各影片公司状况③。

截至1926年年底,电影审阅委员会共审定了79部影片(其中有65部是在7—12月审定的),按照先前制定的审查标准,认为合于第一条标准的有23部,合于第二条标准的有43部,应加改良或废弃的有13部。江苏省教育会将此次审查结果报告给了江苏省教育厅,并请求对合于第一标准的23部影片,设法予以褒扬,以示官厅之提倡赞助。

表5-4 电影审阅委员会审阅电影情况一览表(部分)

开会时间	影片公司	审阅影片标准与结果			评语与备注
		合于第一条标准,盖审定字样	合于第二条标准	合于第三条标准	
1923-06-15 成立大会	明星影片公司	《沪太长途汽车游行》《双十节庆祝》《孤儿救祖记》	《顽童》《劳工之爱情》《张欣生》		确立了3条审阅标准,审查明星公司8部影片;后暂停活动
1926-07-11 第二次常会	大亚影片公司	《疑云》			
	民新影片公司	《玉洁冰清》			

---

① 文牍:致电影、剧本审阅/查委员会开两委员会联席会议商分任调查办法函(十日)[J].江苏省教育会月报,1926(05):1.

② 会务录要:电影剧本审查委员会联席会议纪[J].江苏省教育会月报,1926(05):8.

③ 文牍:致张叔良君请调查各影片公司状况函(十七日)[J].江苏省教育会月报,1926(05):2.

(续表)

开会时间	影片公司	审阅影片标准与结果			评语与备注
	神州影片公司	《难为了妹妹》			
1926-08-08 第三次常会	明星影片公司	《富人之女》		《四月里蔷薇处处开》	《富人之女》,针砭薄俗,艺术方面,尚宜精益求精,以期完善;《上海之夜》,俟改正后再行审定,描写社会腐败情形,虽寓与人为善之意,实有导人为恶之嫌
	大中华百合公司	《殖边外史》	《马介甫》		
	新人影片公司		《上海三女子》		
	神州影片公司			《上海之夜》	
1926-09-05 第四次常会	明星影片公司	《好哥哥》《盲孤女》《冯大少爷》《小情人》《空谷兰》	《诱婚》《好男儿》《早生贵子》《可怜的闺女》《新人的家庭》《小朋友》《最后之良心》《未婚妻》《多情的女伶》	《上海一妇人》	
	神州影片公司	《花好月圆》	《道义之交》《不堪回首》		
	国光影片公司	《孝妇羹》《母之心》			
	开明公司	《红玫瑰》	《凌波仙子》		
	天一公司	《忠孝节义》	《立地成佛》《女侠李飞飞》《白蛇传》《梁山伯祝英台》《电影女明星》		
1926-10-02 第五次常会	民新影片公司	《和平之神》			上海公司旧出之《重返故乡》及《传家宝》,均系良片,应请其补寄说明书,以备审定
	上海影片公司	《还金记》			
	大中华百合公司		《儿孙福》		

(续表)

开会时间	影片公司	审阅影片标准与结果		评语与备注
	开心公司	《神仙棒》《怪医生》《活动银箱》《活招牌》《临时公馆》《爱情之肥料》《隐身衣》		
	国光公司	《莲花落》《情天劫》《清虚梦》《兽婿祝寿》《柴房女》……		
1926-12-12 第七次常会	明星影片公司	《一个小工人》		
	民新影片公司	《三年以后》		
	大中华百合公司	《探亲家》		应即劝告将第六幕以下剪去，否则此片当在废止之列
			《连环债》	应劝告该公司大加修改，再请审阅，否则亦在废止之列
1927-01-16 第八次常会	明星影片公司	《爱情与黄金》		
	神州影片公司	《好儿子》		此片提倡社会服务精神
1927-02-06 第八(九)次常会	民新影片公司	《海角诗人》		
	国光影片公司	《不如归》		
1926-11-07	明星公司		《她的痛苦》	
	东方第一公司	《工人之妻》		东方第一公司的《工人之妻》表演皆可取，补送说明书后再行审定
	神州公司		《可怜天下父母心》	
	戏剧协社	《第二梦》		

资料来源：

江苏省教育会大事记(十二年一月起十二月止)：乙自谋进行事件：组织电影审阅委员会.//江苏省教育会编印.江苏省教育会年鉴：第9期[Z].上海,1924:8.

江苏省教育会大事记(十三年一月至十二月)：乙自谋进行事件.//江苏省教育会编印.江苏省教育会年鉴：第10期[Z].上海,1925:7.

1. 文牍_本会电影审阅委员会致各影片公司索说明书及剧本函(十二日)[J].江苏省教育会月报,1926(05):6-7.

2. 会务录要：电影审阅委员会开会纪[J].江苏省教育会月报,1926(06):12-13.

3. 会务录要：电影审阅委员会开会纪[J].江苏省教育会月报,1926(07):12-13.

4. 会务录要：电影审阅委员会开会纪[J].江苏省教育会月报,1926(08):10-12.

5. 会务录要：电影审阅委员会开会纪[J].江苏省教育会月报,1926(09):17-20.

6. 会务录要：电影审阅委员会开会纪[J].江苏省教育会月报,1926(10):7-8.

7. 会务录要：电影审阅委员会开会纪[J].江苏省教育会月报,1926(11):8-9.

8. 会务录要：电影审阅委员会开会纪[J].江苏省教育会月报,1926(12):11-12.

9. 会务录要：电影审阅委员会开会纪[J].江苏省教育会月报,1927(01):11-12.

10. 会务录要：电影审阅委员会开会纪[J].江苏省教育会月报,1927(02):2-3.

11. 教育消息：省教育会明日开电影审阅会[N].申报,1926-12-11(民国十五年,丙寅十一月初七日,第三张第十版).//申报影印版　第230册,上海：上海书店,1983:236.

12. 教育消息：苏省教育会开电影审阅委员会[N].申报,1927-03-07(民国十六年,丁卯二月初四日,第三张第十版).//申报影印版　第232册,上海：上海书店,1983:147.

13. 教育消息：电影审阅委员会分函影片公司[N].申报,1927-03-19(民国十六年,丁卯二月十六日,第二张第七版).//申报影印版　第232册,上海：上海书店,1983:393.

注：汪朝光在他的论文中认为，该会活动并不固定。因为成立于1923年，但到1927年3月才开第十次常会。这是因为他对该会的整体历程不够了解。参见：汪朝光.民国电影检查制度之滥觞[J].近代史研究,2001(03):216-217.

对于电影的积极教育作用，时人基本上是表示认可的。1924年，国内最早的专业电影刊物《电影杂志》在其创刊词中就提出，我们深觉，影戏是社会教育的导线[①]，并且认为，电影可以改良社会习惯，增进人们智识，堪与教育并行。1926年，江苏省教育厅正式授权江苏省教育会下设的电影审阅委员会调查电

---

① 顾肯夫.发刊词[J].电影杂志,1924(01):甲4.

影,使影剧审阅一事得到官方支持,从而审阅员可审阅电影和无偿索取剧本,并对那些审阅中符合第一条标准的影片给予公开表彰。但是江苏省教育会毕竟是一个教育组织,而且其审查标准过于简单概括,因此它的电影审查工作的权威性受到了时人的质疑,如其工作被讥讽为"千篇一律",似是而非的"老学究的朱批","在组织的方法上,不能令人无言;在审查的方法与态度上,则殆属剌谬百出"①。针对舆论的批评,该会也虚心接受,并在1926年12月举行的电影审阅委员会的第七次常会上,"公推严谞宣先生就英美两国电影检查法,采取其适合国情之各条,拟一草案,由本会决定后,再行邀请六合影片公司电影审查会,予以参加意见之机会,决定最后标准"②,希望能够对审查标准加以优化。在第八次常会上,会议议定了审查标准草案两种,"计褒扬标准四条,取缔标准十五条,先行征求本日未到会委员意见,再经一次讨论,作为决定"③。不过,由于随后江苏省教育会被迫解散,新的标准尚未来得及执行并产生影响,以至于后来人对该委员会的电影审查工作,印象并未改观。"条例既如此简单,而出席委员又只要三人以上,审阅之后,不过加几句考卷式的批语,结果甲等占三分之一,乙等占三分之二,丙等简直没有,于是有的公司敷衍面子,送请审阅,有的公司置诸不理,这样一个不完备、不健全、半公半私的审查机关,自然毫无实力,难怪制片公司对于它也'不加可否'了"。④

2.进行剧本审查

如果说电影作为一种新生事物,其教育价值还有待考查的话,那么从传统戏剧转变而来的现代戏剧的教育功能,则一开始就受到了倡导社会教育的个人与团体的重视。但是,与电影一样,戏剧的教育作用并不是绝对的,不良的戏剧也会对教育产生不良影响。早在民国初年,黄炎培等人就曾认为,上海女子新剧团,不利于女学发展和社会风纪⑤,有提请行政长官严禁的提议。

---

① 孙师毅.对于省教育会的电影审查说话[J].银星,1926(02):13.
② 会务录要:电影审阅委员会开会纪[J].江苏省教育会月报,1926(12):12.
③ 会务录要:电影审阅委员会开会纪[J].江苏省教育会月报,1927(01):12.
④ 剑云.电影审查问题[J].电影月报,1928(05):2-3.
⑤ 文牍:会员黄炎培杨锦森包公毅请商禁女子新剧团书(七月二十三日)[J].教育研究(上海1913),1914(14):4.

1924年年初,江苏省教育会接到中华职业教育社的提议,请求仿照电影审阅委员会的办法,组织剧本审查委员会,经过2月1日的干事员常会讨论,决定采纳这一提议,并公推欧阳予倩、洪深、潘仰垚、贾继英、穆欧初、沈信卿等7人为委员。3月13日上午10点,剧本审查委员会成立大会召开,又补推了汪仲贤、朱香晚2位委员,并确定了3项审查标准:"(一)不论新旧剧,审查时以有剧本者为限,如认为剧本有特色或无流弊,须以表演时与剧本相符者为合格;(二)其艺术合于教育原理,能于社会发生良好影响者,该剧本得加江苏省教育会剧本审查委员会审定字样;(三)不论有无剧本,如经本委员会认为有害风化者,当由本会先行劝告,如劝告后未能改良者,本会当请官厅干涉"[①]。会议还决定每月开会1次,一面征求各机关所编剧本,一面收集当时正在通行表演的新剧剧本。

　　由于这里的剧本包括了电影和戏剧两种,且两个委员会中,沈信卿、贾丰臻、潘文安3人同时是两个审阅(查)委员会的委员,因此,随后两个审阅(查)会的活动大都是联席召开的。比如1926年5月和11月,它们先后组织了两次联合审阅(查)委员会。但除了1926年与电影审阅委员会合开两次大会外,剧本审查委员会因为成立较晚,且没有专门的政策支持,因此审查的剧本并不多。从目前看到的资料而言,只有在刚成立后的1924年3月到5月,剧本审查委员会举行了3次常会,审定了《葡萄仙子》《少奶奶的扇子》《好儿子》《回家以后》4部剧本(均认为合于审查标准第二项之规定)。

3. 审查公民教育图书

　　自清末以来,江苏省教育会就多次承担过图书审查工作,其中既有小说,也有教科书,因此对于图书审查的重要性和必要性它都有所认识,并且富有图书审查的经验。1926年5月6日,江苏省教育会组织的公民教育委员会,鉴于当时社会上公民教育图书材料比较缺乏,且良莠不齐,"对于各处采取公民教育用书,宜加指导"[②],因此专门组织了公民教育图书审查委员会,决定分小学组、中

[①] 江苏省教育会大事记(十三年一月至十二月):乙.自谋进行事件:组织剧本审阅委员会.//江苏省教育会编印.江苏省教育会年鉴:第10期[Z].上海,1925:5-6.

[②] 文牍:致中华书局世界书局国民书局商务书馆征求公民教育图书函(十一日)[J].江苏省教育会月报,1926(05):3.

学组、一般社会组三个分委员会,对各大书局出版的公民教育方面的图书进行审查。其中,杨聘渔、赵霭吴、胡叔异3人为小学组委员,沈弗齐、潘仰垚2人为中学组委员,杨卫玉、章伯寅、郁瘦梅3人为一般社会组委员。审查期以3个月为限,并确定了审查公民教育图书之公共标准4条:"与公民信条符合者;合于时代潮流者;切合实际,并易于实施者;饶有兴趣者"。①

9月11日下午4点,公民教育图书审查委员会再次开会,在已经确定的4条审查标准的基础上,又从内容和体裁两个方面,确立了5个具体的审查标准:"(甲)材料体裁完全合于本会所定标准,文笔流利,思想周密,足以养成模范之公民者。(乙)材料体裁大部分合于本会所定标准,阅之可无流弊者。(丙)材料体裁,一部分合于本会所定标准,可备参考者。(丁)材料欠完善,未合本会所定标准,应加修改者。(审查时,应于备注栏内,注其应行修改之点。)(戊)材料无甚可取,并违反本会所定标准,无采用之价值者。"②同时,会议也讨论确定了审查用表的统一格式,包括审查的书名、出版处、编译者、出版年月、册数、标准等第、备注。最后,会议还确定了审查分工小组与具体安排,认为各组既可以分工审查,也可以会同审查,由各组自行酌定。在分组审查之后,公民教育图书审查委员会又推举沈信卿、张君劢、俞庆棠3人组成总审核组,对各组审查委员会会员交来的审查公民教育图书表进行最后的审定。

从其第十八次常会的记录来看,仅章伯寅代表潘仰垚提交的经过审查的公民教育图书就有43种之多。对于这些图书,委员们都会对照标准,或表示肯定,或提出建议,比如,在讨论审查谢守恒送交的赵敏夫所绘《公民读物彩图》时,委员们认为,"赵君所绘《公民读物彩图》,极合小学程度,且易传播,似可特请艺术家绘图印行,惟法定义务末三行,可酌量修改,公共秩序礼拜二字,应改为星期。其名称定为《公民信条挂图》"③,意见具体、细致而中肯。

在审查的过程中,与会委员们认为,"审查所及,觉最感缺乏者,厥惟公民修养方面之图书。此项图书,又为目前所最为需要者,亟应辑行。凤仰贵处人才荟集,对于公民教育,又极注意提倡,敬恳根据敝会所定公民信条,分别编辑关

---

① 会务录要:公民教育图书审查委员会开会纪[J].江苏省教育会月报,1926(07):11-12.
② 会务录要:公民教育图书审查委员会开会纪[J].江苏省教育会月报,1926(09):21-22.
③ 会务录要:公民教育委员会开会纪[J].江苏省教育会月报,1927(01):10.

于公民修养方面之图书,以资各处之采用。"[1]

在此基础上,江苏省教育会又决定组织编撰公民教科书委员会,推定张君劢、杨聘渔、贾季英、胡叔异、赵霭吴、杨卫玉、俞庆棠7人为委员。可见,这样大规模的图书审查活动,还起到了查漏补缺的调查效果。

(三)改良社会风俗

中国近代化的历程始于1840年的鸦片战争。对于鸦片的危害,国人始终有着清醒的认识。自1906年9月20日清政府发布禁烟上谕,到1911年10月武昌起义爆发为止,清末禁烟运动持续了五年多的时间,各方的态度始终比较坚定,并且通过中英双方代表的多次谈判,还签订了新的《中英禁烟条约》,迫使英国在鸦片输入问题上做出了一些让步。辛亥革命以后,无论是孙中山还是袁世凯,对于禁烟都是旗帜鲜明、坚决反对的。但由于中央权威的丧失,特别是在北洋政府统治后期军阀割据混战,很多地方吸食鸦片的问题又卷土重来,以至于民间的吸食者越来越多,甚至这种不良的社会风气也影响到了成长发育中的儿童。因此,这一时期,江苏省教育会在改良社会风俗上,一方面注重提倡高尚娱乐,提倡公共卫生与体育锻炼,另一方面更加积极主动地参与到禁毒、禁烟活动中。

为了推广新式教育,强身健体,讲求卫生,江苏省教育会对于禁烟、禁毒的态度是坚决抵制的。早在清末时期,新式学堂的教员"吃烟问题",就是被攻击的一大弊病。比如,有人向江苏省教育会举报江北学堂学监时,就谈到他"不理堂事,终日吃烟"[2]。而在随后对江北师范学堂的调查中,对于教员的指责理由也有"时好聚朋戏博,未能深自检束"[3]等事。按照相关规定,有烟瘾者是不能担任学堂教员的,如若要继任教员,则必须遵章断戒。

作为在全国教育界有巨大影响的省级教育会,约束教育界同人洁身自好,

---

[1] 文牍:致各书局请编辑关于公民修养方面之图书函(十六日)[J].江苏省教育会月报,1926(12):4.
[2] 宁垣事务所咨呈宁提学使陈查明学监谈长提被控情节文.//沈同芳编.江苏教育总会　三编中[M].上海:中国图书出版公司,1908:10.
[3] 袁希涛调查江北师范学堂报告.//沈同芳编.江苏教育总会　三编中[M].上海:中国图书出版公司,1908:23.

率先垂范,禁毒、禁烟,并对这种不良的社会风气予以监督禁止,是再自然不过的了。

1.敦促政府,切实履行禁烟法令

按照中英双方签订的《中英禁烟条约》,截止到1917年,英国必须停止向中国输入鸦片。民国建立以后,政府承认了清末禁烟法令的有效性,不仅于1913年3月在北京成立了全国禁烟联合会,还积极联络美国等西方国家,参加了在荷兰海牙召开的国际禁烟会议,签署了《海牙禁烟公约》。在这种情况下,北洋政府及全国各省区,积极行动,到了1917年,全国基本完成了禁种任务,同时,英国政府也被迫答应履行《中英禁烟条约》。但就在1918年,北京政府却提出了"收买存土制药"的议案,引起了社会各界的广泛关注。8月21日,在江苏省教育会的常年大会上,各县到会会员特别提出,现在禁烟期约已满,应该联合各县拒绝行销鸦片,江苏省教育会决定联合农会和商会,"电请禁销,并一面在本县联合公正士绅,实行严拒销售,以清烟毒"[①]。江苏省农会会长奚九如回复说:"业已电致中央,拒绝指销"[②]。之后,江苏省教育会又专门致函省长公署,主张要向中央抗争,同时也提醒江苏的军政长官,苏省近年厉行烟禁,颇著成效,断不能松懈致弃前功[③]。与此同时,1918年,教育部根据通俗教育研究会的请求,也通令各省县讲演机关开展"严禁儿童吸食纸烟"的宣传活动,其详细阐述了烟草的危害;要求警区设法取缔,并且令中小学以下各级学校设法禁劝。考虑到当时中国教育尚未普及,应入学之儿童人数当远过于已入学校之儿童人数,江苏省教育会又提出公共讲演应承担起社会教育的主要责任,且把开展"严禁儿童吸食纸烟"的宣传作为配合手段,即所谓惩治之权操于行政,导之责端在讲演[④],双管齐下,以收宏效。对此,江苏省教育会会员沈信卿等人也比较关注,并多次谈到禁烟问题。

---

① 文牍:致商务总会省农会各县教育会书[J].江苏省教育会月报,1918(08):6.
② 文牍:省农会复书[J].江苏省教育会月报,1918(08):6.
③ 开会记录[J].江苏省教育会月报,1918(09):17.
④ 禁烟亟宜演讲[N].申报,1917-01-28(民国六年,丁巳正月初六,第十版).//申报影印版,第144册,上海:上海书店,1983:304.

2.力行禁烟,参与发起中华民国拒毒会

尽管有民间团体与全国人民的反对,但各地军阀出于军费开支来源的考虑,普遍支持"寓禁于征"的做法,主张通过抽税的方法,企望鸦片能够自行减少,这无异于痴人说梦。因此,由于政府禁毒不力,甚至有助长之势,致使国内鸦片烟毒日益肆虐,政府烟禁废弛,国际社会也对中国毒品泛滥问题提出了尖锐的批评。在这种情况下,1924年8月5日,上海30多个教育、宗教、卫生团体联合发起成立了中华民国拒毒会,江苏省教育会是该会重要的发起团体之一。该会的成立,极大地推动了中国禁烟事业的发展,尤其在推动政府禁烟、禁毒政策的出台、监督政府禁烟、禁毒政策的实施方面,发挥了重要作用。

1924年,江浙两省爆发战争的一个重要原因是双方对于上海经济支配权的争夺,其中就涉及鸦片的税收。作为当时中国最大的新型商业城市,上海同时也是全国烟毒交易的集散地。据资料显示,"上海每年入口之鸦片,总在五千箱以上,故是项报效费实进一千万左右"[①]。但名义上受江苏管辖的上海,在军事上却受制于浙江督军卢永祥。1925年5月,更是发生了海军用军舰贩运鸦片,与海关巡逻艇相互炮击之事,引发了震惊中外的"鸦片风潮"。因此,6月,江苏省教育会专门开会,主张严办上海烟案,并特别推举袁会长作为代表,与中华民国拒毒会的其他代表一起,到南京请求督长严查烟案。

1926年年初,江苏省教育会接到中华民国拒毒会的函件,提出国际联盟对于我国"查勘烟苗"一事表示怀疑,准备派人前来调查,经过中国政府代表顾少川博士严词驳复后才作罢。因此,中华民国拒毒会向政府请求,各级政府派人"查勘烟苗"并上报时,"得由敝会暨地方公团派员参加,以资协助",同时还可以"收通力合作之效,而免不实不尽之弊"[②]。江苏省教育会非常赞同,并通函各县教育会请在当地"查勘烟苗"时派人参加。

2月,江苏省教育会又接到中华国民拒毒会的函件,提出当时有英国商船,从香港运载大量烟土,经上海运往大连,却拒绝接受我国相关机构的检查,并以

---

① 上海鸦片风潮大写真[N].晨报,1925-05-16.// 季啸风,沈友益主编.中华民国史史料外编 前日本末次研究所情报资料 第94册[M].桂林:广西师范大学出版社,1996:203.
② 文牍:致各县教育会请联络当地各公团协组调查团参加查勘烟苗函(一日)[J].江苏省教育会月报,1926(02):1.

调遣英国水兵为要挟，要求我国监察海军撤退。中华国民拒毒会认为，这一行为，"蔑视我国领土主权，违背中英禁烟条约"[①]，希望江苏省教育会能够一起抗议。与此同时，中华民国拒毒会与江苏省教育会还致函江苏交涉公署，主张向法国领事交涉，把公然在法租界出售鸦片的"土馆"，"查明封闭，并即将刑事犯移交中国法庭惩办"[②]。

此外，江苏省教育会还注重在省内各学校中开展各种宣传教育活动，号召各校师生参与禁毒教育周活动。1926年10月，中华民国拒毒会决定把3—9日作为拒毒运动周，把4日作为教育日。于是，江苏省教育会通函省内中等以上学校，要求一致举行"朝会拒毒演讲""补授拒毒教材""演说竞争"等活动，并认为"此举于拒毒前途，影响綦巨"[③]。

3.严格自律，提议教育界人士禁烟

就在江苏省教育会参与发起中华民国拒毒会不久，1924年8月25日，在该会举行的大会前评议员会上，会员阮尚伊提议，教育行政人员及学校教职员，负有劝导戒吸鸦片的责任，如果发现自行吸食者，应予以严惩，后经常年大会议决通过。随后，江苏省教育会就致函省公署和教育厅，要求重申禁烟法令。江苏省教育会认为，"雅（鸦）片毒害，在前清末年缔约申禁。民国初元，极见成效。乃近年以来，禁令废弛，私运日以加甚。社会吸食，多有不以为耻者，不徒毁隳国信，实且蹈亡国灭种之祸，敝会本届大会，特提案讨论，佥谓我教育行政人员及学校教职员，负指导社会之责。遇有吸食鸦片者，自应恺切劝导，使憬然于雅（鸦）片之毒害而知所警戒，倘教育界中人，有不知检束自行吸食者，尤难曲恕。一经报告指评，应由行政方面，严行检验。交法庭依律惩处。以期渐消毒害而全教育人格。"[④]

[①] 文牍:致江苏交涉公署英船载土过沪赴大连请严重抗议函(六日)[J].江苏省教育会月报,1926(02):2.

[②] 文牍:致江苏交涉公署法租界土号林立请向法领事交涉查明封闭并将刑事犯移交中国法庭惩办函(四日)[J].江苏省教育会月报,1926(02):1.

[③] 文牍:致本省各中等以上学校请一致举行拒毒教育日函(一日)[J].江苏省教育会月报,1926(10):1.

[④] 文牍:呈省公署函教育厅请严申烟禁文(三十一日)[J].江苏省教育会月报,1925(08):5.

9月,江苏省教育会接到了有关会员吸食鸦片的举报,先是奉贤会员曹隽函告奉贤教育会会长刁明一,故犯烟禁,任期已满,延不改选。可能是为了避免"干预行政"的指责,干事员常会经过讨论认为,对于"延不改选",事关教育行政,应该由教育厅令奉贤县查明实情,照章办理;而对于"故犯烟禁"的指控,事关刑律,应该由曹君自行负责呈诉。其实这样做,与它一贯严厉的禁烟态度并不一致。随后,袁希洛等5位会员再次致函省教育会,指控会员刁明一吸食鸦片,在10月15日的评议员常会上,评议员们经过讨论,决定致函刁明一,"既有多人指摘有吸食鸦片嫌疑,确与本会名誉有关,应请暂行解除本会会员名义,俟法律上能证明确无吸食鸦片情事时,再由本会酌议办法"①。

与此同时,该会下设的公民教育委员会,也发出了劝告教育界勿吸卷烟的倡议,其认为吸食卷烟,耗费日益增加,最近调查,颇为严重,长此听其蔓延,弱国病民,将无以挽救,要求教育界,请先提倡勿吸,学校教职员、学生,随时随地广为宣传,以期一般人咸晓于利害得失之所在,幡然觉悟。

四、体育运动的深化

江苏省教育会对于体育的重视和提倡也是坚持不懈、卓有成效的。不过,相比于其他方面的教育来说,这一时期,江苏省教育会体育研究会的活动,主要集中在童子军与运动会上,在学校体育方面的推进相对较少。

(一)促成万国童子军大会之行

自1917年筹设江苏省童子军联合会以来,江苏省童子军运动的开展可以说是如火如荼,而借助于举办运动会、庆祝会等大型会事活动,江苏省教育会也把童子军运动推向了全国。

1921年以后,一方面由于童子军运动已经发展得比较成熟,另一方面则是因为江苏省教育会教育事务重心的转移,童子军教育事业的发展,更多的是对江苏省教育会其他教育活动的配合,比如,配合江苏省教育会发起的公民教育

---

① 开会纪录[J].江苏省教育会月报,1925(10):9.

运动,灭除蚊蝇的卫生运动等。而童子军教育事业本身,只有1924年的万国童子军大会时较为瞩目。

1920年,英国奥林匹克竞技场(体育场)举行了首届世界童子军大露营,它是万国童子军大会之始。按照大会规定,此会四年一届,欢迎来自世界各国的童子军参与交流。由于此案关系我国的国际地位与声誉,社会各界,尤其是江苏办理童子军的人,都希望我国能够派代表参会。

1924年,万国童子军第二次大会操,于8月在丹麦的哥本哈根举行。考虑到前次万国童子军大露营,我国只能遥电祝贺,就近推员参与,而此时国内童子军事业已有了一定的发展,应该借机向欧美童子军发达之国学习经验,"不特屡失切磋观摩之机,难免闭门造车之诮"①。且此事事关我们国家的国际体面与声誉,国内要求参加万国童子军大会的呼声很高。

而江苏省童子军联合会,更是早在1922年8月召开常年大会时,就特别提出了要参加万国童子军大会,以保存国际资格的议案。因此,从准备而言,亦比较充分。

按照大会规则,此次会操有竞技和表演两种,各国派童子军48人,教练员4人为正式代表,各国正式团体得参与各项竞技。一国中有两童子军以上,经该会正式承认注册者,得平均分派代表出席,或于正式代表外,另有大队童子军到场者,尤所欢迎,亦须加入表演,并且代表须于8月9日到该地。

1924年5月8日,江苏省教育厅函询江苏省教育会,希望就参加万国童子军大会的经费问题进行研究,特别是对中央与地方如何分担经费做出详细的预算方案。江苏省教育会经过讨论认为,虽然自身经济情形无力参与,但事关国际,不能不联络各团体协谋进行。于是,他们一面向教育部申请筹备进行,一面联络各级机关,希望获得所需经费,"或由中央拨助,或由各省协济,双方并进"②。

江苏省教育会遂委托江苏省童子军联合会加以研究。5月12日,江苏省童子军联合会召开临时董事会,经过讨论认为,赴会者旅费每人至少需千元,置装

---

① 文牍:江苏教育厅来函询问我国如派童子军参与万国童子军大会全部经费约需几何由中央筹拨万元外苏省究需担任若干文(五月八日)[J].江苏省教育会月报,1924(05):3.

② 文牍:江苏教育厅来函询问我国如派童子军参与万国童子军大会全部经费约需几何由中央筹拨万元外苏省究需担任若干文(五月八日)[J].江苏省教育会月报,1924(05):3.

及交际费约200元。按该会所规定人数,我国应派教练员4人,队员48人,共52人,全部经费至少需6万6千元。就江苏童子军的现状而言,挑选全队人数,已经绰绰有余。但既然事关全国,江苏省不能独占其额,拟定至少派遣10人,需费1万2千元,为时已迫,迟至6月底,必须出发。江苏省教育会一面致函江苏省省长公署、江苏省教育厅派遣童子军参与万国童子军大会请迅予拨款,一面命江苏省童子军联合会另组委员会挑选人员,妥为筹备。最后,由中央财政部拨款1万元,江苏省省长批拨1万元,决定派8人为代表参会,其中教练员3人,童子军5人,除童子军之选派,已经由江苏省童子军联合会主持外,教练员3人,公推李启藩、姚麟书、章畴3人担任,并且说明,"如实因职务关系,不能前往者,得由本人推举相当之教练员前往,担(但)须得本会之同意"[①]。所以,江苏省教育会实际上具体负责了此次江苏参与万国童子军大会的筹备、组织工作。最后决定由李启藩、沈同一、章畴3人,带着队员谢文通、骆志圣、盖其新、吴建元、林文奎、曹庸方6人,于7月29日从上海启程,经西伯利亚铁路,赴丹麦参会。10月17日归国。期间,中国童子军代表因为人数不足,只参加了第六项比赛,获得第五名。以昏夜寻路、烤面包两项比赛成绩最佳,名列第二,其余如救护、测量、侦查城市、观察等四项比赛,成绩亦可观。这是中国童子军参加国际童子军运动的开始。

随着国民革命军北伐的胜利和南京国民政府的成立,江苏省教育会的解散,其下设的江苏省童子军联合会也被江苏省童子军协会所接收。不过,由于前期童子军的巨大影响,让国民党认识到了童子军是一个重要的动员和争取青年的途径,于是童子军很快被纳入国民党的"党化教育"体系,并因此得到了更加充足的经费保障和更为系统的组织训练。

---

① 文牍:致李启藩姚麟书章君畴三君本会公推为赴丹参与万国童子军会代表函(六月十四日)[J].江苏省教育会月报,1924(06):4.

(二)继续参与各级运动会

1. 积极参与远东运动会

自1915年第二届远东运动会在上海举办以来,江苏省教育会就借助其下设的体育研究会,积极鼓励江苏省内各校积极参观、研究并尽可能地参与是会。在这届运动会的鼓励下,上海中国基督教青年会于当年11月,发起举办了中国东部运动联合会大会。江苏省教育会详细阅览该会章程发现,它的宗旨是联络各种永久组织之运动机关,研究确立高尚之标准,统一方法与竞赛,且当时上海有名的约翰大学、工业专门学校、复旦公学等都已经加入。江苏省教育会专门发函致上海中等以上各学校,请各学校推举代表参加该会的本届大会。

1921年,第五届远东运动会在上海举行。对此,江苏省教育会的体育研究会非常关注。在1920年8月11日召开常年大会时,尽管正副会长都有事缺席,但该会依然勉力维持了正常的活动。卢颂恩特别讲演了体育教员对于远东运动会的责任。在演讲中,卢颂恩谈到,运动一事,与个人、学校、国家俱有关系。我国加入远东运动会以来,也曾夺得锦标,但可惜的是最近两届运动会在田径赛运动方面,我国运动员表现较差,主要是因为"一缺乏元气,二无决心,三无恒心"。为此,他提出了四点应对措施:"一、补充元气,宜多练习运动;二、注重饮食卫生,戒吸烟酒;三、教师不宜固执己见;四、力求竞争,注重道德。"在卢颂恩看来,如果各个教练都能够对这些方面加以注意,或许会在1921年的远东运动会上有一线希望。为此,江苏省教育会还专门致函江苏省教育厅,要求恢复体育视察员,"随时分赴各地,切实提倡,加以指导,以期毋落人后"[①]。江苏省教育厅也因为体育关系重要,应积极提倡,专门聘请体育专家麦克洛为体育指导主任,并准备派人到各县指导督促。

1923年1月,江苏省体育研究会议决,请省教育厅于远东运动会开会以前举行省立学校联合运动会,从中选出成绩优良的选手加入全国运动会预赛;并请省教育厅通行省立各校,每校派体育教员1人,前往日本参加第六届远东运动会,每人由学校补助旅费百元,并令各县公共体育场酌量仿照办理。省教育

---

① 文牍:致江苏教育厅请恢复体育视察员书(十月十九日)[J].江苏省教育会月报,1922(10):7.

厅一面照办,一面将运动会比赛成绩抄送各校,要求有愿意加入者,开报到厅①。

1925年,第七届远东运动会在菲律宾举行。江苏省教育厅于当年2月专门委托江苏省教育会组织成立了远东运动会江苏筹备会。江苏省教育会随即致函体育研究会,"即行组织筹备会,并与厅派指导员会同办理"②。在4月3日的干事员常会上,还专门讨论了江苏省教育会对远东运动会之筹备是否应该酌任经费问题。干事员们经过讨论认为,虽然该会经费异常支绌,"惟事关国际,且为提倡体育起见,不得不酌量任费,定以二百元为限"③。当了解到我国参加远东运动会的选手将在上海集合时,江苏省教育会还专门在5月8日举行了一场临时茶话会,对即将参加运动会的选手表示了欢迎④。当天到会的有"江苏省政府赴菲代表张冠春,女子选手指导员王仙露,女子选手护送员好蕙(西人),田径赛代表邵乐平,田径赛选手曾福盛、徐维贤,女子队球队代表高哀鸿,选手孙安英……"⑤。江苏省教育会的黄炎培、沈信卿都出席了该茶话会。11日,江苏省教育会还专门请葛雷博士讲演远东运动会及体育与卫生。

鉴于1927年,第八届远东运动会在上海举行,江苏省教育会在1926年12月专门开会讨论,并致函江苏省教育厅,请求"援上届成例,陈请省厅即行选派专员驻沪筹备,请拨款二千二百元等"⑥,得到了江苏省教育厅的批准。

2. 参与发起全国体育协会组织

早在1915年第二届远东运动会在上海举行之际,国内一批热心体育的人士就开始筹划创建中国国内的体育联合会,当时的设想是把全国划分为华中、华东、华西、华南、华北5个区域,创建5个地区性体育联合会,以便为远东运动会选拔教练员与运动员等。

1918年,原定在长沙举行的第四次全国教育会联合会,因为湖南的战事而

---

① 江苏省教育会大事记:七参加他团体集会事件:远东运动会中国东部委员会.//江苏省教育会编印.江苏省教育会年鉴:第8期[Z].上海,1923:11.
② 开会记录[J].江苏省教育会月报,1925(02):8.
③ 开会记录[J].江苏省教育会月报,1925(04):17.
④ 文牍:致远东运动会我国代表及选手请临茶话会函(六日)[J].江苏省教育会月报,1925(05):9.
⑤ 会务纪录:欢送赴菲选手纪[J].江苏省教育会月报,1925(05):11.
⑥ 文牍:致省公署教育厅请援案派员拨款筹备第八届远东运动会事务函(四日)[J].江苏省教育会月报,1926(12):1.

电商改由江苏省教育会在上海承办。10月10日至25日,江苏省对各省区提交的议案54件进行分组审查,付大会表决后,共成立16件。其中,应行陈请教育部采纳的8件提案中,有两项与体育有关:一个是《推广体育计划书案》,一个是请速办《全国联合运动会及省区运动会案》。1919年6月20日,江苏省教育会的干事员常会在讨论当年的全国教育会联合会的议案时,预备提议组织体育委员会,施行上届议决速办之《全国教育会联合会及省区运动会案》。江苏省教育会认为,"体育为历届议决紧要问题之一,乃是案瞬将经年迄未见筹备明文,而时局逼人,国势浸弱,我全国人民鉴此潮流,踔历奋发,咸思从事体育以谋根本上自强之计,筹画教育者正宜利用时,会督促实行,非可以空言提倡毕乃事也,惟是国家多事之际,专恃政府之力,或有所不克,举惟有上下联合,举派专员,合组团体,负责筹办,限期举行,务期于规定时间普及体育影响,使全国方新之士气,经锻炼而坚强,而统一之精神,爱国之思想"。为此,黄炎培提出了五条建议,"一、由本会就全国声望夙著热心研究教育或提倡体育而具有精心毅力者推举五人或七人,并由本会陈请教育部遴派专员二三人,合组全国体育委员会,并得由上列各员公同延聘中外体育专家加入为委员,共同担负筹画(划)全国联合运动会,各省区运动会及其他关于体育事宜。二、委员会应设于京师或京师附近交通冲要之地,由委员会自定之,且得视办事之必要,临时移设适当地点。三、委员会应限于八年成立,成立后一个月内,应根据七年十二月教育部批准之本会议决,速办全国联合运动会及各省区运动会案计画(划)之大体加以考虑,定为全国体育计画(划)分年进行案,呈报教育部,并宣布于各省区即由委员会负督促施行之责。四、关于委员会之各种规则及经费,由委员会拟定后呈请教育部核准之。五、本案经本会议决后应以最速之方法,呈请教育部批准施行"[1]。该提案还特别说明:第一,在推举委员时,应在全国范围内推举,只论资格是否胜任,而不必以教育会会员或者是各个地区为限;第二,人数不宜过多,庶责任较专;第三,加入体育专家,以便于技术方面有所赞助,并得外国专家以资得力;第四,本案议决后应推员专赴教育部面呈俟得批准即由本会按照第一条办法推举委员。可惜的是,在当时的风潮下,教育部根本没有时间和精力来考虑这项提案。

---

[1] 文牍:致各省区教育会通知推定本届全国教育会联合会代表并提出议案书[J].江苏省教育会月报,1919(09):45-46.

1919年，远东运动会在菲律宾举行，体育界人士再次商讨有关成立全国性体育联合会的事宜，并委托美国体育专家麦克洛负责筹备。1920年8月，在江苏省教育会的常年大会上，麦克洛报告了全国体育研究会的组织情况，其下设5个部门，称之为科：总务科，总理一切会务；研究科，研究体育学理及方法，以谋国民体育之发展；调查科，调查各地之体育状况及国民体育之发育状态；编译科，编译体育书籍与发行体育杂志；推广科，传达、宣布、介绍及鼓吹，即其他关于体育改进事项。从会员情况来看，"发起未久，而入会者颇形踊跃"[1]。

1921年，第五届远东运动会在上海举办，相关体育界人士抓住机会，在上海召开了"中华业余运动联合会"筹备会，在出席会议的49人中选出了9名临时职员负责筹备工作；1922年，中华业余运动联合会在北京青年会会所正式成立，该会共有9名职员，其中会长张伯苓、副会长郭秉文，该会的宗旨是："在中国提倡有程序之运动及体育；为全国业余运动比赛制定统一之标准规则；推广并改善业余运动员之运动游戏；设立并维持业余运动之划一标准，因以增进高洁之运动精神；在中华全国提倡并组织分区运动联合会，使之隶属于本联合会；设立记录部，专司记录全国各分会业余运动游戏事宜；遇有国际竞赛举行时，由本联合会负责选定代表中国之运动员"[2]。

在这种情况下，该会开始负责筹备1923年的远东运动会与1924年的全国运动大会。但在此时，国内的民族主义在内患外辱中日渐增强，要求从外国列强手中收回各种主权的呼声不断高涨，而中华业余运动联合会在筹备1923年的第六届远东运动会时，从运动员的选拔，到领队的选拔，乃至代表发言的语言依然用英语，几乎全权由美国人葛雷包办，这引起了中国运动员、旅日华人华侨的强烈不满，以及国内舆论的谴责。人们纷纷表达了收回体育主办权的迫切期望。浙江省教育会还发出了成立中华民国体育协会的倡议，希望各省区乡教育会能够共同组织。

江苏省教育会虽然重视体育，但因为一直和在华外国体育人士有着密切的联系与交往，因此对于浙江省教育会的倡议，非常慎重，认为"目前似未易实行，

---

[1] 会务录要：(一)体育研究会[J].江苏省教育会月报,1922(08):8.
[2] 中华业余运动联合会宣言[J].体育季刊,1922(01):2-3.

故尚未表示赞否"①。但事实上,这次舆论所造成的压力非常大,直接导致了中华业余运动联合会的解散。5月初,中华业余运动联合会准备按照会章的规定,于5月23日在武昌中华大学开会,商讨全国运动大会的会务事宜,江苏省教育会也在5月17日推举黄炎培作为代表准备出席这次会议。但就在5月22日,华中、华东、华西、华南、华北5个地区的体育联合会代表共同倡议成立由中国人自己主持的全国性体育组织,并且推选出了8名委员进行筹备。7月4日,中华全国体育协进会成立大会在江苏南京东南大学的化学教室召开,筹备员张伯苓和卢炜昌负责大会的主持工作,聂云台、郝伯阳、王壮飞、柳伯英、沈嗣良5人为大会章程起草委员,与会代表有来自江苏、浙江、直隶、山东、河南、陕西、湖南、湖北、江西、安徽、四川、香港等地代表共66人,张伯苓任临时主席,沈嗣良任临时书记,并推选了9位临时董事,成立了临时董事会。8月24日,借中华教育改进社召开年会之机,与会代表和体育界人士正式宣布成立"中华全国体育协进会",大会推选张伯苓为名誉会长,王正廷为名誉主席董事,沈嗣良为名誉主席干事,蒋湘青为干事,董事会共15人,全部由中国人担任。该会的宗旨是:"联合全国体育团体,促进体育之进步;主持全国业余运动,暨制定运动统一规则及运动标准,并增进运动员仁侠之精神;关于国际运动比赛时,由本会联合各区负责进行。"②

该会成立以后,追认由青年会组织的南京全国学界运动会为"第一届中华全国运动会"。同时,它很快就负责筹备了1925年的远东运动会,后由沈嗣良率团赴菲律宾参赛,破除了以前依靠外国人组团的旧例,协进会的名望提高了,社会捐款也不断增加,后来它又代表中国正式加入了奥委会。

在中华全国体育协进会的成立过程中,江苏省教育会因为早期与上海中华基督教青年会的密切关系,以及对中华业余运动联合会的深度参与,在一开始对中华全国体育协进会的成立并不是十分积极主动。但因为江苏省教育会对于体育的始终关注与积极参与,加之当时南京与上海作为该会活动的主要范围,江苏省教育会还是顺应了时事的要求,积极参与到了中华全国体育协进会的发起、组织工作之中。不过,新成立的协会英文会名继续使用"China National

---

① 开会纪录:十三年四月四日干事员常会[J].江苏省教育会月报,1924(04):22.
② 沈嗣良.中华全国体育协进会成立大会纪[J].申报:教育与人生周刊,1924(39):497.

Amateur Athletic Federation",实际上也反映了两个组织的历史渊源。

除此之外,就在中华全国体育协进会成立的同时,6月26日下午2点,江苏省教育会之体育研究会也召开了第四次常会,并特别报告了体育研究会自己发起筹备华东运动会的经过。[1]随后,由于该会的主要负责人的变动,此项活动未能顺利开展。

1923年4月,江苏省教育会考虑到苏常镇守使朱申甫倡导创办"军队职业教育,卓著成绩,而宿舍之整洁,更足资学校之借镜"[2],专门组织了军队教育参观团,号召各中等学校到苏州参观,前后3天,共有22所学校的117人参与。1925年,考虑到"学校施行军事教练,在训育上关系甚重,江苏战后尤宜特别注意"[3],江苏省教育会又决定组织学校军事教育研究委员会,只不过后来因为时局变化,这一委员会未能开展什么实质性的工作。

总之,1921年之后,随着江苏省教育会会长的更迭,江苏教育界内部的苏属与宁属的地域之别重新抬头,江苏省教育会的会长制及其选举方式也遭到了一些挑战与质疑。而伴随着时局的动荡,江苏省教育会因为其巨大的影响力而成为各方政治势力争取或打压的对象,东南大学与江苏省教育厅的易长风波与江苏省内一系列的人事变动,逐渐摧毁了江苏省教育会在省内各界的支撑系统。江苏教育界内部的矛盾,加之来自国民党与北洋政府的联合打压,让江苏省教育会不得不在错综复杂的矛盾夹缝中艰难前行。但即便如此,江苏省教育会依然在尽力推动江苏教育的发展。在坚持深化理科教育、职业教育、体育,特别是童子军教育、拓展社会教育的基础上,江苏省教育会也开始把教育事务的重心转移到了义务教育、公民教育上。江苏省教育会还在1922年新学制的制定中起到了非常重要的作用。1927年江苏省教育会被迫解散后,尽管江苏教育界始终没有放弃重组江苏省教育会的努力,但这些努力最终却因为时局的种种变化而没有取得太大的效果。江苏省教育会,最终成为一段历史。

---

[1] 会务纪录:体育研究会常会纪[J].江苏省教育会月报,1924(06):15.
[2] 江苏教育会大事记:乙.自谋进行事件.//江苏省教育会编印.江苏省教育会年鉴:第9期[Z].上海,1924:7.
[3] 江苏教育会大事记:乙.自谋进行事件.//江苏省教育会编印.江苏省教育会年鉴:第11期[Z].上海,1926:8.

第六章 江苏教育会的经验与反思

第六章 江苏教育会的经验与反思

作为近代中国成立较早、会员数量较多、涉及教育事务极广的省级教育专业社团,自1905年成立到1927年被迫解散,在其前后存续的22年时间里,江苏教育会历经了清末、北洋政府两个时期,见证了中国政坛的风云变幻,积极参与了中国近代教育的种种变革。尤其是在北洋政府时期,江苏省教育会不仅积极推动江苏各级各类教育的发展,还积极参与全国教育事业的筹划,在更新教育理念、倡导职业教育、大力提倡体育、推广社会教育、争取教育经费、普及义务教育、主导学制改革、宣传理科教育、推行公民教育等方面都发挥了积极的作用,其历史贡献是毋庸置疑的。它的成立与发展,也为当时和今天民间教育社团的发展提供了丰富的经验教训,值得我们深思。

一、主要特点

作为近代中国教育史上影响极大的教育团体之一,对江苏教育会的研究和分析可以从不同的角度入手。这里仅从组织、人员、会务三个方面,考察它在近代中国教育发展中所扮演的角色。

(一)独立而民主的教育团体

江苏学务总会是在清末教育改革兴起、地方教育行政系统尚未理顺的情况下,由民间士绅自发组织的教育团体。一方面,它通过主动调查建议、接受委托与咨询等方式,与教育行政当局形成了密切的合作关系;另一方面,它又通过准确把握世界教育思潮、新式教育发展趋势等,为各级各类教育组织机构的发展提供了切实的指导与示范。在长期的发展过程中,它与各级教育行政机关、各级各类学校之间,始终保持着较为密切的联系,成为政府和民间沟通的桥梁与缓冲器。在开展各项会务的过程中,江苏教育会能够按照会章规定,依托评议员会、干事员会、常年大会等,实现内部的民主协商,在决策的民主化、科学化方面,为其他教育团体的架构和运行,提供了重要的参照。同时,它又能够坚持独立的精神与态度,对教育行政当局或其他民间教育组织、各级各类学校,进行必要的监督。尤其是在调查和处理学潮事件中,它对教育领域中存在的腐败问题,能够切实地调查,认真地分析,谨慎地建议,充分展示了一个独立的第三方教育团体的态度与立场。

(二)近代教育家成长的舞台

在江苏教育会发展壮大的过程中,先后加入该会的会员达一千余人,基本上网络了江苏省内教育界的精英人士。从它成立之初,其会员中既有大批具有传统功名的士绅阶层,如张謇、王同愈、唐文治等(他们是江苏教育会的热心倡导者与切实规划者),又有大批接受过新式教育,甚至是留过学的新型人士,如雷奋、杨廷栋等。新旧两派各展所长,精诚合作,共同推动了江苏教育会的快速发展。传统士绅主要借助其自身的声望与动员能力,为江苏教育会的发展争取各种各样的政策支持与社会资源;而新派人士则利用自身对新式教育的认知,来从事具体的教育调查、研究与改进工作。特别值得注意的是,如果说清末的江苏教育总会,因为对立宪的过度关切而增添了浓厚的政治色彩的话,那么进入民国以后,江苏省教育会的教育社团性质越来越纯粹。在推进各项教育事务发展的过程中,江苏省教育会也成为近代中国教育家成长与发展的一个重要平台。黄炎培、袁希涛、沈恩孚、俞子夷、郭秉文、蒋梦麟等,这些中国近代教育史上最重要的教育家,之所以能够在当时的历史条件下脱颖而出,是和他们对江苏省教育会各项事务的深度参与密不可分的。黄炎培,从江苏学务总会发起时的调查员、干事员做起,逐渐成长为近代中国著名的职业教育家;俞子夷,则因为被江苏教育总会选派赴日学习单级教授法,加之其始终保持着对教学研究的兴趣,最终成长为以教学研究见长的中国近代著名教育家;郭秉文和蒋梦麟从美国留学一回国,即被黄炎培延揽到江苏省教育会,并分别在民国的教育画卷上留下了浓墨重彩的一笔。除此之外,江苏教育会先后举办的单级教授传习所、体育传习所、理科讲习会、国语讲习会、暑期学校等,也为江苏各级各类教育的发展培养了大批的基层教育人才。

(三)江苏教育近代化的推动者

江苏学务总会成立之初,即以"专事研究本省学务之得失,以图学界之进步"为宗旨,力促江苏教育普及,还根据江苏教育发展状况,除引入单级教授法之外,还在清末通过新成立的咨议局,筹划了江苏初等教育发展方案。进入民国以后,在黄炎培的主导下,在大力倡导职业教育的同时,江苏省教育会还加强了对各级各类教育的研究与推动,通过成立各种各样的研究会,编辑《教育研究》等杂志,开办讲演会与传习所,组织演说竞进会、展览会等方式,全面促进了江苏体育、社会教育、理科教育、国语教育、义务教育、公民教育的发展;在引进西方新式教育理念与教学方法,极力促进学制改革,努力保障教育经费独立等方面,它做出了重要的贡献,从而使得江苏教育走在了全国教育的前列。仅以社会教育为例,至少在1929-1931年间,江苏省社会教育经费数连续三年位居全国第一(分别是1133811元,1394610元和1626007元,远远高于第二名的317982元,376635元和422507元[①]),且社会教育经费占全省教育总经费的11%以上。通过卓有成效地完成这一系列工作,江苏省教育会也让自己成了当时社会认可和"官方认可的全国教育界的龙头"[②]。

[①] 教育部社会教育司编.全国社会教育概况[M].南京:京华印书馆,1934:94.
[②] 蒋梅.辛亥革命前后的江苏教育总会[D].扬州大学,2002:57.

二、主要创举

(一)坚信教育的功能价值,顺应时代的教育需要

江苏学务总会,是在科举制度废除之际,国家开始大力倡导新式教育的背景下,由一批开明士绅发起成立的。在随后的历史变迁中,虽然它的宗旨与教育活动重心有所调整,但基本上都是随着国家教育政策的改变而改变,随着国家教育重心的转移而转移的。清末对单级教授法的提倡,是为了满足尽快普及新式教育、扩大教育对象的需要;北洋政府时期对职业教育的大力倡导,是为了解决新式教育不实用的问题;欧战结束之后对科学教育的大力宣传,是为了帮助我国在国际竞争中取得优势地位;五四运动以后,对学生自治的认可与鼓励,对公民教育的宣传与提倡,是为了引导学生与民众,提升公民素养,进而提升我国国民的整体素质,推进国家各项事业的健康、有序发展。可以说,江苏教育会所倡导并推动的各级各类教育事业,无不是基于该会对国家教育形势发展的判断,是顺应不同时期我国教育发展需要的有效实践。

但无论教育的主题与内容如何变化,作为一个专业的教育社团,江苏教育会始终坚信教育对个人发展与国家繁荣有促进作用,始终坚信教育可以培养出合格的国民与自立的个体,进而可以促进国家走向文明与繁荣,也因此始终坚持教育救国的理念,希望通过自己的努力,推进江苏教育,乃至全国教育的更好发展。

(二)坚持开阔的国际视野,直面本土的教育问题

近代中国的新式教育始于西方,因此从清末引入单级教授法开始,江苏省就非常注重对国外教育经验的学习与借鉴。无论是我国学制的修改与完善、还是新式教育理念或教学方法的引入,江苏省教育会始终高度重视与国际教育的交流,一方面派遣大量的会员外出学习、考察,一方面广泛邀请来自欧洲、美国、东南亚、日本等国家或地区的学者前来讲学。其中,以对美国教育家孟禄与杜威的邀请最为典型。可以说,进入民国以后,中国近代教育的发展开始美国化,江苏省教育会在其中起到了非常重要的作用。

与此同时,江苏省教育会在与西方教育的交往中,也不是一味地学习西方,而是注重利用各种机会,积极参与国际教育事务,争取在国际教育舞台上尽可能多地发出中国的声音。

除此之外,更为难能可贵的是,江苏省教育会对于西方教育理论与经验的介绍,并不是盲目地照搬照抄,大都能够从中国教育的问题与实际出发,谨慎地学习与尝试。从最早介绍蒙台梭利教学法,组织蒙台梭利教具研究会,到对英文教学的研究,再到20世纪20年代对道尔顿制、设计教学法的提倡与推广,都表现出了江苏教育会的务实态度,它真正做到了立足于中国本土教育问题借鉴世界教育经验与成果。

(三)发起广泛的教育联盟,争取更多的教育支持

作为一个学术社团,联合是江苏教育会成立的基本原则。在发展自身组织与会务的过程中,江苏教育会既注重联合江苏学界的力量,特别是注意江苏苏南与苏北教育发展的平衡,又重视联合全国学界的力量,不仅在清末就率先发起了全国各省教育总会联合会,积极参与中央教育会议,在民国以后也积极参与全国教育会联合会,并两次临危受命,承办全国教育会联合会,还积极发起并参与其他全国性的教育团体,比如中华职业教育社、中华新教育共进社等。据不完全统计,江苏教育会先后发起、参与的全国性团体,就有近20个。

而且,为了更好地推动教育发展,江苏教育会还下设了很多专业的教育研究会,并且明确规定,非江苏教育会会员,也可以加入其附设的各种教育研究会,这就在无形中延伸了江苏教育会的触角,使其构建起了一个全国各省广泛交叉的教育大网络。

除了团结教育界的各方人士与力量之外,江苏教育会还通过联络商界、政界等其他社会各界的知名人士,为江苏教育会,特别是江苏教育事业的发展,争取更多的政策、经费支持。以张謇为代表的江苏绅商阶层,大都与江苏教育会有着密切的联系,而自清末大臣端方开始,历届江苏最高军政长官,也大都能与江苏教育会保持良好的合作关系。这就在事实上保证了江苏教育会的各项教育研究议案等,大都能够得到社会各界与官方的广泛支持而顺利实施。

(四)探索教育的民主管理,创新教育的发展方式

就组织特性而言,江苏教育会也给后世留下了一笔宝贵的遗产,对今天的教育社团建设尤其具有启发意义。

首先,坚持践行教育民主。从学会成立伊始,江苏教育会就坚持以章程为本。其章程所建构的组织结构与运行机制已经隐含了民主决策、监督制衡的思想。它建立了一个以全年大会为最高决策机构,评议员会为日常决策机构,干事员会为执行机构的相互牵制的组织结构,其核心成员,如会长、干事员,均由选举产生。而且,对会长与干事员的任期还有一定的限制。虽然1914年以后,会长、副会长的任期限制被取消了,但该会始终坚持一切会务由全年大会公布、讨论后议决。这一组织结构与运行机制,不仅成为该会下设的很多分支机构的组织与运行模板,也影响到了其他省份教育会的组织与运行,对推进中国教育的民主管理与决策,起到了很好的示范作用。

其次,江苏教育会在推进教育事务时,不断创新宣传推广方式,逐步探索出了一套相对比较成熟的会务开展模式。从最初推广单级教授法开始,江苏教育总会就把设立传习所,培养相关师资人才作为一个重要内容,而在随后各项教育事务的开展中,江苏教育会基本上都延续了这一模式。比如,该会先后开办过体育传习所、注音字母传习所等。进入民国以后,在举办传习所的同时,该会又发起了大规模的讲演会,为此该会还曾专门组织了讲演部,而其下设的各个研究会也都把讲演作为宣传教育理念的重要方式。当然,在民国时期,该会各项教育事业能够得以顺利推进,是因为自1914年以来所设立的各种研究会工作的有序开展。正是在各种研究会的推动下,江苏省教育会所倡导的各项教育事业才能蓬勃地发展起来。为了扩大宣传与影响,该会还会组织举办了成绩展览会、专门的竞赛会等。比如,全省的体育运动会、理科实验竞赛会、国语讲演竞赛会等。1925年,该会为了宣传公民教育,更是组织了专门的委员会,提出了简单好记的公民教育信条,并要求各学校等组织机构利用各种机会和场合广为传布,甚至还提出要把该信条印到新年日历上,在电影放映间隙播放等。经过长期不懈的探索,江苏教育会逐步发展出了一套相对成熟的推动教育发展的模式:成立专门的研究组织,组织专门的讲演活动,开办传习所、讲习会等培养相

关人才,举行专门的赛事活动等。而为了最大限度地扩大相关宣传,该会往往还会利用自己下设的各个专门研究会,一致提倡,以取得最好效果。比如,在1925年和1926年发起的公民教育运动周时,它就广泛动员了自己下设的童子军联合会、通俗教育讲演会等,共同倡导。

三、经验反思

1927年,就在国民革命军北伐成功之时,江苏省教育会却迎来了自己的末日。反思这一结果,可能会有个人的恩怨纠葛,如沈恩孚所说的他与杨杏佛之间的矛盾,但更根本的原因恐怕是源于教育与政治、社会错综复杂的关系,教育社团的主导思想与价值定位以及国家对待教育社团的态度。

江苏学务总会的成立,源于张謇等新型士绅的教育救国思想,而其在民国期间得以不断地发展壮大,主要是因为它在辛亥革命中的顺势而为,符合当时中国政治发展形势的需要,因此可以在民初迅速赢得国家政权的认可与支持。而随后其各项教育事务的发展与拓展,也离不开上至国家的政策扶持,中至江苏省军政当局、教育、财政、实业等厅的鼎力支持,下至江苏各地学务人员、教育人士的拥戴,特别是在反对袁世凯复辟、支持五四爱国运动等方面,江苏省教育会的努力与态度也是非常值得称赞的。但是,随着学生运动的不断发展,中国政局的变化,江苏省教育会虽然坚持严守中立,却在不得不卷入各种政治事件时表现出了保守、犹豫的一面,因而逐渐失去了教育界部分进步师生的支持,也招来了各派军阀与政党的猜忌。

教育虽然可以自成体系,但又是社会大系统中的一个组成部分,与社会的政治、经济、文化之间有着千丝万缕的联系。江苏教育会坚持教育救国思想,重视教育的政治、经济功能,却恰恰忽视了社会政治、经济状况对教育的巨大制约作用,幻想保持教育的独立,这无疑是它失败的一个重要原因。但江苏教育会的失败,又不是它一个社团的失败,而是国民党推行"党化教育"的必然结果。随着北伐战争的胜利与南京国民政府的建立,浙江、安徽等各地的教育会也纷纷被解散。

"党化教育"源于苏联,这里的"党化教育"始于1924年3月广东革命政府。

当时,中国国民党一大在广州召开,确立了"以党领政"的理念,"党化教育"就是教育领域贯彻这一理念的产物。1926年3月1日,广东革命政府专门成立了教育行政委员会,8月,由教育行政委员会委员兼广东省教育厅厅长许崇清拟写了一个题为"党化教育工作方针"的草案,其中特别提出了以孙中山的三民主义来设计新教育的思想。随后,这一主张不断被强化,并且随着国民革命军北伐胜利的步伐而不断被深化。尽管国民党官方对"党化教育"的内涵并没有统一认识和解释,但逐步管控教育已成为国民党强化意识形态工作的重要手段。随着国民党北伐的节节胜利,"党化教育"也逐渐从广东向北方蔓延,国民党的势力不断向教育领域渗透,并对教育界中违背"党化教育"原则的教育社团、学校等,坚决取缔。因此,当国民党向江苏省教育会表示希望借助其影响力推进国民革命宣传而被拒绝时,江苏省教育会就已经成为国民党"党化教育"的对立面,进而促使其对江苏省教育会痛下杀手。从随后南京国民政府颁布的有关教育会社的规定来看,这一意图非常明显。1927年8月,国民政府教育行政委员会颁布了《教育会规程》,包括5章21条,分通则、会员、省区教育会、县市教育会、经费和附则等。该规程明确规定,"现任学校教职员为当然会员",实际上是变相规定教师必须入会;而且要求"省区教育会须由县教育会联合组织",改变了原来省、县、市、乡教育会虽互相联络却并不隶属的相互关系,为随后国民党对教育会的控制奠定了基础。随后,1928年2月14日,中华民国大学院公布了《教育会条例》。1929年,教育部颁布了《教育会规程》;1931年,又颁布了《教育会法》《教育会法施行细则》,以及《党部指导教育会改组及组织办法》,要求各县教育会的组织或改组,必须依据上述法律规定办理,并在这些法律法规的指导下组织省级教育会,至此,教育会彻底被纳入国民党的"党化教育"系列。

总之,作为近代中国教育舞台上的一个重要社团组织,江苏教育会坚持本土教育问题的价值立场,顺应了国际教育发展的潮流趋势,通过科学民主的决策,与积极务实的实践,切实推进了江苏乃至全国教育的发展,为后人留下了一笔宝贵的教育遗产。

参考文献

一、江苏省教育会及其相关组织自编文献

1. 沈同芳编.江苏教育总会文牍　初编[M].上海:商务印书馆,1906.
2. 沈同芳编.江苏教育总会文牍　二编[M].上海:中国图书公司,1907.
3. 沈同芳等编.江苏教育总会文牍　三编[M].上海:中国图书公司,1908.
4. 沈信卿编.江苏教育总会文牍　四编[M].上海:中国图书公司,1909.
5. 沈信卿编.江苏教育总会文牍　五编[M].上海:中国图书公司,1910.
6. 沈信卿编.江苏教育总会文牍　六编[M].上海:中国图书公司,1911.
7. 江苏省教育会编辑:《教育研究》(上海),1913-1916:1-28期.
8. 江苏省教育会编辑:《江苏省教育会月报》,1916-1927.(未查到1921年和1923年)
9. 江苏省教育会编辑:《江苏省教育会年鉴》,1916-1918,1920,1922-1926:1-11期.
10. 江苏省教育会编辑:《江苏教育会十年概况》,1915.
11. 江苏省教育会编辑:《江苏教育会二十年概况》,1925.
12. 江苏省教育会编辑:《江苏教育会历年会务简明报告表》,1927.
13. 江苏省教育会印行:《临时刊布》,不定期出版物,1916-1918:1-28期.
14. 义务教育期成会印行:《义务教育》,1921-1924:1-27期.

15.潘竞民编辑,江苏童子军联合会发行:《童子军月刊》,1919:1-9期.

16.中华职业教育社编辑:《教育与职业》,1917-1927:1-90期.

二、近代报刊

1.《强学报》:1895.

2.《时务报》:1896-1898.

3.《知新报》:1897-1900.

4.《新民丛报》:1902-1907.

5.《大公报》:1902-1927.

6.《申报》:1905-1927.《申报 影印版》,第79-241册,上海:上海书店,1983.

7.《学部官报》:1906-1911.

8.《武进晨报》:1935.

9.《民国日报》:1916-1949.

10.《努力周报》:1922-1923.

三、近代杂志

1.《教育世界》:1901-1908.

2.《东方杂志》:1904-1948.

3.《江宁学务杂志》:1907-1910.

4.《教育杂志》:1909-1948.

5.《中华教育界》:1912-1949.

6.《临时政府公报》:1912.

7.《政府公报》:1912-1928.

8.《教育公报》:1914-1925.

9.《新青年》:1916-1926.

10.《江苏教育公报》:1918-1926.

11.《官话注音字母报》:1916-1920.

12.《国语注音字母报》:1921-1922.

13.《新教育》:1919-1925.

14.《体育季刊》:1922-1923.

15.《南海教育会杂志》:1922.

16.《河南教育公报》:1922-1926.

17.《教育与人生》:1923-1924.

18.《新教育评论》:1925-1928.

19.《中国青年》(上海):1923-1928.

20.《电影杂志》(上海):1924-1925.

21.《北新》:1926-1930.

22.《银星》:1926-1928.

23.《电影月报》:1928-1929.

24.《大学院公报》:1928.

25.《教育部公报》:1929-1948.

26.《安徽教育月刊》:1918-1924.

27.《安徽教育行政周刊》:1928-1932.

28.《山东教育月刊》:1930.

29.《现代读物》:1936-1945.

四、档案与资料汇编

1.[清]纪昀等编纂.影印文渊阁四库全书 第633册[M].北京:北京出版社,2012.

2.清实录 第3册 世祖章皇帝实录 卷一至卷一四四(崇德八年至顺治十八年)[M].北京:中华书局,1985.

3.中华民国立法院秘书处.立法专刊 第5辑[M].民智书局,1931.

4.王兴杰著.第一次中国教育年鉴 丙编 教育概况[M].上海:开明书店,1934.

5.教育部社会教育司.全国社会教育概况[M].南京:京华印书馆,1934.

6.学部总务司编.学部奏咨辑要(影印版)[M].台北:文海出版社,1986.

7.中国第二历史档案馆编.中华民国史档案资料汇编　第5辑第3编　教育[M].南京:江苏古籍出版社,1994.

8.第二历史档案馆编.中华民国史档案资料汇编,第三辑文化分册[M].南京:凤凰出版集团,1991.

9.季啸风,沈友益主编.中华民国史史料外编 前日本末次研究所情报资料第94册[M].桂林:广西师范大学出版社,1996.

10.中国第二历史档案馆编.中华民国史档案资料汇编·第五编第三辑教育[M].南京:南京凤凰出版社,2000.

11.陈元晖主编;璩鑫圭,童富勇编.中国近代教育史资料汇编 教育思想[M].上海:上海教育出版社,2007.

12.陈元晖主编,汤志钧,陈祖恩,汤仁泽编.中国近代教育史资料汇编 戊戌时期教育[M].上海:上海教育出版社,2007.

13.陈元晖主编;李桂林,戚名琇,钱曼倩编.中国近代教育史资料汇编 普通教育[M].上海:上海教育出版社,2007.

14.陈元晖主编,璩鑫圭,唐良炎编.中国近代教育史资料汇编 学制演变[M].上海:上海教育出版社,2007.

15.朱有瓛,戚名琇,钱曼倩,霍益萍编.教育行政机构及教育团体[M].上海:上海教育出版社,1993.

16.陈学恂主编.中国近代教育史教学参考资料(上、中、下)[M].北京:人民教育出版社,1986—1987.

17.舒新城编.近代中国教育史料(第4册)[M].上海:中华书局,1928.

18.舒新城编.中国近代教育史资料[M].北京:人民教育出版社,1963.

19.舒新城编.中国近代教育史资料(全三册)[M].北京:人民教育出版社.

20.全国政协文史资料委员会编.文史资料存稿选编　教育[M].北京:中国文史出版社,2002.

21.上海市文史研究馆编,沈祖炜主编.辛亥革命亲历记[M].上海:中西书局,2011.

22.中国人民政治协商会议全国委员会文史资料研究委员会编.辛亥革命回忆录 第1集[M].北京:文史资料出版社,1961.

23.政协全国委员会文史资料研究委员会编.辛亥革命回忆录 第6册[M].北京:中华书局,1963.

24.上海社会科学院历史研究所编.辛亥革命在上海史料选辑 第2版[M].上海:上海人民出版社,1981.

25.上海社会科学院历史研究所编.辛亥革命在上海史料选辑 增订版[M].上海:上海人民出版社,2011.

26.中国人民政治协商会议江苏省委员会文史资料委员会.江苏文史资料 第40辑 辛亥江苏光复[M].1991.

27.扬州师范学院历史系编.辛亥革命江苏地区史料[M].南京:江苏人民出版社,1961.

28.体育文史资料编审委员会编.体育史料(第1—11辑)[M].北京:人民体育出版社,1980—1984.

29.成都体育学院体育史研究所著.中国近代体育史资料[M].成都:四川教育出版社,1988.

30.李植中等主编.镇江文史资料 第17辑 文化教育专辑[M].1990.

31.《南大百年实录》编辑组编.南大百年实录[M].南京大学出版社,2002.

五、文集、年谱、日记和回忆录

1.[清]谭嗣同著.加润国选注.仁学:谭嗣同集[M].沈阳:辽宁人民出版社,1994.

2.[清]赵炳麟著.赵柏岩集 上[M].南宁:广西人民出版社,2001.

3.[清]康有为著.舒芜等选注.康有为选集[M].北京:人民文学出版社,2004.

4.李明勋,尤世玮主编;《张謇全集》编纂委员会编.张謇全集[M].上海:上海辞书出版社,2012.

5.刘厚生编著.张謇传记[M].上海:上海书店出版社,1985.

6.张孝若著.南通张季直先生传记:附年谱年表[M].上海:中华书局,1930.

7.张謇撰.张季子九录[M].北京:中华书局,1932.

8.虞和平编.张謇——中国早期现代化的先驱[M].吉林:吉林文史出版社,2004.

9.张謇著.郝红暖选编.张謇睿语[M].合肥:黄山书社,2010:81.

10.黄炎培著.八十年来[M].北京:文史资料出版社,1982.

11.许汉三编.黄炎培年谱[M].北京:文史资料出版社,1985.

12.许纪霖等著.黄炎培方圆人生[M].上海:上海教育出版社,1999.

13.黄炎培著.中国社会科学院近代史研究所整理.黄炎培日记(第1卷1911~1918)[M].北京:华文出版社,2008.

14.黄炎培著.中国社会科学院近代史研究所整理.黄炎培日记(第2卷1918~1927)[M].北京:华文出版社,2008.

15.黄炎培著.中华职业教育社编.黄炎培教育文集 第1卷[M].北京:中国文史出版社,1994.

16.黄炎培著.中华职业教育社编.黄炎培教育文集 第2卷[M].北京:中国文史出版社,1994.

17.朱宗震,陈伟忠主编.黄炎培研究文集[M].成都:四川人民出版社,1997.

18.胡适著,季羡林主编.胡适全集 23 书信 1907-1928[M].合肥:安徽教育出版社,2019.

19.胡适著.曹伯言整理.胡适全集 29 日记 1919-1922[M].合肥:安徽教育出版社,2003.

20.柳芳编.胡适教育文选[M].北京:开明出版社,1992.

21.胡适著.曹伯言整理.胡适日记全编(1-6)[M].合肥:安徽教育出版社,2001.

22.中国社会科学院近代史研究所中华民国史研究室编.胡适来往书信选(上、中、下)[M].北京:社会科学文献出版社,2013.

23.马叙伦著.我在六十岁以前[M].北京:生活·读书·新知三联书店,1983.

24.张元济,张人凤整理.张元济日记(上、下)[M].石家庄:河北教育出版社,2001.

25.经亨颐著.张彬编.经亨颐教育论著选[M].北京:人民教育出版社,1993.

26.刘绍唐主编.民国人物小传 第4册[M].上海:上海三联书店,2014.

六、著作

1.〔英〕赫胥黎著.天演论[M].严复,译著.李珍,评注.北京:华夏出版社,2002.

2.[清]朱寿朋编.光绪朝东华录第一册[M].北京:中华书局,1958.

3.[清]朱寿朋编.光绪朝东华录第四册[M].北京:中华书局,1958.

4.高语罕著.广州记游[M].上海:亚东图书馆,1922.

5.陈宝泉、陶行知、胡适编.孟禄的中国教育讨论[M].上海:中华书局,1924.

6.王卓然编.中国教育一瞥录[M].上海:商务印书馆,1923.

7.全国教育联合会新学制课程标准起草委员会编.新学制课程标准纲要[M].上海:商务印书馆,1925.

8.庄俞,贺圣罗编.最近三十五年之中国教育[M].上海:商务印书馆,1931.

9.黎锦熙著.国语运动史纲[M].北京:商务印书馆,2011.

10.李学智著.民国史论稿[M].天津:天津社会科学院出版社,2007.

11.刁振娇著.清末地方议会制度研究[M].上海:上海人民出版社,2008.

12.王树槐著.中国现代化的区域研究——江苏省(1860—1916年)[M]台北:"中央研究院"近代史研究所,1984.

13.张伟平著.教育会社与中国教育近代化[M].杭州:浙江大学出版社,2002.

14.谷秀青著.清末民初江苏省教育会研究[M].桂林:广西师范大学出版社,2009.

15.刘正伟著.督抚与士绅:江苏教育近代化研究[M].石家庄:河北教育出版社,2001.

16.桑兵著.清末新知识界的社团与活动[M].北京:生活·读书·新知三联书店,1995.

17. 许小青著.政局与学府:从东南大学到中央大学(1919—1937)[M].北京:中国社会科学出版社,2009.

18. 汤志钧著.戊戌时期的学会与报刊[M].台北:台湾商务印书馆,1993.

19. 钱曼倩,金林祥主编.中国近代学制比较研究[M].广州:广东教育出版社,1996.

20. 李桂林著.中国现代教育史[M].长春:吉林教育出版社,1991.

21. 李华兴主编.民国教育史[M].上海:上海教育出版社,1997.

22. 阎广芬著.经商与办学:近代商人教育研究[M].石家庄:河北教育出版社,2001.

23. 汪楚雄著.启新与拓域:中国新教育运动研究(1912—1930)[M].济南:山东教育出版社,2010.

24. 熊明安,周洪宇主编.中国近现代教育实验史[M].济南:山东教育出版社,2001.

25. 王建军著.中国教育史新编[M].广州:广东高等教育出版社,2014.

26. 田正平,肖朗主编.世纪之理想:中国近代义务教育研究[M].杭州:浙江教育出版社,2000.

27. 熊贤君著.中国近代义务教育研究[M].武汉:华中师范大学出版社,2006.

28. 苏竞存编著.中国近代学校体育史[M].北京:人民教育出版社,1994.

29. 中国社会科学院近代史研究所政治史研究室,苏州大学社会学院编.晚清国家与社会[M].北京:社会科学文献出版社,2007.

30. 张西平主编.国际汉学 第十八辑[M].郑州:大象出版社,2009.

31. 刘仰东编.梦想的中国:三十年代知识界对未来的展望[M].北京:西苑出版社,1998.

32. 刘成禺,张伯驹著.洪宪纪事诗三种[M].上海:上海古籍出版社,1983.

33. 高天德主编;常州市教育志编纂委员会编.常州市教育志[M].上海:上海人民出版社,1990.

34. 《无锡市教育志》编纂委员会编.无锡市教育志[M].三联书店上海分店,1994.

七、论文

1.俞子夷.一九二七年前几个教育团体——回忆简录[J].华东师范大学学报(教育科学版),1989(02).

2.丁文.由"无锡毁学"看《东方杂志》对晚清舆论的选择性建构[J].励耘学刊(文学卷),2009(02).

3.于潇.民初临时教育会议议员名单及人数考辨[J].宁夏大学学报(人文社会科学版),2010,32(04).

4.马飞.地方精英与清末宪政——晚清江苏省咨议局研究[J].理论界,2011(06).

5.郭绪印.评近代上海的会馆(公所)、同乡会[J].上海师范大学学报(哲学社会科学版),2015(1).

6.谢长法.江苏省教育会与近代中国职业教育[J].教育与职业,2008(12).

7.李守郡.清末结社集会档案[J].历史档案,2012(01).

8.徐茂明.明清以来乡绅、绅士与士绅诸概念辨析[J].苏州大学学报,2003(01).

9.祝小楠.民国时期议会政治的纷争与困境——以江苏省第三届议会议长选举风波为考察中心[J].北方论丛,2015(04).

10.牛力.分裂的校园:1920—1927年东南大学治理结构的演变[J].中山大学学报(社会科学版),2017,57(01).

11.吴忠良.柳诒徵与东南大学易长风潮[J].东方论坛,2013(02).

12.储朝晖.民国时期党化教育的牺牲者郭秉文与东南大学[J].华中师范大学学报(人文社会科学版),2012,51(06).

13.谷秀青.1925年江苏教育厅长易职风潮[J].理论月刊,2014(12).

14.谷秀青.民国时期省议会与民间社团之间的冲突——以江苏省议会"议员加费案"为例[J].江苏社会科学,2012(05).

15.张雪蓉.1920年代东南大学的董事会制度研究[J].东南大学学报(哲学社会科学版),2005(06).

16.陈竞蓉,周洪宇.孟禄与壬戌学制[J].河北师范大学学报(教育科学版),2005(02).

17.关晓红.清末中央教育会述论[J].近代史研究,2000(04).

18.廖承琳,吴洪成.近代中国学制演变与职业教育发展[J].西南师范大学学报(人文社会科学版),2004(02).

19.金林祥.评"六三三"学制[J].华东师范大学学报(教育科学版),1983(01).

20.金顺明.近代中国教育团体的发展历程[J].华东师范大学学报(教育科学版),2002(01).

21.李剑萍.20世纪中国学制问题的历史研究[J].华东师范大学学报(教育科学版),2002(03).

22.刘良初.对我国近现代学制的回顾与展望[J].湖南教育,2005(03).

23.闵杰.戊戌学会考[J].近代史研究,1995(03).

24.桑兵.20世纪初国内新知识界社团概论[J].近代史研究,1994(05).

25.谢长法.中国近代普通中学职业科施设的历史考察[J].教育与职业,2000(10).

26.虞和平.西学东渐与中国现代社团的兴起——以戊戌学会为中心[J].社会学研究,1997(3).

27.张伟平.略论教育社团与我国近代职业教育的发展[J].高等教育研究,2002(03).

28.张伟平.试论教育社团与我国近代学制的演变[J].浙江学刊,2002(03).

29.张伟平.我国近代职业教育发展探讨:教育社团的角色[J].杭州师范学院学报(社会科学版),2002(04).

30.张玉法.戊戌时期的学会运动[J].历史研究,1998(05).

31.谈汗人.无锡新学与毁学事件[J].江苏地方志,1995(04).

32.杨齐福.晚清新政时期乡民毁学述论[J].福建论坛(人文社会科学版),2002(05).

33.张大庆.中国近代的科学名词审查活动:1915—1927[J].自然辩证法通讯,1996(05).

34.于书娟,陈春如.鲜为人知的学前教育先驱——胡彬夏[J].教育评论,2017(02).

35.喻本伐,赵燕.民国最早创设的幼稚教育研究社团考论[J].华中师范大学学报(人文社会科学版),2018(03).

八、学位论文

1. 贺金林.清末教育会初探——以江苏教育总会与中央教育会为中心[D].长沙:湖南师范大学,2001.

2. 蒋梅.辛亥革命前后的江苏教育总会[D].扬州:扬州大学,2002.

3. 刘登秀.清末教育会研究[D].成都:四川大学,2004.

4. 郑新华.近代中国教育如何可能——以江苏省教育会的实践为例(1905—1927)[D].上海:华东师范大学,2006.

5. 戴长征.清季的江苏教育会(1905—1911)[D].上海:华东师范大学,2007.

6. 张礼永.教育建设的第三条道路——民国时期教育研究组织之探析[D].上海:华东师范大学,2011.

7. 孙广勇.社会变迁中的中国近代教育会研究[D].武汉:华中师范大学,2006.

8. 汪楚雄.中国新教育运动研究(1912—1930)[D].武汉:华中师范大学,2009.

9. 王明飞.全国教育会联合会第九届会议相关文献整理及其史料价值分析[D].昆明:云南大学,2011.

10. 王章峰.民国前期教育团体研究(1912—1927)[D].石家庄:河北师范大学,2006.

11. 杨文海.壬戌学制研究[D].南京:南京大学,2011.

12. 惠沁方.民间信仰与清代以来无锡城市社会——以"十亩"祭祀系统为中心[D].南京:南京大学,2015.

后记

最后检查一遍这份有关江苏教育会的书稿，自己的心情却并不轻松。对近代中国教育舞台上的这样一个重要团体，与它的影响和贡献相比，本书所述的内容，是远远不够的。

在读书时候，只是偶尔听过江苏教育会这样一个社团，却并未将其放在心上，更没想到，自己竟然有机会走近这个社团，了解它的组织、活动、人员等，了解它在近代中国教育发展中所发挥的巨大作用，讲述它的故事。当前，学界有关江苏教育会的研究已经取得了很大的进展，断代研究与专题研究方面都已经有很好的学术成果。本书在最初撰写时，曾希望能够对江苏教育会在近代教育方面的贡献进行全面而深入的研究，但在实际研究过程中却发现这个计划太过庞大，远非一个人短时间内就能够完成。因此，本书只是在前人已有研究的基础上，从组织及其活动的角度，尽可能全面地勾勒与梳理江苏教育会的发展历程与主要活动，以期让大众对江苏教育会这个教育社团形成一个总体观感。因此，在写作过程中，我力图用江苏教育会自己编辑的资料，还原这个社团的所作所为，而尽量避免作太多主观的评价。如果能够在此基础上，激起更多的研究者对江苏教育会的研究兴趣，那本书也就达到目的了。实际上，江苏教育会的会员人数异常庞大，所从事的教育事业也极其广泛。有关江苏教育会还有很多研究课题值得期待。比如，随着教育研究重心的下移和研究教育活动史的兴起，如何在张謇、黄炎培之外，对江苏教育会的核心领导群体展开深入的研究，对江苏教育会在近代诸多教育家的成长中所起作用给予更多的关注，对江苏教育会在近代教育发展方面的作为进行更加细致的讨论，等等。因此，我希望这本书只是更多新研究的起点。

书稿的完成，首先要感谢储朝晖老师，他用敏锐的学术洞察力，发现了近代教育社团这一重大研究主题，并接纳我加入这个研究团队。在书稿的写作过程中，储老师耐心的等待、关键的提点、及时的反馈，让我看到了前辈学者对学术研究的倾情投入，这种精神也时刻激励与感染着我。感谢我的硕士生导师李申申教授，正是因为李老师的中外教育史比较研究，为我打开了广阔的学术视野，让我在随后的学习和研究中，能够尽力去贯穿中外教育史，在本科和硕士毕业论文的撰写中，对二十世纪初中外教育革新运动的比较研究，虽然较为粗浅，却激起了我对近代中国教育变革进行探索的兴趣。感谢我的博士生导师张斌贤教授，承蒙张老师不弃，当初才有机会忝列师门，真正走上教育史的教学与研究之路。毕业十年，自己在学术上几无所成，老师却对我关心有加，对我转向中国教育史的研究，也给予了包容和理解。

感谢无锡，这个不大的江南小城，为近代教育史留下了众多可圈可点的宝贵遗产，坚定了我投身近代中国地方教育史研究的信心。更要感谢钱江和湖上斋的朋友们，是他们对地方历史与文化的责任与兴趣，让我们相识相助，共同前行。

感谢江南大学田家炳教育科学学院的领导和同事们，特别是蒋明宏教授，在我初来工作之际，是蒋老师在教学与科研上给予了我很多无私的帮助，让我比较顺利地度过了研究转型期，他严谨治学的态度，提携后辈的善意，帮助我在学术研究的道路上稳步前行。

最后，我还要特别感谢日本学者高田幸男先生。高田先生对近代江苏教育会有很多专门的研究，当得知我在进行江苏教育会的研究时，高田先生慷慨地把他的相关研究成果打印出来赠送给我。他对江苏教育会细致而深入的研究，让我看到了国际学者的风范，也激励我要努力做好相关的研究，争取在未来能与国际学者展开更多的对话与交流。

己亥年七月于江南大学田家炳楼

丛书跋

2012年完成自己主编的2012年度国家出版基金资助项目"20世纪中国教育家画传"后,就策划启动新的研究项目,于是决定为曾在中国教育现代化过程中发挥巨大作用而又少有人知的教育社团写史,并在2013年3月拿出第一个包含8本书的编撰方案。当初怎么也没想到这一工作一再积累后延,几乎占用了我8年的主要时间,列入写作的社团一个个增加,参加写作的专家团队、支持者和志愿者不断扩大,最终汇成30本书和由50多位专家组成的团队,并在西南大学出版社鼎力支持下如愿以偿地获得2019年度国家出版基金资助。

1895年中日甲午海战中国战败后,中国社会受到强烈震动,有识之士勇敢地站出来组建各种教育社团,发展现代教育。1895年到1949年,在中国传统教育向现代教育转化、嬗变的过程中,产生了数以百计的教育社团。中华教育改进社等众多的民间教育社团在中国教育现代化进程中都曾发挥过重要的、甚至是无可替代的作用,到处留下了这些社团组织的深深印记,它们有的至今还在发挥着潜移默化的作用,它们是中国教育智库的先声。

但随着时间的推移,知道这段历史的人越来越少。教育社团组织与中国教育早期现代化既是一个有丰富内涵的历史课题,更是一个极具现实意义的实践课题。挑选"中国现代教育社团史"这一极为重大的选题,联合国内这一领域有专深研究的专家进行研究,系统编撰教育社团史,既是为了更好地存史,也是为了有效地资政,为当今及此后教育专业社团的建立、发展和教育改进与发展提供借鉴,为教育智库发展提供独具价值的参考,为解决当下中国教育管理问题提供借鉴,从而间接促进当下教育质量的提升和《中国教育现代化2035》目标的实现。简言之,为中国现代教育社团修史是一项十分有意义的工作。

在存史方面,抢救并如实地为这些社团写史显得十分必要、紧迫。依据修史的惯例,经过70多年的沉淀,人们已能依据事实较为客观地看待一些观点,为这些教育社团修史,恰逢其时;依据信息随时间衰减的规律,当下还有极少数人对70多年前的那段历史有较充分的知晓,错过这个时期,则知道的人越来越少,能准确保留的信息也会越来越少,为这些社团治史时不我待。因此,本套丛书担当着关键时段、恰当时机、以专业方式进行存史的重要责任。

在资政方面,为中国现代教育社团修史是一项十分有现实意义的工作。中国教育改革除了依靠政府,更需要更多的专业教育社团发展起来,建立良性的教育评价和管理体系,并在社会中发挥更大的作用。社团是一个社会中多种活力的凝结和显示,一个保存了多样性社团的社会才是组织性良好的社会,才是活力充足的社会。当时的各个教育社团定位于各自不同的职能,如专业咨询、管理、评价等,在社会和教育变革中以协同、博弈等方式发挥出巨大的作用。它们的建立和发展,既受到中国现代新式教育发展的制约,又影响了中国现代新式教育发展的进程。研究它们无疑会加深我们对那个时期中国新式教育发展过程中各种得失的宏观认识,有助于从宏观层面认识整个新式教育的得失,进而促进教育质量和品质的提升。现今的教育社团发展不是在一张白纸上画画,1900年后在中国产生的各种教育社团是它们的先声。为中国现代教育社团修史将会为当下及未来各个社团的建立发展和教育智库建设提供真实可信而又准确细致的历史镜鉴。

做好这项研究需要有独特的史识和对教育发展与改革实践的深刻洞察,本丛书充分运用主编及团队三十余年来从事历史、实地调查与教育改革实践研究的专业积累。在启动本研究之前,丛书主编就从事与教育社团相关的研究,又曾做过一定范围的资料查找,征集国内各地教育史专业工作者意见,依据当时各社团的重要性和历史影响,以及历史资料的可获取性,采用既选好合适的主题,又选好有较长时期专业研究的作者的"双选"程序,以保障研究的总体质量,使这套丛书不仅分量厚重,质量优秀,还有自己的特色。

本丛书的"现代"主要指社团具有的现代性,这样的界定与中国教育现代化进程相吻合。以历史和教育双重视角,对中华教育改进社等具有现代性的30余个教育社团的历史资料进行系统的查找、梳理和分析。对各社团发展的整体形态做全面的描述,在细节基础上构建完整面貌,对其中有歧义的观点依据史实客观论述,尽可能显示当时全国教育社团发展的原貌和全貌,也尽可能为当下教育社团与教育智库的建立和发展提供有益的历史镜鉴。

为此,我们明确了这套丛书的以下撰写要求:

全套丛书明确史是公器,是资料性著述的定位,严格遵循史的写作规范,以史料为依据,遵守求真、客观、公正、无偏见的原则,处理编撰中的各类问题。

力求实现四种境界:信,所写的内容是真实可靠的,保证资料来源的多样性;简,表述的方式是简明的,抓住关键和本质特征经过由博返约的多次反复,宁可少一字,不要多一字;实,记述的内容是有实际意义和价值的,主要体现为内容和文风两个方面,要求多写事实,少发议论,少写口号,少做判断,少用不恰当的形容词,让事实本身表达观点;雅,尽可能体现出艺术品位和教育特性,表现为所体现的精神、风骨之雅,也表现为结构的独具匠心,表达手法的多样和谐、图文并茂。

对内容选取的基本标准和具体要求如下:

(1)对社团的理念做准确、完整的表述,社团理念在其存续期有变化的要准确写出变化的节点,要通过史料说明该社团的活动是如何在其理念引导下开展的。

(2)完整地写出社团的产生、存续、发展过程,完整地陈述社团的组织结构、活动规模、活动方式、社会影响,准确完整地体现社团成员在社团中的作用、教育思想、教育实践,尽可能做到"横不缺项,纵不断线"。

(3)以史料为依据,实事求是,还原历史,避免主观。客观评价所写社团对社会和教育的贡献,不有意拔高,也不压低同时期其他教育社团。关键性的评价及所有叙述要有多方面的史料支撑,用词尽可能准确无歧义。

(4)凸显各单册所写社团的独特性,注意铺垫该社团所在时代的社会与教育背景,避免出现违背历史事实的表述。

(5)根据隔代修史的原则,只记述中华人民共和国成立之前的历史。对后期延续,以大事记、附录的方式处理,不急于做结论式的历史判定。

(6)各书之间不越界,例如江苏教育会与全国教育会联合会之间,江苏教育会与中华教育改进社之间,详略避让,避免重复。

写法要求为:立意写史,但又不写成干巴、抽象、概念化的历史,而是在掌握大量资料的基础上,全面、深刻理解所写社团的历史细节和深度,写出人物的个性和业绩,写出事件的情节和奥秘,尽可能写出有血有肉、有精气神的历史,增强可读性。写法上具体要求如下:

(1)在全面了解所写社团基础上,按照史的体例,设计好篇目、取舍资料、安排内容、确定写法。在整体准确把握的基础上,直叙历史,不写成专题或论文,语言平和,逻辑清晰。

(2)把社团史写得有教育性。主要通过记叙社团发展过程中的人和事展示其具有的教育功能;通过社团具有的专业性对现实的教育实践发生正向影响,力求在不影响科学性、准确性的前提下尽量写得通俗。

(3)能够收集到的各社团的活动图片尽可能都收集起来,用好可用的图,以文带图,图文互补,疏密均匀。图片尽可能用原始的、清晰的,图片说明文字(图题)应尽量简短;如遇特殊情况,例如在正文中未能充分展开的重要事件,可在图题下加叙述性文字做进一步介绍,作为一个独立的知识点。

(4)关键的史实、引文必须加注出处。

据统计,清末至民国时期教育社团或具有教育属性的社团有一百多个,但很多社团因活动时间不长、影响不大,或因资料不足等,难以写成一本史书。本丛书对曾建立的教育社团进行比较全面的梳理,从中精心选择一批存续时间长、影响显著、组织相对健全、在某一专业领域或某一地区具有代表性、典型性的教育社团进行深入研究,在此基础上做出尽可能符合当时历史原貌和全貌的整体设计,整体上能够充分完整地呈现所在时代教育社团的整体性和多样性特征,依据在中国教育现代化进程中所发挥的作用大小选择确定总体和各部分的研究内容,依据史实客观论述,准确保留历史信息。本丛书的基本框架为一项总体研究和若干项社团历史个案研究。以总体研究统领各个案研究,为个案研究确定原则、方法、背景和思路;个案研究为总体研究提供史实和论证依据,各个案研究要有全面性、系统性、真实性、准确性、权威性、实用性,尽量写出历史的原貌和全貌,以及其背后盘根错节的关系。

入选丛书的选题几经增减,最终完稿的共30册:

《中国现代教育社团发展史论》《中华教育改进社史》《中华平民教育促进会史》《生活教育社史》《中华职业教育社史》《江苏教育会史》《全国教育会联合会史》《中国教育学会史》《无锡教育会史》《中国社会教育社史》《中国民生教育学会史》《中国教育电影协会史》《中国科学社史》《通俗教育研究会史》《国家教育协会史》《中华图书馆协会史》《少年中国学会史》《中华儿童教育社史》《新安旅行团史》《留美中国学生联合会史》《中华学艺社史》《道德学社史》《中华教育文化基金会史》《中华基督教教育会史》《华法教育会史》《中华自然科学社史》《寰球中国学生会史》《华美协进社史》《中国数学会史》《澳门中华教育会史》。

本丛书力求还原并留存中国各现代教育社团的历史原貌和全貌,对当时各教育社团的发展历程、重要事件、关键人物进行系统考察,厘清各社团真实的运作情况,从而解决各社团历史上一些有争议的问题,为教育学和历史学相关领域的发展提供一定的帮助,拓展出新的领域,从而传承、传播教育先驱的精神,为当今教育改革和发展提供历史借鉴和智慧资源,为今后教育智库的发展提供有中国实践基础的历史参考,在拓展教育发展的历史文化空间上发挥其他著述不可替代的作用。在写作过程中严格遵守史的写作规范,以史料为依据,遵守求真、客观、公正、无偏见的原则,处理编撰中的各类问题。

这是一项填补学术空白的研究。这个研究领域在过去70多年仅有零星个别社团的研究,在史学研究领域对社团的研究较多,但对教育社团的研究严重不足;长期以来,在教育史研究领域没有对教育社团系统的研究;对民国教育的研究多集中于一些教育人物、制度,对曾发挥不可替代作用的教育社团的研究长期处于不被重视状态。因此,中国没有教育社团史的系列图书出版,只有与新安旅行团、中华职业教育社相关的专著,其他教育社团则无专门图书出版,只是在个别教育人物的传记等文献中出现某个教育社团的部分史实，浮光掠影，难以窥其全貌。但是教育社团对当时教育的发展发挥了倡导、引领、组织、管理、评价等多重功能，确实影响深远，系统研究中国现代教育社团是此前学术界所未有过的。该研究可以为洞察民国教育提供新的视角，在今后一段时期内具有标志性意义，发挥其他著述不可替代的作用。

这是一项高难度的创新研究。它需要从70多年历史沉淀中钩沉，需要在教育学和史学领域跨越，在教育历史与现实中穿梭，难度系数很高、角度比较独特，20多年前就有人因其难度高攻而未克。研究过程中我们将比较厚实的历史积累和对当下教育问题比较深入的洞见相结合，以史为据，以长期未能引起足够重视的教育社团为研究对象，梳理出每个社团的产生、发展、作用、地位。

这是一项促进教育品质提升的研究。中国当下众多教育问题都与管理和评价体制相关。因此，我们决定研究中国现代教育社团史，对中国教育现代化进程中发挥过重要作用的诸多教育社团的历史进行抢救性记述、研究，对中国教育体系形成的脉络进行详尽的梳理，记录百年中国教育现代化进程中教育社团所起的重大作用，体现教育现代化过程中的"中国智慧"，为构建中国教育科学话语体系铺垫史料、理论基础，探明1898到1949年间教育社团在中国教育现代化发展中的作用，为改善中国教育提供组织性资源。

这是一项未能引起足够重视的公益性研究。本研究旨在还原并留存各教育社团的历史原貌和全貌，传承、传播教育先驱的精神，为当今教育改革和发展提供历史借鉴和智慧资源，拓展教育发展的历史文化空间，需要比较厚实的历史积累和对当下教育问题比较深入的洞见。本研究长期处于不被重视状态，但是其对教育的发展确实影响深远，需要研究的参与者具有对历史和现实的使命感。

这个研究项目在设计、论证和实施过程中得到业内专家的大力支持、高度关注和评价。中国教育学会教育史分会原会长田正平先生热心为丛书写了推荐信，又拨冗写了总序，认为："说到底，这是当代中国教育改革的需要和呼唤。教育是中华民族振兴的根基和依托，改革和发展中国教育，让中国教育努力赶上世界先进水平，既是中央政府和各级政府义不容辞的职责，也必须依靠广大教育工作者的自觉参与和担当。从这个意义上讲，中国近代教育会社团体与中国教育早期现代化研究,既是一个有丰富内涵的历史课题,更是一个极具现实意义的重大问题。"中国现代教育社团史的课题,"从近代以来数十上百个教育社团中精心选择一批有代表性、典型性、产生过重大影响的教育社团,列为专题,分头进行了深入的研究。我相信,读者诸君在阅读这些成果后所收获的不仅仅是对教育社团的深入理解和崇高敬意,也可能从中引发出一些关于当代中国教育改革的更深层次的思考"。

北京师范大学教育学部原部长、清华大学教育学院院长石中英教授在推荐中道:"对那些历史上有重要影响的教育社团进行研究,既具有非常重要的学术价值,也具有非常强烈的现实意义。""当前,我国改革开放正在逐步地深入和扩大,激发社会组织活力,在整个社会治理体系建设中具有重要作用。现代教育治理体系的建设,也迫切需要发挥专业的教育社团的积极作用。在这个大背景下,依据可靠的历史资料,回溯和评价历史上著名教育社团的产生、发展、组织方式和活动方式等,具有现实意义和社会价值。""总的来说,这个项目设计视角独特,基础良好,具有较高的学术价值、实践价值和出版价值。"

1990年代,中央教育科学研究所张兰馨等多位前辈学者就意识到这一选题的重要性,曾试图做这一研究并组织编撰工作,终因撰写团队难以组建、资料难以查找搜集等各种条件限制而未完成。当我们拜访80多岁的张兰馨先生时,他很高兴地拿出了当年复印收藏的一些资料,还答应将当年他请周谷城先生题写的书名给我们使用,既显示这一研究实现了学者们近30年未竟的愿望,也使这套书更具历史文化内涵。

西南大学出版社是全国百佳图书出版单位、国家一级出版社、全国先进出版单位,承担了多项国家重大文化出版工程项目、国家出版基金资助项目、重庆市出版专项资金资助项目,具有丰富的国家、省市重点项目出版与管理经验。该社出版的多项国家级项目受到各级主管部门、学界、业内的一致好评。西南大学的学术优势为本书的出版提供了学术支撑。

本项目30余位作者奉献太多。他们分别来自中国人民大学、北京师范大学、华东师范大学、中山大学、首都师范大学、浙江师范大学等多所高校和研究机构,他们长期从事相关领域的研究,具有极强的学术责任感,具备了较好的专业基础,研究成果丰硕,有丰富的写作经验。在没有启动经费的情况下,他们以社会效益为主,把这项研究既当成一项工作任务,又当成一项对精湛技术、高雅艺术和完美人生的追求,以高度的历史使命感和现实的使命感投入研究,确保研究过程和成果具有较高的严谨性。他们旨在记录中国教育现代化过程中教育社团所起的重大作用,体现教育现代化过程中的"中国智慧",写出理论观点正确、资料翔实准确、体例完备、文风朴实、语言流畅,具有资料性、科学性、思想性,经得起历史检验的,有灵魂、有生命、能传神的现代教育社团史。

这套丛书邀约的审读委员主要为该领域的专家,他们大多在主题确定环节就参与讨论,提供资料线索,审读环节严格把关,有效提高了丛书的品质。

本人为负起丛书主编职责,采用选题与作者"双选"机制确定了撰写社团和作者,实行严格的丛书主编定稿制,每本书都经过作者拟提纲—主编提修改意见—确定提纲—作者提交初稿—主编审阅,提出修改意见—作者修改—定稿的过程,有些书稿从初稿到定稿经过了七到八次的修改,这些措施有效地保障了这套丛书的编撰质量。尽管做了这些努力,仍难免有错,敬希各位不吝赐正。

十分感谢国家出版基金资助。本丛书有重大的出版价值,投入也巨大,但市场相对狭窄。前期在项目论证、项目启动、资料收集、组织编写书稿中投入了大量的人力、物力。多位教育专家和史学专家经过八年的努力,收集了大量的资料,研究的深度和广度都大大超出此前这一领域的研究。各位作者收集了大量的历史资料,走访了全国各大图书馆、资料室,完成了约一千万字、数百幅图片的巨著。前期的资料收集、研讨成本甚高,而使用该书的主要为教育研究者、教育社团和教育行政人员。即便丛书主编与作者是国内教育学、教育史学领域的权威专家,即便丛书经过精心整理、撰写而成,出版后全国各地图书馆、研究院所会有一定的购买,有一定的经济效益,但因发行总数量有限,很难通过少量的销售收入实现对大量经费投入的弥补,国家出版基金资助是保障该套丛书顺利出版的关键。

丛书跋

教育在实现中华民族伟大复兴中发挥着不可替代的作用。完整、准确、精细地回顾过去方能高瞻远瞩而又脚踏实地地展望未来，将优秀传统充分挖掘展现、利用方能有效创造未来，开创教育发展新时代。在中国教育现代化进程中众多现代教育社团是促进者。中国人坚定的自信是建立在5000多年文明传承基础上的文化自信。中国现代教育社团的发起者心怀中华，在中华民族处于危亡之际奔走呼号，立足弘扬中华优秀文化传统提倡革新。本丛书深层次反映了当时中国仁人志士组织起来，试图以教育救国的真实面貌，其中涉及几乎全部的教育界知名人物，对当年历史的还原有利于挖掘中华优秀传统文化的强大生命力和在民族危亡关头的强大凝聚力，弘扬中华优秀传统文化，为构建中华优秀传统文化传承发展体系添砖加瓦。研究这段历史，对于推动中华优秀传统文化创造性转化、创新性发展，对于促进教育智库建设，发展中国教育事业，发挥教育在促进中华民族伟大复兴中的作用具有重要意义。

愿我们所有人为此的努力在中国教育现代化进程中生根、发芽、开花、结果。